新版『障害児と学校』にかかわる法令集

はじめに

徳田　茂

この数年の間に、わが国の障害者に関する法制度が大きく変わりました。

この変化のわが国における源は、二〇〇九年秋の民主党中心の政権の誕生に伴って内閣府に設置された「障がい者制度改革推進会議」です。この会議は構成員の過半数が障害当事者と家族という画期的なものでしたが、そこから提出された提言をもとにして、次々と法律の改正や制定がなされてきました。

この会議は二〇〇六年に国連で採択された「障害者の権利条約」の批准に向けた国内法の整備を大きな目的としていましたから、当然のことながら様々な提言は「インクルーシブ社会・共生社会の実現」に向けてのものでした。推進会議の提言が十分に反映されたとは言い難いものの（そのことについては、本文を読んでみて下さい）、この間になされた法の改正や制定は、総じて「インクルージョン」「共生」の方向を目指したものとなっていることは確かです。

これまで障害者は思いやりや訓練・指導等の対象とされることが多く、権利の主体・他の人と平等に社会生活を営む主体として受け止められることはほとんどありませんでした。そのことにより、障害者本人はもちろんのこと、家族も大きな生きにくさを覚えてきました。日常生活のさまざまな局面で差別を受け、その理不尽さを嫌というほど味あわされてもきました。

そのことを思うと、今回の一連の制度改革は、あちこちで不満な点はあるとは言え、障害のある人とない人が共生する社会を目指すことが明確にされたという意味では確かな前進であり、私達を勇気づけてくれるものでした。

今回の制度改革を機に、私達は、以前まとめた『『障害児と学校』にかかわる法律・条約・宣言集』を大幅に改訂することにしました。『宣言集』を出版したのは二〇〇〇年四月です。この『宣言集』を武器にして障害のあるわが子を地域の学校につなげた人もいたと思いますが、現実問題として、たとえば学校教育法施行令のようにわが国の法制度そのものが障害児を地域の学校から排除していたのですから、どの人の闘いも困難なものとならざるを得ませんでした。

今回の制度改革の流れの中で、学校教育法施行令が極めて不十分ながらも改正されました。私達の求めていた「原則統合」にはほど遠い内容ですが、とりあえず障害の種類と程度によって子どもを振り分ける就学の仕組みはなくなりました。ささやかではあれ、一つの前進と捉え、これを使えるだけ使い、「原則統合」「共生のインクルーシブ教育」の実現を目指した取り組みをしていきたいものです。

私達の願う教育の実現はまだまだ先のこととしても、今度の制度改革によって、（施行令の改正以外にも）これまでにはなかったいくつもの武器がもたらされたことは確かです。

一つひとつの法令等は、その限界等も含めて、みなさんに一つひとつじっくり読んでいただくこととして、私自身が特に心ひかれたことを一、二点描かせていただきます。

二〇一一年七月に障害者基本法が抜本的に改正されました。その第一条（目的）に次のように記されています。

> この法律は、全ての国民が、障害の有無にかかわらず、等しく基本的人権を享受するかけがいのない個人として尊重されるものであるとの理念にのっとり、全ての国民が、障害の有無によって分け隔てられることなく、相互に人格と個性を尊重し合いながら共生する社会を実現するため（後略）

続けて第二条（定義）において、「社会的障壁」という概念を明記し、「障害」を「個人」の問題ではなく、「社会の問題」として捉える視点を打ち出しています。

これらの条文を読んだ時、私は大きな解放感を覚えました。これからのいろんなものが変わっていく。そう思えました。

わが国における近年の障害者制度改革は、実は二〇〇六年に国連で採択された「障害者の権利条約」をわが国で批准するための条件を整えるためのものでした。条約の基本理念は、インクルーシブ社会の実権です。この条約が、今年の二月一九日に、ついに発効の日を迎えました。これも私達にとっては大きな力となるはずです。

権利条約を含め、障害者の人権を守り、障害のある人とない人が共生していく社会を実現させるための法令等が、私達の前にあります。ただ、法令などがあっただけで状況が変わっていくわけではないので、これらの法令等を存分に活用して行くことが、私達に求められます。繰り返しになりますが、法令等の中には不十分なものがあるのは確かです。それをよりよいものにしていくのは私達の大切な仕事です。

私はかねてから、実践と制度改革を車の両輪と考えて歩んできました。いま、曲がりなりにも「共生」に向けた制度改革が一段落しました。これからはそこから生まれたさまざまな法令等の内実を作るために、私達自身の実践が問われてきます。

これまでのような分ける教育・分ける社会の在り方を変え、どの子も共に育つ教育・いろんな人たちが共に生きる社会の実現のために、この冊子が多くの人たちに活用されれば幸いです。

ここでどうしてもふれなければならないのは、昨今の憲法改悪の流れや学校教育への政治の介入、市場原理の導入等の動きです。共生教育や共生社会の実現を目指すと言われる一方で、その学校や社会自体がとても危険な方向に向かわされている現実があり、これは決して座視できるものではありません。一人ひとりがこの問題にもコミットしながら、安心で安全な学校や社会の実現に向けて力を注いでいくことが強く求められています。そのことも心に留めながら、この冊子を活用して、確かな取組みを積み重ねていきたいものです。

（とくだ・しげる　障害児を普通学校へ・全国連絡会　代表）

もくじ

● Ⅲ 障害児・者にかかわる法律 135

● Ⅳ 宣言・規約 269

● V 法令集を使いこなす

【本書で使用しているデータの出典について】

・法令の条文等のデータの出典は、特に記載しているものの他は、総務省行政管理局が提供している憲法、法律、政令、勅令、府令・省令、閣令及び規則のデータ（平成26年8月 1日までの官報掲載法令）から取って、加工して編集しています。

「行政手続のオンライン利用の推進」（総務省）
(http://www.e-gov.go.jp/doc/facilitate/index.html) を加工して作成しています。

２０１５（平成27）年1月1日現在の法令データ（平成27年 1月1日までの官報掲載法令）
http://law.e-gov.go.jp/cgi-bin/idxsearch.cgi

・条約等の翻訳された条文データは、特に記載しているものの他は、外務省ホームページの「人権外交」から取り、加工して編集しています。
http://www.mofa.go.jp/mofaj/gaiko/jinken.html

・条約等の条文の訳文データは、原則的に政府訳を掲載しています。その翻訳についての批判的検討を本書ではしていません。必要な場合には、次に紹介するサイトや書籍が参考になります。

子どもの権利に関する条約（児童の権利に関する条約）
国際教育法研究会訳　http://www.ncrc.jp/archives/1989/11/reference891120.html
ユニセフ　http://www.unicef.or.jp/about_unicef/about_rig_all.html

障害者権利条約
青海恵子訳「障害者権利条約」２００７年7月　千書房　定価１２００円＋税
川島聡＝長瀬修　仮訳（２００８年5月30日付）
http://www.normanet.ne.jp/~jdf/shiryo/convention/index.html

なお、本書には収録していない「障害者の機会均等化に関する基準規則」は次をご覧ください。
障害者の機会均等化に関する基準規則　日本語版
http://www.dinf.ne.jp/doc/japanese/intl/standard/standard.html

・行政不服審査法は、２０１４年6月に現行法が全部改正公布され、新法は公布の日から起算して2年を超えない範囲内において政令で定める日から施行されますが、本書では現行法のままにしています。新法については法務省のホームページ等を参照。
http://www.soumu.go.jp/main_sosiki/gyoukan/kanri/fufuku/

I　憲法・条約・基本法

日本国憲法

１９４６（昭和21）年11月３日公布
１９４７（昭和22）年５月３日施行

前文

日本国民は、正当に選挙された国会における代表者を通じて行動し、われらとわれらの子孫のために、諸国民との協和による成果と、わが国全土にわたつて自由のもたらす恵沢を確保し、政府の行為によつて再び戦争の惨禍が起ることのないやうにすることを決意し、ここに主権が国民に存することを宣言し、この憲法を確定する。そもそも国政は、国民の厳粛な信託によるものであつて、その権威は国民に由来し、その権力は国民の代表者がこれを行使し、その福利は国民がこれを享受する。これは人類普遍の原理であり、この憲法は、かかる原理に基くものである。われらは、これに反する一切の憲法、法令及び詔勅を排除する。

日本国民は、恒久の平和を念願し、人間相互の関係を支配する崇高な理想を深く自覚するのであつて、平和を愛する諸国民の公正と信義に信頼して、われらの安全と生存を保持しようと決意した。われらは、平和を維持し、専制と隷従、圧迫と偏狭を地上から永遠に除去しようと努めてゐる国際社会において、名誉ある地位を占めたいと思ふ。われらは、全世界の国民が、ひとしく恐怖と欠乏から免かれ、平和のうちに生存する権利を有することを確認する。

われらは、いづれの国家も、自国のことのみに専念して他国を無視してはならないのであつて、政治道徳の法則は、普遍的なものであり、この法則に従ふことは、自国の主権を維持し、他国と対等関係に立たうとする各国の責務であると信ずる。

日本国民は、国家の名誉にかけ、全力をあげてこの崇高な理想と目的を達成することを誓ふ。

第一章　天皇

第一条　天皇は、日本国の象徴であり日本国民統合の象徴であつて、この地位は、主権の存する日本国民の総意に基く。

第二条　皇位は、世襲のものであつて、国会の議決した皇室典範の定めるところにより、これを継承する。

第三条　天皇の国事に関するすべての行為には、内閣の助言と承認を必要とし、内閣が、その責任を負ふ。

第四条　天皇は、この憲法の定める国事に関する行為のみを行ひ、国政に関する権能を有しない。

２　天皇は、法律の定めるところにより、その国事に関する行為を委任することができる。

第五条　皇室典範の定めるところにより摂政を置くときは、摂政は、天皇の名でその国事に関する行為を行ふ。この場合には、前条第一項の規定を準用する。

第六条　天皇は、国会の指名に基いて、内閣総理大臣を任命する。

２　天皇は、内閣の指名に基いて、最高裁判所の長たる裁判官を任命する。

第七条　天皇は、内閣の助言と承認により、国民のために、左の国事に関する行為を行ふ。

一　憲法改正、法律、政令及び条約を公布すること。

二　国会を召集すること。

三　衆議院を解散すること。

四　国会議員の総選挙の施行を公示すること。

五　国務大臣及び法律の定めるその他の官吏の任免並びに全権委任状及び大使及び公使の信任状を認証すること。

六　大赦、特赦、減刑、刑の執行の免除及び復権を認証すること。

七　栄典を授与すること。

八　批准書及び法律の定めるその他の外交

文書を認証すること。

九　外国の大使及び公使を接受すること。

十　儀式を行ふこと。

第八条　皇室に財産を譲り渡し、又は皇室が、財産を譲り受け、若しくは賜与することは、国会の議決に基かなければならない。

第二章　戦争の放棄

第九条　日本国民は、正義と秩序を基調とする国際平和を誠実に希求し、国権の発動たる戦争と、武力による威嚇又は武力の行使は、国際紛争を解決する手段としては、永久にこれを放棄する。

2　前項の目的を達するため、陸海空軍その他の戦力は、これを保持しない。国の交戦権は、これを認めない。

第三章　国民の権利及び義務

第十条　日本国民たる要件は、法律でこれを定める。

第十一条　国民は、すべての基本的人権の享有を妨げられない。この憲法が国民に保障する基本的人権は、侵すことのできない永久の権利として、現在及び将来の国民に与へられる。

第十二条　この憲法が国民に保障する自由及び権利は、国民の不断の努力によつて、これを保持しなければならない。又、国民は、これを濫用してはならないのであつて、常に公共の福祉のためにこれを利用する責任を負ふ。

第十三条　すべて国民は、個人として尊重される。生命、自由及び幸福追求に対する国民の権利については、公共の福祉に反しない限り、立法その他の国政の上で、最大の尊重を必要とする。

第十四条　すべて国民は、法の下に平等であつて、人種、信条、性別、社会的身分又は門地により、政治的、経済的又は社会的関係において、差別されない。

2　華族その他の貴族の制度は、これを認めない。

3　栄誉、勲章その他の栄典の授与は、いかなる特権も伴はない。栄典の授与は、現にこれを有し、又は将来これを受ける者の一代に限り、その効力を有する。

第十五条　公務員を選定し、及びこれを罷免することは、国民固有の権利である。

2　すべて公務員は、全体の奉仕者であつて、一部の奉仕者ではない。

3　公務員の選挙については、成年者による普通選挙を保障する。

4　すべて選挙における投票の秘密は、これを侵してはならない。選挙人は、その選択に関し公的にも私的にも責任を問はれない。

第十六条　何人も、損害の救済、公務員の罷免、法律、命令又は規則の制定、廃止又は改正その他の事項に関し、平穏に請願する権利を有し、何人も、かかる請願をしたためにいかなる差別待遇も受けない。

第十七条　何人も、公務員の不法行為により、損害を受けたときは、法律の定めるところにより、国又は公共団体に、その賠償を求めることができる。

第十八条　何人も、いかなる奴隷的拘束も受けない。又、犯罪に因る処罰の場合を除いては、その意に反する苦役に服させられない。

第十九条　思想及び良心の自由は、これを侵してはならない。

第二十条　信教の自由は、何人に対してもこれを保障する。いかなる宗教団体も、国から特権を受け、又は政治上の権力を行使してはならない。

2　何人も、宗教上の行為、祝典、儀式又は行事に参加することを強制されない。

3　国及びその機関は、宗教教育その他いかなる宗教的活動もしてはならない。

第二十一条　集会、結社及び言論、出版その他一切の表現の自由は、これを保障する。

2　検閲は、これをしてはならない。通信の秘密は、これを侵してはならない。

第二十二条　何人も、公共の福祉に反しない限り、居住、移転及び職業選択の自由を有する。

2　何人も、外国に移住し、又は国籍を離脱する自由を侵されない。

第二十三条　学問の自由は、これを保障する。

第二十四条　婚姻は、両性の合意のみに基いて成立し、夫婦が同等の権利を有することを基本として、相互の協力により、維持されなければならない。

2　配偶者の選択、財産権、相続、住居の選定、離婚並びに婚姻及び家族に関するその他の事項に関しては、法律は、個人の尊厳と両性の本質的平等に立脚して、制定されなければならない。

第二十五条　すべて国民は、健康で文化的な最低限度の生活を営む権利を有する。

2　国は、すべての生活部面について、社会福祉、社会保障及び公衆衛生の向上及び増進に努めなければならない。

第二十六条　すべて国民は、法律の定めるところにより、その能力に応じて、ひとしく教育を受ける権利を有する。

2　すべて国民は、法律の定めるところにより、その保護する子女に普通教育を受けさせる義務を負ふ。義務教育は、これを無償とする。

第二十七条　すべて国民は、勤労の権利を有し、義務を負ふ。

2　賃金、就業時間、休息その他の勤労条件に関する基準は、法律でこれを定める。

3　児童は、これを酷使してはならない。

第二十八条　勤労者の団結する権利及び団体交渉その他の団体行動をする権利は、これを保障する。

第二十九条　財産権は、これを侵してはならない。

2　財産権の内容は、公共の福祉に適合するやうに、法律でこれを定める。

3　私有財産は、正当な補償の下に、これを公共のために用ひることができる。

第三十条　国民は、法律の定めるところにより、納税の義務を負ふ。

第三十一条　何人も、法律の定める手続によらなければ、その生命若しくは自由を奪はれ、又はその他の刑罰を科せられない。

第三十二条　何人も、裁判所において裁判を受ける権利を奪はれない。

第三十三条　何人も、現行犯として逮捕される場合を除いては、権限を有する司法官憲が発し、且つ理由となつてゐる犯罪を明示する令状によらなければ、逮捕されない。

第三十四条　何人も、理由を直ちに告げられ、且つ、直ちに弁護人に依頼する権利を与へられなければ、抑留又は拘禁されない。又、何人も、正当な理由がなければ、拘禁されず、要求があれば、その理由は、直ちに本人及びその弁護人の出席する公開の法廷で示されなければならない。

第三十五条　何人も、その住居、書類及び所持品について、侵入、捜索及び押収を受けることのない権利は、第三十三条の場合を除いては、正当な理由に基いて発せられ、且つ捜索する場所及び押収する物を明示する令状がなければ、侵されない。

2　捜索又は押収は、権限を有する司法官憲が発する各別の令状により、これを行ふ。

第三十六条　公務員による拷問及び残虐な刑罰は、絶対にこれを禁ずる。

第三十七条　すべて刑事事件においては、被告人は、公平な裁判所の迅速な公開裁判を受ける権利を有する。

2　刑事被告人は、すべての証人に対して審問する機会を充分に与へられ、又、公費で自己のために強制的手続により証人を求める権利を有する。

3　刑事被告人は、いかなる場合にも、資格を有する弁護人を依頼することができる。被告人が自らこれを依頼することができないときは、国でこれを附する。

第三十八条　何人も、自己に不利益な供述を強要されない。

2　強制、拷問若しくは脅迫による自白又は不当に長く抑留若しくは拘禁された後の自白は、これを証拠とすることができない。

3　何人も、自己に不利益な唯一の証拠が本人の自白である場合には、有罪とされ、又は刑罰を科せられない。

第三十九条　何人も、実行の時に適法であつた行為又は既に無罪とされた行為については、刑事上の責任を問はれない。又、同一の犯罪について、重ねて刑事上の責任を問はれない。

第四十条　何人も、抑留又は拘禁された後、無罪の裁判を受けたときは、法律の定めるところにより、国にその補償を求めることができる。

第四章　国会

第四十一条　国会は、国権の最高機関であつて、国の唯一の立法機関である。

第四十二条　国会は、衆議院及び参議院の両議院でこれを構成する。

第四十三条　両議院は、全国民を代表する選挙された議員でこれを組織する。

2　両議院の議員の定数は、法律でこれを定める。

第四十四条　両議院の議員及びその選挙人の資格は、法律でこれを定める。但し、人種、信条、性別、社会的身分、門地、教育、財産又は収入によつて差別してはならない。

第四十五条　衆議院議員の任期は、四年とする。但し、衆議院解散の場合には、その期間満了前に終了する。

第四十六条　参議院議員の任期は、六年とし、三年ごとに議員の半数を改選する。

第四十七条　選挙区、投票の方法その他両議院の議員の選挙に関する事項は、法律でこれを定める。

第四十八条　何人も、同時に両議院の議員たることはできない。

第四十九条　両議院の議員は、法律の定めるところにより、国庫から相当額の歳費を受ける。

第五十条　両議院の議員は、法律の定める場合を除いては、国会の会期中逮捕されず、会期前に逮捕された議員は、その議院の要求があれば、会期中これを釈放しなければならない。

第五十一条　両議院の議員は、議院で行つた演説、討論又は表決について、院外で責任を問はれない。

第五十二条　国会の常会は、毎年一回これを召集する。

第五十三条　内閣は、国会の臨時会の召集を決定することができる。いづれかの議院の総議員の四分の一以上の要求があれば、内閣は、その召集を決定しなければならない。

第五十四条　衆議院が解散されたときは、解散の日から四十日以内に、衆議院議員の総選挙を行ひ、その選挙の日から三十日以内に、国会を召集しなければならない。

2　衆議院が解散されたときは、参議院は、同時に閉会となる。但し、内閣は、国に緊急の必要があるときは、参議院の緊急集会を求めることができる。

3　前項但書の緊急集会において採られた措置は、臨時のものであつて、次の国会開会の後十日以内に、衆議院の同意がない場合には、その効力を失ふ。

第五十五条　両議院は、各々その議員の資格に関する争訟を裁判する。但し、議員の議席を失はせるには、出席議員の三分の二以上の多数による議決を必要とする。

第五十六条　両議院は、各々その総議員の三分の一以上の出席がなければ、議事を開き議決することができない。

2　両議院の議事は、この憲法に特別の定のある場合を除いては、出席議員の過半数でこれを決し、可否同数のときは、議長の決するところによる。

第五十七条　両議院の会議は、公開とする。但し、出席議員の三分の二以上の多数で議決したときは、秘密会を開くことができる。

2　両議院は、各々その会議の記録を保存し、秘密会の記録の中で特に秘密を要すると認められるもの以外は、これを公表し、且つ一般に頒布しなければならない。

3　出席議員の五分の一以上の要求があれば、各議員の表決は、これを会議録に記載しなければならない。

第五十八条　両議院は、各々その議長その他の役員を選任する。

2　両議院は、各々その会議その他の手続及び内部の規律に関する規則を定め、又、院内の秩序をみだした議員を懲罰することができる。但し、議員を除名するには、出席議員の三分の二以上の多数による議決を必要とする。

第五十九条　法律案は、この憲法に特別の定のある場合を除いては、両議院で可決したとき法律となる。

2　衆議院で可決し、参議院でこれと異なつた議決をした法律案は、衆議院で出席議員の三分の二以上の多数で再び可決したときは、法律となる。

3　前項の規定は、法律の定めるところにより、衆議院が、両議院の協議会を開くことを求めることを妨げない。

4　参議院が、衆議院の可決した法律案を受け取つた後、国会休会中の期間を除いて六十日以内に、議決しないときは、衆議院は、参議院がその法律案を否決したものとみなすことができる。

第六十条　予算は、さきに衆議院に提出しなければならない。

2　予算について、参議院で衆議院と異なつた議決をした場合に、法律の定めるところにより、両議院の協議会を開いても意見が一致しないとき、又は参議院が、衆議院の可決した予算を受け取つた後、国会休会中の期間を除いて三十日以内に、議決しないときは、衆議院の議決を国会の議決とする。

第六十一条　条約の締結に必要な国会の承認については、前条第二項の規定を準用する。

第六十二条　両議院は、各々国政に関する調査を行ひ、これに関して、証人の出頭及び証言並びに記録の提出を要求することができる。

第六十三条　内閣総理大臣その他の国務大臣は、両議院の一に議席を有すると有しないとにかかはらず、何時でも議案について発言するため議院に出席することができる。又、答弁又は説明のため出席を求められたときは、出席しなければならない。

第六十四条　国会は、罷免の訴追を受けた裁判官を裁判するため、両議院の議員で組織する弾劾裁判所を設ける。

2　弾劾に関する事項は、法律でこれを定める。

第五章　内閣

第六十五条　行政権は、内閣に属する。

第六十六条　内閣は、法律の定めるところにより、その首長たる内閣総理大臣及びその他の国務大臣でこれを組織する。

2　内閣総理大臣その他の国務大臣は、文民でなければならない。

3　内閣は、行政権の行使について、国会に対し連帯して責任を負ふ。

第六十七条　内閣総理大臣は、国会議員の中から国会の議決で、これを指名する。この指名は、他のすべての案件に先だつて、これを行ふ。

2　衆議院と参議院とが異なつた指名の議決をした場合に、法律の定めるところにより、両議院の協議会を開いても意見が一致しないとき、又は衆議院が指名の議決をした後、国会休会中の期間を除いて十日以内に、参議院が、指名の議決をしないときは、衆議院の議決を国会の議決とする。

第六十八条　内閣総理大臣は、国務大臣を任命する。但し、その過半数は、国会議員の中から選ばれなければならない。

2　内閣総理大臣は、任意に国務大臣を罷免することができる。

第六十九条　内閣は、衆議院で不信任の決議案を可決し、又は信任の決議案を否決したときは、十日以内に衆議院が解散されない限り、総辞職をしなければならない。

第七十条　内閣総理大臣が欠けたとき、又は衆議院議員総選挙の後に初めて国会の召集があつたときは、内閣は、総辞職をしなければならない。

第七十一条　前二条の場合には、内閣は、あらたに内閣総理大臣が任命されるまで引き続きその職務を行ふ。

第七十二条　内閣総理大臣は、内閣を代表して議案を国会に提出し、一般国務及び外交関係について国会に報告し、並びに行政各部を指揮監督する。

第七十三条　内閣は、他の一般行政事務の外、左の事務を行ふ。

一　法律を誠実に執行し、国務を総理すること。

二　外交関係を処理すること。

三　条約を締結すること。但し、事前に、時宜によつては事後に、国会の承認を経ることを必要とする。

四　法律の定める基準に従ひ、官吏に関する事務を掌理すること。

五　予算を作成して国会に提出すること。

六　この憲法及び法律の規定を実施するために、政令を制定すること。但し、政令には、特にその法律の委任がある場合を除いては、罰則を設けることができない。

七　大赦、特赦、減刑、刑の執行の免除及び復権を決定すること。

第七十四条　法律及び政令には、すべて主任の国務大臣が署名し、内閣総理大臣が連署することを必要とする。

第七十五条　国務大臣は、その在任中、内閣総理大臣の同意がなければ、訴追されない。但し、これがため、訴追の権利は、害されない。

第六章　司法

第七十六条　すべて司法権は、最高裁判所及び法律の定めるところにより設置する下級裁判所に属する。

2　特別裁判所は、これを設置することができない。行政機関は、終審として裁判を行ふことができない。

3　すべて裁判官は、その良心に従ひ独立してその職権を行ひ、この憲法及び法律にのみ拘束される。

第七十七条　最高裁判所は、訴訟に関する手続、弁護士、裁判所の内部規律及び司法事務処理に関する事項について、規則を定める権限を有する。

2　検察官は、最高裁判所の定める規則に従はなければならない。

3　最高裁判所は、下級裁判所に関する規則を定める権限を、下級裁判所に委任することができる。

第七十八条　裁判官は、裁判により、心身の故障のために職務を執ることができないと決定された場合を除いては、公の弾劾によらなければ罷免されない。裁判官の懲戒処分は、行政機関がこれを行ふことはできない。

第七十九条　最高裁判所は、その長たる裁判官及び法律の定める員数のその他の裁判官でこれを構成し、その長たる裁判官以外の裁判官は、内閣でこれを任命する。

2　最高裁判所の裁判官の任命は、その任命後初めて行はれる衆議院議員総選挙の際国民の審査に付し、その後十年を経過した後初めて行はれる衆議院議員総選挙の際更に審査に付し、その後も同様とする。

3　前項の場合において、投票者の多数が裁判官の罷免を可とするときは、その裁判官は、罷免される。

4　審査に関する事項は、法律でこれを定める。

5　最高裁判所の裁判官は、法律の定める年齢に達した時に退官する。

6　最高裁判所の裁判官は、すべて定期に相当額の報酬を受ける。この報酬は、在任中、これを減額することができない。

第八十条　下級裁判所の裁判官は、最高裁判所の指名した者の名簿によつて、内閣でこれを任命する。その裁判官は、任期を十年とし、再任されることができる。但し、法律の定める年齢に達した時には退官する。

2　下級裁判所の裁判官は、すべて定期に相当額の報酬を受ける。この報酬は、在任中、これを減額することができない。

第八十一条　最高裁判所は、一切の法律、命令、規則又は処分が憲法に適合するかしないかを決定する権限を有する終審裁判所である。

第八十二条　裁判の対審及び判決は、公開法廷でこれを行ふ。

2　裁判所が、裁判官の全員一致で、公の秩序又は善良の風俗を害する虞があると決した場合には、対審は、公開しないでこれを行ふことができる。但し、政治犯罪、出版に関する犯罪又はこの憲法第三章で保障する国民の権利が問題となつてゐる事件の対審は、常にこれを公開しなければならない。

第七章　財政

第八十三条　国の財政を処理する権限は、国会の議決に基いて、これを行使しなければならない。

第八十四条　あらたに租税を課し、又は現行の租税を変更するには、法律又は法律の定める条件によることを必要とする。

第八十五条　国費を支出し、又は国が債務を負担するには、国会の議決に基くことを必要とする。

第八十六条　内閣は、毎会計年度の予算を作成し、国会に提出して、その審議を受け議決を経なければならない。

第八十七条　予見し難い予算の不足に充てるため、国会の議決に基いて予備費を設け、内閣の責任でこれを支出することができる。

2　すべて予備費の支出については、内閣は、事後に国会の承諾を得なければならない。

第八十八条　すべて皇室財産は、国に属する。すべて皇室の費用は、予算に計上して国会の議決を経なければならない。

第八十九条　公金その他の公の財産は、宗教上の組織若しくは団体の使用、便益若しくは維持のため、又は公の支配に属しない慈善、教育若しくは博愛の事業に対し、これを支出し、又はその利用に供してはならない。

第九十条　国の収入支出の決算は、すべて毎年会計検査院がこれを検査し、内閣は、次の年度に、その検査報告とともに、これを国会に提出しなければならない。

2　会計検査院の組織及び権限は、法律でこれを定める。

第九十一条　内閣は、国会及び国民に対し、定期に、少くとも毎年一回、国の財政状況について報告しなければならない。

第八章　地方自治

第九十二条　地方公共団体の組織及び運営に関する事項は、地方自治の本旨に基いて、法律でこれを定める。

第九十三条　地方公共団体には、法律の定めるところにより、その議事機関として議会を設置する。

2　地方公共団体の長、その議会の議員及び法律の定めるその他の吏員は、その地方公共団体の住民が、直接これを選挙する。

第九十四条　地方公共団体は、その財産を管理し、事務を処理し、及び行政を執行する権能を有し、法律の範囲内で条例を制定することができる。

第九十五条　一の地方公共団体のみに適用される特別法は、法律の定めるところにより、その地方公共団体の住民の投票においてその過半数の同意を得なければ、国会は、これを制定することができない。

第九章　改正

第九十六条　この憲法の改正は、各議院の総議員の三分の二以上の賛成で、国会が、これを発議し、国民に提案してその承認を経なければならない。この承認には、特別の国民投票又は国会の定める選挙の際行はれる投票において、その過半数の賛成を必要とする。

2　憲法改正について前項の承認を経たときは、天皇は、国民の名で、この憲法と一体を成すものとして、直ちにこれを公布する。

第十章　最高法規

第九十七条　この憲法が日本国民に保障する基本的人権は、人類の多年にわたる自由獲得の努力の成果であつて、これらの権利は、過去幾多の試錬に堪へ、現在及び将来の国民に対し、侵すことのできない永久の権利として信託されたものである。

第九十八条　この憲法は、国の最高法規であつて、その条規に反する法律、命令、詔勅及び国務に関するその他の行為の全部又は一部は、その効力を有しない。

2　日本国が締結した条約及び確立された国際法規は、これを誠実に遵守することを必要とする。

第九十九条　天皇又は摂政及び国務大臣、国会議員、裁判官その他の公務員は、この憲法を尊重し擁護する義務を負ふ。

第十一章　補則

第百条　この憲法は、公布の日から起算して六箇月を経過した日から、これを施行する。

2　この憲法を施行するために必要な法律の制定、参議院議員の選挙及び国会召集の手続並びにこの憲法を施行するために必要な準備手続は、前項の期日よりも前に、これを行ふことができる。

第百一条　この憲法施行の際、参議院がまだ成立してゐないときは、その成立するまでの間、衆議院は、国会としての権限を行ふ。

第百二条　この憲法による第一期の参議院議員のうち、その半数の者の任期は、これを三年とする。その議員は、法律の定めるところにより、これを定める。

第百三条　この憲法施行の際現に在職する国務大臣、衆議院議員及び裁判官並びにその他の公務員で、その地位に相応する地位がこの憲法で認められてゐる者は、法律で特別の定をした場合を除いては、この憲法施行のため、当然にはその地位を失ふことはない。但し、この憲法によつて、後任者が選挙又は任命されたときは、当然その地位を失ふ。

障害者権利条約

２００６（平成18）年12月13日、国連総会において採択
２０１３（平成25）年12月４日、参議院本会議で批准を承認
２０１４（平成26）年１月20日、国連事務局で日本の批准を承認
２０１４（平成26）年２月19日、日本において発効

前文

この条約の締約国は、

(a)　国際連合憲章において宣明された原則が、人類社会の全ての構成員の固有の尊厳及び価値並びに平等のかつ奪い得ない権利が世界における自由、正義及び平和の基礎を成すものであると認めていることを想起し、

(b)　国際連合が、世界人権宣言及び人権に関する国際規約において、全ての人はいかなる差別もなしに同宣言及びこれらの規約に掲げる全ての権利及び自由を享有することができることを宣明し、及び合意したことを認め、

(c)　全ての人権及び基本的自由が普遍的であり、不可分のものであり、相互に依存し、かつ、相互に関連を有すること並びに障害者が全ての人権及び基本的自由を差別なしに完全に享有することを保障することが必要であることを再確認し、

(d)　経済的、社会的及び文化的権利に関する国際規約、市民的及び政治的権利に関する国際規約、あらゆる形態の人種差別の撤廃に関する国際条約、女子に対するあらゆる形態の差別の撤廃に関する条約、拷問及び他の残虐な、非人道的な又は品位を傷つける取扱い又は刑罰に関する条約、児童の権利に関する条約及び全ての移住労働者及びその家族の構成員の権利の保護に関する国際条約を想起し、

(e)　障害が発展する概念であることを認め、また、障害が、機能障害を有する者とこれらの者に対する態度及び環境による障壁との間の相互作用であって、これらの者が他の者との平等を基礎として社会に完全かつ効果的に参加することを妨げるものによって生ずることを認め、

(f)　障害者に関する世界行動計画及び障害者の機会均等化に関する標準規則に定める原則及び政策上の指針が、障害者の機会均等を更に促進するための国内的、地域的及び国際的な政策、計画及び行動の促進、作成及び評価に影響を及ぼす上で重要であることを認め、

(g)　持続可能な開発に関連する戦略の不可分の一部として障害に関する問題を主流に組み入れることが重要であることを強調し、

(h)　また、いかなる者に対する障害に基づく差別も、人間の固有の尊厳及び価値を侵害するものであることを認め、

(i)　さらに、障害者の多様性を認め、

(j)　全ての障害者（より多くの支援を必要とする障害者を含む。）の人権を促進し、及び保護することが必要であることを認め、

(k)　これらの種々の文書及び約束にもかかわらず、障害者が、世界の全ての地域において、社会の平等な構成員としての参加を妨げる障壁及び人権侵害に依然として直面していることを憂慮し、

(l)　あらゆる国（特に開発途上国）における障害者の生活条件を改善するための国際協力が重要であることを認め、

(m)　障害者が地域社会における全般的な福祉及び多様性に対して既に貴重な貢献をしており、又は貴重な貢献をし得ることを認め、また、障害者による人権及び基本的自由の完全な享有並びに完全な参加を促進することにより、その帰属意識が高められること並びに社会の人的、社会的及び経済的開発並びに貧困の撲滅に大きな前進がもたらされることを認め、

(n)　障害者にとって、個人の自律及び自立（自ら選択する自由を含む。）が重要であること

を認め、

(o)　障害者が、政策及び計画（障害者に直接関連する政策及び計画を含む。）に係る意思決定の過程に積極的に関与する機会を有すべきであることを考慮し、

(p)　人種、皮膚の色、性、言語、宗教、政治的意見その他の意見、国民的な、種族的な、先住民族としての若しくは社会的な出身、財産、出生、年齢又は他の地位に基づく複合的又は加重的な形態の差別を受けている障害者が直面する困難な状況を憂慮し、

(q)　障害のある女子が、家庭の内外で暴力、傷害若しくは虐待、放置若しくは怠慢な取扱い、不当な取扱い又は搾取を受ける一層大きな危険にしばしばさらされていることを認め、

(r)　障害のある児童が、他の児童との平等を基礎として全ての人権及び基本的自由を完全に享有すべきであることを認め、また、このため、児童の権利に関する条約の締約国が負う義務を想起し、

(s)　障害者による人権及び基本的自由の完全な享有を促進するためのあらゆる努力に性別の視点を組み込む必要があることを強調し、

(t)　障害者の大多数が貧困の状況下で生活している事実を強調し、また、この点に関し、貧困が障害者に及ぼす悪影響に対処することが真に必要であることを認め、

(u)　国際連合憲章に定める目的及び原則の十分な尊重並びに人権に関する適用可能な文書の遵守に基づく平和で安全な状況が、特に武力紛争及び外国による占領の期間中における障害者の十分な保護に不可欠であることに留意し、

(v)　障害者が全ての人権及び基本的自由を完全に享有することを可能とするに当たっては、物理的、社会的、経済的及び文化的な環境並びに健康及び教育を享受しやすいようにし、並びに情報及び通信を利用しやすいようにすることが重要であることを認め、

(w)　個人が、他人に対し及びその属する地域社会に対して義務を負うこと並びに国際人権章典において認められる権利の増進及び擁護のために努力する責任を有することを認識し、

(x)　家族が、社会の自然かつ基礎的な単位であること並びに社会及び国家による保護を受ける権利を有することを確信し、また、障害者及びその家族の構成員が、障害者の権利の完全かつ平等な享有に向けて家族が貢献することを可能とするために必要な保護及び支援を受けるべきであることを確信し、

(y)　障害者の権利及び尊厳を促進し、及び保護するための包括的かつ総合的な国際条約が、開発途上国及び先進国において、障害者の社会的に著しく不利な立場を是正することに重要な貢献を行うこと並びに障害者が市民的、政治的、経済的、社会的及び文化的分野に均等な機会により参加することを促進することを確信して、

次のとおり協定した。

第一条　目的

この条約は、全ての障害者によるあらゆる人権及び基本的自由の完全かつ平等な享有を促進し、保護し、及び確保すること並びに障害者の固有の尊厳の尊重を促進することを目的とする。

障害者には、長期的な身体的、精神的、知的又は感覚的な機能障害であって、様々な障壁との相互作用により他の者との平等を基礎として社会に完全かつ効果的に参加することを妨げ得るものを有する者を含む。

第二条　定義

この条約の適用上、

「意思疎通」とは、言語、文字の表示、点字、触覚を使った意思疎通、拡大文字、利用しやすいマルチメディア並びに筆記、音声、平易な言葉、朗読その他の補助的及び代替的な意思疎通の形態、手段及び様式（利用しやすい情報通信機器を含む。）をいう。

「言語」とは、音声言語及び手話その他の形態の非音声言語をいう。

「障害に基づく差別」とは、障害に基づく

あらゆる区別、排除又は制限であって、政治的、経済的、社会的、文化的、市民的その他のあらゆる分野において、他の者との平等を基礎として全ての人権及び基本的自由を認識し、享有し、又は行使することを害し、又は妨げる目的又は効果を有するものをいう。障害に基づく差別には、あらゆる形態の差別（合理的配慮の否定を含む。）を含む。

「合理的配慮」とは、障害者が他の者との平等を基礎として全ての人権及び基本的自由を享有し、又は行使することを確保するための必要かつ適当な変更及び調整であって、特定の場合において必要とされるものであり、かつ、均衡を失した又は過度の負担を課さないものをいう。

「ユニバーサルデザイン」とは、調整又は特別な設計を必要とすることなく、最大限可能な範囲で全ての人が使用することのできる製品、環境、計画及びサービスの設計をいう。ユニバーサルデザインは、特定の障害者の集団のための補装具が必要な場合には、これを排除するものではない。

第三条　一般原則

この条約の原則は、次のとおりとする。

(a)　固有の尊厳、個人の自律（自ら選択する自由を含む。）及び個人の自立の尊重

(b)　無差別

(c)　社会への完全かつ効果的な参加及び包容

(d)　差異の尊重並びに人間の多様性の一部及び人類の一員としての障害者の受入れ

(e)　機会の均等

(f)　施設及びサービス等の利用の容易さ

(g)　男女の平等

(h)　障害のある児童の発達しつつある能力の尊重及び障害のある児童がその同一性を保持する権利の尊重

第四条　一般的義務

1　締約国は、障害に基づくいかなる差別もなしに、全ての障害者のあらゆる人権及び基本的自由を完全に実現することを確保し、及び促進することを約束する。このため、締約国は、次のことを約束する。

(a)　この条約において認められる権利の実現のため、全ての適当な立法措置、行政措置その他の措置をとること。

(b)　障害者に対する差別となる既存の法律、規則、慣習及び慣行を修正し、又は廃止するための全ての適当な措置（立法を含む。）をとること。

(c)　全ての政策及び計画において障害者の人権の保護及び促進を考慮に入れること。

(d)　この条約と両立しないいかなる行為又は慣行も差し控えること。また、公の当局及び機関がこの条約に従って行動することを確保すること。

(e)　いかなる個人、団体又は民間企業による障害に基づく差別も撤廃するための全ての適当な措置をとること。

(f)　第二条に規定するユニバーサルデザインの製品、サービス、設備及び施設であって、障害者に特有のニーズを満たすために必要な調整が可能な限り最小限であり、かつ、当該ニーズを満たすために必要な費用が最小限であるべきものについての研究及び開発を実施し、又は促進すること。また、当該ユニバーサルデザインの製品、サービス、設備及び施設の利用可能性及び使用を促進すること。さらに、基準及び指針を作成するに当たっては、ユニバーサルデザインが当該基準及び指針に含まれることを促進すること。

(g)　障害者に適した新たな機器（情報通信機器、移動補助具、補装具及び支援機器を含む。）についての研究及び開発を実施し、又は促進し、並びに当該新たな機器の利用可能性及び使用を促進すること。この場合において、締約国は、負担しやすい費用の機器を優先させる。

(h)　移動補助具、補装具及び支援機器（新たな機器を含む。）並びに他の形態の援助、支援サービス及び施設に関する情報であっ

て、障害者にとって利用しやすいものを提供すること。

(i)　この条約において認められる権利によって保障される支援及びサービスをより良く提供するため、障害者と共に行動する専門家及び職員に対する当該権利に関する研修を促進すること。

2　各締約国は、経済的、社会的及び文化的権利に関しては、これらの権利の完全な実現を漸進的に達成するため、自国における利用可能な手段を最大限に用いることにより、また、必要な場合には国際協力の枠内で、措置をとることを約束する。ただし、この条約に定める義務であって、国際法に従って直ちに適用されるものに影響を及ぼすものではない。

3　締約国は、この条約を実施するための法令及び政策の作成及び実施において、並びに障害者に関する問題についての他の意思決定過程において、障害者（障害のある児童を含む。以下この3において同じ。）を代表する団体を通じ、障害者と緊密に協議し、及び障害者を積極的に関与させる。

4　この条約のいかなる規定も、締約国の法律又は締約国について効力を有する国際法に含まれる規定であって障害者の権利の実現に一層貢献するものに影響を及ぼすものではない。この条約のいずれかの締約国において法律、条約、規則又は慣習によって認められ、又は存する人権及び基本的自由については、この条約がそれらの権利若しくは自由を認めていないこと又はその認める範囲がより狭いことを理由として、それらの権利及び自由を制限し、又は侵してはならない。

5　この条約は、いかなる制限又は例外もなしに、連邦国家の全ての地域について適用する。

第五条　平等及び無差別

1　締約国は、全ての者が、法律の前に又は法律に基づいて平等であり、並びにいかなる差別もなしに法律による平等の保護及び利益を受ける権利を有することを認める。

2　締約国は、障害に基づくあらゆる差別を禁止するものとし、いかなる理由による差別に対しても平等かつ効果的な法的保護を障害者に保障する。

3　締約国は、平等を促進し、及び差別を撤廃することを目的として、合理的配慮が提供されることを確保するための全ての適当な措置をとる。

4　障害者の事実上の平等を促進し、又は達成するために必要な特別の措置は、この条約に規定する差別と解してはならない。

第六条　障害のある女子

1　締約国は、障害のある女子が複合的な差別を受けていることを認識するものとし、この点に関し、障害のある女子が全ての人権及び基本的自由を完全かつ平等に享有することを確保するための措置をとる。

2　締約国は、女子に対してこの条約に定める人権及び基本的自由を行使し、及び享有することを保障することを目的として、女子の完全な能力開発、向上及び自律的な力の育成を確保するための全ての適当な措置をとる。

第七条　障害のある児童

1　締約国は、障害のある児童が他の児童との平等を基礎として全ての人権及び基本的自由を完全に享有することを確保するための全ての必要な措置をとる。

2　障害のある児童に関する全ての措置をとるに当たっては、児童の最善の利益が主として考慮されるものとする。

3　締約国は、障害のある児童が、自己に影響を及ぼす全ての事項について自由に自己の意見を表明する権利並びにこの権利を実現するための障害及び年齢に適した支援を提供される権利を有することを確保する。この場合において、障害のある児童の意見は、他の児童との平等を基礎として、その児童の年齢及び成熟度に従って相応に考慮されるものとする。

第八条　意識の向上

1　締約国は、次のことのための即時の、効果的なかつ適当な措置をとることを約束する。

(a)　障害者に関する社会全体（各家庭を含む。）の意識を向上させ、並びに障害者の権利及び尊厳に対する尊重を育成すること。

(b)　あらゆる活動分野における障害者に関する定型化された観念、偏見及び有害な慣行（性及び年齢に基づくものを含む。）と戦うこと。

(c)　障害者の能力及び貢献に関する意識を向上させること。

2　このため、1の措置には、次のことを含む。

(a)　次のことのための効果的な公衆の意識の啓発活動を開始し、及び維持すること。

(i)　障害者の権利に対する理解を育てること。

(ii)　障害者に対する肯定的認識及び一層の社会の啓発を促進すること。

(iii)　障害者の技能、長所及び能力並びに職場及び労働市場に対する障害者の貢献についての認識を促進すること。

(b)　教育制度の全ての段階（幼年期からの全ての児童に対する教育制度を含む。）において、障害者の権利を尊重する態度を育成すること。

(c)　全ての報道機関が、この条約の目的に適合するように障害者を描写するよう奨励すること。

(d)　障害者及びその権利に関する啓発のための研修計画を促進すること。

第九条　施設及びサービス等の利用の容易さ

1　締約国は、障害者が自立して生活し、及び生活のあらゆる側面に完全に参加することを可能にすることを目的として、障害者が、他の者との平等を基礎として、都市及び農村の双方において、物理的環境、輸送機関、情報通信（情報通信機器及び情報通信システムを含む。）並びに公衆に開放され、又は提供される他の施設及びサービスを利用する機会を有することを確保するための適当な措置をとる。この措置は、施設及びサービス等の利用の容易さに対する妨げ及び障壁を特定し、及び撤廃することを含むものとし、特に次の事項について適用する。

(a)　建物、道路、輸送機関その他の屋内及び屋外の施設（学校、住居、医療施設及び職場を含む。）

(b)　情報、通信その他のサービス（電子サービス及び緊急事態に係るサービスを含む。）

2　締約国は、また、次のことのための適当な措置をとる。

(a)　公衆に開放され、又は提供される施設及びサービスの利用の容易さに関する最低基準及び指針を作成し、及び公表し、並びに当該最低基準及び指針の実施を監視すること。

(b)　公衆に開放され、又は提供される施設及びサービスを提供する民間の団体が、当該施設及びサービスの障害者にとっての利用の容易さについてあらゆる側面を考慮することを確保すること。

(c)　施設及びサービス等の利用の容易さに関して障害者が直面する問題についての研修を関係者に提供すること。

(d)　公衆に開放される建物その他の施設において、点字の表示及び読みやすく、かつ、理解しやすい形式の表示を提供すること。

(e)　公衆に開放される建物その他の施設の利用の容易さを促進するため、人又は動物による支援及び仲介する者（案内者、朗読者及び専門の手話通訳を含む。）を提供すること。

(f)　障害者が情報を利用する機会を有することを確保するため、障害者に対する他の適当な形態の援助及び支援を促進すること。

(g)　障害者が新たな情報通信機器及び情報通信システム（インターネットを含む。）を利用する機会を有することを促進すること。

(h)　情報通信機器及び情報通信システムを最小限の費用で利用しやすいものとするため、早い段階で、利用しやすい情報通信機器及び情報通信システムの設計、開発、生産及び流通を促進すること。

第十条　生命に対する権利

締約国は、全ての人間が生命に対する固有の権利を有することを再確認するものとし、障害者が他の者との平等を基礎としてその権利を効果的に享有することを確保するための全ての必要な措置をとる。

第十一条　危険な状況及び人道上の緊急事態

締約国は、国際法（国際人道法及び国際人権法を含む。）に基づく自国の義務に従い、危険な状況（武力紛争、人道上の緊急事態及び自然災害の発生を含む。）において障害者の保護及び安全を確保するための全ての必要な措置をとる。

第十二条　法律の前にひとしく認められる権利

1　締約国は、障害者が全ての場所において法律の前に人として認められる権利を有することを再確認する。

2　締約国は、障害者が生活のあらゆる側面において他の者との平等を基礎として法的能力を享有することを認める。

3　締約国は、障害者がその法的能力の行使に当たって必要とする支援を利用する機会を提供するための適当な措置をとる。

4　締約国は、法的能力の行使に関連する全ての措置において、濫用を防止するための適当かつ効果的な保障を国際人権法に従って定めることを確保する。当該保障は、法的能力の行使に関連する措置が、障害者の権利、意思及び選好を尊重すること、利益相反を生じさせず、及び不当な影響を及ぼさないこと、障害者の状況に応じ、かつ、適合すること、可能な限り短い期間に適用されること並びに権限のある、独立の、かつ、公平な当局又は司法機関による定期的な審査の対象となることを確保するものとする。当該保障は、当該措置が障害者の権利及び利益に及ぼす影響の程度に応じたものとする。

5　締約国は、この条の規定に従うことを条件として、障害者が財産を所有し、又は相続し、自己の会計を管理し、及び銀行貸付け、抵当その他の形態の金融上の信用を利用する均等な機会を有することについての平等の権利を確保するための全ての適当かつ効果的な措置をとるものとし、障害者がその財産を恣意的に奪われないことを確保する。

第十三条　司法手続の利用の機会

1　締約国は、障害者が全ての法的手続（捜査段階その他予備的な段階を含む。）において直接及び間接の参加者（証人を含む。）として効果的な役割を果たすことを容易にするため、手続上の配慮及び年齢に適した配慮が提供されること等により、障害者が他の者との平等を基礎として司法手続を利用する効果的な機会を有することを確保する。

2　締約国は、障害者が司法手続を利用する効果的な機会を有することを確保することに役立てるため、司法に係る分野に携わる者（警察官及び刑務官を含む。）に対する適当な研修を促進する。

第十四条　身体の自由及び安全

1　締約国は、障害者に対し、他の者との平等を基礎として、次のことを確保する。

(a)　身体の自由及び安全についての権利を享有すること。

(b)　不法に又は恣意的に自由を奪われないこと、いかなる自由の剥奪も法律に従って行われること及びいかなる場合においても自由の剥奪が障害の存在によって正当化されないこと。

2　締約国は、障害者がいずれの手続を通じて自由を奪われた場合であっても、当該障害者が、他の者との平等を基礎として国際人権法による保障を受ける権利を有すること並びにこの条約の目的及び原則に従って取り扱われること（合理的配慮の提供によるものを含む。）を確保する。

第十五条　拷問又は残虐な、非人道的な若しくは品位を傷つける取扱い若しくは刑罰からの自由

1　いかなる者も、拷問又は残虐な、非人道的な若しくは品位を傷つける取扱い若しくは刑

罰を受けない。特に、いかなる者も、その自由な同意なしに医学的又は科学的実験を受けない。

2　締約国は、障害者が、他の者との平等を基礎として、拷問又は残虐な、非人道的な若しくは品位を傷つける取扱い若しくは刑罰を受けることがないようにするため、全ての効果的な立法上、行政上、司法上その他の措置をとる。

第十六条　搾取、暴力及び虐待からの自由

1　締約国は、家庭の内外におけるあらゆる形態の搾取、暴力及び虐待（性別に基づくものを含む。）から障害者を保護するための全ての適当な立法上、行政上、社会上、教育上その他の措置をとる。

2　また、締約国は、特に、障害者並びにその家族及び介護者に対する適当な形態の性別及び年齢に配慮した援助及び支援（搾取、暴力及び虐待の事案を防止し、認識し、及び報告する方法に関する情報及び教育を提供することによるものを含む。）を確保することにより、あらゆる形態の搾取、暴力及び虐待を防止するための全ての適当な措置をとる。締約国は、保護事業が年齢、性別及び障害に配慮したものであることを確保する。

3　締約国は、あらゆる形態の搾取、暴力及び虐待の発生を防止するため、障害者に役立つことを意図した全ての施設及び計画が独立した当局により効果的に監視されることを確保する。

4　締約国は、あらゆる形態の搾取、暴力又は虐待の被害者となる障害者の身体的、認知的及び心理的な回復、リハビリテーション並びに社会復帰を促進するための全ての適当な措置（保護事業の提供によるものを含む。）をとる。このような回復及び復帰は、障害者の健康、福祉、自尊心、尊厳及び自律を育成する環境において行われるものとし、性別及び年齢に応じたニーズを考慮に入れる。

5　締約国は、障害者に対する搾取、暴力及び虐待の事案が特定され、捜査され、及び適当な場合には訴追されることを確保するための効果的な法令及び政策（女子及び児童に重点を置いた法令及び政策を含む。）を策定する。

第十七条　個人をそのままの状態で保護すること

全ての障害者は、他の者との平等を基礎として、その心身がそのままの状態で尊重される権利を有する。

第十八条　移動の自由及び国籍についての権利

1　締約国は、障害者に対して次のことを確保すること等により、障害者が他の者との平等を基礎として移動の自由、居住の自由及び国籍についての権利を有することを認める。

(a)　国籍を取得し、及び変更する権利を有すること並びにその国籍を恣意的に又は障害に基づいて奪われないこと。

(b)　国籍に係る文書若しくは身元に係る他の文書を入手し、所有し、及び利用すること又は移動の自由についての権利の行使を容易にするために必要とされる関連手続（例えば、出入国の手続）を利用することを、障害に基づいて奪われないこと。

(c)　いずれの国（自国を含む。）からも自由に離れることができること。

(d)　自国に戻る権利を恣意的に又は障害に基づいて奪われないこと。

2　障害のある児童は、出生の後直ちに登録される。障害のある児童は、出生の時から氏名を有する権利及び国籍を取得する権利を有するものとし、また、できる限りその父母を知り、かつ、その父母によって養育される権利を有する。

第十九条　自立した生活及び地域社会への包容

この条約の締約国は、全ての障害者が他の者と平等の選択の機会をもって地域社会で生活する平等の権利を有することを認めるものとし、障害者が、この権利を完全に享受し、並びに地域社会に完全に包容され、及び参加することを容易にするための効果的かつ適当な措置をとる。この措置には、次のことを確保することによるものを含む。

(a) 障害者が、他の者との平等を基礎として、居住地を選択し、及びどこで誰と生活するかを選択する機会を有すること並びに特定の生活施設で生活する義務を負わないこと。

(b) 地域社会における生活及び地域社会への包容を支援し、並びに地域社会からの孤立及び隔離を防止するために必要な在宅サービス、居住サービスその他の地域社会支援サービス（個別の支援を含む。）を障害者が利用する機会を有すること。

(c) 一般住民向けの地域社会サービス及び施設が、障害者にとって他の者との平等を基礎として利用可能であり、かつ、障害者のニーズに対応していること。

第二十条　個人の移動を容易にすること

締約国は、障害者自身ができる限り自立して移動することを容易にすることを確保するための効果的な措置をとる。この措置には、次のことによるものを含む。

(a) 障害者自身が、自ら選択する方法で、自ら選択する時に、かつ、負担しやすい費用で移動することを容易にすること。

(b) 障害者が質の高い移動補助具、補装具、支援機器、人又は動物による支援及び仲介する者を利用する機会を得やすくすること（これらを負担しやすい費用で利用可能なものとすることを含む。）。

(c) 障害者及び障害者と共に行動する専門職員に対し、移動のための技能に関する研修を提供すること。

(d) 移動補助具、補装具及び支援機器を生産する事業体に対し、障害者の移動のあらゆる側面を考慮するよう奨励すること。

第二十一条　表現及び意見の自由並びに情報の利用の機会

締約国は、障害者が、第二条に定めるあらゆる形態の意思疎通であって自ら選択するものにより、表現及び意見の自由（他の者との平等を基礎として情報及び考えを求め、受け、及び伝える自由を含む。）についての権利を行使することができることを確保するための全ての適当な措置をとる。この措置には、次のことによるものを含む。

(a) 障害者に対し、様々な種類の障害に相応した利用しやすい様式及び機器により、適時に、かつ、追加の費用を伴わず、一般公衆向けの情報を提供すること。

(b) 公的な活動において、手話、点字、補助的及び代替的な意思疎通並びに障害者が自ら選択する他の全ての利用しやすい意思疎通の手段、形態及び様式を用いることを受け入れ、及び容易にすること。

(c) 一般公衆に対してサービス（インターネットによるものを含む。）を提供する民間の団体が情報及びサービスを障害者にとって利用しやすい又は使用可能な様式で提供するよう要請すること。

(d) マスメディア（インターネットを通じて情報を提供する者を含む。）がそのサービスを障害者にとって利用しやすいものとするよう奨励すること。

(e) 手話の使用を認め、及び促進すること。

第二十二条　プライバシーの尊重

1 いかなる障害者も、居住地又は生活施設のいかんを問わず、そのプライバシー、家族、住居又は通信その他の形態の意思疎通に対して恣意的に又は不法に干渉されず、また、名誉及び信用を不法に攻撃されない。障害者は、このような干渉又は攻撃に対する法律の保護を受ける権利を有する。

2 締約国は、他の者との平等を基礎として、障害者の個人、健康及びリハビリテーションに関する情報に係るプライバシーを保護する。

第二十三条　家庭及び家族の尊重

1 締約国は、他の者との平等を基礎として、婚姻、家族、親子関係及び個人的な関係に係る全ての事項に関し、障害者に対する差別を撤廃するための効果的かつ適当な措置をとる。この措置は、次のことを確保することを目的とする。

(a)　婚姻をすることができる年齢の全ての障害者が、両当事者の自由かつ完全な合意に基づいて婚姻をし、かつ、家族を形成する権利を認められること。

(b)　障害者が子の数及び出産の間隔を自由にかつ責任をもって決定する権利を認められ、また、障害者が生殖及び家族計画について年齢に適した情報及び教育を享受する権利を認められること。さらに、障害者がこれらの権利を行使することを可能とするために必要な手段を提供されること。

(c)　障害者（児童を含む。）が、他の者との平等を基礎として生殖能力を保持すること。

2　締約国は、子の後見、養子縁組又はこれらに類する制度が国内法令に存在する場合には、それらの制度に係る障害者の権利及び責任を確保する。あらゆる場合において、子の最善の利益は至上である。締約国は、障害者が子の養育についての責任を遂行するに当たり、当該障害者に対して適当な援助を与える。

3　締約国は、障害のある児童が家庭生活について平等の権利を有することを確保する。締約国は、この権利を実現し、並びに障害のある児童の隠匿、遺棄、放置及び隔離を防止するため、障害のある児童及びその家族に対し、包括的な情報、サービス及び支援を早期に提供することを約束する。

4　締約国は、児童がその父母の意思に反してその父母から分離されないことを確保する。ただし、権限のある当局が司法の審査に従うことを条件として適用のある法律及び手続に従いその分離が児童の最善の利益のために必要であると決定する場合は、この限りでない。いかなる場合にも、児童は、自己の障害又は父母の一方若しくは双方の障害に基づいて父母から分離されない。

5　締約国は、近親の家族が障害のある児童を監護することができない場合には、一層広い範囲の家族の中で代替的な監護を提供し、及びこれが不可能なときは、地域社会の中で家庭的な環境により代替的な監護を提供するよう、あらゆる努力を払う。

第二十四条　教育

1　締約国は、教育についての障害者の権利を認める。締約国は、この権利を差別なしに、かつ、機会の均等を基礎として実現するため、障害者を包容するあらゆる段階の教育制度及び生涯学習を確保する。当該教育制度及び生涯学習は、次のことを目的とする。

(a)　人間の潜在能力並びに尊厳及び自己の価値についての意識を十分に発達させ、並びに人権、基本的自由及び人間の多様性の尊重を強化すること。

(b)　障害者が、その人格、才能及び創造力並びに精神的及び身体的な能力をその可能な最大限度まで発達させること。

(c)　障害者が自由な社会に効果的に参加することを可能とすること。

2　締約国は、1の権利の実現に当たり、次のことを確保する。

(a)　障害者が障害に基づいて一般的な教育制度から排除されないこと及び障害のある児童が障害に基づいて無償のかつ義務的な初等教育から又は中等教育から排除されないこと。

(b)　障害者が、他の者との平等を基礎として、自己の生活する地域社会において、障害者を包容し、質が高く、かつ、無償の初等教育を享受することができること及び中等教育を享受することができること。

(c)　個人に必要とされる合理的配慮が提供されること。

(d)　障害者が、その効果的な教育を容易にするために必要な支援を一般的な教育制度の下で受けること。

(e)　学問的及び社会的な発達を最大にする環境において、完全な包容という目標に合致する効果的で個別化された支援措置がとられること。

3　締約国は、障害者が教育に完全かつ平等に参加し、及び地域社会の構成員として完全かつ平等に参加することを容易にするため、障害者が生活する上での技能及び社会的な発達のための技能を習得することを可能とする。このため、締約国は、次のことを含む適当な措置をとる。

(a)　点字、代替的な文字、意思疎通の補助的及び代替的な形態、手段及び様式並びに定位及び移動のための技能の習得並びに障害者相互による支援及び助言を容易にすること。

(b)　手話の習得及び聾社会の言語的な同一性の促進を容易にすること。

(c)　盲人、聾者又は盲聾者（特に盲人、聾者又は盲聾者である児童）の教育が、その個人にとって最も適当な言語並びに意思疎通の形態及び手段で、かつ、学問的及び社会的な発達を最大にする環境において行われることを確保すること。

4　締約国は、1の権利の実現の確保を助長することを目的として、手話又は点字について能力を有する教員（障害のある教員を含む。）を雇用し、並びに教育に従事する専門家及び職員（教育のいずれの段階において従事するかを問わない。）に対する研修を行うための適当な措置をとる。この研修には、障害についての意識の向上を組み入れ、また、適当な意思疎通の補助的及び代替的な形態、手段及び様式の使用並びに障害者を支援するための教育技法及び教材の使用を組み入れるものとする。

5　締約国は、障害者が、差別なしに、かつ、他の者との平等を基礎として、一般的な高等教育、職業訓練、成人教育及び生涯学習を享受することができることを確保する。このため、締約国は、合理的配慮が障害者に提供されることを確保する。

第二十五条　健康

締約国は、障害者が障害に基づく差別なしに到達可能な最高水準の健康を享受する権利を有することを認める。締約国は、障害者が性別に配慮した保健サービス（保健に関連するリハビリテーションを含む。）を利用する機会を有することを確保するための全ての適当な措置をとる。締約国は、特に、次のことを行う。

(a)　障害者に対して他の者に提供されるものと同一の範囲、質及び水準の無償の又は負担しやすい費用の保健及び保健計画（性及び生殖に係る健康並びに住民のための公衆衛生計画の分野のものを含む。）を提供すること。

(b)　障害者が特にその障害のために必要とする保健サービス（早期発見及び適当な場合には早期関与並びに特に児童及び高齢者の新たな障害を最小限にし、及び防止するためのサービスを含む。）を提供すること。

(c)　これらの保健サービスを、障害者自身が属する地域社会（農村を含む。）の可能な限り近くにおいて提供すること。

(d)　保健に従事する者に対し、特に、研修を通じて及び公私の保健に関する倫理基準を広く知らせることによって障害者の人権、尊厳、自律及びニーズに関する意識を高めることにより、他の者と同一の質の医療（例えば、事情を知らされた上での自由な同意を基礎とした医療）を障害者に提供するよう要請すること。

(e)　健康保険及び国内法により認められている場合には生命保険の提供に当たり、公正かつ妥当な方法で行い、及び障害者に対する差別を禁止すること。

(f)　保健若しくは保健サービス又は食糧及び飲料の提供に関し、障害に基づく差別的な拒否を防止すること。

第二十六条　ハビリテーション（適応のための技能の習得）及びリハビリテーション

1　締約国は、障害者が、最大限の自立並びに十分な身体的、精神的、社会的及び職業的な能力を達成し、及び維持し、並びに生活のあらゆる側面への完全な包容及び参加を達成し、及び維持することを可能とするための効果的かつ適当な措置（障害者相互による支援を通じたものを含む。）をとる。このため、締約国は、特に、保健、雇用、教育及び社会に係るサービスの分野において、ハビリテーション及びリハビリテーションについての包括的なサービス及びプログラムを企画し、強化し、及び拡張する。この場合において、これらのサービス及びプログラムは、次のようなものとする。

(a)　可能な限り初期の段階において開始し、並びに個人のニーズ及び長所に関する学際的な評価を基礎とするものであること。

(b)　地域社会及び社会のあらゆる側面への参加及び包容を支援し、自発的なものであり、並びに障害者自身が属する地域社会（農村を含む。）の可能な限り近くにおいて利用可能なものであること。

2　締約国は、ハビリテーション及びリハビリテーションのサービスに従事する専門家及び職員に対する初期研修及び継続的な研修の充実を促進する。

3　締約国は、障害者のために設計された補装具及び支援機器であって、ハビリテーション及びリハビリテーションに関連するものの利用可能性、知識及び使用を促進する。

第二十七条　労働及び雇用

1　締約国は、障害者が他の者との平等を基礎として労働についての権利を有することを認める。この権利には、障害者に対して開放され、障害者を包容し、及び障害者にとって利用しやすい労働市場及び労働環境において、障害者が自由に選択し、又は承諾する労働によって生計を立てる機会を有する権利を含む。締約国は、特に次のことのための適当な措置（立法によるものを含む。）をとることにより、労働についての障害者（雇用の過程で障害を有することとなった者を含む。）の権利が実現されることを保障し、及び促進する。

(a)　あらゆる形態の雇用に係る全ての事項（募集、採用及び雇用の条件、雇用の継続、昇進並びに安全かつ健康的な作業条件を含む。）に関し、障害に基づく差別を禁止すること。

(b)　他の者との平等を基礎として、公正かつ良好な労働条件（均等な機会及び同一価値の労働についての同一報酬を含む。）、安全かつ健康的な作業条件（嫌がらせからの保護を含む。）及び苦情に対する救済についての障害者の権利を保護すること。

(c)　障害者が他の者との平等を基礎として労働及び労働組合についての権利を行使することができることを確保すること。

(d)　障害者が技術及び職業の指導に関する一般的な計画、職業紹介サービス並びに職業訓練及び継続的な訓練を利用する効果的な機会を有することを可能とすること。

(e)　労働市場において障害者の雇用機会の増大を図り、及びその昇進を促進すること並びに職業を求め、これに就き、これを継続し、及びこれに復帰する際の支援を促進すること。

(f)　自営活動の機会、起業家精神、協同組合の発展及び自己の事業の開始を促進すること。

(g)　公的部門において障害者を雇用すること。

(h)　適当な政策及び措置（積極的差別是正措置、奨励措置その他の措置を含めることができる。）を通じて、民間部門における障害者の雇用を促進すること。

(i)　職場において合理的配慮が障害者に提供されることを確保すること。

(j)　開かれた労働市場において障害者が職業経験を得ることを促進すること。

(k)　障害者の職業リハビリテーション、職業の保持及び職場復帰計画を促進すること。

2　締約国は、障害者が、奴隷の状態又は隷属状態に置かれないこと及び他の者との平等を基礎として強制労働から保護されることを確保する。

第二十八条　相当な生活水準及び社会的な保障

1　締約国は、障害者が、自己及びその家族の相当な生活水準（相当な食糧、衣類及び住居を含む。）についての権利並びに生活条件の不断の改善についての権利を有することを認めるものとし、障害に基づく差別なしにこの権利を実現することを保障し、及び促進するための適当な措置をとる。

2　締約国は、社会的な保障についての障害者の権利及び障害に基づく差別なしにこの権利を享受することについての障害者の権利を認めるものとし、この権利の実現を保障し、及び促進するための適当な措置をとる。この措置には、次のことを確保するための措置を含む。

(a)　障害者が清浄な水のサービスを利用する均等な機会を有し、及び障害者が障害に関連するニーズに係る適当なかつ費用の負担しやすいサービス、補装具その他の援助を利用する機会を有すること。

(b)　障害者（特に、障害のある女子及び高齢者）が社会的な保障及び貧困削減に関する計画を利用する機会を有すること。

(c)　貧困の状況において生活している障害者及びその家族が障害に関連する費用についての国の援助（適当な研修、カウンセリング、財政的援助及び介護者の休息のための一時的な介護を含む。）を利用する機会を有すること。

(d)　障害者が公営住宅計画を利用する機会を有すること。

(e)　障害者が退職に伴う給付及び計画を利用する均等な機会を有すること。

第二十九条　政治的及び公的活動への参加

締約国は、障害者に対して政治的権利を保障し、及び他の者との平等を基礎としてこの権利を享受する機会を保障するものとし、次のことを約束する。

(a)　特に次のことを行うことにより、障害者が、直接に、又は自由に選んだ代表者を通じて、他の者との平等を基礎として、政治的及び公的活動に効果的かつ完全に参加することができること（障害者が投票し、及び選挙される権利及び機会を含む。）を確保すること。

(i)　投票の手続、設備及び資料が適当な及び利用しやすいものであり、並びにその理解及び使用が容易であることを確保すること。

(ii)　障害者が、選挙及び国民投票において脅迫を受けることなく秘密投票によって投票し、選挙に立候補し、並びに政府のあらゆる段階において実質的に在職し、及びあらゆる公務を遂行する権利を保護すること。この場合において、適当なときは支援機器及び新たな機器の使用を容易にするものとする。

(iii)　選挙人としての障害者の意思の自由な表明を保障すること。このため、必要な場合には、障害者の要請に応じて、当該障害者により選択される者が投票の際に援助することを認めること。

(b)　障害者が、差別なしに、かつ、他の者との平等を基礎として、政治に効果的かつ完全に参加することができる環境を積極的に促進し、及び政治への障害者の参加を奨励すること。政治への参加には、次のことを含む。

(i)　国の公的及び政治的活動に関係のある非政府機関及び非政府団体に参加し、並びに政党の活動及び運営に参加すること。

(ii)　国際、国内、地域及び地方の各段階において障害者を代表するための障害者の組織を結成し、並びにこれに参加すること。

第三十条　文化的な生活、レクリエーション、余暇及びスポーツへの参加

1　締約国は、障害者が他の者との平等を基礎として文化的な生活に参加する権利を認めるものとし、次のことを確保するための全ての適当な措置をとる。
(a)　障害者が、利用しやすい様式を通じて、文化的な作品を享受する機会を有すること。
(b)　障害者が、利用しやすい様式を通じて、テレビジョン番組、映画、演劇その他の文化的な活動を享受する機会を有すること。
(c)　障害者が、文化的な公演又はサービスが行われる場所（例えば、劇場、博物館、映画館、図書館、観光サービス）を利用する機会を有し、並びに自国の文化的に重要な記念物及び場所を享受する機会をできる限り有すること。

2　締約国は、障害者が、自己の利益のためのみでなく、社会を豊かにするためにも、自己の創造的、芸術的及び知的な潜在能力を開発し、及び活用する機会を有することを可能とするための適当な措置をとる。

3　締約国は、国際法に従い、知的財産権を保護する法律が、障害者が文化的な作品を享受する機会を妨げる不当な又は差別的な障壁とならないことを確保するための全ての適当な措置をとる。

4　障害者は、他の者との平等を基礎として、その独自の文化的及び言語的な同一性（手話及び聾文化を含む。）の承認及び支持を受ける権利を有する。

5　締約国は、障害者が他の者との平等を基礎としてレクリエーション、余暇及びスポーツの活動に参加することを可能とすることを目的として、次のことのための適当な措置をとる。
(a)　障害者があらゆる水準の一般のスポーツ活動に可能な限り参加することを奨励し、及び促進すること。
(b)　障害者が障害に応じたスポーツ及びレクリエーションの活動を組織し、及び発展させ、並びにこれらに参加する機会を有することを確保すること。このため、適当な指導、研修及び資源が他の者との平等を基礎として提供されるよう奨励すること。
(c)　障害者がスポーツ、レクリエーション及び観光の場所を利用する機会を有することを確保すること。
(d)　障害のある児童が遊び、レクリエーション、余暇及びスポーツの活動（学校制度におけるこれらの活動を含む。）への参加について他の児童と均等な機会を有することを確保すること。
(e)　障害者がレクリエーション、観光、余暇及びスポーツの活動の企画に関与する者によるサービスを利用する機会を有することを確保すること。

第三十一条　統計及び資料の収集

1　締約国は、この条約を実効的なものとするための政策を立案し、及び実施することを可能とするための適当な情報（統計資料及び研究資料を含む。）を収集することを約束する。この情報を収集し、及び保持する過程においては、次のことを満たさなければならない。
(a)　障害者の秘密の保持及びプライバシーの尊重を確保するため、法令に定める保障措置（資料の保護に関する法令を含む。）を遵守すること。
(b)　人権及び基本的自由を保護するための国際的に受け入れられた規範並びに統計の収集及び利用に関する倫理上の原則を遵守すること。

2　この条の規定に従って収集された情報は、適宜分類されるものとし、この条約に基づく締約国の義務の履行の評価に役立てるために、並びに障害者がその権利を行使する際に直面する障壁を特定し、及び当該障壁に対処するために利用される。

3　締約国は、これらの統計の普及について責任を負うものとし、これらの統計が障害者及び他の者にとって利用しやすいことを確保する。

第三十二条　国際協力

1　締約国は、この条約の目的及び趣旨を実現するための自国の努力を支援するために国際協力及びその促進が重要であることを認識し、この点に関し、国家間において並びに適当な場合には関連のある国際的及び地域的機関並びに市民社会（特に障害者の組織）と連携して、適当かつ効果的な措置をとる。これらの措置には、特に次のことを含むことができる。

(a) 国際協力（国際的な開発計画を含む。）が、障害者を包容し、かつ、障害者にとって利用しやすいものであることを確保すること。

(b) 能力の開発（情報、経験、研修計画及び最良の実例の交換及び共有を通じたものを含む。）を容易にし、及び支援すること。

(c) 研究における協力を容易にし、並びに科学及び技術に関する知識を利用する機会を得やすくすること。

(d) 適当な場合には、技術援助及び経済援助（利用しやすい支援機器を利用する機会を得やすくし、及びこれらの機器の共有を容易にすることによる援助並びに技術移転を通じた援助を含む。）を提供すること。

2　この条の規定は、この条約に基づく義務を履行する各締約国の義務に影響を及ぼすものではない。

第三十三条　国内における実施及び監視

1　締約国は、自国の制度に従い、この条約の実施に関連する事項を取り扱う一又は二以上の中央連絡先を政府内に指定する。また、締約国は、異なる部門及び段階における関連のある活動を容易にするため、政府内における調整のための仕組みの設置又は指定に十分な考慮を払う。

2　締約国は、自国の法律上及び行政上の制度に従い、この条約の実施を促進し、保護し、及び監視するための枠組み（適当な場合には、一又は二以上の独立した仕組みを含む。）を自国内において維持し、強化し、指定し、又は設置する。締約国は、このような仕組みを指定し、又は設置する場合には、人権の保護及び促進のための国内機構の地位及び役割に関する原則を考慮に入れる。

3　市民社会（特に、障害者及び障害者を代表する団体）は、監視の過程に十分に関与し、かつ、参加する。

第三十四条　障害者の権利に関する委員会

1　障害者の権利に関する委員会（以下「委員会」という。）を設置する。委員会は、以下に定める任務を遂行する。

2　委員会は、この条約の効力発生の時は十二人の専門家で構成する。効力発生の時の締約国に加え更に六十の国がこの条約を批准し、又はこれに加入した後は、委員会の委員の数を六人増加させ、上限である十八人とする。

3　委員会の委員は、個人の資格で職務を遂行するものとし、徳望が高く、かつ、この条約が対象とする分野において能力及び経験を認められた者とする。締約国は、委員の候補者を指名するに当たり、第四条3の規定に十分な考慮を払うよう要請される。

4　委員会の委員については、締約国が、委員の配分が地理的に衡平に行われること、異なる文明形態及び主要な法体系が代表されること、男女が衡平に代表されること並びに障害のある専門家が参加することを考慮に入れて選出する。

5　委員会の委員は、締約国会議の会合において、締約国により当該締約国の国民の中から指名された者の名簿の中から秘密投票により選出される。締約国会議の会合は、締約国の三分の二をもって定足数とする。これらの会合においては、出席し、かつ、投票する締約国の代表によって投じられた票の最多数で、かつ、過半数の票を得た者をもって委員会に選出された委員とする。

6　委員会の委員の最初の選挙は、この条約の効力発生の日の後六箇月以内に行う。国際連合事務総長は、委員会の委員の選挙の日の遅くとも四箇月前までに、締約国に対し、自国が指名する者の氏名を二箇月以内に提出するよう書簡で要請する。その後、同事務総長は、指名された者のアルファベット順による名簿

（これらの者を指名した締約国名を表示した名簿とする。）を作成し、この条約の締約国に送付する。

7　委員会の委員は、四年の任期で選出される。委員は、一回のみ再選される資格を有する。ただし、最初の選挙において選出された委員のうち六人の委員の任期は、二年で終了するものとし、これらの六人の委員は、最初の選挙の後直ちに、5に規定する会合の議長によりくじ引で選ばれる。

8　委員会の六人の追加的な委員の選挙は、この条の関連規定に従って定期選挙の際に行われる。

9　委員会の委員が死亡し、辞任し、又は他の理由のためにその職務を遂行することができなくなったことを宣言した場合には、当該委員を指名した締約国は、残余の期間その職務を遂行する他の専門家であって、資格を有し、かつ、この条の関連規定に定める条件を満たすものを任命する。

10　委員会は、その手続規則を定める。

11　国際連合事務総長は、委員会がこの条約に定める任務を効果的に遂行するために必要な職員及び便益を提供するものとし、委員会の最初の会合を招集する。

12　この条約に基づいて設置される委員会の委員は、国際連合総会が委員会の任務の重要性を考慮して決定する条件に従い、同総会の承認を得て、国際連合の財源から報酬を受ける。

13　委員会の委員は、国際連合の特権及び免除に関する条約の関連規定に規定する国際連合のための職務を遂行する専門家の便益、特権及び免除を享受する。

第三十五条　締約国による報告

1　各締約国は、この条約に基づく義務を履行するためにとった措置及びこれらの措置によりもたらされた進歩に関する包括的な報告を、この条約が自国について効力を生じた後二年以内に国際連合事務総長を通じて委員会に提出する。

2　その後、締約国は、少なくとも四年ごとに、更に委員会が要請するときはいつでも、その後の報告を提出する。

3　委員会は、報告の内容について適用される指針を決定する。

4　委員会に対して包括的な最初の報告を提出した締約国は、その後の報告においては、既に提供した情報を繰り返す必要はない。締約国は、委員会に対する報告を作成するに当たり、公開され、かつ、透明性のある過程において作成することを検討し、及び第四条3の規定に十分な考慮を払うよう要請される。

5　報告には、この条約に基づく義務の履行の程度に影響を及ぼす要因及び困難を記載することができる。

第三十六条　報告の検討

1　委員会は、各報告を検討する。委員会は、当該報告について、適当と認める提案及び一般的な性格を有する勧告を行うものとし、これらの提案及び一般的な性格を有する勧告を関係締約国に送付する。当該関係締約国は、委員会に対し、自国が選択する情報を提供することにより回答することができる。委員会は、この条約の実施に関連する追加の情報を当該関係締約国に要請することができる。

2　いずれかの締約国による報告の提出が著しく遅延している場合には、委員会は、委員会にとって利用可能な信頼し得る情報を基礎として当該締約国におけるこの条約の実施状況を審査することが必要であることについて当該締約国に通報（当該通報には、関連する報告が当該通報の後三箇月以内に行われない場合には審査する旨を含む。）を行うことができる。委員会は、当該締約国がその審査に参加するよう要請する。当該締約国が関連する報告を提出することにより回答する場合には、1の規定を適用する。

3　国際連合事務総長は、1の報告を全ての締約国が利用することができるようにする。

4　締約国は、1の報告を自国において公衆が広く利用することができるようにし、これらの報告に関連する提案及び一般的な性格を有する勧告を利用する機会を得やすくする。

5　委員会は、適当と認める場合には、締約国からの報告に記載されている技術的な助言若しくは援助の要請又はこれらの必要性の記載に対処するため、これらの要請又は必要性の記載に関する委員会の見解及び勧告がある場合には当該見解及び勧告とともに、国際連合の専門機関、基金及び計画その他の権限のある機関に当該報告を送付する。

第三十七条　締約国と委員会との間の協力

1　各締約国は、委員会と協力するものとし、委員の任務の遂行を支援する。

2　委員会は、締約国との関係において、この条約の実施のための当該締約国の能力を向上させる方法及び手段（国際協力を通じたものを含む。）に十分な考慮を払う。

第三十八条　委員会と他の機関との関係

この条約の効果的な実施を促進し、及びこの条約が対象とする分野における国際協力を奨励するため、

(a)　専門機関その他の国際連合の機関は、その任務の範囲内にある事項に関するこの条約の規定の実施についての検討に際し、代表を出す権利を有する。委員会は、適当と認める場合には、専門機関その他の権限のある機関に対し、これらの機関の任務の範囲内にある事項に関するこの条約の実施について専門家の助言を提供するよう要請することができる。委員会は、専門機関その他の国際連合の機関に対し、これらの機関の任務の範囲内にある事項に関するこの条約の実施について報告を提出するよう要請することができる。

(b)　委員会は、その任務を遂行するに当たり、それぞれの報告に係る指針、提案及び一般的な性格を有する勧告の整合性を確保し、並びにその任務の遂行における重複を避けるため、適当な場合には、人権に関する国際条約によって設置された他の関連する組織と協議する。

第三十九条　委員会の報告

委員会は、その活動につき二年ごとに国際連合総会及び経済社会理事会に報告するものとし、また、締約国から得た報告及び情報の検討に基づく提案及び一般的な性格を有する勧告を行うことができる。これらの提案及び一般的な性格を有する勧告は、締約国から意見がある場合にはその意見とともに、委員会の報告に記載する。

第四十条　締約国会議

1　締約国は、この条約の実施に関する事項を検討するため、定期的に締約国会議を開催する。

2　締約国会議は、この条約が効力を生じた後六箇月以内に国際連合事務総長が招集する。その後の締約国会議は、二年ごとに又は締約国会議の決定に基づき同事務総長が招集する。

第四十一条　寄託者

この条約の寄託者は、国際連合事務総長とする。

第四十二条　署名

この条約は、二千七年三月三十日から、ニューヨークにある国際連合本部において、全ての国及び地域的な統合のための機関による署名のために開放しておく。

第四十三条　拘束されることについての同意

この条約は、署名国によって批准されなければならず、また、署名した地域的な統合のための機関によって正式確認されなければならない。この条約は、これに署名していない国及び地域的な統合のための機関による加入のために開放しておく。

第四十四条　地域的な統合のための機関

1　「地域的な統合のための機関」とは、特定の地域の主権国家によって構成される機関であって、この条約が規律する事項に関してその構成国から権限の委譲を受けたものをいう。地域的な統合のための機関は、この条約の規律する事項に関するその権限の範囲をこの条約の正式確認書又は加入書において宣言する。その後、当該機関は、その権限の範囲

の実質的な変更を寄託者に通報する。

2　この条約において「締約国」についての規定は、地域的な統合のための機関の権限の範囲内で当該機関について適用する。

3　次条1並びに第四十七条2及び3の規定の適用上、地域的な統合のための機関が寄託する文書は、これを数に加えてはならない。

4　地域的な統合のための機関は、その権限の範囲内の事項について、この条約の締約国であるその構成国の数と同数の票を締約国会議において投ずる権利を行使することができる。当該機関は、その構成国が自国の投票権を行使する場合には、投票権を行使してはならない。その逆の場合も、同様とする。

第四十五条　効力発生

1　この条約は、二十番目の批准書又は加入書が寄託された後三十日目の日に効力を生ずる。

2　この条約は、二十番目の批准書又は加入書が寄託された後にこれを批准し、若しくは正式確認し、又はこれに加入する国又は地域的な統合のための機関については、その批准書、正式確認書又は加入書の寄託の後三十日目の日に効力を生ずる。

第四十六条　留保

1　この条約の趣旨及び目的と両立しない留保は、認められない。

2　留保は、いつでも撤回することができる。

第四十七条　改正

1　いずれの締約国も、この条約の改正を提案し、及び改正案を国際連合事務総長に提出することができる。同事務総長は、締約国に対し、改正案を送付するものとし、締約国による改正案の審議及び決定のための締約国の会議の開催についての賛否を通報するよう要請する。その送付の日から四箇月以内に締約国の三分の一以上が会議の開催に賛成する場合には、同事務総長は、国際連合の主催の下に会議を招集する。会議において出席し、かつ、投票する締約国の三分の二以上の多数によって採択された改正案は、同事務総長により、承認のために国際連合総会に送付され、その後受諾のために全ての締約国に送付される。

2　1の規定により採択され、かつ、承認された改正は、当該改正の採択の日における締約国の三分の二以上が受諾書を寄託した後三十日目の日に効力を生ずる。その後は、当該改正は、いずれの締約国についても、その受諾書の寄託の後三十日目の日に効力を生ずる。改正は、それを受諾した締約国のみを拘束する。

3　締約国会議がコンセンサス方式によって決定する場合には、1の規定により採択され、かつ、承認された改正であって、第三十四条及び第三十八条から第四十条までの規定にのみ関連するものは、当該改正の採択の日における締約国の三分の二以上が受諾書を寄託した後三十日目の日に全ての締約国について効力を生ずる。

第四十八条　廃棄

締約国は、国際連合事務総長に対して書面による通告を行うことにより、この条約を廃棄することができる。廃棄は、同事務総長がその通告を受領した日の後一年で効力を生ずる。

第四十九条　利用しやすい様式

この条約の本文は、利用しやすい様式で提供される。

第五十条　正文

この条約は、アラビア語、中国語、英語、フランス語、ロシア語及びスペイン語をひとしく正文とする。

以上の証拠として、下名の全権委員は、各自の政府から正当に委任を受けてこの条約に署名した。

児童の権利に関する条約

１９８９（平成１）年11月20日、国連総会において採択
１９９４（平成６）年３月29日、国会で批准承認
１９９４（平成６）年４月22日、批准書寄託
１９９４（平成６）年５月22日、日本において発効

前文

この条約の締約国は、

国際連合憲章において宣明された原則によれば、人類社会のすべての構成員の固有の尊厳及び平等のかつ奪い得ない権利を認めることが世界における自由、正義及び平和の基礎を成すものであることを考慮し、

国際連合加盟国の国民が、国際連合憲章において、基本的人権並びに人間の尊厳及び価値に関する信念を改めて確認し、かつ、一層大きな自由の中で社会的進歩及び生活水準の向上を促進することを決意したことに留意し、

国際連合が、世界人権宣言及び人権に関する国際規約において、すべての人は人種、皮膚の色、性、言語、宗教、政治的意見その他の意見、国民的若しくは社会的出身、財産、出生又は他の地位等によるいかなる差別もなしに同宣言及び同規約に掲げるすべての権利及び自由を享有することができることを宣明し及び合意したことを認め、

国際連合が、世界人権宣言において、児童は特別な保護及び援助についての権利を享有することができることを宣明したことを想起し、

家族が、社会の基礎的な集団として、並びに家族のすべての構成員、特に、児童の成長及び福祉のための自然な環境として、社会においてその責任を十分に引き受けることができるよう必要な保護及び援助を与えられるべきであることを確信し、

児童が、その人格の完全なかつ調和のとれた発達のため、家庭環境の下で幸福、愛情及び理解のある雰囲気の中で成長すべきであることを認め、

児童が、社会において個人として生活するため十分な準備が整えられるべきであり、かつ、国際連合憲章において宣明された理想の精神並びに特に平和、尊厳、寛容、自由、平等及び連帯の精神に従って育てられるべきであることを考慮し、

児童に対して特別な保護を与えることの必要性が、１９２４年の児童の権利に関するジュネーヴ宣言及び１９５９年11月20日に国際連合総会で採択された児童の権利に関する宣言において述べられており、また、世界人権宣言、市民的及び政治的権利に関する国際規約（特に第23条及び第24条）、経済的、社会的及び文化的権利に関する国際規約（特に第10条）並びに児童の福祉に関係する専門機関及び国際機関の規程及び関係文書において認められていることに留意し、

児童の権利に関する宣言において示されているとおり「児童は、身体的及び精神的に未熟であるため、その出生の前後において、適当な法的保護を含む特別な保護及び世話を必要とする。」ことに留意し、

国内の又は国際的な里親委託及び養子縁組を特に考慮した児童の保護及び福祉についての社会的及び法的な原則に関する宣言、少年司法の運用のための国際連合最低基準規則（北京規則）及び緊急事態及び武力紛争における女子及び児童の保護に関する宣言の規定を想起し、

極めて困難な条件の下で生活している児童が世界のすべての国に存在すること、また、このような児童が特別の配慮を必要としていることを認め、

児童の保護及び調和のとれた発達のために各人民の伝統及び文化的価値が有する重要性を十分に考慮し、

あらゆる国特に開発途上国における児童の生活条件を改善するために国際協力が重要であることを認めて、

次のとおり協定した。

第１部

第一条　この条約の適用上、児童とは、18歳未満のすべての者をいう。ただし、当該児童で、その者に適用される法律によりより早く成年に達したものを除く。

第二条

1　締約国は、その管轄の下にある児童に対し、児童又はその父母若しくは法定保護者の人種、皮膚の色、性、言語、宗教、政治的意見その他の意見、国民的、種族的若しくは社会的出身、財産、心身障害、出生又は他の地位にかかわらず、いかなる差別もなしにこの条約に定める権利を尊重し、及び確保する。

2　締約国は、児童がその父母、法定保護者又は家族の構成員の地位、活動、表明した意見又は信念によるあらゆる形態の差別又は処罰から保護されることを確保するためのすべての適当な措置をとる。

第三条

1　児童に関するすべての措置をとるに当たっては、公的若しくは私的な社会福祉施設、裁判所、行政当局又は立法機関のいずれによって行われるものであっても、児童の最善の利益が主として考慮されるものとする。

2　締約国は、児童の父母、法定保護者又は児童について法的に責任を有する他の者の権利及び義務を考慮に入れて、児童の福祉に必要な保護及び養護を確保することを約束し、このため、すべての適当な立法上及び行政上の措置をとる。

3　締約国は、児童の養護又は保護のための施設、役務の提供及び設備が、特に安全及び健康の分野に関し並びにこれらの職員の数及び適格性並びに適正な監督に関し権限のある当局の設定した基準に適合することを確保する。

第四条　締約国は、この条約において認められる権利の実現のため、すべての適当な立法措置、行政措置その他の措置を講ずる。締約国は、経済的、社会的及び文化的権利に関しては、自国における利用可能な手段の最大限の範囲内で、また、必要な場合には国際協力の枠内で、これらの措置を講ずる。

第五条　締約国は、児童がこの条約において認められる権利を行使するに当たり、父母若しくは場合により地方の慣習により定められている大家族若しくは共同体の構成員、法定保護者又は児童について法的に責任を有する他の者がその児童の発達しつつある能力に適合する方法で適当な指示及び指導を与える責任、権利及び義務を尊重する。

第六条

1　締約国は、すべての児童が生命に対する固有の権利を有することを認める。

2　締約国は、児童の生存及び発達を可能な最大限の範囲において確保する。

第七条

1　児童は、出生の後直ちに登録される。児童は、出生の時から氏名を有する権利及び国籍を取得する権利を有するものとし、また、できる限りその父母を知りかつその父母によって養育される権利を有する。

2　締約国は、特に児童が無国籍となる場合を含めて、国内法及びこの分野における関連する国際文書に基づく自国の義務に従い、1の権利の実現を確保する。

第八条

1　締約国は、児童が法律によって認められた国籍、氏名及び家族関係を含むその身元関係事項について不法に干渉されることなく保持する権利を尊重することを約束する。

2　締約国は、児童がその身元関係事項の一部又は全部を不法に奪われた場合には、その身元関係事項を速やかに回復するため、適当な援助及び保護を与える。

第九条

1　締約国は、児童がその父母の意思に反してその父母から分離されないことを確保する。ただし、権限のある当局が司法の審査に従うことを条件として適用のある法律及び手続に従いその分離が児童の最善の利益のために必要であると決定する場合は、この限りでない。このような決定は、父母が児童を虐待し若しくは放置する場合又は父母が別居しており児童の居住地を決定しなければならない場合のような特定の場合において必要となることがある。

2　すべての関係当事者は、1の規定に基づくいかなる手続においても、その手続に参加しかつ自己の意見を述べる機会を有する。

3　締約国は、児童の最善の利益に反する場合を除くほか、父母の一方又は双方から分離されている児童が定期的に父母のいずれとも人的な関係及び直接の接触を維持する権利を尊重する。

4　3の分離が、締約国がとった父母の一方若しくは双方又は児童の抑留、拘禁、追放、退去強制、死亡（その者が当該締約国により身体を拘束されている間に何らかの理由により生じた死亡を含む。）等のいずれかの措置に基づく場合には、当該締約国は、要請に応じ、父母、児童又は適当な場合には家族の他の構成員に対し、家族のうち不在となっている者の所在に関する重要な情報を提供する。ただし、その情報の提供が児童の福祉を害する場合は、この限りでない。締約国は、更に、その要請の提出自体が関係者に悪影響を及ぼさないことを確保する。

第十条

1　前条1の規定に基づく締約国の義務に従い、家族の再統合を目的とする児童又はその父母による締約国への入国又は締約国からの出国の申請については、締約国が積極的、人道的かつ迅速な方法で取り扱う。締約国は、更に、その申請の提出が申請者及びその家族の構成員に悪影響を及ぼさないことを確保する。

2　父母と異なる国に居住する児童は、例外的な事情がある場合を除くほか定期的に父母との人的な関係及び直接の接触を維持する権利を有する。このため、前条1の規定に基づく締約国の義務に従い、締約国は、児童及びその父母がいずれの国（自国を含む。）からも出国し、かつ、自国に入国する権利を尊重する。出国する権利は、法律で定められ、国の安全、公の秩序、公衆の健康若しくは道徳又は他の者の権利及び自由を保護するために必要であり、かつ、この条約において認められる他の権利と両立する制限にのみ従う。

第十一条

1　締約国は、児童が不法に国外へ移送されることを防止し及び国外から帰還することができない事態を除去するための措置を講ずる。

2　このため、締約国は、二国間若しくは多数国間の協定の締結又は現行の協定への加入を促進する。

第十二条

1　締約国は、自己の意見を形成する能力のある児童がその児童に影響を及ぼすすべての事項について自由に自己の意見を表明する権利を確保する。この場合において、児童の意見は、その児童の年齢及び成熟度に従って相応に考慮されるものとする。

2　このため、児童は、特に、自己に影響を及ぼすあらゆる司法上及び行政上の手続において、国内法の手続規則に合致する方法により直接に又は代理人若しくは適当な団体を通じて聴取される機会を与えられる。

第十三条

1　児童は、表現の自由についての権利を有する。この権利には、口頭、手書き若しくは印刷、芸術の形態又は自ら選択する他の方法により、国境とのかかわりなく、あらゆる種類の情報及び考えを求め、受け及び伝える自由を含む。

2　1の権利の行使については、一定の制限を課することができる。ただし、その制限は、法律によって定められ、かつ、次の目的のために必要とされるものに限る。

(a)　他の者の権利又は信用の尊重

(b)　国の安全、公の秩序又は公衆の健康若しくは道徳の保護

第十四条

1　締約国は、思想、良心及び宗教の自由についての児童の権利を尊重する。

2　締約国は、児童が1の権利を行使するに当たり、父母及び場合により法定保護者が児童に対しその発達しつつある能力に適合する方法で指示を与える権利及び義務を尊重する。

3　宗教又は信念を表明する自由については、法律で定める制限であって公共の安全、公の秩序、公衆の健康若しくは道徳又は他の者の基本的な権利及び自由を保護するために必要なもののみを課することができる。

第十五条

1　締約国は、結社の自由及び平和的な集会の自由についての児童の権利を認める。

2　1の権利の行使については、法律で定める制限であって国の安全若しくは公共の安全、公の秩序、公衆の健康若しくは道徳の保護又は他の者の権利及び自由の保護のため民主的社会において必要なもの以外のいかなる制限も課することができない。

第十六条

1　いかなる児童も、その私生活、家族、住居若しくは通信に対して恣意的に若しくは不法に干渉され又は名誉及び信用を不法に攻撃されない。

2　児童は、1の干渉又は攻撃に対する法律の保護を受ける権利を有する。

第十七条　締約国は、大衆媒体（マス・メディア）の果たす重要な機能を認め、児童が国の内外の多様な情報源からの情報及び資料、特に児童の社会面、精神面及び道徳面の福祉並びに心身の健康の促進を目的とした情報及び資料を利用することができることを確保する。このため、締約国は、

(a)　児童にとって社会面及び文化面において有益であり、かつ、第二十九条の精神に沿う情報及び資料を大衆媒体（マス・メディア）が普及させるよう奨励する。

(b)　国の内外の多様な情報源（文化的にも多様な情報源を含む。）からの情報及び資料の作成、交換及び普及における国際協力を奨励する。

(c)　児童用書籍の作成及び普及を奨励する。

(d)　少数集団に属し又は原住民である児童の言語上の必要性について大衆媒体（マス・メディア）が特に考慮するよう奨励する。

(e)　第十三条及び次条の規定に留意して、児童の福祉に有害な情報及び資料から児童を保護するための適当な指針を発展させることを奨励する。

第十八条

1　締約国は、児童の養育及び発達について父母が共同の責任を有するという原則についての認識を確保するために最善の努力を払う。父母又は場合により法定保護者は、児童の養育及び発達についての第一義的な責任を有する。児童の最善の利益は、これらの者の基本的な関心事項となるものとする。

2　締約国は、この条約に定める権利を保障し及び促進するため、父母及び法定保護者が児童の養育についての責任を遂行するに当たりこれらの者に対して適当な援助を与えるものとし、また、児童の養護のための施設、設備及び役務の提供の発展を確保する。

3　締約国は、父母が働いている児童が利用する資格を有する児童の養護のための役務の提供及び設備からその児童が便益を受ける権利を有することを確保するためのすべての適当な措置をとる。

第十九条

1　締約国は、児童が父母、法定保護者又は児童を監護する他の者による監護を受けている間において、あらゆる形態の身体的若しくは精神的な暴力、傷害若しくは虐待、放置若しくは怠慢な取扱い、不当な取扱い又は搾取（性的虐待を含む。）からその児童を保護するためすべての適当な立法上、行政上、社会上及び教育上の措置をとる。

2　1の保護措置には、適当な場合には、児童及び児童を監護する者のために必要な援助を

与える社会的計画の作成その他の形態による防止のための効果的な手続並びに1に定める児童の不当な取扱いの事件の発見、報告、付託、調査、処置及び事後措置並びに適当な場合には司法の関与に関する効果的な手続を含むものとする。

第二十条

1　一時的若しくは恒久的にその家庭環境を奪われた児童又は児童自身の最善の利益にかんがみその家庭環境にとどまることが認められない児童は、国が与える特別の保護及び援助を受ける権利を有する。

2　締約国は、自国の国内法に従い、1の児童のための代替的な監護を確保する。

3　2の監護には、特に、里親委託、イスラム法のカファーラ、養子縁組又は必要な場合には児童の監護のための適当な施設への収容を含むことができる。解決策の検討に当たっては、児童の養育において継続性が望ましいこと並びに児童の種族的、宗教的、文化的及び言語的な背景について、十分な考慮を払うものとする。

第二十一条

養子縁組の制度を認め又は許容している締約国は、児童の最善の利益について最大の考慮が払われることを確保するものとし、また、

(a)　児童の養子縁組が権限のある当局によってのみ認められることを確保する。この場合において、当該権限のある当局は、適用のある法律及び手続に従い、かつ、信頼し得るすべての関連情報に基づき、養子縁組が父母、親族及び法定保護者に関する児童の状況にかんがみ許容されること並びに必要な場合には、関係者が所要のカウンセリングに基づき養子縁組について事情を知らされた上での同意を与えていることを認定する。

(b)　児童がその出身国内において里親若しくは養家に託され又は適切な方法で監護を受けることができない場合には、これに代わる児童の監護の手段として国際的な養子縁組を考慮することができることを認める。

(c)　国際的な養子縁組が行われる児童が国内における養子縁組の場合における保護及び基準と同等のものを享受することを確保する。

(d)　国際的な養子縁組において当該養子縁組が関係者に不当な金銭上の利得をもたらすことがないことを確保するためのすべての適当な措置をとる。

(e)　適当な場合には、二国間又は多数国間の取極又は協定を締結することによりこの条の目的を促進し、及びこの枠組みの範囲内で他国における児童の養子縁組が権限のある当局又は機関によって行われることを確保するよう努める。

第二十二条

1　締約国は、難民の地位を求めている児童又は適用のある国際法及び国際的な手続若しくは国内法及び国内的な手続に基づき難民と認められている児童が、父母又は他の者に付き添われているかいないかを問わず、この条約及び自国が締約国となっている人権又は人道に関する他の国際文書に定める権利であって適用のあるものの享受に当たり、適当な保護及び人道的援助を受けることを確保するための適当な措置をとる。

2　このため、締約国は、適当と認める場合には、1の児童を保護し及び援助するため、並びに難民の児童の家族との再統合に必要な情報を得ることを目的としてその難民の児童の父母又は家族の他の構成員を捜すため、国際連合及びこれと協力する他の権限のある政府間機関又は関係非政府機関による努力に協力する。その難民の児童は、父母又は家族の他の構成員が発見されない場合には、何らかの理由により恒久的又は一時的にその家庭環境を奪われた他の児童と同様にこの条約に定める保護が与えられる。

第二十三条

1　締約国は、精神的又は身体的な障害を有す

る児童が、その尊厳を確保し、自立を促進し及び社会への積極的な参加を容易にする条件の下で十分かつ相応な生活を享受すべきであることを認める。

2　締約国は、障害を有する児童が特別の養護についての権利を有することを認めるものとし、利用可能な手段の下で、申込みに応じた、かつ、当該児童の状況及び父母又は当該児童を養護している他の者の事情に適した援助を、これを受ける資格を有する児童及びこのような児童の養護について責任を有する者に与えることを奨励し、かつ、確保する。

3　障害を有する児童の特別な必要を認めて、2の規定に従って与えられる援助は、父母又は当該児童を養護している他の者の資力を考慮して可能な限り無償で与えられるものとし、かつ、障害を有する児童が可能な限り社会への統合及び個人の発達（文化的及び精神的な発達を含む。）を達成することに資する方法で当該児童が教育、訓練、保健サービス、リハビリテーション・サービス、雇用のための準備及びレクリエーションの機会を実質的に利用し及び享受することができるように行われるものとする。

4　締約国は、国際協力の精神により、予防的な保健並びに障害を有する児童の医学的、心理学的及び機能的治療の分野における適当な情報の交換（リハビリテーション、教育及び職業サービスの方法に関する情報の普及及び利用を含む。）であってこれらの分野における自国の能力及び技術を向上させ並びに自国の経験を広げることができるようにすることを目的とするものを促進する。これに関しては、特に、開発途上国の必要を考慮する。

第二十四条

1　締約国は、到達可能な最高水準の健康を享受すること並びに病気の治療及び健康の回復のための便宜を与えられることについての児童の権利を認める。締約国は、いかなる児童もこのような保健サービスを利用する権利が奪われないことを確保するために努力する。

2　締約国は、1の権利の完全な実現を追求するものとし、特に、次のことのための適当な措置をとる。

(a)　幼児及び児童の死亡率を低下させること。

(b)　基礎的な保健の発展に重点を置いて必要な医療及び保健をすべての児童に提供することを確保すること。

(c)　環境汚染の危険を考慮に入れて、基礎的な保健の枠組みの範囲内で行われることを含めて、特に容易に利用可能な技術の適用により並びに十分に栄養のある食物及び清潔な飲料水の供給を通じて、疾病及び栄養不良と闘うこと。

(d)　母親のための産前産後の適当な保健を確保すること。

(e)　社会のすべての構成員特に父母及び児童が、児童の健康及び栄養、母乳による育児の利点、衛生（環境衛生を含む。）並びに事故の防止についての基礎的な知識に関して、情報を提供され、教育を受ける機会を有し及びその知識の使用について支援されることを確保すること。

(f)　予防的な保健、父母のための指導並びに家族計画に関する教育及びサービスを発展させること。

3　締約国は、児童の健康を害するような伝統的な慣行を廃止するため、効果的かつ適当なすべての措置をとる。

4　締約国は、この条において認められる権利の完全な実現を漸進的に達成するため、国際協力を促進し及び奨励することを約束する。これに関しては、特に、開発途上国の必要を考慮する。

第二十五条　締約国は、児童の身体又は精神の養護、保護又は治療を目的として権限のある当局によって収容された児童に対する処遇及びその収容に関連する他のすべての状況に関する定期的な審査が行われることについての児童の権利を認める。

第二十六条

1　締約国は、すべての児童が社会保険その他の社会保障からの給付を受ける権利を認めるものとし、自国の国内法に従い、この権利の完全な実現を達成するための必要な措置をとる。

2　1の給付は、適当な場合には、児童及びその扶養について責任を有する者の資力及び事情並びに児童によって又は児童に代わって行われる給付の申請に関する他のすべての事項を考慮して、与えられるものとする。

第二十七条

1　締約国は、児童の身体的、精神的、道徳的及び社会的な発達のための相当な生活水準についてのすべての児童の権利を認める。

2　父母又は児童について責任を有する他の者は、自己の能力及び資力の範囲内で、児童の発達に必要な生活条件を確保することについての第一義的な責任を有する。

3　締約国は、国内事情に従い、かつ、その能力の範囲内で、1の権利の実現のため、父母及び児童について責任を有する他の者を援助するための適当な措置をとるものとし、また、必要な場合には、特に栄養、衣類及び住居に関して、物的援助及び支援計画を提供する。

4　締約国は、父母又は児童について金銭上の責任を有する他の者から、児童の扶養料を自国内で及び外国から、回収することを確保するためのすべての適当な措置をとる。特に、児童について金銭上の責任を有する者が児童と異なる国に居住している場合には、締約国は、国際協定への加入又は国際協定の締結及び他の適当な取決めの作成を促進する。

第二十八条

1　締約国は、教育についての児童の権利を認めるものとし、この権利を漸進的にかつ機会の平等を基礎として達成するため、特に、

(a)　初等教育を義務的なものとし、すべての者に対して無償のものとする。

(b)　種々の形態の中等教育（一般教育及び職業教育を含む。）の発展を奨励し、すべての児童に対し、これらの中等教育が利用可能であり、かつ、これらを利用する機会が与えられるものとし、例えば、無償教育の導入、必要な場合における財政的援助の提供のような適当な措置をとる。

(c)　すべての適当な方法により、能力に応じ、すべての者に対して高等教育を利用する機会が与えられるものとする。

(d)　すべての児童に対し、教育及び職業に関する情報及び指導が利用可能であり、かつ、これらを利用する機会が与えられるものとする。

(e)　定期的な登校及び中途退学率の減少を奨励するための措置をとる。

2　締約国は、学校の規律が児童の人間の尊厳に適合する方法で及びこの条約に従って運用されることを確保するためのすべての適当な措置をとる。

3　締約国は、特に全世界における無知及び非識字の廃絶に寄与し並びに科学上及び技術上の知識並びに最新の教育方法の利用を容易にするため、教育に関する事項についての国際協力を促進し、及び奨励する。これに関しては、特に、開発途上国の必要を考慮する。

第二十九条

1　締約国は、児童の教育が次のことを指向すべきことに同意する。

(a)　児童の人格、才能並びに精神的及び身体的な能力をその可能な最大限度まで発達させること。

(b)　人権及び基本的自由並びに国際連合憲章にうたう原則の尊重を育成すること。

(c)　児童の父母、児童の文化的同一性、言語及び価値観、児童の居住国及び出身国の国民的価値観並びに自己の文明と異なる文明に対する尊重を育成すること。

(d)　すべての人民の間の、種族的、国民的及び宗教的集団の間の並びに原住民である者の理解、平和、寛容、両性の平等及び友好の精神に従い、自由な社会における責任あ

る生活のために児童に準備させること。

(e) 自然環境の尊重を育成すること。

2 この条又は前条のいかなる規定も、個人及び団体が教育機関を設置し及び管理する自由を妨げるものと解してはならない。ただし、常に、1に定める原則が遵守されること及び当該教育機関において行われる教育が国によって定められる最低限度の基準に適合することを条件とする。

第三十条 種族的、宗教的若しくは言語的少数民族又は原住民である者が存在する国において、当該少数民族に属し又は原住民である児童は、その集団の他の構成員とともに自己の文化を享有し、自己の宗教を信仰しかつ実践し又は自己の言語を使用する権利を否定されない。

第三十一条

1 締約国は、休息及び余暇についての児童の権利並びに児童がその年齢に適した遊び及びレクリエーションの活動を行い並びに文化的な生活及び芸術に自由に参加する権利を認める。

2 締約国は、児童が文化的及び芸術的な生活に十分に参加する権利を尊重しかつ促進するものとし、文化的及び芸術的な活動並びにレクリエーション及び余暇の活動のための適当かつ平等な機会の提供を奨励する。

第三十二条

1 締約国は、児童が経済的な搾取から保護され及び危険となり若しくは児童の教育の妨げとなり又は児童の健康若しくは身体的、精神的、道徳的若しくは社会的な発達に有害となるおそれのある労働への従事から保護される権利を認める。

2 締約国は、この条の規定の実施を確保するための立法上、行政上、社会上及び教育上の措置をとる。このため、締約国は、他の国際文書の関連規定を考慮して、特に、

(a) 雇用が認められるための1又は2以上の最低年齢を定める。

(b) 労働時間及び労働条件についての適当な規則を定める。

(c) この条の規定の効果的な実施を確保するための適当な罰則その他の制裁を定める。

第三十三条 締約国は、関連する国際条約に定義された麻薬及び向精神薬の不正な使用から児童を保護し並びにこれらの物質の不正な生産及び取引における児童の使用を防止するための立法上、行政上、社会上及び教育上の措置を含むすべての適当な措置をとる。

第三十四条 締約国は、あらゆる形態の性的搾取及び性的虐待から児童を保護することを約束する。このため、締約国は、特に、次のことを防止するためのすべての適当な国内、二国間及び多数国間の措置をとる。

(a) 不法な性的な行為を行うことを児童に対して勧誘し又は強制すること。

(b) 売春又は他の不法な性的な業務において児童を搾取的に使用すること。

(c) わいせつな演技及び物において児童を搾取的に使用すること。

第三十五条 締約国は、あらゆる目的のための又はあらゆる形態の児童の誘拐、売買又は取引を防止するためのすべての適当な国内、二国間及び多数国間の措置をとる。

第三十六条 締約国は、いずれかの面において児童の福祉を害する他のすべての形態の搾取から児童を保護する。

第三十七条 締約国は、次のことを確保する。

(a) いかなる児童も、拷問又は他の残虐な、非人道的な若しくは品位を傷つける取扱い若しくは刑罰を受けないこと。死刑又は釈放の可能性がない終身刑は、十八歳未満の者が行った犯罪について科さないこと。

(b) いかなる児童も、不法に又は恣意的にその自由を奪われないこと。児童の逮捕、抑留又は拘禁は、法律に従って行うものとし、最後の解決手段として最も短い適当な期間のみ用いること。

(c) 自由を奪われたすべての児童は、人道的に、人間の固有の尊厳を尊重して、かつ、

その年齢の者の必要を考慮した方法で取り扱われること。特に、自由を奪われたすべての児童は、成人とは分離されないことがその最善の利益であると認められない限り成人とは分離されるものとし、例外的な事情がある場合を除くほか、通信及び訪問を通じてその家族との接触を維持する権利を有すること。

(d)　自由を奪われたすべての児童は、弁護人その他適当な援助を行う者と速やかに接触する権利を有し、裁判所その他の権限のある、独立の、かつ、公平な当局においてその自由の剥奪の合法性を争い並びにこれについての決定を速やかに受ける権利を有すること。

第三十八条

1　締約国は、武力紛争において自国に適用される国際人道法の規定で児童に関係を有するものを尊重し及びこれらの規定の尊重を確保することを約束する。

2　締約国は、15歳未満の者が敵対行為に直接参加しないことを確保するためのすべての実行可能な措置をとる。

3　締約国は、15歳未満の者を自国の軍隊に採用することを差し控えるものとし、また、15歳以上18歳未満の者の中から採用するに当たっては、最年長者を優先させるよう努める。

4　締約国は、武力紛争において文民を保護するための国際人道法に基づく自国の義務に従い、武力紛争の影響を受ける児童の保護及び養護を確保するためのすべての実行可能な措置をとる。

第三十九条　締約国は、あらゆる形態の放置、搾取若しくは虐待、拷問若しくは他のあらゆる形態の残虐な、非人道的な若しくは品位を傷つける取扱い若しくは刑罰又は武力紛争による被害者である児童の身体的及び心理的な回復及び社会復帰を促進するためのすべての適当な措置をとる。このような回復及び復帰は、児童の健康、自尊心及び尊厳を育成する環境において行われる。

第四十条

1　締約国は、刑法を犯したと申し立てられ、訴追され又は認定されたすべての児童が尊厳及び価値についての当該児童の意識を促進させるような方法であって、当該児童が他の者の人権及び基本的自由を尊重することを強化し、かつ、当該児童の年齢を考慮し、更に、当該児童が社会に復帰し及び社会において建設的な役割を担うことがなるべく促進されることを配慮した方法により取り扱われる権利を認める。

2　このため、締約国は、国際文書の関連する規定を考慮して、特に次のことを確保する。

(a)　いかなる児童も、実行の時に国内法又は国際法により禁じられていなかった作為又は不作為を理由として刑法を犯したと申し立てられ、訴追され又は認定されないこと。

(b)　刑法を犯したと申し立てられ又は訴追されたすべての児童は、少なくとも次の保障を受けること。

(i)　法律に基づいて有罪とされるまでは無罪と推定されること。

(ii)　速やかにかつ直接に、また、適当な場合には当該児童の父母又は法定保護者を通じてその罪を告げられること並びに防御の準備及び申立てにおいて弁護人その他適当な援助を行う者を持つこと。

(iii)　事案が権限のある、独立の、かつ、公平な当局又は司法機関により法律に基づく公正な審理において、弁護人その他適当な援助を行う者の立会い及び、特に当該児童の年齢又は境遇を考慮して児童の最善の利益にならないと認められる場合を除くほか、当該児童の父母又は法定保護者の立会いの下に遅滞なく決定されること。

(iv)　供述又は有罪の自白を強要されないこと。不利な証人を尋問し又はこれに対し尋問させること並びに対等の条件で自己のための証人の出席及びこれに対する尋問を求めること。

(v)　刑法を犯したと認められた場合には、その認定及びその結果科せられた措置について、法律に基づき、上級の、権限のある、独立の、かつ、公平な当局又は司法機関によって再審理されること。

(vi)　使用される言語を理解すること又は話すことができない場合には、無料で通訳の援助を受けること。

(vii)　手続のすべての段階において当該児童の私生活が十分に尊重されること。

3　締約国は、刑法を犯したと申し立てられ、訴追され又は認定された児童に特別に適用される法律及び手続の制定並びに当局及び施設の設置を促進するよう努めるものとし、特に、次のことを行う。

(a)　その年齢未満の児童は刑法を犯す能力を有しないと推定される最低年齢を設定すること。

(b)　適当なかつ望ましい場合には、人権及び法的保護が十分に尊重されていることを条件として、司法上の手続に訴えることなく当該児童を取り扱う措置をとること。

4　児童がその福祉に適合し、かつ、その事情及び犯罪の双方に応じた方法で取り扱われることを確保するため、保護、指導及び監督命令、カウンセリング、保護観察、里親委託、教育及び職業訓練計画、施設における養護に代わる他の措置等の種々の処置が利用し得るものとする。

第四十一条　この条約のいかなる規定も、次のものに含まれる規定であって児童の権利の実現に一層貢献するものに影響を及ぼすものではない。

(a)　締約国の法律

(b)　締約国について効力を有する国際法

第2部

第四十二条　署名

この条約は、二千七年三月三十日から、ニューヨークにある国際連合本部において、全ての国及び地域的な統合のための機関による署名のために開放しておく。

第四十三条　拘束されることについての同意

この条約は、署名国によって批准されなければならず、また、署名した地域的な統合のための機関によって正式確認されなければならない。この条約は、これに署名していない国及び地域的な統合のための機関による加入のために開放しておく。

第四十四条　地域的な統合のための機関

1　「地域的な統合のための機関」とは、特定の地域の主権国家によって構成される機関であって、この条約が規律する事項に関してその構成国から権限の委譲を受けたものをいう。地域的な統合のための機関は、この条約の規律する事項に関するその権限の範囲をこの条約の正式確認書又は加入書において宣言する。その後、当該機関は、その権限の範囲の実質的な変更を寄託者に通報する。

2　この条約において「締約国」についての規定は、地域的な統合のための機関の権限の範囲内で当該機関について適用する。

3　次条1並びに第四十七条2及び3の規定の適用上、地域的な統合のための機関が寄託する文書は、これを数に加えてはならない。

4　地域的な統合のための機関は、その権限の範囲内の事項について、この条約の締約国であるその構成国の数と同数の票を締約国会議において投ずる権利を行使することができる。当該機関は、その構成国が自国の投票権を行使する場合には、投票権を行使してはならない。その逆の場合も、同様とする。

第四十五条　効力発生

1　この条約は、二十番目の批准書又は加入書が寄託された後三十日目の日に効力を生ずる。

2　この条約は、二十番目の批准書又は加入書が寄託された後にこれを批准し、若しくは正式確認し、又はこれに加入する国又は地域的な統合のための機関については、その批准書、正式確認書又は加入書の寄託の後三十日目の日に効力を生ずる。

第3部

第四十六条　留保

1　この条約の趣旨及び目的と両立しない留保は、認められない。

2　留保は、いつでも撤回することができる。

第四十七条　改正

1　いずれの締約国も、この条約の改正を提案し、及び改正案を国際連合事務総長に提出することができる。同事務総長は、締約国に対し、改正案を送付するものとし、締約国による改正案の審議及び決定のための締約国の会議の開催についての賛否を通報するよう要請する。その送付の日から四箇月以内に締約国の三分の一以上が会議の開催に賛成する場合には、同事務総長は、国際連合の主催の下に会議を招集する。会議において出席し、かつ、投票する締約国の三分の二以上の多数によって採択された改正案は、同事務総長により、承認のために国際連合総会に送付され、その後受諾のために全ての締約国に送付される。

2　1の規定により採択され、かつ、承認された改正は、当該改正の採択の日における締約国の三分の二以上が受諾書を寄託した後三十日目の日に効力を生ずる。その後は、当該改正は、いずれの締約国についても、その受諾書の寄託の後三十日目の日に効力を生ずる。改正は、それを受諾した締約国のみを拘束する。

3　締約国会議がコンセンサス方式によって決定する場合には、かつ、承認された改正であって、1の規定により採択され、第三十四条及び第三十八条から第四十条までの規定にのみ関連するものは、当該改正の採択の日における締約国の三分の二以上が受諾書を寄託した後三十日目の日に全ての締約国について効力を生ずる。

第四十八条　廃棄

締約国は、国際連合事務総長に対して書面による通告を行うことにより、この条約を廃棄することができる。廃棄は、同事務総長がその通告を受領した日の後一年で効力を生ずる。

第四十九条　利用しやすい様式

この条約の本文は、利用しやすい様式で提供される。

第五十条　正文

この条約は、アラビア語、中国語、英語、フランス語、ロシア語及びスペイン語をひとしく正文とする。

以上の証拠として、下名の全権委員は、各自の政府から正当に委任を受けてこの条約に署名した。

障害者基本法

最終改正：２０１３（平成25）年６月26日法律第65号

２０１６（平成28）年４月１日から施行

第一章　総則

（目的）

第一条　この法律は、全ての国民が、障害の有無にかかわらず、等しく基本的人権を享有するかけがえのない個人として尊重されるものであるとの理念にのつとり、全ての国民が、障害の有無によつて分け隔てられることなく、相互に人格と個性を尊重し合いながら共生する社会を実現するため、障害者の自立及び社会参加の支援等のための施策に関し、基本原則を定め、及び国、地方公共団体等の責務を明らかにするとともに、障害者の自立及び社会参加の支援等のための施策の基本となる事項を定めること等により、障害者の自立及び社会参加の支援等のための施策を総合的かつ計画的に推進することを目的とする。

（定義）

第二条　この法律において、次の各号に掲げる用語の意義は、それぞれ当該各号に定めるところによる。

一　障害者　身体障害、知的障害、精神障害（発達障害を含む。）その他の心身の機能の障害（以下「障害」と総称する。）がある者であつて、障害及び社会的障壁により継続的に日常生活又は社会生活に相当な制限を受ける状態にあるものをいう。

二　社会的障壁　障害がある者にとつて日常生活又は社会生活を営む上で障壁となるような社会における事物、制度、慣行、観念その他一切のものをいう。

（地域社会における共生等）

第三条　第一条に規定する社会の実現は、全ての障害者が、障害者でない者と等しく、基本的人権を享有する個人としてその尊厳が重んぜられ、その尊厳にふさわしい生活を保障される権利を有することを前提としつつ、次に掲げる事項を旨として図られなければならない。

一　全て障害者は、社会を構成する一員として社会、経済、文化その他あらゆる分野の活動に参加する機会が確保されること。

二　全て障害者は、可能な限り、どこで誰と生活するかについての選択の機会が確保され、地域社会において他の人々と共生することを妨げられないこと。

三　全て障害者は、可能な限り、言語（手話を含む。）その他の意思疎通のための手段についての選択の機会が確保されるとともに、情報の取得又は利用のための手段についての選択の機会の拡大が図られること。

（差別の禁止）

第四条　何人も、障害者に対して、障害を理由として、差別することその他の権利利益を侵害する行為をしてはならない。

２　社会的障壁の除去は、それを必要としている障害者が現に存し、かつ、その実施に伴う負担が過重でないときは、それを怠ることによつて前項の規定に違反することとならないよう、その実施について必要かつ合理的な配慮がされなければならない。

３　国は、第一項の規定に違反する行為の防止に関する啓発及び知識の普及を図るため、当該行為の防止を図るために必要となる情報の収集、整理及び提供を行うものとする。

（国際的協調）

第五条　第一条に規定する社会の実現は、そのための施策が国際社会における取組と密接な関係を有していることに鑑み、国際的協調の下に図られなければならない。

（国及び地方公共団体の責務）

第六条　国及び地方公共団体は、第一条に規定する社会の実現を図るため、前三条に定める基本原則（以下「基本原則」という。）にのつとり、障害者の自立及び社会参加の支援等のための施策を総合的かつ計画的に実施する責務を有する。

（国民の理解）
第七条　国及び地方公共団体は、基本原則に関する国民の理解を深めるよう必要な施策を講じなければならない。
（国民の責務）
第八条　国民は、基本原則にのつとり、第一条に規定する社会の実現に寄与するよう努めなければならない。
（障害者週間）
第九条　国民の間に広く基本原則に関する関心と理解を深めるとともに、障害者が社会、経済、文化その他あらゆる分野の活動に参加することを促進するため、障害者週間を設ける。
2　障害者週間は、十二月三日から十二月九日までの一週間とする。
3　国及び地方公共団体は、障害者の自立及び社会参加の支援等に関する活動を行う民間の団体等と相互に緊密な連携協力を図りながら、障害者週間の趣旨にふさわしい事業を実施するよう努めなければならない。
（施策の基本方針）
第十条　障害者の自立及び社会参加の支援等のための施策は、障害者の性別、年齢、障害の状態及び生活の実態に応じて、かつ、有機的連携の下に総合的に、策定され、及び実施されなければならない。
2　国及び地方公共団体は、障害者の自立及び社会参加の支援等のための施策を講ずるに当たつては、障害者その他の関係者の意見を聴き、その意見を尊重するよう努めなければならない。
（障害者基本計画等）
第十一条　政府は、障害者の自立及び社会参加の支援等のための施策の総合的かつ計画的な推進を図るため、障害者のための施策に関する基本的な計画（以下「障害者基本計画」という。）を策定しなければならない。
2　都道府県は、障害者基本計画を基本とするとともに、当該都道府県における障害者の状況等を踏まえ、当該都道府県における障害者のための施策に関する基本的な計画（以下「都道府県障害者計画」という。）を策定しなければならない。
3　市町村は、障害者基本計画及び都道府県障害者計画を基本とするとともに、当該市町村における障害者の状況等を踏まえ、当該市町村における障害者のための施策に関する基本的な計画（以下「市町村障害者計画」という。）を策定しなければならない。
4　内閣総理大臣は、関係行政機関の長に協議するとともに、障害者政策委員会の意見を聴いて、障害者基本計画の案を作成し、閣議の決定を求めなければならない。
5　都道府県は、都道府県障害者計画を策定するに当たつては、第三十六条第一項の合議制の機関の意見を聴かなければならない。
6　市町村は、市町村障害者計画を策定するに当たつては、第三十六条第四項の合議制の機関を設置している場合にあつてはその意見を、その他の場合にあつては障害者その他の関係者の意見を聴かなければならない。
7　政府は、障害者基本計画を策定したときは、これを国会に報告するとともに、その要旨を公表しなければならない。
8　第二項又は第三項の規定により都道府県障害者計画又は市町村障害者計画が策定されたときは、都道府県知事又は市町村長は、これを当該都道府県の議会又は当該市町村の議会に報告するとともに、その要旨を公表しなければならない。
9　第四項及び第七項の規定は障害者基本計画の変更について、第五項及び前項の規定は都道府県障害者計画の変更について、第六項及び前項の規定は市町村障害者計画の変更について準用する。
（法制上の措置等）
第十二条　政府は、この法律の目的を達成するため、必要な法制上及び財政上の措置を講じなければならない。
（年次報告）
第十三条　政府は、毎年、国会に、障害者のために講じた施策の概況に関する報告書を提出しなければならない。

第二章　障害者の自立及び社会参加の支援等のための基本的施策

（医療、介護等）

第十四条　国及び地方公共団体は、障害者が生活機能を回復し、取得し、又は維持するために必要な医療の給付及びリハビリテーションの提供を行うよう必要な施策を講じなければならない。

2　国及び地方公共団体は、前項に規定する医療及びリハビリテーションの研究、開発及び普及を促進しなければならない。

3　国及び地方公共団体は、障害者が、その性別、年齢、障害の状態及び生活の実態に応じ、医療、介護、保健、生活支援その他自立のための適切な支援を受けられるよう必要な施策を講じなければならない。

4　国及び地方公共団体は、第一項及び前項に規定する施策を講ずるために必要な専門的技術職員その他の専門的知識又は技能を有する職員を育成するよう努めなければならない。

5　国及び地方公共団体は、医療若しくは介護の給付又はリハビリテーションの提供を行うに当たつては、障害者が、可能な限りその身近な場所においてこれらを受けられるよう必要な施策を講ずるものとするほか、その人権を十分に尊重しなければならない。

6　国及び地方公共団体は、福祉用具及び身体障害者補助犬の給付又は貸与その他障害者が日常生活及び社会生活を営むのに必要な施策を講じなければならない。

7　国及び地方公共団体は、前項に規定する施策を講ずるために必要な福祉用具の研究及び開発、身体障害者補助犬の育成等を促進しなければならない。

（年金等）

第十五条　国及び地方公共団体は、障害者の自立及び生活の安定に資するため、年金、手当等の制度に関し必要な施策を講じなければならない。

（教育）

第十六条　国及び地方公共団体は、障害者が、その年齢及び能力に応じ、かつ、その特性を踏まえた十分な教育が受けられるようにするため、可能な限り障害者である児童及び生徒が障害者でない児童及び生徒と共に教育を受けられるよう配慮しつつ、教育の内容及び方法の改善及び充実を図る等必要な施策を講じなければならない。

2　国及び地方公共団体は、前項の目的を達成するため、障害者である児童及び生徒並びにその保護者に対し十分な情報の提供を行うとともに、可能な限りその意向を尊重しなければならない。

3　国及び地方公共団体は、障害者である児童及び生徒と障害者でない児童及び生徒との交流及び共同学習を積極的に進めることによつて、その相互理解を促進しなければならない。

4　国及び地方公共団体は、障害者の教育に関し、調査及び研究並びに人材の確保及び資質の向上、適切な教材等の提供、学校施設の整備その他の環境の整備を促進しなければならない。

（療育）

第十七条　国及び地方公共団体は、障害者である子どもが可能な限りその身近な場所において療育その他これに関連する支援を受けられるよう必要な施策を講じなければならない。

2　国及び地方公共団体は、療育に関し、研究、開発及び普及の促進、専門的知識又は技能を有する職員の育成その他の環境の整備を促進しなければならない。

（職業相談等）

第十八条　国及び地方公共団体は、障害者の職業選択の自由を尊重しつつ、障害者がその能力に応じて適切な職業に従事することができるようにするため、障害者の多様な就業の機会を確保するよう努めるとともに、個々の障害者の特性に配慮した職業相談、職業指導、職業訓練及び職業紹介の実施その他必要な施策を講じなければならない。

2　国及び地方公共団体は、障害者の多様な就業の機会の確保を図るため、前項に規定する施策に関する調査及び研究を促進しなければならない。

3　国及び地方公共団体は、障害者の地域社会における作業活動の場及び障害者の職業訓練のための施設の拡充を図るため、これに必要な費用の助成その他必要な施策を講じなければならない。

（雇用の促進等）

第十九条　国及び地方公共団体は、国及び地方公共団体並びに事業者における障害者の雇用を促進するため、障害者の優先雇用その他の施策を講じなければならない。

2　事業主は、障害者の雇用に関し、その有する能力を正当に評価し、適切な雇用の機会を確保するとともに、個々の障害者の特性に応じた適正な雇用管理を行うことによりその雇用の安定を図るよう努めなければならない。

3　国及び地方公共団体は、障害者を雇用する事業主に対して、障害者の雇用のための経済的負担を軽減し、もつてその雇用の促進及び継続を図るため、障害者が雇用されるのに伴い必要となる施設又は設備の整備等に要する費用の助成その他必要な施策を講じなければならない。

（住宅の確保）

第二十条　国及び地方公共団体は、障害者が地域社会において安定した生活を営むことができるようにするため、障害者のための住宅を確保し、及び障害者の日常生活に適するような住宅の整備を促進するよう必要な施策を講じなければならない。

（公共的施設のバリアフリー化）

第二十一条　国及び地方公共団体は、障害者の利用の便宜を図ることによつて障害者の自立及び社会参加を支援するため、自ら設置する官公庁施設、交通施設（車両、船舶、航空機等の移動施設を含む。次項において同じ。）その他の公共的施設について、障害者が円滑に利用できるような施設の構造及び設備の整備等の計画的推進を図らなければならない。

2　交通施設その他の公共的施設を設置する事業者は、障害者の利用の便宜を図ることによつて障害者の自立及び社会参加を支援するため、当該公共的施設について、障害者が円滑に利用できるような施設の構造及び設備の整備等の計画的推進に努めなければならない。

3　国及び地方公共団体は、前二項の規定により行われる公共的施設の構造及び設備の整備等が総合的かつ計画的に推進されるようにするため、必要な施策を講じなければならない。

4　国、地方公共団体及び公共的施設を設置する事業者は、自ら設置する公共的施設を利用する障害者の補助を行う身体障害者補助犬の同伴について障害者の利用の便宜を図らなければならない。

（情報の利用におけるバリアフリー化等）

第二十二条

2　国及び地方公共団体は、災害その他非常の事態の場合に障害者に対しその安全を確保するため必要な情報が迅速かつ的確に伝えられるよう必要な施策を講ずるものとするほか、行政の情報化及び公共分野における情報通信技術の活用の推進に当たつては、障害者の利用の便宜が図られるよう特に配慮しなければならない。

3　電気通信及び放送その他の情報の提供に係る役務の提供並びに電子計算機及びその関連装置その他情報通信機器の製造等を行う事業者は、当該役務の提供又は当該機器の製造等に当たつては、障害者の利用の便宜を図るよう努めなければならない。

（相談等）

第二十三条　国及び地方公共団体は、障害者の意思決定の支援に配慮しつつ、障害者及びその家族その他の関係者に対する相談業務、成年後見制度その他の障害者の権利利益の保護等のための施策又は制度が、適切に行われ又は広く利用されるようにしなければならない。

2　国及び地方公共団体は、障害者及びその家族その他の関係者からの各種の相談に総合的に応ずることができるようにするため、関係機関相互の有機的連携の下に必要な相談体制の整備を図るとともに、障害者の家族に対し、障害者の家族が互いに支え合うための活動の支援その他の支援を適切に行うものとする。

（経済的負担の軽減）

第二十四条　国及び地方公共団体は、障害者及び障害者を扶養する者の経済的負担の軽減を図り、又は障害者の自立の促進を図るため、税制上の措置、公共的施設の利用料等の減免その他必要な施策を講じなければならない。

（文化的諸条件の整備等）

第二十五条　国及び地方公共団体は、障害者が円滑に文化芸術活動、スポーツ又はレクリエーションを行うことができるようにするため、施設、設備その他の諸条件の整備、文化芸術、スポーツ等に関する活動の助成その他必要な施策を講じなければならない。

（防災及び防犯）

第二十六条　国及び地方公共団体は、障害者が地域社会において安全にかつ安心して生活を営むことができるようにするため、障害者の性別、年齢、障害の状態及び生活の実態に応じて、防災及び防犯に関し必要な施策を講じなければならない。

（消費者としての障害者の保護）

第二十七条　国及び地方公共団体は、障害者の消費者としての利益の擁護及び増進が図られるようにするため、適切な方法による情報の提供その他必要な施策を講じなければならない。

2　事業者は、障害者の消費者としての利益の擁護及び増進が図られるようにするため、適切な方法による情報の提供等に努めなければならない。

（選挙等における配慮）

第二十八条　国及び地方公共団体は、法律又は条例の定めるところにより行われる選挙、国民審査又は投票において、障害者が円滑に投票できるようにするため、投票所の施設又は設備の整備その他必要な施策を講じなければならない。

（司法手続における配慮等）

第二十九条　国又は地方公共団体は、障害者が、刑事事件若しくは少年の保護事件に関する手続その他これに準ずる手続の対象となつた場合又は裁判所における民事事件、家事事件若しくは行政事件に関する手続の当事者その他の関係人となつた場合において、障害者がその権利を円滑に行使できるようにするため、個々の障害者の特性に応じた意思疎通の手段を確保するよう配慮するとともに、関係職員に対する研修その他必要な施策を講じなければならない。

（国際協力）

第三十条　国は、障害者の自立及び社会参加の支援等のための施策を国際的協調の下に推進するため、外国政府、国際機関又は関係団体等との情報の交換その他必要な施策を講ずるように努めるものとする。

第三章　障害の原因となる傷病の予防に関する基本的施策

第三十一条　国及び地方公共団体は、障害の原因となる傷病及びその予防に関する調査及び研究を促進しなければならない。

2　国及び地方公共団体は、障害の原因となる傷病の予防のため、必要な知識の普及、母子保健等の保健対策の強化、当該傷病の早期発見及び早期治療の推進その他必要な施策を講じなければならない。

3　国及び地方公共団体は、障害の原因となる難病等の予防及び治療が困難であることに鑑み、障害の原因となる難病等の調査及び研究を推進するとともに、難病等に係る障害者に対する施策をきめ細かく推進するよう努めなければならない。

第四章　障害者政策委員会等

（障害者政策委員会の設置）

第三十二条　内閣府に、障害者政策委員会（以下「政策委員会」という。）を置く。

2　政策委員会は、次に掲げる事務をつかさどる。

一　障害者基本計画に関し、第十一条第四項

（同条第九項において準用する場合を含む。）に規定する事項を処理すること。

二　前号に規定する事項に関し、調査審議し、必要があると認めるときは、内閣総理大臣又は関係各大臣に対し、意見を述べること。

三　障害者基本計画の実施状況を監視し、必要があると認めるときは、内閣総理大臣又は内閣総理大臣を通じて関係各大臣に勧告すること。

3　内閣総理大臣又は関係各大臣は、前項第三号の規定による勧告に基づき講じた施策について政策委員会に報告しなければならない。

（政策委員会の組織及び運営）

第三十三条　政策委員会は、委員三十人以内で組織する。

2　政策委員会の委員は、障害者、障害者の自立及び社会参加に関する事業に従事する者並びに学識経験のある者のうちから、内閣総理大臣が任命する。この場合において、委員の構成については、政策委員会が様々な障害者の意見を聴き障害者の実情を踏まえた調査審議を行うことができることとなるよう、配慮されなければならない。

3　政策委員会の委員は、非常勤とする。

第三十四条　政策委員会は、その所掌事務を遂行するため必要があると認めるときは、関係行政機関の長に対し、資料の提出、意見の表明、説明その他必要な協力を求めることができる。

2　政策委員会は、その所掌事務を遂行するため特に必要があると認めるときは、前項に規定する者以外の者に対しても、必要な協力を依頼することができる。

第三十五条　前二条に定めるもののほか、政策委員会の組織及び運営に関し必要な事項は、政令で定める。

（都道府県等における合議制の機関）

第三十六条　都道府県（地方自治法（昭和二十二年法律第六十七号）第二百五十二条の十九第一項の指定都市（以下「指定都市」という。）を含む。以下同じ。）に、次に掲げる事務を処理するため、審議会その他の合議制の機関を置く。

一　都道府県障害者計画に関し、第十一条第五項（同条第九項において準用する場合を含む。）に規定する事項を処理すること。

二　当該都道府県における障害者に関する施策の総合的かつ計画的な推進について必要な事項を調査審議し、及びその施策の実施状況を監視すること。

三　当該都道府県における障害者に関する施策の推進について必要な関係行政機関相互の連絡調整を要する事項を調査審議すること。

2　前項の合議制の機関の委員の構成については、当該機関が様々な障害者の意見を聴き障害者の実情を踏まえた調査審議を行うことができることとなるよう、配慮されなければならない。

3　前項に定めるもののほか、第一項の合議制の機関の組織及び運営に関し必要な事項は、条例で定める。

4　市町村（指定都市を除く。）は、条例で定めるところにより、次に掲げる事務を処理するため、審議会その他の合議制の機関を置くことができる。

一　市町村障害者計画に関し、第十一条第六項（同条第九項において準用する場合を含む。）に規定する事項を処理すること。

二　当該市町村における障害者に関する施策の総合的かつ計画的な推進について必要な事項を調査審議し、及びその施策の実施状況を監視すること。

三　当該市町村における障害者に関する施策の推進について必要な関係行政機関相互の連絡調整を要する事項を調査審議すること。

5　第二項及び第三項の規定は、前項の規定により合議制の機関が置かれた場合に準用する。

附　則（平成二五年六月二六日法律第六五号）抄

（施行期日）

第一条　この法律は、平成二十八年四月一日から施行する。

教育基本法（新）

（平成十八年十二月二十二日法律第百二十号）

前文

教育基本法（昭和二十二年法律第二十五号）の全部を改正する。

我々日本国民は、たゆまぬ努力によって築いてきた民主的で文化的な国家を更に発展させるとともに、世界の平和と人類の福祉の向上に貢献することを願うものである。

我々は、この理想を実現するため、個人の尊厳を重んじ、真理と正義を希求し、公共の精神を尊び、豊かな人間性と創造性を備えた人間の育成を期するとともに、伝統を継承し、新しい文化の創造を目指す教育を推進する。

ここに、我々は、日本国憲法の精神にのっとり、我が国の未来を切り拓く教育の基本を確立し、その振興を図るため、この法律を制定する。

第一章　教育の目的及び理念

（教育の目的）

第一条　教育は、人格の完成を目指し、平和で民主的な国家及び社会の形成者として必要な資質を備えた心身ともに健康な国民の育成を期して行われなければならない。

（教育の目標）

第二条　教育は、その目的を実現するため、学問の自由を尊重しつつ、次に掲げる目標を達成するよう行われるものとする。

一　幅広い知識と教養を身に付け、真理を求める態度を養い、豊かな情操と道徳心を培うとともに、健やかな身体を養うこと。

二　個人の価値を尊重して、その能力を伸ばし、創造性を培い、自主

教育基本法（旧）

（昭和22・3・31・法律　25号）

前文

われらは、さきに、日本国憲法を確定し、民主的で文化的な国家を建設して、世界の平和と人類の福祉に貢献しようとする決意を示した。この理想の実現は、根本において教育の力にまつべきものである。

われらは、個人の尊厳を重んじ、真理と平和を希求する人間の育成を期するとともに、普遍的にしてしかも個性ゆたかな文化の創造をめざす教育を普及徹底しなければならない。

ここに、日本国憲法の精神に則り、教育の目的を明示して、新しい日本の教育の基本を確立するため、この法律を制定する。

（教育の目的）

第1条　教育は、人格の完成をめざし、平和的な国家及び社会の形成者として、真理と正義を愛し、個人の価値をたつとび、勤労と責任を重んじ、自主的精神に充ちた心身ともに健康な国民の育成を期して行われなければならない。

（教育の方針）

第2条　教育の目的は、あらゆる機会に、あらゆる場所において実現されなければならない。この目的を達成するためには、学問の自由を尊重し、実際生活に即し、自発的精神を養い、自他の敬愛と協力によって、文化の創造と発展に貢献するように努めなければならない。

及び自律の精神を養うとともに、職業及び生活との関連を重視し、勤労を重んずる態度を養うこと。
三　正義と責任、男女の平等、自他の敬愛と協力を重んずるとともに、公共の精神に基づき、主体的に社会の形成に参画し、その発展に寄与する態度を養うこと。
四　生命を尊び、自然を大切にし、環境の保全に寄与する態度を養うこと。
五　伝統と文化を尊重し、それらをはぐくんできた我が国と郷土を愛するとともに、他国を尊重し、国際社会の平和と発展に寄与する態度を養うこと。

（生涯学習の理念）
第三条　国民一人一人が、自己の人格を磨き、豊かな人生を送ることができるよう、その生涯にわたって、あらゆる機会に、あらゆる場所において学習することができ、その成果を適切に生かすことのできる社会の実現が図られなければならない。

（教育の機会均等）
第四条　すべて国民は、ひとしく、その能力に応じた教育を受ける機会を与えられなければならず、人種、信条、性別、社会的身分、経済的地位又は門地によって、教育上差別されない。
2　国及び地方公共団体は、障害のある者が、その障害の状態に応じ、十分な教育を受けられるよう、教育上必要な支援を講じなければならない。
3　国及び地方公共団体は、能力があるにもかかわらず、経済的理由によって修学が困難な者に対して、奨学の措置を講じなければならない。

第二章　教育の実施に関する基本

（義務教育）

（教育の機会均等）
第3条　すべて国民は、ひとしく、その能力に応ずる教育を受ける機会を与えられなければならないものであって、人種、信条、性別、社会的身分、経済的地位又は門地によって、教育上差別されない。
2　国及び地方公共団体は、能力があるにもかかわらず、経済的理由によって修学困難な者に対して、奨学の方法を講じなければならない。

（義務教育）
第4条　国民は、その保護する子女に、9年の普通教育を受けさせる義

第五条　国民は、その保護する子に、別に法律で定めるところにより、普通教育を受けさせる義務を負う。
2　義務教育として行われる普通教育は、各個人の有する能力を伸ばしつつ社会において自立的に生きる基礎を培い、また、国家及び社会の形成者として必要とされる基本的な資質を養うことを目的として行われるものとする。
3　国及び地方公共団体は、義務教育の機会を保障し、その水準を確保するため、適切な役割分担及び相互の協力の下、その実施に責任を負う。
4　国又は地方公共団体の設置する学校における義務教育については、授業料を徴収しない。

（学校教育）
第六条　法律に定める学校は、公の性質を有するものであって、国、地方公共団体及び法律に定める法人のみが、これを設置することができる。
2　前項の学校においては、教育の目標が達成されるよう、教育を受ける者の心身の発達に応じて、体系的な教育が組織的に行われなければならない。この場合において、教育を受ける者が、学校生活を営む上で必要な規律を重んずるとともに、自ら進んで学習に取り組む意欲を高めることを重視して行われなければならない。

（大学）
第七条　大学は、学術の中心として、高い教養と専門的能力を培うとともに、深く真理を探究して新たな知見を創造し、これらの成果を広く社会に提供することにより、社会の発展に寄与するものとする。
2　大学については、自主性、自律性その他の大学における教育及び研

務を負う。
2　国又は地方公共団体の設置する学校における義務教育については、授業料は、これを徴収しない。

（男女共学）
第5条　男女は、互いに敬重し、協力しあわなければならないものであって、教育上男女の共学は、認められなければならない。

（学校教育）
第6条　法律に定める学校は、公の性質をもつものであつて、国又は地方公共団体の外、法律に定める法人のみが、これを設置することができる。
2　法律に定める学校の教員は、全体の奉仕者であって、自己の使命を自覚し、その職責の遂行に努めなければならない。このためには、教員の身分は、尊重され、その待遇の適正が、期せられなければならない。

究の特性が尊重されなければならない。

（私立学校）
第八条　私立学校の有する公の性質及び学校教育において果たす重要な役割にかんがみ、国及び地方公共団体は、その自主性を尊重しつつ、助成その他の適当な方法によって私立学校教育の振興に努めなければならない。

（教員）
第九条　法律に定める学校の教員は、自己の崇高な使命を深く自覚し、絶えず研究と修養に励み、その職責の遂行に努めなければならない。
2　前項の教員については、その使命と職責の重要性にかんがみ、その身分は尊重され、待遇の適正が期せられるとともに、養成と研修の充実が図られなければならない。

（家庭教育）
第十条　父母その他の保護者は、子の教育について第一義的責任を有するものであって、生活のために必要な習慣を身に付けさせるとともに、自立心を育成し、心身の調和のとれた発達を図るよう努めるものとする。
2　国及び地方公共団体は、家庭教育の自主性を尊重しつつ、保護者に対する学習の機会及び情報の提供その他の家庭教育を支援するために必要な施策を講ずるよう努めなければならない。

（幼児期の教育）
第十一条　幼児期の教育は、生涯にわたる人格形成の基礎を培う重要なものであることにかんがみ、国及び地方公共団体は、幼児の健やかな成長に資する良好な環境の整備その他適当な方法によって、その振興に努めなければならない。

（社会教育）
第十二条　個人の要望や社会の要請にこたえ、社会において行われる教

（社会教育）
第7条　家庭教育及び勤労の場所その他社会において行われる教育は、

育は、国及び地方公共団体によって奨励されなければならない。

2　国及び地方公共団体は、図書館、博物館、公民館その他の社会教育施設の設置、学校の施設の利用、学習の機会及び情報の提供その他の適当な方法によって社会教育の振興に努めなければならない。

（学校、家庭及び地域住民等の相互の連携協力）

第十三条　学校、家庭及び地域住民その他の関係者は、教育におけるそれぞれの役割と責任を自覚するとともに、相互の連携及び協力に努めるものとする。

（政治教育）

第十四条　良識ある公民として必要な政治的教養は、教育上尊重されなければならない。

2　法律に定める学校は、特定の政党を支持し、又はこれに反対するための政治教育その他政治的活動をしてはならない。

（宗教教育）

第十五条　宗教に関する寛容の態度、宗教に関する一般的な教養及び宗教の社会生活における地位は、教育上尊重されなければならない。

2　国及び地方公共団体が設置する学校は、特定の宗教のための宗教教育その他宗教的活動をしてはならない。

第三章　教育行政

（教育行政）

第十六条　教育は、不当な支配に服することなく、この法律及び他の法律の定めるところにより行われるべきものであり、教育行政は、国と地方公共団体との適切な役割分担及び相互の協力の下、公正かつ適正に行われなければならない。

2　国は、全国的な教育の機会均等と教育水準の維持向上を図るため、教育に関する施策を総合的に策定し、実施しなければならない。

国及び地方公共団体によって奨励されなければならない。

2　国及び地方公共団体は、図書館、博物館、公民館等の施設の設置、学校の施設の利用その他適当な方法によって教育の目的の実現に努めなければならない。

（政治教育）

第8条　良識ある公民たるに必要な政治的教養は、教育上これを尊重しなければならない。

2　法律に定める学校は、特定の政党を支持し、又はこれに反対するための政治教育その他政治的活動をしてはならない。

（宗教教育）

第9条　宗教に関する寛容の態度及び宗教の社会生活における地位は、教育上これを尊重しなければならない。

2　国及び地方公共団体が設置する学校は、特定の宗教のための宗教教育その他宗教的活動をしてはならない。

（教育行政）

第10条　教育は、不当な支配に服することなく、国民全体に対し直接に責任を負って行われるべきものである。

2　教育行政は、この自覚のもとに、教育の目的を遂行するに必要な諸条件の整備確立を目標として行われなければならない。

3　地方公共団体は、その地域における教育の振興を図るため、その実情に応じた教育に関する施策を策定し、実施しなければならない。

4　国及び地方公共団体は、教育が円滑かつ継続的に実施されるよう、必要な財政上の措置を講じなければならない。

（教育振興基本計画）

第十七条　政府は、教育の振興に関する施策の総合的かつ計画的な推進を図るため、教育の振興に関する施策についての基本的な方針及び講ずべき施策その他必要な事項について、基本的な計画を定め、これを国会に報告するとともに、公表しなければならない。

2　地方公共団体は、前項の計画を参酌し、その地域の実情に応じ、当該地方公共団体における教育の振興のための施策に関する基本的な計画を定めるよう努めなければならない。

第四章　法令の制定

第十八条　この法律に規定する諸条項を実施するため、必要な法令が制定されなければならない。

附　則　抄

（施行期日）

1　この法律は、公布の日から施行する。

（補則）

第11条　この法律に掲げる諸条項を実施するために必要がある場合には、適当な法令が制定されなければならない。

旧教育基本法は、旧版『『障害児と学校』にかかわる法律・条約・宣言集』（２０００年４月）から引用し加工して作成

われらは、日本国憲法の精神にしたがい、児童に対する正しい観念を確立し、すべての児童の幸福をはかるために、この憲章を定める。

児童は、人として尊ばれる。

児童は、社会の一員として重んぜられる。

児童は、よい環境の中で育てられる。

一　すべての児童は、心身ともに健やかにうまれ、育てられ、その生活を保証される。

二　すべての児童は、家庭で、正しい愛情と知識と技術をもって育てられ、家庭に恵まれない児童には、これにかわる環境が与えられる。

三　すべての児童は、適当な栄養と住居と被服が与えられ、また、疾病と災害からまもられる。

四　すべての児童は、個性と能力に応じて教育され、社会の一員としての責任を自主的に果たすように、みちびかれる。

五　すべての児童は、自然を愛し、科学と芸術を尊ぶように、みちびかれ、また、道徳的心情がつちかわれる。

六　すべての児童は、就学のみちを確保され、また、十分に整った教育の施設を用意される。

七　すべての児童は、職業指導を受ける機会が与えられる。

八　すべての児童は、その労働において、心身の発育が阻害されず、教育を受ける機会が失われず、また、児童としての生活がさまたげられないように、十分に保護される。

九　すべての児童は、よい遊び場と文化財を用意され、悪い環境からまもられる。

十　すべての児童は、虐待・酷使・放任その他不当な取扱からまもられる。あやまちをおかした児童は、適切に保護指導される。

十一　すべての児童は、身体が不自由な場合、または精神の機能が不充分な場合に、適切な治療と教育と保護が与えられる。

十二　すべての児童は、愛とまことによって結ばれ、よい国民として人類の平和と文化に貢献するように、みちびかれる。

1951（昭和26）・5・5

旧版「『障害児と学校』にかかわる法律・条約・宣言集」（2000年4月）から引用し加工して作成

昭和26年5月5日，広く全国各都道府県にわたり，各界を代表する協議員236名が，児童憲章制定会議に参集して，この3つの基本綱領と12条の本文から成る児童憲章を制定し，宣言してから，満20年を経過した。

現代の児童は，私たちが20年前に厳粛に誓い合ったように，社会の構成員として，その人格と権利を尊重され，よき環境のもとに育てられているだろうか。大局的にみて，当時の状態より格段の進歩があったことを否定する者はいないだろう。しかし同時に，今日の状態が児童憲章が高らかに掲げた理想を実現していると断定しうる者はいるだろうか。（厚生白書昭和46年版）

http://www.mhlw.go.jp/toukei_hakusho/hakusho/kousei/1971/

Ⅱ　学校にかかわる法律・政令・通達

学校教育法

1952（昭和22）年3月31日法律第26号）
最終改正・2014（平成26）年6月27日法律第88号
（最終改正までの未施行法令）
2014（平成26）年6月4日法律第51号
（未施行）
2014（平成26）年6月27日法律第88号
（未施行）
2014（平成26）年6月13日法律第69号
（未施行）

第一章　総則

第一条　この法律で、学校とは、幼稚園、小学校、中学校、高等学校、中等教育学校、特別支援学校、大学及び高等専門学校とする。

第二条　学校は、国（国立大学法人法（平成十五年法律第百十二号）第二条第一項に規定する国立大学法人及び独立行政法人国立高等専門学校機構を含む。以下同じ。）、地方公共団体（地方独立行政法人法（平成十五年法律第百十八号）第六十八条第一項に規定する公立大学法人を含む。次項において同じ。）及び私立学校法第三条に規定する学校法人（以下学校法人と称する。）のみが、これを設置することができる。

2　この法律で、国立学校とは、国の設置する学校を、公立学校とは、地方公共団体の設置する学校を、私立学校とは、学校法人の設置する学校をいう。

第三条　学校を設置しようとする者は、学校の種類に応じ、文部科学大臣の定める設備、編制その他に関する設置基準に従い、これを設置しなければならない。

第四条　次の各号に掲げる学校の設置廃止、設置者の変更その他政令で定める事項（次条において「設置廃止等」という。）は、それぞれ当該各号に定める者の認可を受けなければならない。これらの学校のうち、高等学校（中等教育学校の後期課程を含む。）の通常の課程（以下「全日制の課程」という。）、夜間その他特別の時間又は時期において授業を行う課程（以下「定時制の課程」という。）及び通信による教育を行う課程（以下「通信制の課程」という。）、大学の学部、大学院及び大学院の研究科並びに第百八条第二項の大学の学科についても、同様とする。

一　公立又は私立の大学及び高等専門学校　文部科学大臣

二　市町村の設置する高等学校、中等教育学校及び特別支援学校　都道府県の教育委員会

三　私立の幼稚園、小学校、中学校、高等学校、中等教育学校及び特別支援学校　都道府県知事

2　前項の規定にかかわらず、同項第一号に掲げる学校を設置する者は、次に掲げる事項を行うときは、同項の認可を受けることを要しない。この場合において、当該学校を設置する者は、文部科学大臣の定めるところにより、あらかじめ、文部科学大臣に届け出なければならない。

一　大学の学部若しくは大学院の研究科又は第百八条第二項の大学の学科の設置であつて、当該大学が授与する学位の種類及び分野の変更を伴わないもの

二　大学の学部若しくは大学院の研究科又は第百八条第二項の大学の学科の廃止

三　前二号に掲げるもののほか、政令で定める事項

3　文部科学大臣は、前項の届出があつた場合において、その届出に係る事項が、設備、授業その他の事項に関する法令の規定に適合しないと認めるときは、その届出をした者に対し、必要な措置をとるべきことを命ずることができる。

4　第二項第一号の学位の種類及び分野の変更に関する基準は、文部科学大臣が、これを定める。

第四条の二　市町村は、その設置する幼稚園の設置廃止等を行おうとするときは、あらかじめ、都道府県の教育委員会に届け出なければならない。

第五条　学校の設置者は、その設置する学校を管理し、法令に特別の定のある場合を除いては、その学校の経費を負担する。

第六条　学校においては、授業料を徴収することができる。ただし、国立又は公立の小学校及び中学校、中等教育学校の前期課程又は特別支援学校の小学部及び中学部における義務教育については、これを徴収することができない。

第七条　学校には、校長及び相当数の教員を置かなければならない。

第八条　校長及び教員（教育職員免許法（昭和二十四年法律第百四十七号）の適用を受ける者を除く。）の資格に関する事項は、別に法律で定めるもののほか、文部科学大臣がこれを定める。

第九条　次の各号のいずれかに該当する者は、校長又は教員となることができない。

一　成年被後見人又は被保佐人

二　禁錮以上の刑に処せられた者

三　教育職員免許法第十条第一項第二号又は第三号に該当することにより免許状がその効力を失い、当該失効の日から三年を経過しない者

四　教育職員免許法第十一条第一項から第三項までの規定により免許状取上げの処分を受け、三年を経過しない者

五　日本国憲法施行の日以後において、日本国憲法又はその下に成立した政府を暴力で破壊することを主張する政党その他の団体を結成し、又はこれに加入した者

第十条　私立学校は、校長を定め、大学及び高等専門学校にあつては文部科学大臣に、大学及び高等専門学校以外の学校にあつては都道府県知事に届け出なければならない。

第十一条　校長及び教員は、教育上必要があると認めるときは、文部科学大臣の定めるところにより、児童、生徒及び学生に懲戒を加えることができる。ただし、体罰を加えることはできない。

第十二条　学校においては、別に法律で定めるところにより、幼児、児童、生徒及び学生並びに職員の健康の保持増進を図るため、健康診断を行い、その他その保健に必要な措置を講じなければならない。

第十三条　第四条第一項各号に掲げる学校が次の各号のいずれかに該当する場合においては、それぞれ同項各号に定める者は、当該学校の閉鎖を命ずることができる。

一　法令の規定に故意に違反したとき

二　法令の規定によりその者がした命令に違反したとき

三　六箇月以上授業を行わなかつたとき

2　前項の規定は、市町村の設置する幼稚園に準用する。この場合において、同項中「それぞれ同項各号に定める者」とあり、及び同項第二号中「その者」とあるのは、「都道府県の教育委員会」と読み替えるものとする。

第十四条　大学及び高等専門学校以外の市町村の設置する学校については都道府県の教育委員会、大学及び高等専門学校以外の私立学校については都道府県知事は、当該学校が、設備、授業その他の事項について、法令の規定又は都道府県の教育委員会若しくは都道府県知事の定める規程に違反したときは、その変更を命ずることができる。

第十五条　文部科学大臣は、公立又は私立の大学及び高等専門学校が、設備、授業その他の事項について、法令の規定に違反していると認めるときは、当該学校に対し、必要な措置をとるべきことを勧告することができる。

2　文部科学大臣は、前項の規定による勧告によつてもなお当該勧告に係る事項（次項において「勧告事項」という。）が改善されない

場合には、当該学校に対し、その変更を命ずることができる。

3　文部科学大臣は、前項の規定による命令によつてもなお勧告事項が改善されない場合には、当該学校に対し、当該勧告事項に係る組織の廃止を命ずることができる。

4　文部科学大臣は、第一項の規定による勧告又は第二項若しくは前項の規定による命令を行うために必要があると認めるときは、当該学校に対し、報告又は資料の提出を求めることができる。

第二章　義務教育

第十六条　保護者（子に対して親権を行う者（親権を行う者のないときは、未成年後見人）をいう。以下同じ。）は、次条に定めるところにより、子に九年の普通教育を受けさせる義務を負う。

第十七条　保護者は、子の満六歳に達した日の翌日以後における最初の学年の初めから、満十二歳に達した日の属する学年の終わりまで、これを小学校又は特別支援学校の小学部に就学させる義務を負う。ただし、子が、満十二歳に達した日の属する学年の終わりまでに小学校又は特別支援学校の小学部の課程を修了しないときは、満十五歳に達した日の属する学年の終わり（それまでの間において当該課程を修了したときは、その修了した日の属する学年の終わり）までとする。

2　保護者は、子が小学校又は特別支援学校の小学部の課程を修了した日の翌日以後における最初の学年の初めから、満十五歳に達した日の属する学年の終わりまで、これを中学校、中等教育学校の前期課程又は特別支援学校の中学部に就学させる義務を負う。

3　前二項の義務の履行の督促その他これらの義務の履行に関し必要な事項は、政令で定める。

第十八条　前条第一項又は第二項の規定によつて、保護者が就学させなければならない子（以下それぞれ「学齢児童」又は「学齢生徒」という。）で、病弱、発育不完全その他やむを得ない事由のため、就学困難と認められる者の保護者に対しては、市町村の教育委員会は、文部科学大臣の定めるところにより、同条第一項又は第二項の義務を猶予又は免除することができる。

第十九条　経済的理由によつて、就学困難と認められる学齢児童又は学齢生徒の保護者に対しては、市町村は、必要な援助を与えなければならない。

第二十条　学齢児童又は学齢生徒を使用する者は、その使用によつて、当該学齢児童又は学齢生徒が、義務教育を受けることを妨げてはならない。

第二十一条　義務教育として行われる普通教育は、教育基本法（平成十八年法律第百二十号）第五条第二項に規定する目的を実現するため、次に掲げる目標を達成するよう行われるものとする。

一　学校内外における社会的活動を促進し、自主、自律及び協同の精神、規範意識、公正な判断力並びに公共の精神に基づき主体的に社会の形成に参画し、その発展に寄与する態度を養うこと。

二　学校内外における自然体験活動を促進し、生命及び自然を尊重する精神並びに環境の保全に寄与する態度を養うこと。

三　我が国と郷土の現状と歴史について、正しい理解に導き、伝統と文化を尊重し、それらをはぐくんできた我が国と郷土を愛する態度を養うとともに、進んで外国の文化の理解を通じて、他国を尊重し、国際社会の平和と発展に寄与する態度を養うこと。

四　家族と家庭の役割、生活に必要な衣、食、住、情報、産業その他の事項について基礎的な理解と技能を養うこと。

五　読書に親しませ、生活に必要な国語を正しく理解し、使用する基礎的な能力を養うこと。

六　生活に必要な数量的な関係を正しく理解

し、処理する基礎的な能力を養うこと。

七　生活にかかわる自然現象について、観察及び実験を通じて、科学的に理解し、処理する基礎的な能力を養うこと。

八　健康、安全で幸福な生活のために必要な習慣を養うとともに、運動を通じて体力を養い、心身の調和的発達を図ること。

九　生活を明るく豊かにする音楽、美術、文芸その他の芸術について基礎的な理解と技能を養うこと。

十　職業についての基礎的な知識と技能、勤労を重んずる態度及び個性に応じて将来の進路を選択する能力を養うこと。

第三章　幼稚園

第二十二条　幼稚園は、義務教育及びその後の教育の基礎を培うものとして、幼児を保育し、幼児の健やかな成長のために適当な環境を与えて、その心身の発達を助長することを目的とする。

第二十三条　幼稚園における教育は、前条に規定する目的を実現するため、次に掲げる目標を達成するよう行われるものとする。

一　健康、安全で幸福な生活のために必要な基本的な習慣を養い、身体諸機能の調和的発達を図ること。

二　集団生活を通じて、喜んでこれに参加する態度を養うとともに家族や身近な人への信頼感を深め、自主、自律及び協同の精神並びに規範意識の芽生えを養うこと。

三　身近な社会生活、生命及び自然に対する興味を養い、それらに対する正しい理解と態度及び思考力の芽生えを養うこと。

四　日常の会話や、絵本、童話等に親しむことを通じて、言葉の使い方を正しく導くとともに、相手の話を理解しようとする態度を養うこと。

五　音楽、身体による表現、造形等に親しむことを通じて、豊かな感性と表現力の芽生えを養うこと。

第二十四条　幼稚園においては、第二十二条に規定する目的を実現するための教育を行うほか、幼児期の教育に関する各般の問題につき、保護者及び地域住民その他の関係者からの相談に応じ、必要な情報の提供及び助言を行うなど、家庭及び地域における幼児期の教育の支援に努めるものとする。

第二十五条　幼稚園の教育課程その他の保育内容に関する事項は、第二十二条及び第二十三条の規定に従い、文部科学大臣が定める。

第二十六条　幼稚園に入園することのできる者は、満三歳から、小学校就学の始期に達するまでの幼児とする。

第二十七条　幼稚園には、園長、教頭及び教諭を置かなければならない

2　幼稚園には、前項に規定するもののほか、副園長、主幹教諭、指導教諭、養護教諭、栄養教諭、事務職員、養護助教諭その他必要な職員を置くことができる。

3　第一項の規定にかかわらず、副園長を置くときその他特別の事情のあるときは、教頭を置かないことができる。

4　園長は、園務をつかさどり、所属職員を監督する。

5　副園長は、園長を助け、命を受けて園務をつかさどる。

6　教頭は、園長（副園長を置く幼稚園にあつては、園長及び副園長）を助け、園務を整理し、及び必要に応じ幼児の保育をつかさどる。

7　主幹教諭は、園長（副園長を置く幼稚園にあつては、園長及び副園長）及び教頭を助け、命を受けて園務の一部を整理し、並びに幼児の保育をつかさどる。

8　指導教諭は、幼児の保育をつかさどり、並びに教諭その他の職員に対して、保育の改善及び充実のために必要な指導及び助言を行う。

9　教諭は、幼児の保育をつかさどる。

10　特別の事情のあるときは、第一項の規定にかかわらず、教諭に代えて助教諭又は講師を置くことができる。

11　学校の実情に照らし必要があると認めるときは、第七項の規定にかかわらず、園長（副園長を置く幼稚園にあつては、園長及び副園長）及び教頭を助け、命を受けて園務の一部を整理し、並びに幼児の養護又は栄養の指導及び管理をつかさどる主幹教諭を置くことができる。

第二十八条　第三十七条第六項、第八項及び第十二項から第十七項まで並びに第四十二条から第四十四条までの規定は、幼稚園に準用する。

第四章　小学校

第二十九条　小学校は、心身の発達に応じて、義務教育として行われる普通教育のうち基礎的なものを施すことを目的とする。

第三十条　小学校における教育は、前条に規定する目的を実現するために必要な程度において第二十一条各号に掲げる目標を達成するよう行われるものとする。

2　前項の場合においては、生涯にわたり学習する基盤が培われるよう、基礎的な知識及び技能を習得させるとともに、これらを活用して課題を解決するために必要な思考力、判断力、表現力その他の能力をはぐくみ、主体的に学習に取り組む態度を養うことに、特に意を用いなければならない。

第三十一条　小学校においては、前条第一項の規定による目標の達成に資するよう、教育指導を行うに当たり、児童の体験的な学習活動、特にボランティア活動など社会奉仕体験活動、自然体験活動その他の体験活動の充実に努めるものとする。この場合において、社会教育関係団体その他の関係団体及び関係機関との連携に十分配慮しなければならない。

第三十二条　小学校の修業年限は、六年とする。

第三十三条　小学校の教育課程に関する事項は、第二十九条及び第三十条の規定に従い、文部科学大臣が定める。

第三十四条　小学校においては、文部科学大臣の検定を経た教科用図書又は文部科学省が著作の名義を有する教科用図書を使用しなければならない。

2　前項の教科用図書以外の図書その他の教材で、有益適切なものは、これを使用することができる。

3　第一項の検定の申請に係る教科用図書に関し調査審議させるための審議会等（国家行政組織法（昭和二十三年法律第百二十号）第八条に規定する機関をいう。以下同じ。）については、政令で定める。

第三十五条　市町村の教育委員会は、次に掲げる行為の一又は二以上を繰り返し行う等性行不良であつて他の児童の教育に妨げがあると認める児童があるときは、その保護者に対して、児童の出席停止を命ずることができる。

一　他の児童に傷害、心身の苦痛又は財産上の損失を与える行為

二　職員に傷害又は心身の苦痛を与える行為

三　施設又は設備を損壊する行為

四　授業その他の教育活動の実施を妨げる行為

2　市町村の教育委員会は、前項の規定により出席停止を命ずる場合には、あらかじめ保護者の意見を聴取するとともに、理由及び期間を記載した文書を交付しなければならない。

3　前項に規定するもののほか、出席停止の命令の手続に関し必要な事項は、教育委員会規則で定めるものとする。

4　市町村の教育委員会は、出席停止の命令に係る児童の出席停止の期間における学習に対する支援その他の教育上必要な措置を講ずるものとする。

第三十六条　学齢に達しない子は、小学校に入学させることができない。

第三十七条　小学校には、校長、教頭、教諭、養護教諭及び事務職員を置かなければならない。

2　小学校には、前項に規定するもののほか、副校長、主幹教諭、指導教諭、栄養教諭その他必要な職員を置くことができる。

3　第一項の規定にかかわらず、副校長を置くときその他特別の事情のあるときは教頭を、養護をつかさどる主幹教諭を置くときは養護教諭を、特別の事情のあるときは事務職員を、それぞれ置かないことができる。

4　校長は、校務をつかさどり、所属職員を監督する。

5　副校長は、校長を助け、命を受けて校務をつかさどる。

6　副校長は、校長に事故があるときはその職務を代理し、校長が欠けたときはその職務を行う。この場合において、副校長が二人以上あるときは、あらかじめ校長が定めた順序で、その職務を代理し、又は行う。

7　教頭は、校長（副校長を置く小学校にあつては、校長及び副校長）を助け、校務を整理し、及び必要に応じ児童の教育をつかさどる。

8　教頭は、校長（副校長を置く小学校にあつては、校長及び副校長）に事故があるときは校長の職務を代理し、校長（副校長を置く小学校にあつては、校長及び副校長）が欠けたときは校長の職務を行う。この場合において、教頭が二人以上あるときは、あらかじめ校長が定めた順序で、校長の職務を代理し、又は行う。

9　主幹教諭は、校長（副校長を置く小学校にあつては、校長及び副校長）及び教頭を助け、命を受けて校務の一部を整理し、並びに児童の教育をつかさどる。

10　指導教諭は、児童の教育をつかさどり、並びに教諭その他の職員に対して、教育指導の改善及び充実のために必要な指導及び助言を行う。

11　教諭は、児童の教育をつかさどる。

12　養護教諭は、児童の養護をつかさどる。

13　栄養教諭は、児童の栄養の指導及び管理をつかさどる。

14　事務職員は、事務に従事する。

15　助教諭は、教諭の職務を助ける。

16　講師は、教諭又は助教諭に準ずる職務に従事する。

17　養護助教諭は、養護教諭の職務を助ける。

18　特別の事情のあるときは、第一項の規定にかかわらず、教諭に代えて助教諭又は講師を、養護教諭に代えて養護助教諭を置くことができる。

19　学校の実情に照らし必要があると認めるときは、第九項の規定にかかわらず、校長（副校長を置く小学校にあつては、校長及び副校長）及び教頭を助け、命を受けて校務の一部を整理し、並びに児童の養護又は栄養の指導及び管理をつかさどる主幹教諭を置くことができる。

第三十八条　市町村は、その区域内にある学齢児童を就学させるに必要な小学校を設置しなければならない。

第三十九条　市町村は、適当と認めるときは、前条の規定による事務の全部又は一部を処理するため、市町村の組合を設けることができる。

第四十条　市町村は、前二条の規定によることを不可能又は不適当と認めるときは、小学校の設置に代え、学齢児童の全部又は一部の教育事務を、他の市町村又は前条の市町村の組合に委託することができる。

2　前項の場合においては、地方自治法（昭和二十二年法律第六十七号）第二百五十二条の十四第三項において準用する同法第二百五十二条の二の二第二項中「都道府県知事」とあるのは、「都道府県知事及び都道府県の教育委員会」と読み替えるものとする。

第四十一条　町村が、前二条の規定による負担に堪えないと都道府県の教育委員会が認めるときは、都道府県は、その町村に対して、必要な補助を与えなければならない。

第四十二条　小学校は、文部科学大臣の定めるところにより当該小学校の教育活動その他の学校運営の状況について評価を行い、その結果に基づき学校運営の改善を図るため必要な措置を講ずることにより、その教育水準の向上に努めなければならない。

第四十三条　小学校は、当該小学校に関する保護者及び地域住民その他の関係者の理解を深めるとともに、これらの者との連携及び協力の推進に資するため、当該小学校の教育活動その他の学校運営の状況に関する情報を積極的に提供するものとする。

第四十四条　私立の小学校は、都道府県知事の所管に属する。

第五章　中学校

第四十五条　中学校は、小学校における教育の基礎の上に、心身の発達に応じて、義務教育として行われる普通教育を施すことを目的とする。

第四十六条　中学校における教育は、前条に規定する目的を実現するため、第二十一条各号に掲げる目標を達成するよう行われるものとする。

第四十七条　中学校の修業年限は、三年とする。

第四十八条　中学校の教育課程に関する事項は、第四十五条及び第四十六条の規定並びに次条において読み替えて準用する第三十条第二項の規定に従い、文部科学大臣が定める。

第四十九条　第三十条第二項、第三十一条、第三十四条、第三十五条及び第三十七条から第四十四条までの規定は、中学校に準用する。この場合において、第三十条第二項中「前項」とあるのは「第四十六条」と、第三十一条中「前条第一項」とあるのは「第四十六条」と読み替えるものとする。

第六章　高等学校

第五十条　高等学校は、中学校における教育の基礎の上に、心身の発達及び進路に応じて、高度な普通教育及び専門教育を施すことを目的とする。

第五十一条　高等学校における教育は、前条に規定する目的を実現するため、次に掲げる目標を達成するよう行われるものとする。

一　義務教育として行われる普通教育の成果を更に発展拡充させて、豊かな人間性、創造性及び健やかな身体を養い、国家及び社会の形成者として必要な資質を養うこと。

二　社会において果たさなければならない使命の自覚に基づき、個性に応じて将来の進路を決定させ、一般的な教養を高め、専門的な知識、技術及び技能を習得させること。

三　個性の確立に努めるとともに、社会について、広く深い理解と健全な批判力を養い、社会の発展に寄与する態度を養うこと。

第五十二条　高等学校の学科及び教育課程に関する事項は、前二条の規定及び第六十二条において読み替えて準用する第三十条第二項の規定に従い、文部科学大臣が定める。

第五十三条　高等学校には、全日制の課程のほか、定時制の課程を置くことができる。

2　高等学校には、定時制の課程のみを置くことができる。

第五十四条　高等学校には、全日制の課程又は定時制の課程のほか、通信制の課程を置くことができる。

2　高等学校には、通信制の課程のみを置くことができる。

3　市町村の設置する高等学校については都道府県の教育委員会、私立の高等学校については都道府県知事は、高等学校の通信制の課程のうち、当該高等学校の所在する都道府県の区域内に住所を有する者のほか、全国的に他の都道府県の区域内に住所を有する者を併せて生徒とするものその他政令で定めるもの（以下この項において「広域の通信制の課程」という。）に係る第四条第一項に規定する認可（政令で定める事項に係るものに限る。）を行うときは、あらかじめ、文部科学大臣に届け出なければならない。都道府県の設置する高等学校の広域の通信制の課程について、当該都道府県の教育委員会がこの項前段の政令で定める事項を行うときも、同様とする。

4　通信制の課程に関し必要な事項は、文部科学大臣が、これを定める。

第五十五条　高等学校の定時制の課程又は通信

制の課程に在学する生徒が、技能教育のための施設で当該施設の所在地の都道府県の教育委員会の指定するものにおいて教育を受けているときは、校長は、文部科学大臣の定めるところにより、当該施設における学習を当該高等学校における教科の一部の履修とみなすことができる。

２　前項の施設の指定に関し必要な事項は、政令で、これを定める。

第五十六条　高等学校の修業年限は、全日制の課程については、三年とし、定時制の課程及び通信制の課程については、三年以上とする。

第五十七条　高等学校に入学することのできる者は、中学校若しくはこれに準ずる学校を卒業した者若しくは中等教育学校の前期課程を修了した者又は文部科学大臣の定めるところにより、これと同等以上の学力があると認められた者とする。

第五十八条　高等学校には、専攻科及び別科を置くことができる。

２　高等学校の専攻科は、高等学校若しくはこれに準ずる学校若しくは中等教育学校を卒業した者又は文部科学大臣の定めるところにより、これと同等以上の学力があると認められた者に対して、精深な程度において、特別の事項を教授し、その研究を指導することを目的とし、その修業年限は、一年以上とする。

３　高等学校の別科は、前条に規定する入学資格を有する者に対して、簡易な程度において、特別の技能教育を施すことを目的とし、その修業年限は、一年以上とする。

第五十九条　高等学校に関する入学、退学、転学その他必要な事項は、文部科学大臣が、これを定める。

第六十条　高等学校には、校長、教頭、教諭及び事務職員を置かなければならない。

２　高等学校には、前項に規定するもののほか、副校長、主幹教諭、指導教諭、養護教諭、栄養教諭、養護助教諭、実習助手、技術職員その他必要な職員を置くことができる。

３　第一項の規定にかかわらず、副校長を置くときは、教頭を置かないことができる。

４　実習助手は、実験又は実習について、教諭の職務を助ける。

５　特別の事情のあるときは、第一項の規定にかかわらず、教諭に代えて助教諭又は講師を置くことができる。

６　技術職員は、技術に従事する。

第六十一条　高等学校に、全日制の課程、定時制の課程又は通信制の課程のうち二以上の課程を置くときは、それぞれの課程に関する校務を分担して整理する教頭を置かなければならない。ただし、命を受けて当該課程に関する校務をつかさどる副校長が置かれる一の課程については、この限りでない。

第六十二条　第三十条第二項、第三十一条、第三十四条、第三十七条第四項から第十七項まで及び第十九項並びに第四十二条から第四十四条までの規定は、高等学校に準用する。この場合において、第三十条第二項中「前項」とあるのは「第五十一条」と、第三十一条中「前条第一項」とあるのは「第五十一条」と読み替えるものとする。

第七章　中等教育学校

第六十三条　中等教育学校は、小学校における教育の基礎の上に、心身の発達及び進路に応じて、義務教育として行われる普通教育並びに高度な普通教育及び専門教育を一貫して施すことを目的とする。

第六十四条　中等教育学校における教育は、前条に規定する目的を実現するため、次に掲げる目標を達成するよう行われるものとする。

一　豊かな人間性、創造性及び健やかな身体を養い、国家及び社会の形成者として必要な資質を養うこと。

二　社会において果たさなければならない使命の自覚に基づき、個性に応じて将来の進路を決定させ、一般的な教養を高め、専門的な知識、技術及び技能を習得させること。

三　個性の確立に努めるとともに、社会について、広く深い理解と健全な批判力を養い、社会の発展に寄与する態度を養うこと。

第六十五条　中等教育学校の修業年限は、六年とする。

第六十六条　中等教育学校の課程は、これを前期三年の前期課程及び後期三年の後期課程に区分する。

第六十七条　中等教育学校の前期課程における教育は、第六十三条に規定する目的のうち、小学校における教育の基礎の上に、心身の発達に応じて、義務教育として行われる普通教育を施すことを実現するため、第二十一条各号に掲げる目標を達成するよう行われるものとする。

2　中等教育学校の後期課程における教育は、第六十三条に規定する目的のうち、心身の発達及び進路に応じて、高度な普通教育及び専門教育を施すことを実現するため、第六十四条各号に掲げる目標を達成するよう行われるものとする。

第六十八条　中等教育学校の前期課程の教育課程に関する事項並びに後期課程の学科及び教育課程に関する事項は、第六十三条、第六十四条及び前条の規定並びに第七十条第一項において読み替えて準用する第三十条第二項の規定に従い、文部科学大臣が定める。

第六十九条　中等教育学校には、校長、教頭、教諭、養護教諭及び事務職員を置かなければならない。

2　中等教育学校には、前項に規定するもののほか、副校長、主幹教諭、指導教諭、栄養教諭、実習助手、技術職員その他必要な職員を置くことができる。

3　第一項の規定にかかわらず、副校長を置くときは教頭を、養護をつかさどる主幹教諭を置くときは養護教諭を、それぞれ置かないことができる。

4　特別の事情のあるときは、第一項の規定にかかわらず、教諭に代えて助教諭又は講師を、養護教諭に代えて養護助教諭を置くことができる。

第七十条　第三十条第二項、第三十一条、第三十四条、第三十七条第四項から第十七項まで及び第十九項、第四十二条から第四十四条まで、第五十九条並びに第六十条第四項及び第六項の規定は中等教育学校に、第五十三条から第五十五条まで、第五十八条及び第六十一条の規定は中等教育学校の後期課程に、それぞれ準用する。この場合において、第三十条第二項中「前項」とあるのは「第六十四条」と、第三十一条中「前条第一項」とあるのは「第六十四条」と読み替えるものとする。

2　前項において準用する第五十三条又は第五十四条の規定により後期課程に定時制の課程又は通信制の課程を置く中等教育学校については、第六十五条の規定にかかわらず、当該定時制の課程又は通信制の課程に係る修業年限は、六年以上とする。この場合において、第六十六条中「後期三年の後期課程」とあるのは、「後期三年以上の後期課程」とする。

第七十一条　同一の設置者が設置する中学校及び高等学校においては、文部科学大臣の定めるところにより、中等教育学校に準じて、中学校における教育と高等学校における教育を一貫して施すことができる。

第八章　特別支援教育

第七十二条　特別支援学校は、視覚障害者、聴覚障害者、知的障害者、肢体不自由者又は病弱者（身体虚弱者を含む。以下同じ。）に対して、幼稚園、小学校、中学校又は高等学校に準ずる教育を施すとともに、障害による学習上又は生活上の困難を克服し自立を図るために必要な知識技能を授けることを目的とする。

第七十三条　特別支援学校においては、文部科学大臣の定めるところにより、前条に規定する者に対する教育のうち当該学校が行うものを明らかにするものとする。

第七十四条　特別支援学校においては、第

七十二条に規定する目的を実現するための教育を行うほか、幼稚園、小学校、中学校、高等学校又は中等教育学校の要請に応じて、第八十一条第一項に規定する幼児、児童又は生徒の教育に関し必要な助言又は援助を行うよう努めるものとする。

第七十五条　第七十二条に規定する視覚障害者、聴覚障害者、知的障害者、肢体不自由者又は病弱者の障害の程度は、政令で定める。

第七十六条　特別支援学校には、小学部及び中学部を置かなければならない。ただし、特別の必要のある場合においては、そのいずれかのみを置くことができる。

2　特別支援学校には、小学部及び中学部のほか、幼稚部又は高等部を置くことができ、また、特別の必要のある場合においては、前項の規定にかかわらず、小学部及び中学部を置かないで幼稚部又は高等部のみを置くことができる。

第七十七条　特別支援学校の幼稚部の教育課程その他の保育内容、小学部及び中学部の教育課程又は高等部の学科及び教育課程に関する事項は、幼稚園、小学校、中学校又は高等学校に準じて、文部科学大臣が定める。

第七十八条　特別支援学校には、寄宿舎を設けなければならない。ただし、特別の事情のあるときは、これを設けないことができる。

第七十九条　寄宿舎を設ける特別支援学校には、寄宿舎指導員を置かなければならない。

2　寄宿舎指導員は、寄宿舎における幼児、児童又は生徒の日常生活上の世話及び生活指導に従事する。

第八十条　都道府県は、その区域内にある学齢児童及び学齢生徒のうち、視覚障害者、聴覚障害者、知的障害者、肢体不自由者又は病弱者で、その障害が第七十五条の政令で定める程度のものを就学させるに必要な特別支援学校を設置しなければならない。

第八十一条　幼稚園、小学校、中学校、高等学校及び中等教育学校においては、次項各号のいずれかに該当する幼児、児童及び生徒その他教育上特別の支援を必要とする幼児、児童及び生徒に対し、文部科学大臣の定めるところにより、障害による学習上又は生活上の困難を克服するための教育を行うものとする。

2　小学校、中学校、高等学校及び中等教育学校には、次の各号のいずれかに該当する児童及び生徒のために、特別支援学級を置くことができる。

一　知的障害者

二　肢体不自由者

三　身体虚弱者

四　弱視者

五　難聴者

六　その他障害のある者で、特別支援学級において教育を行うことが適当なもの

3　前項に規定する学校においては、疾病により療養中の児童及び生徒に対して、特別支援学級を設け、又は教員を派遣して、教育を行うことができる。

第八十二条　第二十六条、第二十七条、第三十一条（第四十九条及び第六十二条において読み替えて準用する場合を含む。）、第三十二条、第三十四条（第四十九条及び第六十二条において準用する場合を含む。）、第三十六条、第三十七条（第二十八条、第四十九条及び第六十二条において準用する場合を含む。）、第四十二条から第四十四条まで、第四十七条及び第五十六条から第六十条までの規定は特別支援学校に、第八十四条の規定は特別支援学校の高等部に、それぞれ準用する。

第九章　大学

第八十三条　大学は、学術の中心として、広く知識を授けるとともに、深く専門の学芸を教授研究し、知的、道徳的及び応用的能力を展開させることを目的とする。

2　大学は、その目的を実現するための教育研究を行い、その成果を広く社会に提供することにより、社会の発展に寄与するものとする。

第八十四条　大学は、通信による教育を行うことができる。

第八十五条　大学には、学部を置くことを常例とする。ただし、当該大学の教育研究上の目的を達成するため有益かつ適切である場合においては、学部以外の教育研究上の基本となる組織を置くことができる。

第八十六条　大学には、夜間において授業を行う学部又は通信による教育を行う学部を置くことができる。

第八十七条　大学の修業年限は、四年とする。ただし、特別の専門事項を教授研究する学部及び前条の夜間において授業を行う学部については、その修業年限は、四年を超えるものとすることができる。

2　医学を履修する課程、歯学を履修する課程、薬学を履修する課程のうち臨床に係る実践的な能力を培うことを主たる目的とするもの又は獣医学を履修する課程については、前項本文の規定にかかわらず、その修業年限は、六年とする。

第八十八条　大学の学生以外の者として一の大学において一定の単位を修得した者が当該大学に入学する場合において、当該単位の修得により当該大学の教育課程の一部を履修したと認められるときは、文部科学大臣の定めるところにより、修得した単位数その他の事項を勘案して大学が定める期間を修業年限に通算することができる。ただし、その期間は、当該大学の修業年限の二分の一を超えてはならない。

第八十九条　大学は、文部科学大臣の定めるところにより、当該大学の学生（第八十七条第二項に規定する課程に在学するものを除く。）で当該大学に三年（同条第一項ただし書の規定により修業年限を四年を超えるものとする学部の学生にあつては、三年以上で文部科学大臣の定める期間）以上在学したもの（これに準ずるものとして文部科学大臣の定める者を含む。）が、卒業の要件として当該大学の定める単位を優秀な成績で修得したと認める場合には、同項の規定にかかわらず、その卒業を認めることができる。

第九十条　大学に入学することのできる者は、高等学校若しくは中等教育学校を卒業した者若しくは通常の課程による十二年の学校教育を修了した者（通常の課程以外の課程によりこれに相当する学校教育を修了した者を含む。）又は文部科学大臣の定めるところにより、これと同等以上の学力があると認められた者とする。

2　前項の規定にかかわらず、次の各号に該当する大学は、文部科学大臣の定めるところにより、高等学校に文部科学大臣の定める年数以上在学した者（これに準ずる者として文部科学大臣が定める者を含む。）であつて、当該大学の定める分野において特に優れた資質を有すると認めるものを、当該大学に入学させることができる。

一　当該分野に関する教育研究が行われている大学院が置かれていること。

二　当該分野における特に優れた資質を有する者の育成を図るのにふさわしい教育研究上の実績及び指導体制を有すること。

第九十一条　大学には、専攻科及び別科を置くことができる。

2　大学の専攻科は、大学を卒業した者又は文部科学大臣の定めるところにより、これと同等以上の学力があると認められた者に対して、精深な程度において、特別の事項を教授し、その研究を指導することを目的とし、その修業年限は、一年以上とする。

3　大学の別科は、前条第一項に規定する入学資格を有する者に対して、簡易な程度において、特別の技能教育を施すことを目的とし、その修業年限は、一年以上とする。

第九十二条　大学には学長、教授、准教授、助教、助手及び事務職員を置かなければならない。ただし、教育研究上の組織編制として適切と認められる場合には、准教授、助教又は助手を置かないことができる。

2　大学には、前項のほか、副学長、学部長、講師、技術職員その他必要な職員を置くことができる。

3　学長は、校務をつかさどり、所属職員を統督する。

4　副学長は、学長の職務を助ける。

5　学部長は、学部に関する校務をつかさどる。

6　教授は、専攻分野について、教育上、研究上又は実務上の特に優れた知識、能力及び実績を有する者であつて、学生を教授し、その研究を指導し、又は研究に従事する。

7　准教授は、専攻分野について、教育上、研究上又は実務上の優れた知識、能力及び実績を有する者であつて、学生を教授し、その研究を指導し、又は研究に従事する。

8　助教は、専攻分野について、教育上、研究上又は実務上の知識及び能力を有する者であつて、学生を教授し、その研究を指導し、又は研究に従事する。

9　助手は、その所属する組織における教育研究の円滑な実施に必要な業務に従事する。

10　講師は、教授又は准教授に準ずる職務に従事する。

第九十三条　大学には、重要な事項を審議するため、教授会を置かなければならない。

2　教授会の組織には、准教授その他の職員を加えることができる。

第九十四条　大学について第三条に規定する設置基準を定める場合及び第四条第四項に規定する基準を定める場合には、文部科学大臣は、審議会等で政令で定めるものに諮問しなければならない。

第九十五条　大学の設置の認可を行う場合及び大学に対し第四条第三項若しくは第十五条第二項若しくは第三項の規定による命令又は同条第一項の規定による勧告を行う場合には、文部科学大臣は、審議会等で政令で定めるものに諮問しなければならない。

第九十六条　大学には、研究所その他の研究施設を附置することができる。

第九十七条　大学には、大学院を置くことができる。

第九十八条　公立又は私立の大学は、文部科学大臣の所轄とする。

第九十九条　大学院は、学術の理論及び応用を教授研究し、その深奥をきわめ、又は高度の専門性が求められる職業を担うための深い学識及び卓越した能力を培い、文化の進展に寄与することを目的とする。

2　大学院のうち、学術の理論及び応用を教授研究し、高度の専門性が求められる職業を担うための深い学識及び卓越した能力を培うことを目的とするものは、専門職大学院とする。

第百条　大学院を置く大学には、研究科を置くことを常例とする。ただし、当該大学の教育研究上の目的を達成するため有益かつ適切である場合においては、文部科学大臣の定めるところにより、研究科以外の教育研究上の基本となる組織を置くことができる。

第百一条　大学院を置く大学には、夜間において授業を行う研究科又は通信による教育を行う研究科を置くことができる。

第百二条　大学院に入学することのできる者は、第八十三条の大学を卒業した者又は文部科学大臣の定めるところにより、これと同等以上の学力があると認められた者とする。ただし、研究科の教育研究上必要がある場合においては、当該研究科に係る入学資格を、修士の学位若しくは第百四条第一項に規定する文部科学大臣の定める学位を有する者又は文部科学大臣の定めるところにより、これと同等以上の学力があると認められた者とすることができる。

2　前項本文の規定にかかわらず、大学院を置く大学は、文部科学大臣の定めるところにより、第八十三条の大学に文部科学大臣の定める年数以上在学した者（これに準ずる者として文部科学大臣が定める者を含む。）であつて、当該大学院を置く大学の定める単位を優秀な成績で修得したと認めるものを、当該大学院に入学させることができる。

第百三条　教育研究上特別の必要がある場合においては、第八十五条の規定にかかわらず、学部を置くことなく大学院を置くものを大学とすることができる。

第百四条　大学（第百八条第二項の大学（以下この条において「短期大学」という。）を除く。以下この条において同じ。）は、文部科学大臣の定めるところにより、大学を卒業した者に対し学士の学位を、大学院（専門職大学院を除く。）の課程を修了した者に対し修士又は博士の学位を、専門職大学院の課程を修了した者に対し文部科学大臣の定める学位を授与するものとする。

2　大学は、文部科学大臣の定めるところにより、前項の規定により博士の学位を授与された者と同等以上の学力があると認める者に対し、博士の学位を授与することができる。

3　短期大学は、文部科学大臣の定めるところにより、短期大学を卒業した者に対し短期大学士の学位を授与するものとする。

4　独立行政法人大学評価・学位授与機構は、文部科学大臣の定めるところにより、次の各号に掲げる者に対し、当該各号に定める学位を授与するものとする。

一　短期大学若しくは高等専門学校を卒業した者又はこれに準ずる者で、大学における一定の単位の修得又はこれに相当するものとして文部科学大臣の定める学習を行い、大学を卒業した者と同等以上の学力を有すると認める者　学士

二　学校以外の教育施設で学校教育に類する教育を行うもののうち当該教育を行うにつき他の法律に特別の規定があるものに置かれる課程で、大学又は大学院に相当する教育を行うと認めるものを修了した者　学士、修士又は博士

○5　学位に関する事項を定めるについては、文部科学大臣は、第九十四条の政令で定める審議会等に諮問しなければならない。

第百五条　大学は、文部科学大臣の定めるところにより、当該大学の学生以外の者を対象とした特別の課程を編成し、これを修了した者に対し、修了の事実を証する証明書を交付することができる。

第百六条　大学は、当該大学に学長、副学長、学部長、教授、准教授又は講師として勤務した者であつて、教育上又は学術上特に功績のあつた者に対し、当該大学の定めるところにより、名誉教授の称号を授与することができる。

第百七条　大学においては、公開講座の施設を設けることができる。

2　公開講座に関し必要な事項は、文部科学大臣が、これを定める。

第百八条　大学は、第八十三条第一項に規定する目的に代えて、深く専門の学芸を教授研究し、職業又は実際生活に必要な能力を育成することを主な目的とすることができる。

2　前項に規定する目的をその目的とする大学は、第八十七条第一項の規定にかかわらず、その修業年限を二年又は三年とする。

3　前項の大学は、短期大学と称する。

4　第二項の大学には、第八十五条及び第八十六条の規定にかかわらず、学部を置かないものとする。

5　第二項の大学には、学科を置く。

6　第二項の大学には、夜間において授業を行う学科又は通信による教育を行う学科を置くことができる。

7　第二項の大学を卒業した者は、文部科学大臣の定めるところにより、第八十三条の大学に編入学することができる。

8　第九十七条の規定は、第二項の大学については適用しない。

第百九条　大学は、その教育研究水準の向上に資するため、文部科学大臣の定めるところにより、当該大学の教育及び研究、組織及び運営並びに施設及び設備（次項において「教育研究等」という。）の状況について自ら点検及び評価を行い、その結果を公表するものとする。

2　大学は、前項の措置に加え、当該大学の教育研究等の総合的な状況について、政令で定める期間ごとに、文部科学大臣の認証を受けた者（以下「認証評価機関」という。）による評価（以下「認証評価」という。）を受けるものとする。ただし、認証評価機関が存在しない場合その他特別の事由がある場合であつて、文部科学大臣の定める措置を講じているときは、この限りでない。

3　専門職大学院を置く大学にあつては、前項に規定するもののほか、当該専門職大学院の設置の目的に照らし、当該専門職大学院の教育課程、教員組織その他教育研究活動の状況について、政令で定める期間ごとに、認証評価を受けるものとする。ただし、当該専門職大学院の課程に係る分野について認証評価を行う認証評価機関が存在しない場合その他特別の事由がある場合であつて、文部科学大臣の定める措置を講じているときは、この限りでない。

4　前二項の認証評価は、大学からの求めにより、大学評価基準（前二項の認証評価を行うために認証評価機関が定める基準をいう。次条において同じ。）に従つて行うものとする。

第百十条　認証評価機関になろうとする者は、文部科学大臣の定めるところにより、申請により、文部科学大臣の認証を受けることができる。

2　文部科学大臣は、前項の規定による認証の申請が次の各号のいずれにも適合すると認めるときは、その認証をするものとする。

一　大学評価基準及び評価方法が認証評価を適確に行うに足りるものであること。

二　認証評価の公正かつ適確な実施を確保するために必要な体制が整備されていること。

三　第四項に規定する措置（同項に規定する通知を除く。）の前に認証評価の結果に係る大学からの意見の申立ての機会を付与していること。

四　認証評価を適確かつ円滑に行うに必要な経理的基礎を有する法人（人格のない社団又は財団で代表者又は管理人の定めのあるものを含む。次号において同じ。）であること。

五　次条第二項の規定により認証を取り消され、その取消しの日から二年を経過しない法人でないこと。

六　その他認証評価の公正かつ適確な実施に支障を及ぼすおそれがないこと。

3　前項に規定する基準を適用するに際して必要な細目は、文部科学大臣が、これを定める。

4　認証評価機関は、認証評価を行つたときは、遅滞なく、その結果を大学に通知するとともに、文部科学大臣の定めるところにより、これを公表し、かつ、文部科学大臣に報告しなければならない。

5　認証評価機関は、大学評価基準、評価方法その他文部科学大臣の定める事項を変更しようとするとき、又は認証評価の業務の全部若しくは一部を休止若しくは廃止しようとするときは、あらかじめ、文部科学大臣に届け出なければならない。

6　文部科学大臣は、認証評価機関の認証をしたとき、又は前項の規定による届出があつたときは、その旨を官報で公示しなければならない。

第百十一条　文部科学大臣は、認証評価の公正かつ適確な実施が確保されないおそれがあると認めるときは、認証評価機関に対し、必要な報告又は資料の提出を求めることができる。

2　文部科学大臣は、認証評価機関が前項の求めに応じず、若しくは虚偽の報告若しくは資料の提出をしたとき、又は前条第二項及び第三項の規定に適合しなくなつたと認めるときその他認証評価の公正かつ適確な実施に著しく支障を及ぼす事由があると認めるときは、当該認証評価機関に対してこれを改善すべきことを求め、及びその求めによつてもなお改善されないときは、その認証を取り消すことができる。

3　文部科学大臣は、前項の規定により認証評価機関の認証を取り消したときは、その旨を官報で公示しなければならない。

第百十二条　文部科学大臣は、次に掲げる場合には、第九十四条の政令で定める審議会等に諮問しなければならない。

一　認証評価機関の認証をするとき。

二　第百十条第三項の細目を定めるとき。

三　認証評価機関の認証を取り消すとき。

第百十三条　大学は、教育研究の成果の普及及び活用の促進に資するため、その教育研究活動の状況を公表するものとする。

第百十四条　第三十七条第十四項及び第六十条第六項の規定は、大学に準用する。

第十章　高等専門学校

第百十五条　高等専門学校は、深く専門の学芸を教授し、職業に必要な能力を育成することを目的とする。

2　高等専門学校は、その目的を実現するための教育を行い、その成果を広く社会に提供することにより、社会の発展に寄与するものとする。

第百十六条　高等専門学校には、学科を置く。

2　前項の学科に関し必要な事項は、文部科学大臣が、これを定める。

第百十七条　高等専門学校の修業年限は、五年とする。ただし、商船に関する学科については、五年六月とする。

第百十八条　高等専門学校に入学することのできる者は、第五十七条に規定する者とする。

第百十九条　高等専門学校には、専攻科を置くことができる。

2　高等専門学校の専攻科は、高等専門学校を卒業した者又は文部科学大臣の定めるところにより、これと同等以上の学力があると認められた者に対して、精深な程度において、特別の事項を教授し、その研究を指導することを目的とし、その修業年限は、一年以上とする。

第百二十条　高等専門学校には、校長、教授、准教授、助教、助手及び事務職員を置かなければならない。ただし、教育上の組織編制として適切と認められる場合には、准教授、助教又は助手を置かないことができる。

2　高等専門学校には、前項のほか、講師、技術職員その他必要な職員を置くことができる。

3　校長は、校務を掌り、所属職員を監督する。

4　教授は、専攻分野について、教育上又は実務上の特に優れた知識、能力及び実績を有する者であつて、学生を教授する。

5　准教授は、専攻分野について、教育上又は実務上の優れた知識、能力及び実績を有する者であつて、学生を教授する。

6　助教は、専攻分野について、教育上又は実務上の知識及び能力を有する者であつて、学生を教授する。

7　助手は、その所属する組織における教育の円滑な実施に必要な業務に従事する。

8　講師は、教授又は准教授に準ずる職務に従事する。

第百二十一条　高等専門学校を卒業した者は、準学士と称することができる。

第百二十二条　高等専門学校を卒業した者は、文部科学大臣の定めるところにより、大学に編入学することができる。

第百二十三条　第三十七条第十四項、第五十九条、第六十条第六項、第九十四条（設置基準に係る部分に限る。）、第九十五条、第九十八条、第百五条から第百七条まで、第百九条（第三項を除く。）及び第百十条から第百十三条までの規定は、高等専門学校に準用する。

第十一章　専修学校

第百二十四条　第一条に掲げるもの以外の教育施設で、職業若しくは実際生活に必要な能力を育成し、又は教養の向上を図ることを目的として次の各号に該当する組織的な教育を行うもの（当該教育を行うにつき他の法律に特別の規定があるもの及び我が国に居住する外国人を専ら対象とするものを除く。）は、専修学校とする。

一　修業年限が一年以上であること。

二　授業時数が文部科学大臣の定める授業時数以上であること。

三　教育を受ける者が常時四十人以上であること。

第百二十五条　専修学校には、高等課程、専門課程又は一般課程を置く。

2　専修学校の高等課程においては、中学校若しくはこれに準ずる学校を卒業した者若しくは中等教育学校の前期課程を修了した者又は文部科学大臣の定めるところによりこれと同等以上の学力があると認められた者に対して、中学校における教育の基礎の上に、心身の発達に応じて前条の教育を行うものとする。

3　専修学校の専門課程においては、高等学校若しくはこれに準ずる学校若しくは中等教育学校を卒業した者又は文部科学大臣の定めるところによりこれに準ずる学力があると認められた者に対して、高等学校における教育の基礎の上に、前条の教育を行うものとする。

4　専修学校の一般課程においては、高等課程又は専門課程の教育以外の前条の教育を行うものとする。

第百二十六条　高等課程を置く専修学校は、高等専修学校と称することができる。

2　専門課程を置く専修学校は、専門学校と称することができる。

第百二十七条　専修学校は、国及び地方公共団体のほか、次に該当する者でなければ、設置することができない。

一　専修学校を経営するために必要な経済的基礎を有すること。

二　設置者（設置者が法人である場合にあつては、その経営を担当する当該法人の役員とする。次号において同じ。）が専修学校を経営するために必要な知識又は経験を有すること。

三　設置者が社会的信望を有すること。

第百二十八条　専修学校は、次に掲げる事項について文部科学大臣の定める基準に適合していなければならない。

一　目的、生徒の数又は課程の種類に応じて置かなければならない教員の数

二　目的、生徒の数又は課程の種類に応じて有しなければならない校地及び校舎の面積並びにその位置及び環境

三　目的、生徒の数又は課程の種類に応じて有しなければならない設備

四　目的又は課程の種類に応じた教育課程及び編制の大綱

第百二十九条　専修学校には、校長及び相当数の教員を置かなければならない。

2　専修学校の校長は、教育に関する識見を有し、かつ、教育、学術又は文化に関する業務に従事した者でなければならない。

3　専修学校の教員は、その担当する教育に関する専門的な知識又は技能に関し、文部科学大臣の定める資格を有する者でなければならない。

第百三十条　国又は都道府県が設置する専修学校を除くほか、専修学校の設置廃止（高等課程、専門課程又は一般課程の設置廃止を含む。）、設置者の変更及び目的の変更は、市町村の設置する専修学校にあつては都道府県の教育委員会、私立の専修学校にあつては都道府県知事の認可を受けなければならない。

2　都道府県の教育委員会又は都道府県知事は、専修学校の設置（高等課程、専門課程又は一般課程の設置を含む。）の認可の申請があつたときは、申請の内容が第百二十四条、第百二十五条及び前三条の基準に適合するかどうかを審査した上で、認可に関する処分をしなければならない。

3　前項の規定は、専修学校の設置者の変更及び目的の変更の認可の申請があつた場合について準用する。

4　都道府県の教育委員会又は都道府県知事は、

第一項の認可をしない処分をするときは、理由を付した書面をもつて申請者にその旨を通知しなければならない。

第百三十一条　国又は都道府県が設置する専修学校を除くほか、専修学校の設置者は、その設置する専修学校の名称、位置又は学則を変更しようとするときその他政令で定める場合に該当するときは、市町村の設置する専修学校にあつては都道府県の教育委員会に、私立の専修学校にあつては都道府県知事に届け出なければならない。

第百三十二条　専修学校の専門課程（修業年限が二年以上であることその他の文部科学大臣の定める基準を満たすものに限る。）を修了した者（第九十条第一項に規定する者に限る。）は、文部科学大臣の定めるところにより、大学に編入学することができる。

第百三十三条　第五条、第六条、第九条から第十二条まで、第十三条第一項、第十四条及び第四十二条から第四十四条までの規定は専修学校に、第百五条の規定は専門課程を置く専修学校に準用する。この場合において、第十条中「大学及び高等専門学校にあつては文部科学大臣に、大学及び高等専門学校以外の学校にあつては都道府県知事に」とあるのは「都道府県知事に」と、同項中「第四条第一項各号に掲げる学校」とあるのは「市町村の設置する専修学校又は私立の専修学校」と、「同項各号に定める者」とあるのは「都道府県の教育委員会又は都道府県知事」と、同項第二号中「その者」とあるのは「当該都道府県の教育委員会又は都道府県知事」と、第十四条中「大学及び高等専門学校以外の市町村の設置する学校については都道府県の教育委員会、大学及び高等専門学校以外の私立学校については都道府県知事」とあるのは「市町村の設置する専修学校については都道府県の教育委員会、私立の専修学校については都道府県知事」と読み替えるものとする。

2　都道府県の教育委員会又は都道府県知事は、前項において準用する第十三条第一項の規定による処分をするときは、理由を付した書面をもつて当該専修学校の設置者にその旨を通知しなければならない。

第十二章　雑則

第百三十四条　第一条に掲げるもの以外のもので、学校教育に類する教育を行うもの（当該教育を行うにつき他の法律に特別の規定があるもの及び第百二十四条に規定する専修学校の教育を行うものを除く。）は、各種学校とする。

2　第四条第一項前段、第五条から第七条まで、第九条から第十一条まで、第十三条第一項、第十四条及び第四十二条から第四十四条までの規定は、各種学校に準用する。この場合において、第四条第一項前段中「次の各号に掲げる学校」とあるのは「市町村の設置する各種学校又は私立の各種学校」と、「当該各号に定める者」とあるのは「都道府県の教育委員会又は都道府県知事」と、第十条中「大学及び高等専門学校にあつては文部科学大臣に、大学及び高等専門学校以外の学校にあつては都道府県知事に」とあるのは「都道府県知事に」と、第十三条第一項中「第四条第一項各号に掲げる学校」とあるのは「市町村の設置する各種学校又は私立の各種学校」と、「同項各号に定める者」とあるのは「都道府県の教育委員会又は都道府県知事」と、同項第二号中「その者」とあるのは「当該都道府県の教育委員会又は都道府県知事」と、第十四条中「大学及び高等専門学校以外の市町村の設置する学校については都道府県の教育委員会、大学及び高等専門学校以外の私立学校については都道府県知事」とあるのは「市町村の設置する各種学校については都道府県の教育委員会、私立の各種学校については都道府県知事」と読み替えるものとする。

3　前項のほか、各種学校に関し必要な事項は、文部科学大臣が、これを定める。

第百三十五条　専修学校、各種学校その他第一条に掲げるもの以外の教育施設は、同条に掲げる学校の名称又は大学院の名称を用いてはならない。

2　高等課程を置く専修学校以外の教育施設は高等専修学校の名称を、専門課程を置く専修学校以外の教育施設は専門学校の名称を、専修学校以外の教育施設は専修学校の名称を用いてはならない。

第百三十六条　都道府県の教育委員会（私人の経営に係るものにあつては、都道府県知事）は、学校以外のもの又は専修学校若しくは各種学校以外のものが専修学校又は各種学校の教育を行うものと認める場合においては、関係者に対して、一定の期間内に専修学校設置又は各種学校設置の認可を申請すべき旨を勧告することができる。ただし、その期間は、一箇月を下ることができない。

2　都道府県の教育委員会（私人の経営に係るものにあつては、都道府県知事）は、前項に規定する関係者が、同項の規定による勧告に従わず引き続き専修学校若しくは各種学校の教育を行つているとき、又は専修学校設置若しくは各種学校設置の認可を申請したがその認可が得られなかつた場合において引き続き専修学校若しくは各種学校の教育を行つているときは、当該関係者に対して、当該教育をやめるべき旨を命ずることができる。

3　都道府県知事は、前項の規定による命令をなす場合においては、あらかじめ私立学校審議会の意見を聞かなければならない。

第百三十七条　学校教育上支障のない限り、学校には、社会教育に関する施設を附置し、又は学校の施設を社会教育その他公共のために、利用させることができる。

第百三十八条　第十七条第三項の政令で定める事項のうち同条第一項又は第二項の義務の履行に関する処分に該当するもので政令で定めるものについては、行政手続法（平成五年法律第八十八号）第三章の規定は、適用しない。

第百三十九条　文部科学大臣がした大学又は高等専門学校の設置の認可に関する処分については、行政不服審査法（昭和三十七年法律第百六十号）による不服申立てをすることができない。

第百四十条　この法律における市には、東京都の区を含むものとする。

第百四十一条　この法律（第八十五条及び第百条を除く。）及び他の法令（教育公務員特例法（昭和二十四年法律第一号）及び当該法令に特別の定めのあるものを除く。）において、大学の学部には第八十五条ただし書に規定する組織を含み、大学の大学院の研究科には第百条ただし書に規定する組織を含むものとする。

第百四十二条　この法律に規定するもののほか、この法律施行のため必要な事項で、地方公共団体の機関が処理しなければならないものについては政令で、その他のものについては文部科学大臣が、これを定める。

第十三章　罰則

第百四十三条　第十三条第一項（同条第二項、第百三十三条第一項及び第百三十四条第二項において準用する場合を含む。）の規定による閉鎖命令又は第百三十六条第二項の規定による命令に違反した者は、六月以下の懲役若しくは禁錮又は二十万円以下の罰金に処する。

第百四十四条　第十七条第一項又は第二項の義務の履行の督促を受け、なお履行しない者は、十万円以下の罰金に処する。

2　法人の代表者、代理人、使用人その他の従業者が、その法人の業務に関し、前項の違反行為をしたときは、行為者を罰するほか、その法人に対しても、同項の刑を科する。

第百四十五条　第二十条の規定に違反した者は、十万円以下の罰金に処する。

第百四十六条　第百三十五条の規定に違反した者は、十万円以下の罰金に処する。

附　則（平成二六年五月三〇日法律第四二

号）抄

（施行期日）

第一条　この法律は、公布の日から起算して二年を超えない範囲内において政令で定める日から施行する。ただし、次の各号に掲げる規定は、当該各号に定める日から施行する。

一　目次の改正規定（次号に掲げる部分を除く。）、第二百五十一条及び第二編第十一章第二節第四款の款名の改正規定、第二百五十一条の三の次に一条を加える改正規定、第二百五十一条の四の改正規定、第二編第十一章第三節第四款を同節第六款とする改正規定、第二百五十二条の十四及び第二百五十二条の十六の改正規定、第二編第十一章第三節第三款を同節第四款とし、同款の次に一款を加える改正規定、第二百五十二条の七第三項及び第二百五十二条の七の二の改正規定、第二編第十一章第三節第二款を同節第三款とする改正規定、第二百五十二条の二を第二百五十二条の二の二とする改正規定、第二百五十二条の六及び第二百五十二条の六の二の改正規定並びに第二編第十一章第三節第一款を同節第二款とし、同款の前に一款を加える改正規定並びに附則第四条、第九条、第十四条、第二十二条、第五十六条及び第七十条（市町村の合併の特例に関する法律（平成十六年法律第五十九号）第三条第一項、第四条第二項及び第五条第六項の改正規定に限る。）の規定　公布の日から起算して六月を超えない範囲内において政令で定める日

附　則（平成二六年六月四日法律第五一号）抄

（施行期日）

第一条　この法律は、平成二十七年四月一日から施行する。

（学校教育法の一部改正に伴う経過措置）

第二条　この法律の施行の際現に第四条の規定による改正前の学校教育法第四条第一項の規定によりされている指定都市（地方自治法（昭和二十二年法律第六十七号）第二百五十二条の十九第一項の指定都市をいう。以下同じ。）の設置する高等学校又は中等教育学校に係る認可の申請は、第四条の規定による改正後の学校教育法第四条第四項の規定によりされた届出とみなす。

（罰則に関する経過措置）

第八条　この法律の施行前にした行為に対する罰則の適用については、なお従前の例による。

（政令への委任）

第九条　附則第二条から前条までに規定するもののほか、この法律の施行に関し必要な経過措置（罰則に関する経過措置を含む。）は、政令で定める。

附　則（平成二六年六月一三日法律第六九号）抄

（施行期日）

第一条　この法律は、行政不服審査法（平成二十六年法律第六十八号）の施行の日から施行する。

附　則（平成二六年六月二七日法律第八八号）抄

（施行期日）

1　この法律は、平成二十七年四月一日から施行する。

学校教育法施行令

1953（昭和28）年10月31日政令第340号
最終改正：2013（平成25）年8月26日政令第244号

第一章 就学義務

第一節 学齢簿

（学齢簿の編製）

第一条 市（特別区を含む。以下同じ。）町村の教育委員会は、当該市町村の区域内に住所を有する学齢児童及び学齢生徒（それぞれ学校教育法（以下「法」という。）第十八条に規定する学齢児童及び学齢生徒をいう。以下同じ。）について、学齢簿を編製しなければならない。

2 前項の規定による学齢簿の編製は、当該市町村の住民基本台帳に基づいて行なうものとする。

3 市町村の教育委員会は、文部科学省令で定めるところにより、第一項の学齢簿を磁気ディスク（これに準ずる方法により一定の事項を確実に記録しておくことができる物を含む。以下同じ。）をもつて調製することができる。

4 第一項の学齢簿に記載（前項の規定により磁気ディスクをもつて調製する学齢簿にあつては、記録。以下同じ。）をすべき事項は、文部科学省令で定める。

第二条 市町村の教育委員会は、毎学年の初めから五月前までに、文部科学省令で定める日現在において、当該市町村に住所を有する者で前学年の初めから終わりまでの間に満六歳に達する者について、あらかじめ、前条第一項の学齢簿を作成しなければならない。この場合においては、同条第二項から第四項までの規定を準用する。

第三条 市町村の教育委員会は、新たに学齢簿に記載をすべき事項を生じたとき、学齢簿に記載をした事項に変更を生じたとき、又は学齢簿の記載に錯誤若しくは遺漏があるときは、必要な加除訂正を行わなければならない。

（児童生徒等の住所変更に関する届出の通知）

第四条 第二条に規定する者、学齢児童又は学齢生徒（以下「児童生徒等」と総称する。）について、住民基本台帳法（昭和四十二年法律第八十一号）第二十二条又は第二十三条の規定による届出（第二条に規定する者にあつては、同条の規定により文部科学省令で定める日の翌日以後の住所地の変更に係るこれらの規定による届出に限る。）があつたときは、市町村長（特別区にあつては区長とし、地方自治法（昭和二十二年法律第六十七号）第二百五十二条の十九第一項の指定都市にあつてはその区の区長とする。）は、速やかにその旨を当該市町村の教育委員会に通知しなければならない。

第二節 小学校、中学校及び中等教育学校

（入学期日等の通知、学校の指定）

第五条 市町村の教育委員会は、就学予定者（法第十七条第一項又は第二項の規定により、翌学年の初めから小学校、中学校、中等教育学校又は特別支援学校に就学させるべき者をいう。以下同じ。）のうち、認定特別支援学校就学者（視覚障害者、聴覚障害者、知的障害者、肢体不自由者又は病弱者（身体虚弱者を含む。）で、その障害が、第二十二条の三の表に規定する程度のもの（以下「視覚障害者等」という。）のうち、当該市町村の教育委員会が、その者の障害の状態、その者の教育上必要な支援の内容、地域における教育の体制の整備の状況その他の事情を勘案して、その住所の存する都道府県の設置する特別支援学校に就学させることが適当であると認める者をいう。以下同じ。）以外の者について、その保護者に対し、翌学年の初めから二月前までに、小学校又は中学校の入学期日を通知しなければならない。

2 市町村の教育委員会は、当該市町村の設置

する小学校又は中学校（法第七十一条の規定により高等学校における教育と一貫した教育を施すもの（以下「併設型中学校」という。）を除く。以下この項、次条第七号、第六条の三第一項、第七条及び第八条において同じ。）が二校以上ある場合においては、前項の通知において当該就学予定者の就学すべき小学校又は中学校を指定しなければならない。

3　前二項の規定は、第九条第一項又は第十七条の届出のあつた就学予定者については、適用しない。

第六条　前条の規定は、次に掲げる者について準用する。この場合において、同条第一項中「翌学年の初めから二月前までに」とあるのは、「速やかに」と読み替えるものとする。

一　就学予定者で前条第一項に規定する通知の期限の翌日以後に当該市町村の教育委員会が作成した学齢簿に新たに記載されたもの又は学齢児童若しくは学齢生徒でその住所地の変更により当該学齢簿に新たに記載されたもの（認定特別支援学校就学者及び当該市町村の設置する小学校又は中学校に在学する者を除く。）

二　次条第二項の通知を受けた学齢児童又は学齢生徒

三　第六条の三第二項の通知を受けた学齢児童又は学齢生徒（同条第三項の通知に係る学齢児童及び学齢生徒を除く。）

四　第十条又は第十八条の通知を受けた学齢児童又は学齢生徒（認定特別支援学校就学者を除く。）

五　第十二条第一項の通知を受けた学齢児童又は学齢生徒のうち、認定特別支援学校就学者の認定をした者以外の者（同条第三項の通知に係る学齢児童及び学齢生徒を除く。）

六　第十二条の二第一項の通知を受けた学齢児童又は学齢生徒のうち、認定特別支援学校就学者の認定をした者以外の者（同条第三項の通知に係る学齢児童及び学齢生徒を除く。）

七　小学校又は中学校の新設、廃止等によりその就学させるべき小学校又は中学校を変更する必要を生じた児童生徒等

第六条の二　特別支援学校に在学する学齢児童又は学齢生徒で視覚障害者等でなくなつたものがあるときは、当該学齢児童又は学齢生徒の在学する特別支援学校の校長は、速やかに、当該学齢児童又は学齢生徒の住所の存する都道府県の教育委員会に対し、その旨を通知しなければならない。

2　都道府県の教育委員会は、前項の通知を受けた学齢児童又は学齢生徒について、当該学齢児童又は学齢生徒の住所の存する市町村の教育委員会に対し、速やかに、その氏名及び視覚障害者等でなくなつた旨を通知しなければならない。

第六条の三　特別支援学校に在学する学齢児童又は学齢生徒でその障害の状態、その者の教育上必要な支援の内容、地域における教育の体制の整備の状況その他の事情の変化により当該学齢児童又は学齢生徒の住所の存する市町村の設置する小学校又は中学校に就学することが適当であると思料するもの（視覚障害者等でなくなつた者を除く。）があるときは、当該学齢児童又は学齢生徒の在学する特別支援学校の校長は、速やかに、当該学齢児童又は学齢生徒の住所の存する都道府県の教育委員会に対し、その旨を通知しなければならない。

2　都道府県の教育委員会は、前項の通知を受けた学齢児童又は学齢生徒について、当該学齢児童又は学齢生徒の住所の存する市町村の教育委員会に対し、速やかに、その氏名及び同項の通知があつた旨を通知しなければならない。

3　市町村の教育委員会は、前項の通知を受けた学齢児童又は学齢生徒について、当該特別支援学校に引き続き就学させることが適当であると認めたときは、都道府県の教育委員会に対し、速やかに、その旨を通知しなければ

ならない。

4　都道府県の教育委員会は、前項の通知を受けたときは、第一項の校長に対し、速やかに、その旨を通知しなければならない。

第六条の四　学齢児童及び学齢生徒のうち視覚障害者等で小学校、中学校又は中等教育学校に在学するもののうち視覚障害者等でなくなつたものがあるときは、その在学する小学校、中学校又は中等教育学校の校長は、速やかに、当該学齢児童又は学齢生徒の住所の存する市町村の教育委員会に対し、その旨を通知しなければならない。

第七条　市町村の教育委員会は、第五条第一項（第六条において準用する場合を含む。）の通知と同時に、当該児童生徒等を就学させるべき小学校又は中学校の校長に対し、当該児童生徒等の氏名及び入学期日を通知しなければならない。

第八条　市町村の教育委員会は、第五条第二項（第六条において準用する場合を含む。）の場合において、相当と認めるときは、保護者の申立により、その指定した小学校又は中学校を変更することができる。この場合においては、すみやかに、その保護者及び前条の通知をした小学校又は中学校の校長に対し、その旨を通知するとともに、新たに指定した小学校又は中学校の校長に対し、同条の通知をしなければならない。

（区域外就学等）

第九条　児童生徒等をその住所の存する市町村の設置する小学校又は中学校（併設型中学校を除く。）以外の小学校、中学校又は中等教育学校に就学させようとする場合には、その保護者は、就学させようとする小学校、中学校又は中等教育学校が市町村又は都道府県の設置するものであるときは当該市町村又は都道府県の教育委員会の、その他のものであるときは当該小学校、中学校又は中等教育学校における就学を承諾する権限を有する者の承諾を証する書面を添え、その旨をその児童生徒等の住所の存する市町村の教育委員会に届け出なければならない。

2　市町村の教育委員会は、前項の承諾（当該市町村の設置する小学校又は中学校（併設型中学校を除く。）への就学に係るものに限る。）を与えようとする場合には、あらかじめ、児童生徒等の住所の存する市町村の教育委員会に協議するものとする。

第十条　学齢児童及び学齢生徒でその住所の存する市町村の設置する小学校又は中学校（併設型中学校を除く。）以外の小学校若しくは中学校又は中等教育学校に在学するものが、小学校若しくは中学校又は中等教育学校の前期課程の全課程を修了する前に退学したときは、当該小学校若しくは中学校又は中等教育学校の校長は、速やかに、その旨を当該学齢児童又は学齢生徒の住所の存する市町村の教育委員会に通知しなければならない。

第三節　特別支援学校

（特別支援学校への就学についての通知）

第十一条　市町村の教育委員会は、第二条に規定する者のうち認定特別支援学校就学者について、都道府県の教育委員会に対し、翌学年の初めから三月前までに、その氏名及び特別支援学校に就学させるべき旨を通知しなければならない。

2　市町村の教育委員会は、前項の通知をするときは、都道府県の教育委員会に対し、同項の通知に係る者の学齢簿の謄本（第一条第三項の規定により磁気ディスクをもつて学齢簿を調製している市町村の教育委員会にあつては、その者の学齢簿に記録されている事項を記載した書類）を送付しなければならない。

3　前二項の規定は、第九条第一項又は第十七条の届出のあつた者については、適用しない。

第十一条の二　前条の規定は、小学校に在学する学齢児童のうち視覚障害者等で翌学年の初めから特別支援学校の中学部に就学させるべき者として認定特別支援学校就学者の認定をしたものについて準用する。

第十一条の三　第十一条の規定は、第二条の規定により文部科学省令で定める日の翌日以後の住所地の変更により当該市町村の教育委員会が作成した学齢簿に新たに記載された児童生徒等のうち認定特別支援学校就学者について準用する。この場合において、第十一条第一項中「翌学年の初めから三月前までに」とあるのは、「翌学年の初めから三月前までに（翌学年の初日から三月前の応当する日以後に当該学齢簿に新たに記載された場合にあつては、速やかに）」と読み替えるものとする。

2　第十一条の規定は、第十条又は第十八条の通知を受けた学齢児童又は学齢生徒のうち認定特別支援学校就学者について準用する。この場合において、第十一条第一項中「翌学年の初めから三月前までに」とあるのは、「速やかに」と読み替えるものとする。

第十二条　小学校、中学校又は中等教育学校に在学する学齢児童又は学齢生徒で視覚障害者等になつたものがあるときは、当該学齢児童又は学齢生徒の在学する小学校、中学校又は中等教育学校の校長は、速やかに、当該学齢児童又は学齢生徒の住所の存する市町村の教育委員会に対し、その旨を通知しなければならない。

2　第十一条の規定は、前項の通知を受けた学齢児童又は学齢生徒のうち認定特別支援学校就学者の認定をした者について準用する。この場合において、同条第一項中「翌学年の初めから三月前までに」とあるのは、「速やかに」と読み替えるものとする。

3　第一項の規定による通知を受けた市町村の教育委員会は、同項の通知に係る学齢児童又は学齢生徒について現に在学する小学校、中学校又は中等教育学校に引き続き就学させることが適当であると認めたときは、同項の校長に対し、その旨を通知しなければならない。

第十二条の二　学齢児童及び学齢生徒のうち視覚障害者等で小学校、中学校又は中等教育学校に在学するもののうち、その障害の状態、その者の教育上必要な支援の内容、地域における教育の体制の整備の状況その他の事情の変化によりこれらの小学校、中学校又は中等教育学校に就学させることが適当でなくなつたと思料するものがあるときは、当該学齢児童又は学齢生徒の在学する小学校、中学校又は中等教育学校の校長は、当該学齢児童又は学齢生徒の住所の存する市町村の教育委員会に対し、速やかに、その旨を通知しなければならない。

2　第十一条の規定は、前項の通知を受けた学齢児童又は学齢生徒のうち認定特別支援学校就学者の認定をした者について準用する。この場合において、同条第一項中「翌学年の初めから三月前までに」とあるのは、「速やかに」と読み替えるものとする。

3　第一項の規定による通知を受けた市町村の教育委員会は、同項の通知に係る学齢児童又は学齢生徒について現に在学する小学校、中学校又は中等教育学校に引き続き就学させることが適当であると認めたときは、同項の校長に対し、その旨を通知しなければならない。

（学齢簿の加除訂正の通知）

第十三条　市町村の教育委員会は、第十一条第一項（第十一条の二、第十一条の三、第十二条第二項及び前条第二項において準用する場合を含む。）の通知に係る児童生徒等について第三条の規定による加除訂正をしたときは、速やかに、都道府県の教育委員会に対し、その旨を通知しなければならない。

（区域外就学等の届出の通知）

第十三条の二　市町村の教育委員会は、第十一条第一項（第十一条の二、第十一条の三、第十二条第二項及び第十二条の二第二項において準用する場合を含む。）の通知に係る児童生徒等について、その通知の後に第九条第一項又は第十七条の届出があつたときは、速やかに、都道府県の教育委員会に対し、その旨を通知しなければならない。

（特別支援学校の入学期日等の通知、学校の指定）

第十四条　都道府県の教育委員会は、第十一条第一項（第十一条の二、第十一条の三、第十二条第二項及び第十二条の二第二項において準用する場合を含む。）の通知を受けた児童生徒等及び特別支援学校の新設、廃止等によりその就学させるべき特別支援学校を変更する必要を生じた児童生徒等について、その保護者に対し、第十一条第一項（第十一条の二において準用する場合を含む。）の通知を受けた児童生徒等にあつては翌学年の初めから二月前までに、その他の児童生徒等にあつては速やかに特別支援学校の入学期日を通知しなければならない。

2　都道府県の教育委員会は、当該都道府県の設置する特別支援学校が二校以上ある場合においては、前項の通知において当該児童生徒等を就学させるべき特別支援学校を指定しなければならない。

3　前二項の規定は、前条の通知を受けた児童生徒等については、適用しない。

第十五条　都道府県の教育委員会は、前条第一項の通知と同時に、当該児童生徒等を就学させるべき特別支援学校の校長及び当該児童生徒等の住所の存する市町村の教育委員会に対し、当該児童生徒等の氏名及び入学期日を通知しなければならない。

2　都道府県の教育委員会は、前条第二項の規定により当該児童生徒等を就学させるべき特別支援学校を指定したときは、前項の市町村の教育委員会に対し、同項に規定する事項のほか、その指定した特別支援学校を通知しなければならない。

第十六条　都道府県の教育委員会は、第十四条第二項の場合において、相当と認めるときは、保護者の申立により、その指定した特別支援学校を変更することができる。この場合においては、速やかに、その保護者並びに前条の通知をした特別支援学校の校長及び市町村の教育委員会に対し、その旨を通知するとともに、新たに指定した特別支援学校の校長に対し、同条第一項の通知をしなければならない。

（区域外就学等）

第十七条　児童生徒等のうち視覚障害者等をその住所の存する都道府県の設置する特別支援学校以外の特別支援学校に就学させようとする場合には、その保護者は、就学させようとする特別支援学校が他の都道府県の設置するものであるときは当該都道府県の教育委員会の、その他のものであるときは当該特別支援学校における就学を承諾する権限を有する者の就学を承諾する書面を添え、その旨をその児童生徒等の住所の存する市町村の教育委員会に届け出なければならない。

第十八条　学齢児童及び学齢生徒のうち視覚障害者等でその住所の存する都道府県の設置する特別支援学校以外の特別支援学校に在学するものが、特別支援学校の小学部又は中学部の全課程を修了する前に退学したときは、当該特別支援学校の校長は、速やかに、その旨を当該学齢児童又は学齢生徒の住所の存する市町村の教育委員会に通知しなければならない。

第三節の二　保護者及び視覚障害者等の就学に関する専門的知識を有する者の意見聴取

第十八条の二　市町村の教育委員会は、児童生徒等のうち視覚障害者等について、第五条（第六条（第二号を除く。）において準用する場合を含む。）又は第十一条第一項（第十一条の二、第十一条の三、第十二条第二項及び第十二条の二第二項において準用する場合を含む。）の通知をしようとするときは、その保護者及び教育学、医学、心理学その他の障害のある児童生徒等の就学に関する専門的知識を有する者の意見を聴くものとする。

第四節　督促等

（校長の義務）

第十九条　小学校、中学校、中等教育学校及び

特別支援学校の校長は、常に、その学校に在学する学齢児童又は学齢生徒の出席状況を明らかにしておかなければならない。

第二十条　小学校、中学校、中等教育学校及び特別支援学校の校長は、当該学校に在学する学齢児童又は学齢生徒が、休業日を除き引き続き七日間出席せず、その他その出席状況が良好でない場合において、その出席させないことについて保護者に正当な事由がないと認められるときは、速やかに、その旨を当該学齢児童又は学齢生徒の住所の存する市町村の教育委員会に通知しなければならない。

（教育委員会の行う出席の督促等）

第二十一条　市町村の教育委員会は、前条の通知を受けたときその他当該市町村に住所を有する学齢児童又は学齢生徒の保護者が法第十七条第一項又は第二項に規定する義務を怠つていると認められるときは、その保護者に対して、当該学齢児童又は学齢生徒の出席を督促しなければならない。

第五節　就学義務の終了

（全課程修了者の通知）

第二十二条　小学校、中学校、中等教育学校及び特別支援学校の校長は、毎学年の終了後、速やかに、小学校、中学校、中等教育学校の前期課程又は特別支援学校の小学部若しくは中学部の全課程を修了した者の氏名をその者の住所の存する市町村の教育委員会に通知しなければならない。

第六節　行政手続法の適用除外

（行政手続法第三章の規定を適用しない処分）

第二十二条の二　法第百三十八条の政令で定める処分は、第五条第一項及び第二項（これらの規定を第六条において準用する場合を含む。）並びに第十四条第一項及び第二項の規定による処分とする。

第二章　視覚障害者等の障害の程度

第二十二条の三　法第七十五条の政令で定める視覚障害者、聴覚障害者、知的障害者、肢体不自由者又は病弱者の障害の程度は、次の表に掲げるとおりとする。

区分	障害の程度
視覚障害者	両眼の視力がおおむね〇・三未満のもの又は視力以外の視機能障害が高度のもののうち、拡大鏡等の使用によつても通常の文字、図形等の視覚による認識が不可能又は著しく困難な程度のもの
聴覚障害者	両耳の聴力レベルがおおむね六〇デシベル以上のもののうち、補聴器等の使用によつても通常の話声を解することが不可能又は著しく困難な程度のもの
知的障害者	一　知的発達の遅滞があり、他人との意思疎通が困難で日常生活を営むのに頻繁に援助を必要とする程度のもの 二　知的発達の遅滞の程度が前号に掲げる程度に達しないもののうち、社会生活への適応が著しく困難なもの
身体障害者	一　肢体不自由の状態が補装具の使用によつても歩行、筆記等日常生活における基本的な動作が不可能又は困難な程度のもの 二　肢体不自由の状態が前号に掲げる程度に達しないもののうち、常時の医学的観察指導を必要とする程度のもの
病弱者	一　慢性の呼吸器疾患、腎臓疾患及び神経疾患、悪性新生物その他の疾患の状態が継続して医療又は生活規制を必要とする程度のもの 二　身体虚弱の状態が継続して生活規制を必要とする程度のもの

備考

一　視力の測定は、万国式試視力表によるものとし、屈折異常があるものについては、矯正視力によつて測定する。

二　聴力の測定は、日本工業規格によるオージオメータによる。

第三章　認可、届出等

第一節　認可及び届出等

（法第四条第一項の政令で定める事項）

第二十三条　法第四条第一項（法第百三十四条第二項において準用する場合を含む。）の政令で定める事項（法第四条の二に規定する幼稚園に係るものを除く。）は、次のとおりとする。

一　市町村の設置する特別支援学校の位置の変更

二　高等学校（中等教育学校の後期課程を含む。第十号及び第二十四条において同じ。）の学科又は市町村の設置する特別支援学校の高等部の学科、専攻科若しくは別科の設置及び廃止

三　特別支援学校の幼稚部、小学部、中学部又は高等部の設置及び廃止

四　市町村の設置する特別支援学校の高等部の学級の編制及びその変更

五　特別支援学校の高等部における通信教育の開設及び廃止並びに大学における通信教育の開設

六　私立の大学の学部の学科の設置

七　大学の大学院（専門職大学院を含む。）の研究科の専攻の設置及び当該専攻に係る課程（法第百四条第一項に規定する課程をいう。次条第一項第一号において同じ。）の変更

八　高等専門学校の学科の設置

九　市町村の設置する高等学校、中等教育学校又は特別支援学校の分校の設置及び廃止

十　高等学校の広域の通信制の課程（法第五十四条第三項（法第七十条第一項において準用する場合を含む。第二十四条及び第二十四条の二において同じ。）に規定する広域の通信制の課程をいう。以下同じ。）に係る学則の変更

十一　私立の学校又は私立の各種学校の収容定員に係る学則の変更

2　法第四条の二に規定する幼稚園に係る法第四条第一項の政令で定める事項は、分校の設置及び廃止とする。

（法第四条第二項第三号の政令で定める事項）

第二十三条の二　法第四条第二項第三号の政令で定める事項は、次のとおりとする。

一　私立の大学の学部の学科の設置又は公立若しくは私立の大学の大学院（専門職大学院を含む。）の研究科の専攻の設置若しくは専攻に係る課程の変更であつて、当該大学が授与する学位の種類及び分野の変更を伴わないもの

二　高等専門学校の学科の設置であつて、当該高等専門学校が設置する学科の分野の変更を伴わないもの

三　大学における通信教育の開設であつて、当該大学が授与する通信教育に係る学位の種類及び分野の変更を伴わないもの

四　私立の大学又は高等専門学校の収容定員（大学にあつては、通信教育及び文部科学大臣の定める分野に係るものを除く。）に係る学則の変更であつて、当該収容定員の総数の増加を伴わないもの

五　私立の大学の通信教育に係る収容定員に係る学則の変更であつて、当該収容定員の総数の増加を伴わないもの

2　前項第一号の学位の種類及び分野の変更、同項第二号の学科の分野の変更並びに同項第三号の通信教育に係る学位の種類及び分野の変更に関する基準は、文部科学大臣が定める。

3　前項に規定する基準を定める場合には、文部科学大臣は、中央教育審議会に諮問しなければならない。

（法第五十四条第三項の政令で定める通信制の課程）

第二十四条　法第五十四条第三項の政令で定める高等学校の通信制の課程（法第四条第一項に規定する通信制の課程をいう。以下同じ。）は、当該高等学校の所在する都道府県の区域内に住所を有する者のほか、他の二以上の都道府県の区域内に住所を有する者を併せて生徒とするものとする。

（法第五十四条第三項の政令で定める事項）

第二十四条の二　法第五十四条第三項の政令で定める事項は、次のとおりとする。

一　学校の設置及び廃止

二　通信制の課程の設置及び廃止

三　設置者の変更

四　学則の記載事項のうち文部科学省令で定めるものに係る変更

（法第百三十一条の政令で定める場合）

第二十四条の三　法第百三十一条の政令で定める場合は、市町村の設置する専修学校にあつては第一号に掲げる場合とし、私立の専修学校にあつては第一号及び第二号に掲げる場合とする。

一　分校を設置し、又は廃止しようとするとき。

二　校地、校舎その他直接教育の用に供する土地及び建物に関する権利を取得し、若しくは処分しようとするとき、又は用途の変更、改築等によりこれらの土地及び建物の現状に重要な変更を加えようとするとき。

（市町村立小中学校等の設置廃止等についての届出）

第二十五条　市町村の教育委員会は、当該市町村の設置する小学校又は中学校（第五号の場合にあつては、特別支援学校の小学部及び中学部を含む。）について次に掲げる事由があるときは、その旨を都道府県の教育委員会に届け出なければならない。

一　設置し、又は廃止しようとするとき。

二　新たに設置者となり、又は設置者たることをやめようとするとき。

三　名称又は位置を変更しようとするとき。

四　分校を設置し、又は廃止しようとするとき。

五　二部授業を行おうとするとき。

（市町村立高等学校等の名称の変更等についての届出等）

第二十六条　次に掲げる場合においては、市町村の教育委員会は、当該市町村の設置する幼稚園、高等学校、中等教育学校及び特別支援学校（第二号の場合にあつては、特別支援学校を除く。）について都道府県の教育委員会に対し、市町村及び都道府県の教育委員会は、当該市町村又は都道府県の設置する高等専門学校について文部科学大臣に対し、市町村長及び都道府県知事は、当該市町村又は都道府県の設置する大学について文部科学大臣に対し、公立大学法人（地方独立行政法人法（平成十五年法律第百十八号）第六十八条第一項に規定する公立大学法人をいう。以下同じ。）の理事長は、当該公立大学法人の設置する大学及び高等専門学校について文部科学大臣に対し、それぞれその旨を届け出なければならない。

一　名称を変更しようとするとき。

二　位置を変更しようとするとき。

三　学則（高等学校（中等教育学校の後期課程を含む。以下この条及び第二十七条の二において同じ。）の広域の通信制の課程に係るものを除く。）を変更したとき。

2　市町村の教育委員会は、当該市町村の設置する高等学校の専攻科若しくは別科を設置し、又は廃止しようとするときは、その旨を都道府県の教育委員会に届け出なければならない。

3　都道府県の教育委員会は、市町村の設置する高等学校で広域の通信制の課程を置くものについて第一項第一号の届出又は同項第二号の届出（当該課程に係るものに限る。）を受けたときは、その旨を文部科学大臣に報告しなければならない。都道府県の教育委員会が当該都道府県の設置する高等学校で広域の通信制の課程を置くものについて名称又は当該課程に係る位置を変更したときも、同様とする。

（市町村立各種学校の目的等の変更についての届出）

第二十六条の二　次に掲げる場合においては、市町村の教育委員会は、当該市町村の設置する各種学校について都道府県の教育委員会に対し、その旨を届け出なければならない。

一　目的、名称又は位置を変更しようとするとき。

二　分校を設置し、又は廃止しようとするとき。

三　学則を変更したとき。

（通信教育に関する規程の変更についての届出）

第二十七条　市町村の設置する特別支援学校の高等部又は市町村、都道府県若しくは公立大学法人の設置する大学における通信教育に関する規程を変更しようとするときは、市町村の教育委員会は、当該市町村の設置する特別支援学校の高等部について都道府県の教育委員会に対し、市町村長、都道府県知事又は公立大学法人の理事長は、当該市町村、都道府県又は公立大学法人の設置する大学について文部科学大臣に対し、それぞれその旨を届け出なければならない。

（私立学校の目的の変更等についての届出等）

第二十七条の二　私立の学校の設置者は、その設置する学校（大学及び高等専門学校を除く。）について次に掲げる事由があるときは、その旨を都道府県知事に届け出なければならない。

一　目的、名称、位置又は学則（高等学校の広域の通信制の課程に係るもの及び収容定員に係るものを除く。）を変更しようとするとき。

二　高等学校の専攻科若しくは別科又は特別支援学校の高等部の学科、専攻科若しくは別科を設置し、又は廃止しようとするとき。

三　分校を設置し、又は廃止しようとするとき。

四　特別支援学校の高等部における通信教育に関する規程を変更しようとするとき。

五　経費の見積り及び維持方法を変更しようとするとき。

六　校地、校舎その他直接保育若しくは教育の用に供する土地及び建物に関する権利を取得し、若しくは処分しようとするとき、又は用途の変更、改築等によりこれらの土地及び建物の現状に重要な変更を加えようとするとき。

2　都道府県知事は、広域の通信制の課程を置く私立の高等学校について前項第一号の届出で名称の変更又は位置の変更（当該課程に係るものに限る。）に係るものを受けたときは、その旨を文部科学大臣に報告しなければならない。

（私立各種学校の目的の変更等についての届出）

第二十七条の三　私立の各種学校の設置者は、その設置する各種学校について次に掲げる事由があるときは、その旨を都道府県知事に届け出なければならない。

一　目的、名称、位置又は学則（収容定員に係るものを除く。）を変更しようとするとき。

二　分校を設置し、又は廃止しようとするとき。

三　校地、校舎その他直接教育の用に供する土地及び建物に関する権利を取得し、若しくは処分しようとするとき、又は用途の変更、改築等によりこれらの土地及び建物の現状に重要な変更を加えようとするとき。

（文部科学省令への委任）

第二十八条　法及びこの節の規定に基づいてなすべき認可の申請、届出及び報告の手続その他の細則については、文部科学省令で定める。

第二節　学期、休業日及び学校廃止後の書類の保存

（学期及び休業日）

第二十九条　公立の学校（大学を除く。）の学期及び夏季、冬季、学年末、農繁期等における休業日は、市町村又は都道府県の設置する学校にあつては当該市町村又は都道府県の教育

委員会が、公立大学法人の設置する高等専門学校にあつては当該公立大学法人の理事長が定める。

第三十条　削除

（学校廃止後の書類の保存）

第三十一条　公立又は私立の学校（私立の大学及び高等専門学校を除く。）が廃止されたときは、市町村又は都道府県の設置する学校（大学を除く。）については当該学校を設置していた市町村又は都道府県の教育委員会が、市町村又は都道府県の設置する大学については当該大学を設置していた市町村又は都道府県の長が、公立大学法人の設置する大学又は高等専門学校については当該大学又は高等専門学校を設置していた公立大学法人の設立団体（地方独立行政法人法第六条第三項に規定する設立団体をいう。）の長が、私立の学校については当該学校の所在していた都道府県の知事が、文部科学省令で定めるところにより、それぞれ当該学校に在学し、又はこれを卒業した者の学習及び健康の状況を記録した書類を保存しなければならない。

第四章　技能教育施設の指定

（指定の申請）

第三十二条　技能教育のための施設の設置者で法第五十五条の規定による指定（第三十三条の二並びに第三十四条第二項及び第三項を除き、以下「指定」という。）を受けようとするものは、当該施設の所在地の都道府県の教育委員会に対し、その指定を申請しなければならない。

（指定の基準）

第三十三条　指定の基準は、次のとおりとする。

一　設置者が、高等学校における教育に理解を有し、かつ、この政令及びこの政令に基づく文部科学省令を遵守する等設置者として適当であると認められる者であること。

二　修業年限が一年以上であり、年間の指導時間数が六百八十時間以上であること。

三　技能教育を担当する者（実習を担任する者を除く。）のうち、半数以上の者が担当する技能教育に係る高等学校教諭の免許状を有する者又はこれと同等以上の学力を有すると認められる者であり、かつ、実習を担任する者のうち、半数以上の者が担任する実習に係る高等学校教諭の免許状を有する者若しくはこれと同等以上の学力を有すると認められる者又は六年以上担任する実習に関連のある実地の経験を有し、技術優秀と認められる者であること。

四　技能教育の内容に文部科学大臣が定める高等学校の教科に相当するものが含まれていること。

五　技能教育を担当する者及び技能教育を受ける者の数、施設及び設備並びに運営の方法が、それぞれ文部科学省令で定める基準に適合するものであること。

（連携科目等の指定）

第三十三条の二　都道府県の教育委員会は、法第五十五条の規定による指定をするときは、連携科目等（当該指定に係る技能教育のための施設における科目のうち同条に規定する措置の対象となるもの及び当該科目の学習をその履修とみなすことができる高等学校の教科の一部（文部科学省令で定める区分によるものとする。）をいう。以下同じ。）を併せて指定しなければならない。

（指定の公示）

第三十三条の三　都道府県の教育委員会は、指定をしたときは、当該指定を受けた技能教育のための施設（以下「指定技能教育施設」という。）の名称、所在地及び連携科目等を公示しなければならない。

（内容変更の届出等）

第三十四条　指定技能教育施設の設置者は、当該指定技能教育施設の名称、所在地、技能教育の種類その他の文部科学省令で定める事項を変更しようとするときは、あらかじめ、当該指定技能教育施設について指定をした都道府県の教育委員会（以下「施設指定教育委員会」という。）に届け出なければならない。

2　指定技能教育施設の設置者は、連携科目等の追加、変更又は廃止をしようとするときは、施設指定教育委員会に対し、それぞれその指定、指定の変更又は指定の解除を申請しなければならない。

3　施設指定教育委員会は、第一項の規定による届出（名称又は所在地の変更に係るものに限る。）があつたとき又は前項の規定による指定、指定の変更若しくは指定の解除をしたときは、その旨を公示しなければならない。

（廃止の届出）

第三十五条　指定技能教育施設の設置者は、当該指定技能教育施設を廃止しようとするときは、廃止しようとする日の三月前までに、施設指定教育委員会に対し、その旨及び廃止の時期を届け出なければならない。

2　施設指定教育委員会は、前項の規定による届出があつたときは、その旨を公示しなければならない。

（指定の解除）

第三十六条　施設指定教育委員会は、その指定に係る指定技能教育施設が第三十三条各号に掲げる基準に適合しなくなつたときは、その指定を解除することができる。

2　施設指定教育委員会は、前項の規定による指定の解除をしたときは、その旨を公示しなければならない。

（調査等）

第三十七条　施設指定教育委員会は、その指定に係る指定技能教育施設について、第三十三条各号に掲げる基準に適合しているかどうかを調査し、及び当該指定技能教育施設の設置者に対し、当該指定技能教育施設における技能教育に関する報告又は資料の提出を求めることができる。

（文部科学省令への委任）

第三十八条　第三十二条から前条までに規定するもののほか、指定の申請の手続その他指定に関し必要な事項は、文部科学省令で定める。

（中等教育学校の後期課程の定時制の課程又は通信制の課程に係る技能教育施設）

第三十九条　第三十二条から前条までの規定は、中等教育学校の後期課程の定時制の課程（法第四条第一項に規定する定時制の課程をいう。）又は通信制の課程に係る技能教育のための施設について準用する。この場合において、第三十三条第一号及び第四号並びに第三十三条の二中「高等学校」とあるのは、「中等教育学校の後期課程」と読み替えるものとする。

第五章　認証評価

（認証評価の期間）

第四十条　法第百九条第二項（法第百二十三条において準用する場合を含む。）の政令で定める期間は七年以内、法第百九条第三項の政令で定める期間は五年以内とする。

第六章　審議会等

（法第三十四条第三項の審議会等）

第四十一条　法第三十四条第三項（法第四十九条、第六十二条、第七十条第一項及び第八十二条において準用する場合を含む。）に規定する審議会等は、教科用図書検定調査審議会とする。

（法第九十四条の審議会等で政令で定めるもの）

第四十二条　法第九十四条（法第百二十三条において準用する場合を含む。）の審議会等で政令で定めるものは、中央教育審議会とする。

（法第九十五条の審議会等で政令で定めるもの）

第四十三条　法第九十五条（法第百二十三条において準用する場合を含む。）の審議会等で政令で定めるものは、大学設置・学校法人審議会とする。

附　則（平成二五年八月二六日政令第二四四号）

（施行期日）

1　この政令は、平成二十五年九月一日から施行する。

（経過措置）

2　この政令の施行前にされたこの政令による改正前の学校教育法施行令（以下「旧令」という。）第六条の三第一項、旧令第十一条の三において準用する旧令第十一条第一項、旧令第十二条第一項、旧令第十二条の二第一項又は旧令第十八条の通知に係る学齢児童又は学齢生徒に係る入学期日の通知、学校の指定、区域外就学その他の就学に関する手続については、なお従前の例による。

3　この政令の施行前に旧令第十七条の規定によりされた都道府県の教育委員会に対する届出は、この政令による改正後の学校教育法施行令（以下「新令」という。）第六条において準用する新令第五条第三項の規定並びに新令第十一条の三、第十二条第二項及び第十二条の二第二項において準用する新令第十一条第三項の規定の適用については、新令第十七条の規定によりされた市（特別区を含む。）町村の教育委員会に対する届出とみなす。

学校教育法施行規則（抄）

（昭和二十二年五月二十三日文部省令第十一号）

最終改正・平成二六年八月二九日文部科学省令第二五号

（最終改正までの未施行法令）

平成二十六年七月二日内閣府・文部科学省・厚生労働省令第二号（未施行）

平成二十六年八月二十九日文部科学省令第二十五号（未施行）

学校教育法施行規則を次のように定める。

第一章　総則

第一節　設置廃止等

第一条　学校には、その学校の目的を実現するために必要な校地、校舎、校具、運動場、図書館又は図書室、保健室その他の設備を設けなければならない。

2　学校の位置は、教育上適切な環境に、これを定めなければならない。

第二条　私立の学校の設置者は、その設置する大学又は高等専門学校について次に掲げる事由があるときは、その旨を文部科学大臣に届け出なければならない。

一　目的、名称、位置又は学則（収容定員に係るものを除く。）を変更しようとするとき。

二　分校を設置し、又は廃止しようとするとき。

三　大学の学部、大学院の研究科、短期大学の学科その他の組織の位置を、我が国から外国に、外国から我が国に、又は一の外国から他の外国に変更するとき。

四　大学における通信教育に関する規程を変更しようとするとき。

五　経費の見積り及び維持方法を変更しようとするとき。

六　校地、校舎その他直接教育の用に供する土地及び建物に関する権利を取得し、若しくは処分しようとするとき、又は用途の変更、改築等によりこれらの土地及び建物の現状に重要な変更を加えようとするとき。

第三条　学校の設置についての認可の申請又は届出は、それぞれ認可申請書又は届出書に、次の事項（市（特別区を含む。以下同じ。）町村立の小学校及び中学校については、第四号及び第五号の事項を除く。）を記載した書類及び校地、校舎その他直接保育又は教育の用に供する土地及び建物（以下「校地校舎等」という。）の図面を添えてしなければならない。
一　目的
二　名称
三　位置
四　学則
五　経費の見積り及び維持方法
六　開設の時期

第四条　前条の学則中には、少くとも、次の事項を記載しなければならない。
一　修業年限、学年、学期及び授業を行わない日（以下「休業日」という。）に関する事項
二　部科及び課程の組織に関する事項
三　教育課程及び授業日時数に関する事項
四　学習の評価及び課程修了の認定に関する事項
五　収容定員及び職員組織に関する事項
六　入学、退学、転学、休学及び卒業に関する事項
七　授業料、入学料その他の費用徴収に関する事項
八　賞罰に関する事項
九　寄宿舎に関する事項

2　前項各号に掲げる事項のほか、通信制の課程を置く高等学校（中等教育学校の後期課程を含む。以下この項において同じ。）については、前条の学則中に、次の事項を記載しなければならない。
一　通信教育を行う区域に関する事項
二　通信教育について協力する高等学校に関する事項

3　第一項各号に掲げる事項のほか、特別支援学校については、前条の学則中に、学校教育法（昭和二十二年法律第二十六号）第七十二条に規定する者に対する教育のうち当該特別支援学校が行うものに関する事項を記載しなければならない。

第五条　学則の変更は、前条第一項各号、第二項第一号及び第二号、第三項並びに第百八十七条第二項第一号及び第二号に掲げる事項に係る学則の変更とする。

2　学校の目的、名称、位置、学則又は経費の見積り及び維持方法の変更についての認可の申請又は届出は、それぞれ認可申請書又は届出書に、変更の事由及び時期を記載した書類を添えてしなければならない。

3　私立学校の収容定員に係る学則の変更についての認可の申請又は届出は、それぞれ認可申請書又は届出書に、前項の書類のほか、経費の見積り及び維持方法を記載した書類並びに当該変更後の収容定員に必要な校地校舎等の図面を添えてしなければならない。

第六条　学校の校地校舎等に関する権利を取得し、若しくは処分し、又は用途の変更、改築等によりこれらの現状に重要な変更を加えることについての届出は、届出書に、その事由及び時期を記載した書類並びに当該校地校舎等の図面を添えてしなければならない。

第七条　分校（私立学校の分校を含む。第十五条において同じ。）の設置についての認可の申請又は届出は、それぞれ認可申請書又は届出書に、次の事項（市町村立の小学校及び中学校については、第四号及び第五号の事項を除く。）を記載した書類及び校地校舎等の図面を添えてしなければならない。
一　事由
二　名称
三　位置
四　学則の変更事項
五　経費の見積り及び維持方法
六　開設の時期

第八条　第二条第三号に掲げる事由に係る届出は、届出書に、次の事項を記載した書類及び校地校舎等の図面を添えてしなければならない。
一　事由
二　名称
三　位置
四　学則の変更事項
五　経費の見積り及び維持方法
六　変更の時期

第九条　二部授業を行うことについての届出は、届出書に、その事由、期間及び実施方法を記載した書類を添えてしなければならない。

第十条　学級の編制についての認可の申請は、認可申請書に、各学年ごとの各学級別の生徒の数（数学年の生徒を一学級に編制する場合にあつては、各学級ごとの各学年別の生徒の数とする。本条中以下同じ。）を記載した書類を添えてしなければならない。

2　学級の編制の変更についての認可の申請は、認可申請書に、変更の事由及び時期並びに変更前及び変更後の各学年ごとの各学級別の生徒の数を記載した書類を添えてしなければならない。

第十一条　高等学校（中等教育学校の後期課程を含む。）の全日制の課程、定時制の課程、通信制の課程、学科、専攻科若しくは別科、特別支援学校の高等部の学科、専攻科若しくは別科、大学の学部、学部の学科、大学院、大学院の研究科若しくは研究科の専攻、短期大学の学科若しくは高等専門学校の学科の設置又は大学院の研究科の専攻に係る課程の変更についての認可の申請又は届出は、それぞれ認可申請書又は届出書に、第七条各号の事項を記載した書類及びその使用に係る部分の校地校舎等の図面を添えてしなければならない。

第十二条　特別支援学校の高等部又は大学における通信教育の開設についての認可の申請又は届出は、それぞれ認可申請書又は届出書に、第七条各号の事項を記載した書類、通信教育に関する規程及びその使用に係る部分の校地校舎等の図面を添えてしなければならない。

2　特別支援学校の高等部又は大学における通信教育に関する規程の変更についての届出は、届出書に、変更の事由及び時期を記載した書類を添えてしなければならない。

3　特別支援学校の高等部又は大学における通信教育の廃止についての認可の申請又は届出は、それぞれ認可申請書又は届出書に、廃止の事由及び時期並びに生徒又は学生の処置方法を記載した書類を添えてしなければならない。

第十三条　特別支援学校の幼稚部、小学部、中学部又は高等部の設置についての認可の申請は、認可申請書に、第七条各号の事項を記載した書類及びその使用に係る部分の校地校舎等の図面を添えてしなければならない。

第十四条　学校の設置者の変更についての認可の申請又は届出は、それぞれ認可申請書又は届出書に、当該設置者の変更に関係する地方公共団体（公立大学法人（地方独立行政法人法（平成十五年法律第百十八号）第六十八条第一項に規定する公立大学法人をいう。以下同じ。）を含む。以下この条において同じ。）又は学校法人（私立の幼稚園を設置する学校法人以外の法人及び私人を含む。）が連署して、変更前及び変更後の第三条第一号から第五号まで（小学校又は中学校の設置者の変更の場合において、新たに設置者となろうとする者が市町村であるときは、第四号及び第五号を除く。）の事項並びに変更の事由及び時期を記載した書類を添えてしなければならない。ただし、新たに設置者となろうとする者が成立前の地方公共団体である場合においては、当該成立前の地方公共団体の連署を要しない。

第十五条　学校若しくは分校の廃止、高等学校（中等教育学校の後期課程を含む。）の全日制の課程、定時制の課程、通信制の課程、学科、専攻科若しくは別科の廃止、特別支援学校の幼稚部、小学部、中学部、高等部若しくは高等部の学科、専攻科若しくは別科の廃止、大学の学部、学部の学科、大学院、大学院の研究科若しくは研究科の専攻の廃止、短期大学の学科の廃止又は高等専門学校の学科の廃止についての認可の申請又は届出は、それぞれ認可申請書又は届出書に、廃止の事由及び時期並びに幼児、児童、生徒又は学生（以下「児童等」という。）の処置方法を記載した書類を添えてしなければならない。

第十六条　学校教育法施行令（昭和二十八年政令第三百四十号）第二十四条の二第四号の文部科学省令で定める学則の記載事項は、第四条第一項第一号（修業年限に関する事項に限る。）及び第五号並びに同条第二項第一号及び第二号に掲げる事項とする。

2　学校教育法施行令第二十四条の二に規定する事項についての認可の届出は、認可申請書に係る書類の写しを添えてしなければならない。

第十七条　学校教育法施行令第二十六条第三項の規定による都道府県の教育委員会の報告は、報告書に、市町村の教育委員会からの届出に係るものについては当該届出に係る書類の写しを、当該都道府県の設置する高等学校に係るものについては変更の事由及び時期を記載した書類を添えてしなければならない。

第十八条　学校教育法施行令第二十七条の二第二項の規定による都道府県知事の報告は、報告書に当該届出に係る書類の写しを添えてしなければならない。

第十九条　学校教育法、学校教育法施行令及びこの省令の規定に基づいてなすべき認可の申請、届出及び報告の手続その他の細則については、文部科学省令で定めるもののほか、公立又は私立の大学及び高等専門学校に係るものにあつては文部科学大臣、大学及び高等専門学校以外の市町村の設置する学校に係るものにあつては都道府県の教育委員会、大学及び高等専門学校以外の私立学校に係るものにあつては都道府県知事が、これを定める。

第二節　校長、副校長及び教頭の資格

第二十条　校長（学長及び高等専門学校の校長を除く。）の資格は、次の各号のいずれかに該当するものとする。

一　教育職員免許法（昭和二十四年法律第百四十七号）による教諭の専修免許状又は一種免許状（高等学校及び中等教育学校の校長にあつては、専修免許状）を有し、かつ、次に掲げる職（以下「教育に関する職」という。）に五年以上あつたこと

イ　学校教育法第一条に規定する学校及び同法第百二十四条に規定する専修学校の校長の職

ロ　学校教育法第一条に規定する学校の教授、准教授、助教、副校長、教頭、主幹教諭、指導教諭、教諭、助教諭、養護教諭、養護助教諭、栄養教諭、講師（常時勤務の者に限る。）及び同法第百二十四条に規定する専修学校の教員（以下本条中「教員」という。）の職

ハ　学校教育法第一条に規定する学校の事務職員（単純な労務に雇用される者を除く。本条中以下同じ。）、実習助手、寄宿舎指導員及び学校栄養職員（学校給食法（昭和二十九年法律第百六十号）第七条に規定する職員のうち栄養教諭以外の者をいい、同法第六条に規定する施設の当該職員を含む。）の職

ニ　学校教育法等の一部を改正する法律（平成十九年法律第九十六号）第一条の規定による改正前の学校教育法第九十四条の規定により廃止された従前の法令の規定による学校及び旧教員養成諸学校官制（昭和二十一年勅令第二百八号）第一条の規定による教員養成諸学校の長の職

ホ　ニに掲げる学校及び教員養成諸学校における教員及び事務職員に相当する者の職

ヘ　海外に在留する邦人の子女のための在外教育施設（以下「在外教育施設」という。）で、文部科学大臣が小学校、中学校又は高等学校の課程と同等の課程を有するものとして認定したものにおけるイからハまでに掲げる者に準ずるものの職

ト　ヘに規定する職のほか、外国の学校におけるイからハまでに掲げる者に準ずるものの職

チ　少年院法（昭和二十三年法律第百六十九号）による少年院又は児童福祉

法（昭和二十二年法律第百六十四号）による児童自立支援施設（児童福祉法等の一部を改正する法律（平成九年法律第七十四号）附則第七条第一項の規定により証明書を発行することができるもので、同条第二項の規定によりその例によることとされた同法による改正前の児童福祉法第四十八条第四項ただし書の規定による指定を受けたものを除く。）において教育を担当する者の職

リ　イからチまでに掲げるもののほか、国又は地方公共団体において教育事務又は教育を担当する国家公務員又は地方公務員（単純な労務に雇用される者を除く。）の職

ヌ　外国の官公庁におけるリに準ずる者の職

二　教育に関する職に十年以上あつたこと

第二十一条　私立学校の設置者は、前条の規定により難い特別の事情のあるときは、五年以上教育に関する職又は教育、学術に関する業務に従事し、かつ、教育に関し高い識見を有する者を校長として採用することができる。

第二十二条　国立若しくは公立の学校の校長の任命権者又は私立学校の設置者は、学校の運営上特に必要がある場合には、前二条に規定するもののほか、第二十条各号に掲げる資格を有する者と同等の資質を有すると認める者を校長として任命し又は採用することができる。

第二十三条　前三条の規定は、副校長及び教頭の資格について準用する。

第三節　管理

第二十四条　校長は、その学校に在学する児童等の指導要録（学校教育法施行令第三十一条に規定する児童等の学習及び健康の状況を記録した書類の原本をいう。以下同じ。）を作成しなければならない。

2　校長は、児童等が進学した場合においては、その作成に係る当該児童等の指導要録の抄本又は写しを作成し、これを進学先の校長に送付しなければならない。

3　校長は、児童等が転学した場合においては、その作成に係る当該児童等の指導要録の写しを作成し、その写し（転学してきた児童等については転学により送付を受けた指導要録の写しを含む。）及び前項の抄本又は写しを転学先の校長に送付しなければならない。

第二十五条　校長（学長を除く。）は、当該学校に在学する児童等について出席簿を作成しなければならない。

第二十六条　校長及び教員が児童等に懲戒を加えるに当つては、児童等の心身の発達に応ずる等教育上必要な配慮をしなければならない。

2　懲戒のうち、退学、停学及び訓告の処分は、校長（大学にあつては、学長の委任を受けた学部長を含む。）が行う。

3　前項の退学は、公立の小学校、中学校（学校教育法第七十一条の規定により高等学校における教育と一貫した教育を施すもの（以下「併設型中学校」という。）を除く。）又は特別支援学校に在学する学齢児童又は学齢生徒を除き、次の各号のいずれかに該当する児童等に対して行うことができる。

一　性行不良で改善の見込がないと認められる者

二　学力劣等で成業の見込がないと認められる者

三　正当の理由がなくて出席常でない者

四　学校の秩序を乱し、その他学生又は生徒としての本分に反した者

4　第二項の停学は、学齢児童又は学齢生徒に対しては、行うことができない。

第二十七条　私立学校が、校長を定め、大学及び高等専門学校にあつては文部科学大臣、大学及び高等専門学校以外の学校にあつては都道府県知事に届け出るに当たつては、その履歴書を添えなければならない。

第二十八条　学校において備えなければならな

い表簿は、概ね次のとおりとする。
一　学校に関係のある法令
二　学則、日課表、教科用図書配当表、学校医執務記録簿、学校歯科医執務記録簿、学校薬剤師執務記録簿及び学校日誌
三　職員の名簿、履歴書、出勤簿並びに担任学級、担任の教科又は科目及び時間表
四　指導要録、その写し及び抄本並びに出席簿及び健康診断に関する表簿
五　入学者の選抜及び成績考査に関する表簿
六　資産原簿、出納簿及び経費の予算決算についての帳簿並びに図書機械器具、標本、模型等の教具の目録
七　往復文書処理簿
2　前項の表簿（第二十四条第二項の抄本又は写しを除く。）は、別に定めるもののほか、五年間保存しなければならない。ただし、指導要録及びその写しのうち入学、卒業等の学籍に関する記録については、その保存期間は、二十年間とする。
3　学校教育法施行令第三十一条の規定により指導要録及びその写しを保存しなければならない期間は、前項のこれらの書類の保存期間から当該学校においてこれらの書類を保存していた期間を控除した期間とする。

第二章　義務教育

第二十九条　市町村の教育委員会は、学校教育法施行令第一条第三項（同令第二条において準用する場合を含む。）の規定により学齢簿を磁気ディスク（これに準ずる方法により一定の事項を確実に記録しておくことができる物を含む。以下同じ。）をもつて調製する場合には、電子計算機（電子計算機による方法に準ずる方法により一定の事項を確実に記録しておくことができる機器を含む。以下同じ。）の操作によるものとする。
2　市町村の教育委員会は、前項に規定する場合においては、当該学齢簿に記録されている事項が当該市町村の学齢児童又は学齢生徒に関する事務に従事している者以外の者に同項の電子計算機に接続された電気通信回線を通じて知られること及び当該学齢簿が滅失し又はき損することを防止するために必要な措置を講じなければならない。

第三十条　学校教育法施行令第一条第一項の学齢簿に記載（同条第三項の規定により磁気ディスクをもつて調製する学齢簿にあつては、記録。以下同じ。）をすべき事項は、次の各号に掲げる区分に応じ、当該各号に掲げる事項とする。
一　学齢児童又は学齢生徒に関する事項　氏名、現住所、生年月日及び性別
二　保護者に関する事項　氏名、現住所及び保護者と学齢児童又は学齢生徒との関係
三　就学する学校に関する事項
イ　当該市町村の設置する小学校又は中学校（併設型中学校を除く。）に就学する者について、当該学校及びその設置者の名称並びに当該学校に係る入学、転学及び卒業の年月日
ロ　学校教育法施行令第九条に定める手続きにより当該市町村の設置する小学校又は中学校（併設型中学校を除く。）以外の小学校、中学校又は中等教育学校に就学する者について、当該学校及びその設置者の名称並びに当該学校に係る入学、転学、退学及び卒業の年月日
ハ　特別支援学校の小学部又は中学部に就学する者について、当該学校及び部並びに当該学校の設置者の名称並びに当該部に係る入学、転学、退学及び卒業の年月日
四　就学の督促等に関する事項　学校教育法施行令第二十条又は第二十一条の規定に基づき就学状況が良好でない者等について、校長から通知を受けたとき、又は就学義務の履行を督促したときは、その旨及び通知を受け、又は督促した年月日
五　就学義務の猶予又は免除に関する事項　学校教育法第十八条の規定により保護者が就学させる義務を猶予又は免除された者に

ついて、猶予の年月日、事由及び期間又は免除の年月日及び事由並びに猶予又は免除された者のうち復学した者については、その年月日

六　その他必要な事項　市町村の教育委員会が学齢児童又は学齢生徒の就学に関し必要と認める事項

2　学校教育法施行令第二条に規定する者について作成する学齢簿に記載をすべき事項については、前項第一号、第二号及び第六号の規定を準用する。

第三十一条　学校教育法施行令第二条の規定による学齢簿の作成は、十月一日現在において行うものとする。

第三十二条　市町村の教育委員会は、学校教育法施行令第五条第二項（同令第六条において準用する場合を含む。次項において同じ。）の規定により就学予定者の就学すべき小学校又は中学校（次項において「就学校」という。）を指定する場合には、あらかじめ、その保護者の意見を聴取することができる。この場合においては、意見の聴取の手続に関し必要な事項を定め、公表するものとする。

2　市町村の教育委員会は、学校教育法施行令第五条第二項の規定による就学校の指定に係る通知において、その指定の変更についての同令第八条に規定する保護者の申立ができる旨を示すものとする。

第三十三条　市町村の教育委員会は、学校教育法施行令第八条の規定により、その指定した小学校又は中学校を変更することができる場合の要件及び手続に関し必要な事項を定め、公表するものとする。

第三十四条　学齢児童又は学齢生徒で、学校教育法第十八条に掲げる事由があるときは、その保護者は、就学義務の猶予又は免除を市町村の教育委員会に願い出なければならない。この場合においては、当該市町村の教育委員会の指定する医師その他の者の証明書等その事由を証するに足る書類を添えなければならない。

第三十五条　学校教育法第十八条の規定により保護者が就学させる義務を猶予又は免除された子について、当該猶予の期間が経過し、又は当該猶予若しくは免除が取り消されたときは、校長は、当該子を、その年齢及び心身の発達状況を考慮して、相当の学年に編入することができる。

第三章　幼稚園

第三十六条　幼稚園の設備、編制その他設置に関する事項は、この章に定めるもののほか、幼稚園設置基準（昭和三十一年文部省令第三十二号）の定めるところによる。

第三十七条　幼稚園の毎学年の教育週数は、特別の事情のある場合を除き、三十九週を下ってはならない。

第三十八条　幼稚園の教育課程その他の保育内容については、この章に定めるもののほか、教育課程その他の保育内容の基準として文部科学大臣が別に公示する幼稚園教育要領によるものとする。

第三十九条　第四十八条、第四十九条、第五十四条、第五十九条から第六十八条までの規定は、幼稚園に準用する。

第四章　小学校

第一節　設備編制

第四十条　小学校の設備、編制その他設置に関する事項は、この節に定めるもののほか、小学校設置基準（平成十四年文部科学省令第十四号）の定めるところによる。

第四十一条　小学校の学級数は、十二学級以上十八学級以下を標準とする。ただし、地域の実態その他により特別の事情のあるときは、この限りでない。

第四十二条　小学校の分校の学級数は、特別の事情のある場合を除き、五学級以下とし、前条の学級数に算入しないものとする。

第四十三条　小学校においては、調和のとれた

学校運営が行われるためにふさわしい校務分掌の仕組みを整えるものとする。

第四十四条　小学校には、教務主任及び学年主任を置くものとする。

2　前項の規定にかかわらず、第四項に規定する教務主任の担当する校務を整理する主幹教諭を置くときその他特別の事情のあるときは教務主任を、第五項に規定する学年主任の担当する校務を整理する主幹教諭を置くときその他特別の事情のあるときは学年主任を、それぞれ置かないことができる。

3　教務主任及び学年主任は、指導教諭又は教諭をもつて、これに充てる。

4　教務主任は、校長の監督を受け、教育計画の立案その他の教務に関する事項について連絡調整及び指導、助言に当たる。

5　学年主任は、校長の監督を受け、当該学年の教育活動に関する事項について連絡調整及び指導、助言に当たる。

第四十五条　小学校においては、保健主事を置くものとする。

2　前項の規定にかかわらず、第四項に規定する保健主事の担当する校務を整理する主幹教諭を置くときその他特別の事情のあるときは、保健主事を置かないことができる。

3　保健主事は、指導教諭、教諭又は養護教諭をもつて、これに充てる。

4　保健主事は、校長の監督を受け、小学校における保健に関する事項の管理に当たる。

第四十六条　小学校には、事務長又は事務主任を置くことができる。

2　事務長及び事務主任は、事務職員をもつて、これに充てる。

3　事務長は、校長の監督を受け、事務職員その他の職員が行う事務を総括し、その他事務をつかさどる。

4　事務主任は、校長の監督を受け、事務をつかさどる。

第四十七条　小学校においては、前三条に規定する教務主任、学年主任、保健主事及び事務主任のほか、必要に応じ、校務を分担する主任等を置くことができる。

第四十八条　小学校には、設置者の定めるところにより、校長の職務の円滑な執行に資するため、職員会議を置くことができる。

2　職員会議は、校長が主宰する。

第四十九条　小学校には、設置者の定めるところにより、学校評議員を置くことができる。

2　学校評議員は、校長の求めに応じ、学校運営に関し意見を述べることができる。

3　学校評議員は、当該小学校の職員以外の者で教育に関する理解及び識見を有するもののうちから、校長の推薦により、当該小学校の設置者が委嘱する。

第二節　教育課程

第五十条　小学校の教育課程は、国語、社会、算数、理科、生活、音楽、図画工作、家庭及び体育の各教科（以下この節において「各教科」という。）、道徳、外国語活動、総合的な学習の時間並びに特別活動によつて編成するものとする。

2　私立の小学校の教育課程を編成する場合は、前項の規定にかかわらず、宗教を加えることができる。この場合においては、宗教をもつて前項の道徳に代えることができる。

第五十一条　小学校の各学年における各教科、道徳、外国語活動、総合的な学習の時間及び特別活動のそれぞれの授業時数並びに各学年におけるこれらの総授業時数は、別表第一に定める授業時数を標準とする。

第五十二条　小学校の教育課程については、この節に定めるもののほか、教育課程の基準として文部科学大臣が別に公示する小学校学習指導要領によるものとする。

第五十三条　小学校においては、必要がある場合には、一部の各教科について、これらを合わせて授業を行うことができる。

第五十四条　児童が心身の状況によつて履修することが困難な各教科は、その児童の心身の状況に適合するように課さなければならない。

第五十五条　小学校の教育課程に関し、その改善に資する研究を行うため特に必要があり、かつ、児童の教育上適切な配慮がなされていると文部科学大臣が認める場合においては、文部科学大臣が別に定めるところにより、第五十条第一項、第五十一条又は第五十二条の規定によらないことができる。

第五十五条の二　文部科学大臣が、小学校において、当該小学校又は当該小学校が設置されている地域の実態に照らし、より効果的な教育を実施するため、当該小学校又は当該地域の特色を生かした特別の教育課程を編成して教育を実施する必要があり、かつ、当該特別の教育課程について、教育基本法（平成十八年法律第百二十号）及び学校教育法第三十条第一項の規定等に照らして適切であり、児童の教育上適切な配慮がなされているものとして文部科学大臣が定める基準を満たしていると認める場合においては、文部科学大臣が別に定めるところにより、第五十条第一項、第五十一条又は第五十二条の規定の全部又は一部によらないことができる。

第五十六条　小学校において、学校生活への適応が困難であるため相当の期間小学校を欠席していると認められる児童を対象として、その実態に配慮した特別の教育課程を編成して教育を実施する必要があると文部科学大臣が認める場合においては、文部科学大臣が別に定めるところにより、第五十条第一項、第五十一条又は第五十二条の規定によらないことができる。

第五十六条の二　小学校において、日本語に通じない児童のうち、当該児童の日本語を理解し、使用する能力に応じた特別の指導を行う必要があるものを教育する場合には、文部科学大臣が別に定めるところにより、第五十条第一項、第五十一条及び第五十二条の規定にかかわらず、特別の教育課程によることができる。

第五十六条の三　前条の規定により特別の教育課程による場合においては、校長は、児童が設置者の定めるところにより他の小学校又は特別支援学校の小学部において受けた授業を、当該児童の在学する小学校において受けた当該特別の教育課程に係る授業とみなすことができる。

第五十七条　小学校において、各学年の課程の修了又は卒業を認めるに当たつては、児童の平素の成績を評価して、これを定めなければならない。

第五十八条　校長は、小学校の全課程を修了したと認めた者には、卒業証書を授与しなければならない。

第三節　学年及び授業日

第五十九条　小学校の学年は、四月一日に始まり、翌年三月三十一日に終わる。

第六十条　授業終始の時刻は、校長が定める。

第六十一条　公立小学校における休業日は、次のとおりとする。ただし、第三号に掲げる日を除き、当該学校を設置する地方公共団体の教育委員会が必要と認める場合は、この限りでない。

一　国民の祝日に関する法律（昭和二十三年法律第百七十八号）に規定する日

二　日曜日及び土曜日

三　学校教育法施行令第二十九条の規定により教育委員会が定める日

第六十二条　私立小学校における学期及び休業日は、当該学校の学則で定める。

第六十三条　非常変災その他急迫の事情があるときは、校長は、臨時に授業を行わないことができる。この場合において、公立小学校についてはこの旨を当該学校を設置する地方公共団体の教育委員会に報告しなければならない。

第四節　職員

第六十四条　講師は、常時勤務に服しないことができる。

第六十五条　学校用務員は、学校の環境の整備その他の用務に従事する。

第五節　学校評価

第六十六条　小学校は、当該小学校の教育活動その他の学校運営の状況について、自ら評価を行い、その結果を公表するものとする。

2　前項の評価を行うに当たつては、小学校は、その実情に応じ、適切な項目を設定して行うものとする。

第六十七条　小学校は、前条第一項の規定による評価の結果を踏まえた当該小学校の児童の保護者その他の当該小学校の関係者（当該小学校の職員を除く。）による評価を行い、その結果を公表するよう努めるものとする。

第六十八条　小学校は、第六十六条第一項の規定による評価の結果及び前条の規定により評価を行つた場合はその結果を、当該小学校の設置者に報告するものとする。

第五章　中学校

第六十九条　中学校の設備、編制その他設置に関する事項は、この章に定めるもののほか、中学校設置基準（平成十四年文部科学省令第十五号）の定めるところによる。

第七十条　中学校には、生徒指導主事を置くものとする。

2　前項の規定にかかわらず、第四項に規定する生徒指導主事の担当する校務を整理する主幹教諭を置くときその他特別の事情のあるときは、生徒指導主事を置かないことができる。

3　生徒指導主事は、指導教諭又は教諭をもつて、これに充てる。

4　生徒指導主事は、校長の監督を受け、生徒指導に関する事項をつかさどり、当該事項について連絡調整及び指導、助言に当たる。

第七十一条　中学校には、進路指導主事を置くものとする。

2　前項の規定にかかわらず、第三項に規定する進路指導主事の担当する校務を整理する主幹教諭を置くときは、進路指導主事を置かないことができる。

3　進路指導主事は、指導教諭又は教諭をもつて、これに充てる。校長の監督を受け、生徒の職業選択の指導その他の進路の指導に関する事項をつかさどり、当該事項について連絡調整及び指導、助言に当たる。

第七十二条　中学校の教育課程は、国語、社会、数学、理科、音楽、美術、保健体育、技術・家庭及び外国語の各教科（以下本章及び第七章中「各教科」という。）、道徳、総合的な学習の時間並びに特別活動によつて編成するものとする。

第七十三条　中学校（併設型中学校及び第七十五条第二項に規定する連携型中学校を除く。）の各学年における各教科、道徳、総合的な学習の時間及び特別活動のそれぞれの授業時数並びに各学年におけるこれらの総授業時数は、別表第二に定める授業時数を標準とする。

第七十四条　中学校の教育課程については、この章に定めるもののほか、教育課程の基準として文部科学大臣が別に公示する中学校学習指導要領によるものとする。

第七十五条　中学校（併設型中学校を除く。）においては、高等学校における教育との一貫性に配慮した教育を施すため、当該中学校の設置者が当該高等学校の設置者との協議に基づき定めるところにより、教育課程を編成することができる。

2　前項の規定により教育課程を編成する中学校（以下「連携型中学校」という。）は、第八十七条第一項の規定により教育課程を編成する高等学校と連携し、その教育課程を実施するものとする。

第七十六条　連携型中学校の各学年における各教科、道徳、総合的な学習の時間及び特別活動のそれぞれの授業時数並びに各学年におけるこれらの総授業時数は、別表第四に定める授業時数を標準とする。

第七十七条　連携型中学校の教育課程については、この章に定めるもののほか、教育課程の基準の特例として文部科学大臣が別に定めるところによるものとする。

第七十八条　校長は、中学校卒業後、高等学校、高等専門学校その他の学校に進学しようとする生徒のある場合には、調査書その他必要な書類をその生徒の進学しようとする学校の校長に送付しなければならない。ただし、第九十条第三項（第百三十五条第五項において準用する場合を含む。）及び同条第四項の規定に基づき、調査書を入学者の選抜のための資料としない場合は、調査書の送付を要しない。

第七十九条　第四十一条から第四十九条まで、第五十条第二項、第五十四条から第六十八条までの規定は、中学校に準用する。この場合において、第四十二条中「五学級」とあるのは「二学級」と、第五十五条から第五十六条の二までの規定中「第五十条第一項」とあるのは「第七十二条」と、「第五十一条」とあるのは「第七十三条（併設型中学校にあつては第百十七条において準用する第百七条、連携型中学校にあつては第七十六条）」と、「第五十二条」とあるのは「第七十四条」と、第五十五条の二中「第三十条第一項」とあるのは「第四十六条」と、第五十六条の三中「他の小学校又は特別支援学校の小学部」とあるのは「他の中学校、中等教育学校の前期課程又は特別支援学校の中学部」と読み替えるものとする。

（中略）

第八章　特別支援教育

第百十八条　特別支援学校の設置基準及び特別支援学級の設備編制は、この章に規定するもののほか、別に定める。

第百十九条　特別支援学校においては、学校教育法第七十二条に規定する者に対する教育のうち当該特別支援学校が行うものを学則その他の設置者の定める規則（次項において「学則等」という。）で定めるとともに、これについて保護者等に対して積極的に情報を提供するものとする。

2　前項の学則等を定めるに当たつては、当該特別支援学校の施設及び設備等の状況並びに当該特別支援学校の所在する地域における障害のある児童等の状況について考慮しなければならない。

第百二十条　特別支援学校の幼稚部において、主幹教諭、指導教諭又は教諭（以下「教諭等」という。）一人の保育する幼児数は、八人以下を標準とする。

2　特別支援学校の小学部又は中学部の一学級の児童又は生徒の数は、法令に特別の定めのある場合を除き、視覚障害者又は聴覚障害者である児童又は生徒に対する教育を行う学級にあつては十人以下を、知的障害者、肢体不自由者又は病弱者（身体虚弱者を含む。以下同じ。）である児童又は生徒に対する教育を行う学級にあつては十五人以下を標準とし、高等部の同時に授業を受ける一学級の生徒数は、十五人以下を標準とする。

第百二十一条　特別支援学校の小学部、中学部又は高等部の学級は、同学年の児童又は生徒で編制するものとする。ただし、特別の事情がある場合においては、数学年の児童又は生徒を一学級に編制することができる。

2　特別支援学校の幼稚部における保育は、特別の事情のある場合を除いては、視覚障害者、聴覚障害者、知的障害者、肢体不自由者及び病弱者の別ごとに行うものとする。

3　特別支援学校の小学部、中学部又は高等部の学級は、特別の事情のある場合を除いては、視覚障害者、聴覚障害者、知的障害者、肢体不自由者又は病弱者の別ごとに編制するものとする。

第百二十二条　特別支援学校の幼稚部においては、同時に保育される幼児数八人につき教諭等を一人置くことを基準とする。

2　特別支援学校の小学部においては、校長のほか、一学級当たり教諭等を一人以上置かなければならない。

3　特別支援学校の中学部においては、一学級当たり教諭等を二人置くことを基準とする。

4　視覚障害者である生徒及び聴覚障害者である生徒に対する教育を行う特別支援学校の高等部においては、自立教科（理療、理学療法、理容その他の職業についての知識技能の修得に関する教科をいう。）を担任するため、必要な数の教員を置かなければならない。

5　前四項の場合において、特別の事情があり、かつ、教育上支障がないときは、校長、副校長若しくは教頭が教諭等を兼ね、又は助教諭若しくは講師をもつて教諭等に代えることができる。

第百二十三条　寄宿舎指導員の数は、寄宿舎に寄宿する児童等の数を六で除して得た数以上を標準とする。

第百二十四条　寄宿舎を設ける特別支援学校には、寮務主任及び舎監を置かなければならない。

2　前項の規定にかかわらず、第四項に規定する寮務主任の担当する寮務を整理する主幹教諭を置くときその他特別の事情のあるときは寮務主任を、第五項に規定する舎監の担当する寮務を整理する主幹教諭を置くときは舎監を、それぞれ置かないことができる。

3　寮務主任及び舎監は、指導教諭又は教諭をもつて、これに充てる。

4　寮務主任は、校長の監督を受け、寮務に関する事項について連絡調整及び指導、助言に当たる。

5　舎監は、校長の監督を受け、寄宿舎の管理及び寄宿舎における児童等の教育に当たる。

第百二十五条　特別支援学校には、各部に主事を置くことができる。

2　主事は、その部に属する教諭等をもつて、これに充てる。校長の監督を受け、部に関する校務をつかさどる。

第百二十六条　特別支援学校の小学部の教育課程は、国語、社会、算数、理科、生活、音楽、図画工作、家庭及び体育の各教科、道徳、外国語活動、総合的な学習の時間、特別活動並びに自立活動によつて編成するものとする。

2　前項の規定にかかわらず、知的障害者である児童を教育する場合は、生活、国語、算数、音楽、図画工作及び体育の各教科、道徳、特別活動並びに自立活動によつて教育課程を編成するものとする。

第百二十七条　特別支援学校の中学部の教育課程は、国語、社会、数学、理科、音楽、美術、保健体育、技術・家庭及び外国語の各教科、道徳、総合的な学習の時間、特別活動並びに自立活動によつて編成するものとする。

2　前項の規定にかかわらず、知的障害者である生徒を教育する場合は、国語、社会、数学、理科、音楽、美術、保健体育及び職業・家庭の各教科、道徳、総合的な学習の時間、特別活動並びに自立活動によつて教育課程を編成するものとする。ただし、必要がある場合には、外国語科を加えて教育課程を編成することができる。

第百二十八条　特別支援学校の高等部の教育課程は、別表第三及び別表第五に定める各教科に属する科目、総合的な学習の時間、特別活動並びに自立活動によつて編成するものとする。

2　前項の規定にかかわらず、知的障害者である生徒を教育する場合は、国語、社会、数学、理科、音楽、美術、保健体育、職業、家庭、外国語、情報、家政、農業、工業、流通・サービス及び福祉の各教科、第百二十九条に規定する特別支援学校高等部学習指導要領で定めるこれら以外の教科、道徳、総合的な学習の時間、特別活動並びに自立活動によつて教育課程を編成するものとする。

第百二十九条　特別支援学校の幼稚部の教育課程その他の保育内容並びに小学部、中学部及び高等部の教育課程については、この章に定めるもののほか、教育課程その他の保育内容又は教育課程の基準として文部科学大臣が別に公示する特別支援学校幼稚部教育要領、特別支援学校小学部・中学部学習指導要領及び特別支援学校高等部学習指導要領によるものとする。

第百三十条　特別支援学校の小学部、中学部又は高等部においては、特に必要がある場合は、第百二十六条から第百二十八条までに規定する各教科（次項において「各教科」という。）又は別表第三及び別表第五に定める各教科に属する科目の全部又は一部について、合わせて授業を行うことができる。

2　特別支援学校の小学部、中学部又は高等部においては、知的障害者である児童若しくは生徒又は複数の種類の障害を併せ有する児童若しくは生徒を教育する場合において特に必要があるときは、各教科、道徳、外国語活動、特別活動及び自立活動の全部又は一部について、合わせて授業を行うことができる。

第百三十一条　特別支援学校の小学部、中学部又は高等部において、複数の種類の障害を併せ有する児童若しくは生徒を教育する場合又は教員を派遣して教育を行う場合において、特に必要があるときは、第百二十六条から第百二十九条までの規定にかかわらず、特別の教育課程によることができる。

2　前項の規定により特別の教育課程による場合において、文部科学大臣の検定を経た教科用図書又は文部科学省が著作の名義を有する教科用図書を使用することが適当でないときは、当該学校の設置者の定めるところにより、他の適切な教科用図書を使用することができる。

第百三十二条　特別支援学校の小学部、中学部又は高等部の教育課程に関し、その改善に資する研究を行うため特に必要があり、かつ、児童又は生徒の教育上適切な配慮がなされていると文部科学大臣が認める場合においては、文部科学大臣が別に定めるところにより、第百二十六条から第百二十九条までの規定によらないことができる。

第百三十二条の二　文部科学大臣が、特別支援学校の小学部、中学部又は高等部において、当該特別支援学校又は当該特別支援学校が設置されている地域の実態に照らし、より効果的な教育を実施するため、当該特別支援学校又は当該地域の特色を生かした特別の教育課程を編成して教育を実施する必要があり、かつ、当該特別の教育課程について、教育基本法及び学校教育法第七十二条の規定等に照らして適切であり、児童又は生徒の教育上適切な配慮がなされているものとして文部科学大臣が定める基準を満たしていると認める場合においては、文部科学大臣が別に定めるところにより、第百二十六条から第百二十九条までの規定の一部又は全部によらないことができる。

第百三十二条の三　特別支援学校の小学部又は中学部において、日本語に通じない児童又は生徒のうち、当該児童又は生徒の日本語を理解し、使用する能力に応じた特別の指導を行う必要があるものを教育する場合には、文部科学大臣が別に定めるところにより、第百二十六条、第百二十七条及び第百二十九条の規定にかかわらず、特別の教育課程によることができる。

第百三十二条の四　前条の規定により特別の教育課程による場合においては、校長は、児童又は生徒が設置者の定めるところにより他の小学校、中学校、中等教育学校の前期課程又は特別支援学校の小学部若しくは中学部において受けた授業を、当該児童又は生徒の在学する特別支援学校の小学部又は中学部において受けた当該特別の教育課程に係る授業とみなすことができる。

第百三十三条　校長は、生徒の特別支援学校の高等部の全課程の修了を認めるに当たつては、特別支援学校高等部学習指導要領に定めるところにより行うものとする。ただし、前二条の規定により、特別支援学校の高等部の教育課程に関し第百二十八条及び第百二十九条の規定によらない場合においては、文部科学大臣が別に定めるところにより行うものとする。

第百三十四条　特別支援学校の高等部における通信教育に関する事項は、別に定める。

第百三十五条　第四十三条から第四十九条まで（第四十六条を除く。）、第五十四条、第五十九条から第六十三条まで、第六十五条から第六十八条まで及び第八十二条の規定は、特別支援学校に準用する。

2　第五十七条、第五十八条、第六十四条及び第八十九条の規定は、特別支援学校の小学部、中学部及び高等部に準用する。

3　第三十五条、第五十条第二項及び第五十三条の規定は、特別支援学校の小学部に準用する。

4　第三十五条、第五十条第二項、第七十条、第七十一条及び第七十八条の規定は、特別支援学校の中学部に準用する。

5　第七十条、第七十一条、第八十一条、第九十条第一項から第三項まで、第九十一条から第九十五条まで、第九十七条第一項及び第二項、第九十八条から第百条まで並びに第百四条第三項の規定は、特別支援学校の高等部に準用する。この場合において、第九十七条第一項及び第二項中「他の高等学校又は中等教育学校の後期課程」とあるのは「他の特別支援学校の高等部、高等学校又は中等教育学校の後期課程」と、同条第二項中「当該他の高等学校又は中等教育学校」とあるのは「当該他の特別支援学校、高等学校又は中等教育学校」と読み替えるものとする。

第百三十六条　小学校若しくは中学校又は中等教育学校の前期課程における特別支援学級の一学級の児童又は生徒の数は、法令に特別の定めのある場合を除き、十五人以下を標準とする。

第百三十七条　特別支援学級は、特別の事情のある場合を除いては、学校教育法第八十一条第二項各号に掲げる区分に従つて置くものとする。

第百三十八条　小学校若しくは中学校又は中等教育学校の前期課程における特別支援学級に係る教育課程については、特に必要がある場合は、第五十条第一項、第五十一条及び第五十二条の規定並びに第七十二条から第七十四条までの規定にかかわらず、特別の教育課程によることができる。

第百三十九条　前条の規定により特別の教育課程による特別支援学級においては、文部科学大臣の検定を経た教科用図書を使用することが適当でない場合には、当該特別支援学級を置く学校の設置者の定めるところにより、他の適切な教科用図書を使用することができる。

第百四十条　小学校若しくは中学校又は中等教育学校の前期課程において、次の各号のいずれかに該当する児童又は生徒（特別支援学級の児童及び生徒を除く。）のうち当該障害に応じた特別の指導を行う必要があるものを教育する場合には、文部科学大臣が別に定めるところにより、第五十条第一項、第五十一条及び第五十二条の規定並びに第七十二条から第七十四条までの規定にかかわらず、特別の教育課程によることができる。

一　言語障害者
二　自閉症者
三　情緒障害者
四　弱視者
五　難聴者
六　学習障害者
七　注意欠陥多動性障害者
八　その他障害のある者で、この条の規定により特別の教育課程による教育を行うことが適当なもの

第百四十一条　前条の規定により特別の教育課程による場合においては、校長は、児童又は生徒が、当該小学校、中学校又は中等教育学校の設置者の定めるところにより他の小学校、中学校、中等教育学校の前期課程又は特

別支援学校の小学部若しくは中学部において受けた授業を、当該小学校若しくは中学校又は中等教育学校の前期課程において受けた当該特別の教育課程に係る授業とみなすことができる。

（後略

附　則（平成二六年七月二日内閣府・文部科学省・厚生労働省令第二号）抄

（施行期日）

第一条　この命令は、就学前の子どもに関する教育、保育等の総合的な提供の推進に関する法律の一部を改正する法律（以下「一部改正法」という。）の施行の日から施行する。

附　則（平成二六年八月二九日文部科学省令第二五号）

この省令は、学校教育法及び国立大学法人法の一部を改正する法律の施行の日（平成二十七年四月一日）から施行する。

別表第一～第四（略）

別表第五　（第百二十八条関係）

（一）　視覚障害者である生徒に対する教育を行う特別支援学校の主として専門学科において開設される各教科

各教科（上欄）

各教科に属する科目（下欄）

保健理療（上欄）

（下欄）医療と社会、人体の構造と機能、疾病の成り立ちと予防、生活と疾病、基礎保健理療、臨床保健理療、地域保健理療と保健理療経営、保健理療基礎実習、保健理療臨床実習、保健理療情報活用、課題研究

理療（上欄）

（下欄）医療と社会、人体の構造と機能、疾病の成り立ちと予防、生活と疾病、基礎理療学、臨床理療学、地域理療と理療経営、理療基礎実習、理療臨床実習、理療情報活用、課題研究

理学療法（上欄）

（下欄）人体の構造と機能、疾病と障害、保健・医療・福祉とリハビリテーション、基礎理学療法学、理学療法評価学、理学療法治療学、地域理学療法学、臨床実習、理学療法情報活用、課題研究

（二）　聴覚障害者である生徒に対する教育を行う特別支援学校の主として専門学科において開設される各教科

各教科（上欄）

各教科に属する科目（下欄）

印刷（上欄）

（下欄）印刷概論、写真製版、印刷機械・材料、印刷デザイン、写真化学・光学、文書処理・管理、印刷情報技術基礎、画像技術、印刷総合実習、課題研究

理容・美容（上欄）

（下欄）理容・美容関係法規、衛生管理、理容・美容保健、理容・美容の物理・化学、理容・美容文化論、理容・美容技術理論、理容・美容運営管理、理容実習、理容・美容情報活用、課題研究

クリーニング（上欄）

（下欄）クリーニング関係法規、公衆衛生、クリーニング理論、繊維、クリーニング機器・装置、クリーニング実習、課題研究

歯科技工（上欄）

（下欄）歯科技工関係法規、歯科技工学概論、歯科理工学、歯の解剖学、顎口腔機能学、有床義歯技工学、歯冠修復技工学、矯正歯科技工学、小児歯科技工学、歯科技工実習、歯科技工情報活用、課題研究

備考

一　（一）及び（二）の表の上欄に掲げる各教科について、それぞれの表の下欄に掲げる各教科に属する科目以外の科目を設けることができる。

二　（一）及び（二）の表の上欄に掲げる各教科以外の教科及び当該教科に関する科目を設けることができる。

学校保健安全法

１９５８（昭和33）年４月10日法律第56号
最終改正：２００８（平成20）年６月18日法律第73号

第一章　総則

（目的）
第一条　この法律は、学校における児童生徒等及び職員の健康の保持増進を図るため、学校における保健管理に関し必要な事項を定めるとともに、学校における教育活動が安全な環境において実施され、児童生徒等の安全の確保が図られるよう、学校における安全管理に関し必要な事項を定め、もつて学校教育の円滑な実施とその成果の確保に資することを目的とする。

（定義）
第二条　この法律において「学校」とは、学校教育法（昭和二十二年法律第二十六号）第一条に規定する学校をいう。

２　この法律において「児童生徒等」とは、学校に在学する幼児、児童、生徒又は学生をいう。

（国及び地方公共団体の責務）
第三条　国及び地方公共団体は、相互に連携を図り、各学校において保健及び安全に係る取組が確実かつ効果的に実施されるようにするため、学校における保健及び安全に関する最新の知見及び事例を踏まえつつ、財政上の措置その他の必要な施策を講ずるものとする。

２　国は、各学校における安全に係る取組を総合的かつ効果的に推進するため、学校安全の推進に関する計画の策定その他所要の措置を講ずるものとする。

３　地方公共団体は、国が講ずる前項の措置に準じた措置を講ずるように努めなければならない。

第二章　学校保健

第一節　学校の管理運営等

（学校保健に関する学校の設置者の責務）
第四条　学校の設置者は、その設置する学校の児童生徒等及び職員の心身の健康の保持増進を図るため、当該学校の施設及び設備並びに管理運営体制の整備充実その他の必要な措置を講ずるよう努めるものとする。

（学校保健計画の策定等）
第五条　学校においては、児童生徒等及び職員の心身の健康の保持増進を図るため、児童生徒等及び職員の健康診断、環境衛生検査、児童生徒等に対する指導その他保健に関する事項について計画を策定し、これを実施しなければならない。

（学校環境衛生基準）
第六条　文部科学大臣は、学校における換気、採光、照明、保温、清潔保持その他環境衛生に係る事項（学校給食法（昭和二十九年法律第百六十号）第九条第一項（夜間課程を置く高等学校における学校給食に関する法律（昭和三十一年法律第百五十七号）第七条及び特別支援学校の幼稚部及び高等部における学校給食に関する法律（昭和三十二年法律第百十八号）第六条において準用する場合を含む。）に規定する事項を除く。）について、児童生徒等及び職員の健康を保護する上で維持されることが望ましい基準（以下この条において「学校環境衛生基準」という。）を定めるものとする。

２　学校の設置者は、学校環境衛生基準に照らしてその設置する学校の適切な環境の維持に努めなければならない。

３　校長は、学校環境衛生基準に照らし、学校の環境衛生に関し適正を欠く事項があると認めた場合には、遅滞なく、その改善のために必要な措置を講じ、又は当該措置を講ずることができないときは、当該学校の設置者に対し、その旨を申し出るものとする。

（保健室）

第七条　学校には、健康診断、健康相談、保健指導、救急処置その他の保健に関する措置を行うため、保健室を設けるものとする。

第二節　健康相談等

（健康相談）

第八条　学校においては、児童生徒等の心身の健康に関し、健康相談を行うものとする。

（保健指導）

第九条　養護教諭その他の職員は、相互に連携して、健康相談又は児童生徒等の健康状態の日常的な観察により、児童生徒等の心身の状況を把握し、健康上の問題があると認めるときは、遅滞なく、当該児童生徒等に対して必要な指導を行うとともに、必要に応じ、その保護者（学校教育法第十六条に規定する保護者をいう。第二十四条及び第三十条において同じ。）に対して必要な助言を行うものとする。

（地域の医療機関等との連携）

第十条　学校においては、救急処置、健康相談又は保健指導を行うに当たつては、必要に応じ、当該学校の所在する地域の医療機関その他の関係機関との連携を図るよう努めるものとする。

第三節　健康診断

（就学時の健康診断）

第十一条　市（特別区を含む。以下同じ。）町村の教育委員会は、学校教育法第十七条第一項の規定により翌学年の初めから同項に規定する学校に就学させるべき者で、当該市町村の区域内に住所を有するものの就学に当たつて、その健康診断を行わなければならない。

第十二条　市町村の教育委員会は、前条の健康診断の結果に基づき、治療を勧告し、保健上必要な助言を行い、及び学校教育法第十七条第一項に規定する義務の猶予若しくは免除又は特別支援学校への就学に関し指導を行う等適切な措置をとらなければならない。

（児童生徒等の健康診断）

第十三条　学校においては、毎学年定期に、児童生徒等（通信による教育を受ける学生を除く。）の健康診断を行わなければならない。

2　学校においては、必要があるときは、臨時に、児童生徒等の健康診断を行うものとする。

第十四条　学校においては、前条の健康診断の結果に基づき、疾病の予防処置を行い、又は治療を指示し、並びに運動及び作業を軽減する等適切な措置をとらなければならない。

（職員の健康診断）

第十五条　学校の設置者は、毎学年定期に、学校の職員の健康診断を行わなければならない。

2　学校の設置者は、必要があるときは、臨時に、学校の職員の健康診断を行うものとする。

第十六条　学校の設置者は、前条の健康診断の結果に基づき、治療を指示し、及び勤務を軽減する等適切な措置をとらなければならない。

（健康診断の方法及び技術的基準等）

第十七条　健康診断の方法及び技術的基準については、文部科学省令で定める。

2　第十一条から前条までに定めるもののほか、健康診断の時期及び検査の項目その他健康診断に関し必要な事項は、前項に規定するものを除き、第十一条の健康診断に関するものについては政令で、第十三条及び第十五条の健康診断に関するものについては文部科学省令で定める。

3　前二項の文部科学省令は、健康増進法（平成十四年法律第百三号）第九条第一項に規定する健康診査等指針と調和が保たれたものでなければならない。

（保健所との連絡）

第十八条　学校の設置者は、この法律の規定による健康診断を行おうとする場合その他政令で定める場合においては、保健所と連絡するものとする。

第四節　感染症の予防

（出席停止）
第十九条　校長は、感染症にかかつており、かかつている疑いがあり、又はかかるおそれのある児童生徒等があるときは、政令で定めるところにより、出席を停止させることができる。

（臨時休業）
第二十条　学校の設置者は、感染症の予防上必要があるときは、臨時に、学校の全部又は一部の休業を行うことができる。

（文部科学省令への委任）
第二十一条　前二条（第十九条の規定に基づく政令を含む。）及び感染症の予防及び感染症の患者に対する医療に関する法律（平成十年法律第百十四号）その他感染症の予防に関して規定する法律（これらの法律に基づく命令を含む。）に定めるもののほか、学校における感染症の予防に関し必要な事項は、文部科学省令で定める。

第五節　学校保健技師並びに学校医、学校歯科医及び学校薬剤師

（学校保健技師）
第二十二条　都道府県の教育委員会の事務局に、学校保健技師を置くことができる。
2　学校保健技師は、学校における保健管理に関する専門的事項について学識経験がある者でなければならない。
3　学校保健技師は、上司の命を受け、学校における保健管理に関し、専門的技術的指導及び技術に従事する。

（学校医、学校歯科医及び学校薬剤師）
第二十三条　学校には、学校医を置くものとする。
2　大学以外の学校には、学校歯科医及び学校薬剤師を置くものとする。
3　学校医、学校歯科医及び学校薬剤師は、それぞれ医師、歯科医師又は薬剤師のうちから、任命し、又は委嘱する。
4　学校医、学校歯科医及び学校薬剤師は、学校における保健管理に関する専門的事項に関し、技術及び指導に従事する。
5　学校医、学校歯科医及び学校薬剤師の職務執行の準則は、文部科学省令で定める。

第六節　地方公共団体の援助及び国の補助

（地方公共団体の援助）
第二十四条　地方公共団体は、その設置する小学校、中学校、中等教育学校の前期課程又は特別支援学校の小学部若しくは中学部の児童又は生徒が、感染性又は学習に支障を生ずるおそれのある疾病で政令で定めるものにかかり、学校において治療の指示を受けたときは、当該児童又は生徒の保護者で次の各号のいずれかに該当するものに対して、その疾病の治療のための医療に要する費用について必要な援助を行うものとする。
一　生活保護法（昭和二十五年法律第百四十四号）第六条第二項に規定する要保護者
二　生活保護法第六条第二項に規定する要保護者に準ずる程度に困窮している者で政令で定めるもの

（国の補助）
第二十五条　国は、地方公共団体が前条の規定により同条第一号に掲げる者に対して援助を行う場合には、予算の範囲内において、その援助に要する経費の一部を補助することができる。
2　前項の規定により国が補助を行う場合の補助の基準については、政令で定める。

第三章　学校安全

（学校安全に関する学校の設置者の責務）
第二十六条　学校の設置者は、児童生徒等の安全の確保を図るため、その設置する学校において、事故、加害行為、災害等（以下この条及び第二十九条第三項において「事故等」という。）により児童生徒等に生ずる危険を防

止し、及び事故等により児童生徒等に危険又は危害が現に生じた場合（同条第一項及び第二項において「危険等発生時」という。）において適切に対処することができるよう、当該学校の施設及び設備並びに管理運営体制の整備充実その他の必要な措置を講ずるよう努めるものとする。

（学校安全計画の策定等）

第二十七条　学校においては、児童生徒等の安全の確保を図るため、当該学校の施設及び設備の安全点検、児童生徒等に対する通学を含めた学校生活その他の日常生活における安全に関する指導、職員の研修その他学校における安全に関する事項について計画を策定し、これを実施しなければならない。

（学校環境の安全の確保）

第二十八条　校長は、当該学校の施設又は設備について、児童生徒等の安全の確保を図る上で支障となる事項があると認めた場合には、遅滞なく、その改善を図るために必要な措置を講じ、又は当該措置を講ずることができないときは、当該学校の設置者に対し、その旨を申し出るものとする。

（危険等発生時対処要領の作成等）

第二十九条　学校においては、児童生徒等の安全の確保を図るため、当該学校の実情に応じて、危険等発生時において当該学校の職員がとるべき措置の具体的内容及び手順を定めた対処要領（次項において「危険等発生時対処要領」という。）を作成するものとする。

2　校長は、危険等発生時対処要領の職員に対する周知、訓練の実施その他の危険等発生時において職員が適切に対処するために必要な措置を講ずるものとする。

3　学校においては、事故等により児童生徒等に危害が生じた場合において、当該児童生徒等及び当該事故等により心理的外傷その他の心身の健康に対する影響を受けた児童生徒等その他の関係者の心身の健康を回復させるため、これらの者に対して必要な支援を行うものとする。この場合においては、第十条の規定を準用する。

（地域の関係機関等との連携）

第三十条　学校においては、児童生徒等の安全の確保を図るため、児童生徒等の保護者との連携を図るとともに、当該学校が所在する地域の実情に応じて、当該地域を管轄する警察署その他の関係機関、地域の安全を確保するための活動を行う団体その他の関係団体、当該地域の住民その他の関係者との連携を図るよう努めるものとする。

第四章　雑則

（学校の設置者の事務の委任）

第三十一条　学校の設置者は、他の法律に特別の定めがある場合のほか、この法律に基づき処理すべき事務を校長に委任することができる。

（専修学校の保健管理等）

第三十二条　専修学校には、保健管理に関する専門的事項に関し、技術及び指導を行う医師を置くように努めなければならない。

2　専修学校には、健康診断、健康相談、保健指導、救急処置等を行うため、保健室を設けるように努めなければならない。

3　第三条から第六条まで、第八条から第十条まで、第十三条から第二十一条まで及び第二十六条から前条までの規定は、専修学校に準用する。

附　則（平成20年6月18日法律第73号）　抄

（施行期日）

第一条　この法律は、平成二十一年四月一日から施行する。

（検討）

第二条　政府は、この法律の施行後五年を経過した場合において、この法律による改正後の規定の施行の状況について検討を加え、必要があると認めるときは、その結果に基づいて所要の措置を講ずるものとする。

学校保健安全法施行令

１９５８（昭和33）年６月10日政令第174号
最終改正：２００９（平成21）年３月25日政令第53号

内閣は、学校保健法（昭和三十三年法律第五十六号）第十条第二項、第十二条、第十七条、第十八条第三項及び第二十条の規定に基き、この政令を制定する。

（目的）
第一条　（就学時の健康診断の時期）学校保健安全法（昭和三十三年法律第五十六号。以下「法」という。）第十一条の健康診断（以下「就学時の健康診断」という。）は、学校教育法施行令（昭和二十八年政令第三百四十号）第二条の規定により学齢簿が作成された後翌学年の初めから四月前（同令第五条、第七条、第十一条、第十四条、第十五条及び第十八条の二に規定する就学に関する手続の実施に支障がない場合にあつては、三月前）までの間に行うものとする。

2　前項の規定にかかわらず、市町村の教育委員会は、同項の規定により定めた就学時の健康診断の実施日の翌日以後に当該市町村の教育委員会が作成した学齢簿に新たに就学予定者（学校教育法施行令第五条第一項に規定する就学予定者をいう。以下この項において同じ。）が記載された場合において、当該就学予定者が他の市町村の教育委員会が行う就学時の健康診断を受けていないときは、当該就学予定者について、速やかに就学時の健康診断を行うものとする。

（検査の項目）
第二条　就学時の健康診断における検査の項目は、次のとおりとする。

一　栄養状態
二　脊柱及び胸郭の疾病及び異常の有無
三　視力及び聴力
四　眼の疾病及び異常の有無
五　耳鼻咽頭疾患及び皮膚疾患の有無
六　歯及び口腔の疾病及び異常の有無
七　その他の疾病及び異常の有無

（保護者への通知）
第三条　市（特別区を含む。以下同じ。）町村の教育委員会は、就学時の健康診断を行うに当たつて、あらかじめ、その日時、場所及び実施の要領等を法第十一条に規定する者の学校教育法（昭和二十二年法律第二十六号）第十六条に規定する保護者（以下「保護者」という。）に通知しなければならない。

（就学時健康診断票）
第四条　市町村の教育委員会は、就学時の健康診断を行つたときは、文部科学省令で定める様式により、就学時健康診断票を作成しなければならない。

2　市町村の教育委員会は、翌学年の初めから十五日前までに、就学時健康診断票を就学時の健康診断を受けた者の入学する学校の校長に送付しなければならない。

（保健所と連絡すべき場合）
第五条　法第十八条の政令で定める場合は、次に掲げる場合とする。

一　法第十九条の規定による出席停止が行われた場合
二　法第二十条の規定による学校の休業を行つた場合

（出席停止の指示）
第六条　校長は、法第十九条の規定により出席を停止させようとするときは、その理由及び期間を明らかにして、幼児、児童又は生徒（高等学校（中等教育学校の後期課程及び特別支援学校の高等部を含む。以下同じ。）の生徒を除く。）にあつてはその保護者に、高等学校の生徒又は学生にあつては当該生徒又は学生にこれを指示しなければならない。

2　出席停止の期間は、感染症の種類等に応じて、文部科学省令で定める基準による。

（出席停止の報告）
第七条　校長は、前条第一項の規定による指示をしたときは、文部科学省令で定めるところにより、その旨を学校の設置者に報告しなければならない。

（感染性又は学習に支障を生ずるおそれのある疾病）
第八条　法第二十四条の政令で定める疾病は、次に掲げるものとする。
一　トラコーマ及び結膜炎
二　白癬、疥癬及び膿痂疹
三　中耳炎
四　慢性副鼻腔炎及びアデノイド
五　齲歯
六　寄生虫病（虫卵保有を含む。）

（要保護者に準ずる程度に困窮している者）
第九条　法第二十四条第二号の政令で定める者は、当該義務教育諸学校（小学校、中学校、中等教育学校の前期課程又は特別支援学校の小学部若しくは中学部をいう。）を設置する地方公共団体の教育委員会が、生活保護法（昭和二十五年法律第百四十四号）第六条第二項に規定する要保護者（以下「要保護者」という。）に準ずる程度に困窮していると認める者とする。

2　教育委員会は、前項に規定する認定を行うため必要があるときは、社会福祉法（昭和二十六年法律第四十五号）に定める福祉に関する事務所の長及び民生委員法（昭和二十三年法律第百九十八号）に定める民生委員に対して、助言を求めることができる。

（補助の基準）
第十条　法第二十五条第一項の規定による国の補助は、法第二十四条の規定による同条第一号に掲げる者に対する援助に要する経費の額の二分の一について行うものとする。ただし、小学校及び中学校並びに中等教育学校の前期課程又は特別支援学校の小学部及び中学部の別により、文部科学大臣が毎年度定める児童及び生徒一人一疾病当たりの医療費の平均額に、都道府県に係る場合にあつては次項の規定により文部科学大臣が当該都道府県に配分した児童及び生徒の被患者の延数をそれぞれ乗じて得た額、市町村に係る場合にあつては第三項の規定により都道府県の教育委員会が当該市町村に配分した児童及び生徒の被患者の延数をそれぞれ乗じて得た額の二分の一を限度とする。

2　文部科学大臣は、毎年度、別表イに掲げる算式により算定した小学校及び中学校並びに中等教育学校の前期課程又は特別支援学校の小学部及び中学部の児童及び生徒の被患者の延数を各都道府県に配分し、その配分した数を各都道府県の教育委員会に通知しなければならない。

3　都道府県の教育委員会は、文部科学省令で定めるところにより、毎年度、文部科学大臣が、別表ロに掲げる算式により算定した小学校及び中学校並びに中等教育学校の前期課程又は特別支援学校の小学部及び中学部の児童及び生徒の被患者の延数を基準として各都道府県ごとに定めた児童及び生徒の被患者の延数を、各市町村立の小学校及び中学校並びに中等教育学校の前期課程又は特別支援学校の小学部及び中学部の児童及び生徒のうち教育扶助を受けている者の数を勘案して、各市町村に配分し、その配分した数を文部科学大臣及び各市町村の教育委員会に通知しなければならない。

4　前項の規定により都道府県が処理することとされている事務は、地方自治法（昭和二十二年法律第六十七号）第二条第九項第一号に規定する第一号法定受託事務とする。

（専修学校への準用）
第十一条　第五条から第七条までの規定は、法第三十二条第三項において法第十八条及び第十九条の規定を専修学校に準用する場合について準用する。この場合において、第五条第二号中「法第二十条」とあるのは「法第三十二条第三項において準用する法第二十条」と、第六条第一項中「幼児、児童又は生徒（高等学校（中等教育学校の後期課程及び特別支援学校の高等部を含む。以下同じ。）の生徒を除く。）にあつてはその保護者に、高等学校の生徒又は学生にあつては当該生徒又は学生」とあるのは「生徒」と読み替えるものとする。

附　則（平成21年3月25日政令第53号）　抄

（施行期日）

1　この政令は、平成二十一年四月一日から施行する。

別表（第十条関係）　略

学校保健安全法施行規則

１９５８（昭和33）年6月13日文部省令第18号
最終改正：２０１５（平成27）年1月20日文部科学省令第1号
（最終改正までの未施行法令）
２０１４（平成26）年4月30日文部科学省令第21号（一部未施行）
２０１４（平成26）年7月2日内閣府・文部科学省・厚生労働省令第2号（未施行）
２０１５（平成27）年1月二十日文部科学省令第1号（一部未施行）

学校保健法（昭和三十三年法律第五十六号）第十条、第十四条及び第十六条第五項並びに学校保健法施行令（昭和三十三年政令第百七十四号）第四条第一項、第五条第二項、第六条及び第九条第三項の規定に基き、及び同法の規定を実施するため、学校保健法施行規則を次のように定める。

第一章　環境衛生検査等

（環境衛生検査）

第一条　学校保健安全法（昭和三十三年法律第五十六号。以下「法」という。）第五条の環境衛生検査は、他の法令に基づくもののほか、毎学年定期に、法第六条に規定する学校環境衛生基準に基づき行わなければならない。

2　学校においては、必要があるときは、臨時に、環境衛生検査を行うものとする。

（日常における環境衛生）

第二条　学校においては、前条の環境衛生検査のほか、日常的な点検を行い、環境衛生の維持又は改善を図らなければならない。

第二章　健康診断

第一節　就学時の健康診断

（方法及び技術的基準）

第三条　法第十一条の健康診断の方法及び技術的基準は、次の各号に掲げる検査の項目につき、当該各号に定めるとおりとする。

一　栄養状態は、皮膚の色沢、皮下脂肪の充実、筋骨の発達、貧血の有無等について検査し、栄養不良又は肥満傾向で特に注意を要する者の発見につとめる。

二　脊柱の疾病及び異常の有無は、形態等について検査し、側わん症等に注意する。

三　胸郭の異常の有無は、形態及び発育について検査する。

四　視力は、国際標準に準拠した視力表を用いて左右各別に裸眼視力を検査し、眼鏡を使用している者については、当該眼鏡を使用している場合の矯正視力についても検査する。

五　聴力は、オージオメータを用いて検査し、左右各別に聴力障害の有無を明らかにする。

六　眼の疾病及び異常の有無は、感染性眼疾患その他の外眼部疾患及び眼位の異常等に注意する。

七　耳鼻咽頭疾患の有無は、耳疾患、鼻・副鼻腔疾患、口腔咽喉頭疾患及び音声言語異常等に注意する。

八　皮膚疾患の有無は、感染性皮膚疾患、アレルギー疾患等による皮膚の状態に注意する。

九　歯及び口腔の疾病及び異常の有無は、齲歯、歯周疾患、不正咬合その他の疾病及び異常について検査する。

十　その他の疾病及び異常の有無は、知能及び呼吸器、循環器、消化器、神経系等について検査するものとし、知能については適切な検査によつて知的障害の発見につとめ、呼吸器、循環器、消化器、神経系等については臨床医学的検査その他の検査によつて結核疾患、心臓疾患、腎臓疾患、ヘルニア、言語障害、精神神経症その他の精神障害、骨、関節の異常及び四肢運動障害等の発見につとめる。

（就学時健康診断票）

第四条　学校保健安全法施行令（昭和三十三年政令第百七十四号。以下「令」という。）第四条第一項に規定する就学時健康診断票の様式は、第一号様式とする。

第二節　児童生徒等の健康診断

（時期）

第五条　法第十三条第一項の健康診断は、毎学年、六月三十日までに行うものとする。ただし、疾病その他やむを得ない事由によつて当該期日に健康診断を受けることのできなかつた者に対しては、その事由のなくなつた後すみやかに健康診断を行うものとする。

2　第一項の健康診断における結核の有無の検査において結核発病のおそれがあると診断された者（第六条第三項第四号に該当する者に限る。）については、おおむね六か月の後に再度結核の有無の検査を行うものとする。

（検査の項目）

第六条　法第十三条第一項の健康診断における検査の項目は、次のとおりとする。

一　身長、体重及び座高

二　栄養状態

三　脊柱及び胸郭の疾病及び異常の有無

四　視力及び聴力

五　眼の疾病及び異常の有無

六　耳鼻咽頭疾患及び皮膚疾患の有無

七　歯及び口腔の疾病及び異常の有無

八　結核の有無

九　心臓の疾病及び異常の有無

十　尿

十一　寄生虫卵の有無

十二　その他の疾病及び異常の有無

2　前項各号に掲げるもののほか、胸囲及び肺活量、背筋力、握力等の機能を、検査の項目に加えることができる。

3　第一項第八号に掲げるものの検査は、次の各号に掲げる学年において行うものとする。

一　小学校（特別支援学校の小学部を含む。以下この条、第七条第六項及び第十一条において同じ。）の全学年

二　中学校（中等教育学校の前期課程及び特別支援学校の中学部を含む。以下この条及び第七条第六項において同じ。）の全学年

三　高等学校（中等教育学校の後期課程及び特別支援学校の高等部を含む。以下この条及び第七条第六項において同じ。）及び高等専門学校の第一学年

四　大学の第一学年

4　第一項各号に掲げる検査の項目のうち、小学校の第四学年及び第六学年、中学校及び高

等学校の第二学年並びに高等専門学校の第二学年及び第四学年においては第四号に掲げるもののうち聴力を、小学校の第四学年以上の学年並びに中学校、高等学校及び高等専門学校の全学年においては第十一号に掲げるものを、大学においては第一号、第三号、第四号、第七号、第十号及び第十一号に掲げるもの（第一号にあつては、座高に限る。）を、それぞれ検査の項目から除くことができる。

（方法及び技術的基準）

第七条　法第十三条第一項の健康診断の方法及び技術的基準については、次項から第九項までに定めるもののほか、第三条の規定（同条第十号中知能に関する部分を除く。）を準用する。この場合において、同条第四号中「検査する。」とあるのは「検査する。ただし、眼鏡を使用している者の裸眼視力の検査はこれを除くことができる。」と読み替えるものとする。

2　前条第一項第一号の身長は、たび、靴下等を脱ぎ、両かかとを密接し、背、臀部及びかかとを身長計の尺柱に接して直立し、両上肢を体側に垂れ、頭部を正位に保たせて測定する。

3　前条第一項第一号の体重は、衣服を脱ぎ、体重計のはかり台の中央に静止させて測定する。ただし、衣服を着たまま測定したときは、その衣服の重量を控除する。

4　前条第一項第一号の座高は、背及び臀部を座高計の尺柱に接して腰掛に正座し、両上肢を体側に垂れ、頭部を正位に保たせて測定する。

5　前条第一項第八号の結核の有無は、問診、胸部エックス線検査、喀痰検査、聴診、打診その他必要な検査によつて検査するものとし、その技術的基準は、次の各号に定めるところとする。

一　前条第三項第一号又は第二号に該当する者に対しては、問診を行うものとする。

二　前条第三項第三号又は第四号に該当する者（結核患者及び結核発病のおそれがあると診断されている者を除く。）に対しては、胸部エックス線検査を行うものとする。

三　第一号の問診を踏まえて学校医その他の担当の医師において必要と認める者であつて、当該者の在学する学校の設置者において必要と認めるものに対しては、胸部エックス線検査、喀痰検査その他の必要な検査を行うものとする。

四　第二号の胸部エックス線検査によつて病変の発見された者及びその疑いのある者、結核患者並びに結核発病のおそれがあると診断されている者に対しては、胸部エックス線検査及び喀痰検査を行い、更に必要に応じ聴診、打診その他必要な検査を行う。

6　前条第一項第九号の心臓の疾病及び異常の有無は、心電図検査その他の臨床医学的検査によつて検査するものとする。ただし、幼稚園（特別支援学校の幼稚部を含む。以下この条において同じ。）の全幼児、小学校の第二学年以上の児童、中学校及び高等学校の第二学年以上の生徒、高等専門学校の第二学年以上の学生並びに大学の全学生については、心電図検査を除くことができる。

7　前条第一項第十号の尿は、尿中の蛋白、糖等について試験紙法により検査する。ただし、幼稚園においては、糖の検査を除くことができる。

8　前条第一項第十一号の寄生虫卵の有無は、直接塗沫法によつて検査するものとし、特に十二指腸虫卵又は蟯虫卵の有無の検査を行う場合は、十二指腸虫卵にあつては集卵法により、蟯虫卵にあつてはセロハンテープ法によるものとする。

9　身体計測、視力及び聴力の検査、問診、胸部エックス線検査、尿の検査、寄生虫卵の有無の検査その他の予診的事項に属する検査は、学校医又は学校歯科医による診断の前に実施するものとし、学校医又は学校歯科医は、それらの検査の結果及び第十一条の保健調査を活用して診断に当たるものとする。

（健康診断票）
第八条　学校においては、法第十三条第一項の健康診断を行つたときは、児童生徒等の健康診断票を作成しなければならない。
2　校長は、児童又は生徒が進学した場合においては、その作成に係る当該児童又は生徒の健康診断票を進学先の校長に送付しなければならない。
3　校長は、児童生徒等が転学した場合においては、その作成に係る当該児童生徒等の健康診断票を転学先の校長に送付しなければならない。
4　児童生徒等の健康診断票は、五年間保存しなければならない。ただし、第二項の規定により送付を受けた児童又は生徒の健康診断票は、当該健康診断票に係る児童又は生徒が進学前の学校を卒業した日から五年間とする。

（事後措置）
第九条　学校においては、法第十三条第一項の健康診断を行つたときは、二十一日以内にその結果を幼児、児童又は生徒にあつては当該幼児、児童又は生徒及びその保護者（学校教育法（昭和二十二年法律第二十六号）第十六条に規定する保護者をいう。）に、学生にあつては当該学生に通知するとともに、次の各号に定める基準により、法第十四条の措置をとらなければならない。
一　疾病の予防処置を行うこと。
二　必要な医療を受けるよう指示すること。
三　必要な検査、予防接種等を受けるよう指示すること。
四　療養のため必要な期間学校において学習しないよう指導すること。
五　特別支援学級への編入について指導及び助言を行うこと。
六　学習又は運動・作業の軽減、停止、変更等を行うこと。
七　修学旅行、対外運動競技等への参加を制限すること。
八　机又は腰掛の調整、座席の変更及び学級の編制の適正を図ること。
九　その他発育、健康状態等に応じて適当な保健指導を行うこと。
2　前項の場合において、結核の有無の検査の結果に基づく措置については、当該健康診断に当たつた学校医その他の医師が別表第一に定める生活規正の面及び医療の面の区分を組み合わせて決定する指導区分に基づいて、とるものとする。

（臨時の健康診断）
第十条　法第十三条第二項の健康診断は、次に掲げるような場合で必要があるときに、必要な検査の項目について行うものとする。
一　感染症又は食中毒の発生したとき。
二　風水害等により感染症の発生のおそれのあるとき。
三　夏季における休業日の直前又は直後
四　結核、寄生虫病その他の疾病の有無について検査を行う必要のあるとき。
五　卒業のとき。

（保健調査）
第十一条　法第十三条の健康診断を的確かつ円滑に実施するため、当該健康診断を行うに当たつては、小学校においては入学時及び必要と認めるとき、小学校以外の学校においては必要と認めるときに、あらかじめ児童生徒等の発育、健康状態等に関する調査を行うものとする。

第三節　職員の健康診断

（時期）
第十二条　法第十五条第一項の健康診断の時期については、第五条の規定を準用する。この場合において、同条第一項中「六月三十日までに」とあるのは、「学校の設置者が定める適切な時期に」と読み替えるものとする。

（検査の項目）
第十三条　法第十五条第一項の健康診断における検査の項目は、次のとおりとする。
一　身長、体重及び腹囲
二　視力及び聴力

三　結核の有無
四　血圧
五　尿
六　胃の疾病及び異常の有無
七　貧血検査
八　肝機能検査
九　血中脂質検査
十　血糖検査
十一　心電図検査
十二　その他の疾病及び異常の有無

2　妊娠中の女性職員においては、前項第六号に掲げる検査の項目を除くものとする。

3　第一項各号に掲げる検査の項目のうち、二十歳以上の職員においては第一号の身長を、三十五歳未満の職員及び三十六歳以上四十歳未満の職員、妊娠中の女性職員その他の職員であつて腹囲が内臓脂肪の蓄積を反映していないと診断されたもの、ＢＭＩ（次の算式により算出した値をいう。以下同じ。）が二十未満である職員並びに自ら腹囲を測定し、その値を申告した職員（ＢＭＩが二十二未満である職員に限る。）においては第一号の腹囲を、二十歳未満の職員、二十一歳以上二十五歳未満の職員、二十六歳以上三十歳未満の職員、三十一歳以上三十五歳未満の職員又は三十六歳以上四十歳未満の職員であつて感染症の予防及び感染症の患者に対する医療に関する法律施行令（平成十年政令第四百二十号）第十二条第一項第一号又はじん肺法（昭和三十五年法律第三十号）第八条第一項第一号若しくは第三号に掲げる者に該当しないものにおいては第三号に掲げるものを、四十歳未満の職員においては第六号に掲げるものを、三十五歳未満の職員及び三十六歳以上四十歳未満の職員においては第七号から第十一号に掲げるものを、それぞれ検査の項目から除くことができる。

ＢＭＩ＝体重（ｋｇ）／身長（ｍ）^{2}

（方法及び技術的基準）

第十四条　法第十五条第一項の健康診断の方法及び技術的基準については、次項から第九項までに定めるもののほか、第三条（同条第十号中知能に関する部分を除く。）の規定を準用する。

2　前条第一項第二号の聴力は、千ヘルツ及び四千ヘルツの音に係る検査を行う。ただし、四十五歳未満の職員（三十五歳及び四十歳の職員を除く。）においては、医師が適当と認める方法によつて行うことができる。

3　前条第一項第三号の結核の有無は、胸部エックス線検査により検査するものとし、胸部エックス線検査によつて病変の発見された者及びその疑いのある者、結核患者並びに結核発病のおそれがあると診断されている者に対しては、胸部エックス線検査及び喀痰検査を行い、更に必要に応じ聴診、打診その他必要な検査を行う。

4　前条第一項第四号の血圧は、血圧計を用いて測定するものとする。

5　前条第一項第五号の尿は、尿中の蛋白及び糖について試験紙法により検査する。

6　前条第一項第六号の胃の疾病及び異常の有無は、胃部エックス線検査その他の医師が適当と認める方法により検査するものとし、癌その他の疾病及び異常の発見に努める。

7　前条第一項第七号の貧血検査は、血色素量及び赤血球数の検査を行う。

8　前条第一項第八号の肝機能検査は、血清グルタミックオキサロアセチックトランスアミナーゼ（ＧＯＴ）、血清グルタミックピルビックトランスアミナーゼ（ＧＰＴ）及びガンマ―グルタミルトランスペプチダーゼ（γ―ＧＴＰ）の検査を行う。

9　前条第一項第九号の血中脂質検査は、低比重リポ蛋白コレステロール（ＬＤＬコレステロール）、高比重リポ蛋白コレステロール（ＨＤＬコレステロール）及び血清トリグリセライドの量の検査を行う。

（健康診断票）

第十五条　学校の設置者は、法第十五条第一項の健康診断を行つたときは、第二号様式によつて、職員健康診断票を作成しなければならない。

2　学校の設置者は、当該学校の職員がその管理する学校から他の学校へ移つた場合においては、その作成に係る当該職員の健康診断票を異動後の学校の設置者へ送付しなければならない。

3　職員健康診断票は、五年間保存しなければならない。

（事後措置）

第十六条　法第十五条第一項の健康診断に当たつた医師は、健康に異常があると認めた職員については、検査の結果を総合し、かつ、その職員の職務内容及び勤務の強度を考慮して、別表第二に定める生活規正の面及び医療の面の区分を組み合わせて指導区分を決定するものとする。

2　学校の設置者は、前項の規定により医師が行つた指導区分に基づき、次の基準により、法第十六条の措置をとらなければならない。

「A」　休暇又は休職等の方法で療養のため必要な期間勤務させないこと。

「B」　勤務場所又は職務の変更、休暇による勤務時間の短縮等の方法で勤務を軽減し、かつ、深夜勤務、超過勤務、休日勤務及び宿日直勤務をさせないこと。

「C」　超過勤務、休日勤務及び宿日直勤務をさせないか又はこれらの勤務を制限すること。

「D」　勤務に制限を加えないこと。

「1」　必要な医療を受けるよう指示すること。

「2」　必要な検査、予防接種等を受けるよう指示すること。

「3」　医療又は検査等の措置を必要としないこと。

（臨時の健康診断）

第十七条　法第十五条第二項の健康診断については、第十条の規定を準用する。

別表第一（省略）

（以下略）

附則（平成26年4月30日文部科学省令第21号）

この省令は、平成二十八年四月一日から施行する。ただし、第十四条第四項及び第六項並びに第一号様式の改正規定は、公布の日から施行する。

附則（平成27年1月20日文部科学省令第1号）

この省令は、平成二十七年一月二十一日から施行する。ただし、第一号様式の改正規定は、同年四月一日から施行する。

附則（平成26年7月2日内閣府・文部科学省・厚生労働省令第2号）抄

（施行期日）

第一条　この命令は、就学前の子どもに関する教育、保育等の総合的な提供の推進に関する法律の一部を改正する法律（以下「一部改正法」という。）の施行の日から施行する。

障害のある児童及び生徒のための教科用特定図書等の普及の促進等に関する法律

（平成二十年六月十八日法律第八十一号）

第一章　総則

（目的）

第一条　この法律は、教育の機会均等の趣旨にのっとり、障害のある児童及び生徒のための教科用特定図書等の発行の促進を図るとともに、その使用の支援について必要な措置を講ずること等により、教科用特定図書等の普及の促進等を図り、もって障害その他の特性の有無にかかわらず児童及び生徒が十分な教育を受けることができる学校教育の推進に資することを目的とする。

（定義）

第二条　この法律において「教科用特定図書等」とは、視覚障害のある児童及び生徒の学習の用に供するため文字、図形等を拡大して検定教科用図書等を複製した図書（以下「教科用拡大図書」という。）、点字により検定教科用図書等を複製した図書その他障害のある児童及び生徒の学習の用に供するため作成した教材であって検定教科用図書等に代えて使用し得るものをいう。

2　この法律において「検定教科用図書等」とは、学校教育法（昭和二十二年法律第二十六号）第三十四条第一項（同法第四十九条、第六十二条及び第七十条第一項において準用する場合を含む。）に規定する教科用図書をいう。

3　この法律において「発行」とは、図書その他の教材を製造供給することをいう。

4　この法律において「教科用図書発行者」とは、検定教科用図書等の発行を担当する者であって、教科書の発行に関する臨時措置法（昭和二十三年法律第百三十二号）第八条の発行の指示を承諾したものをいう。

5　この法律において「電磁的記録」とは、電子的方式、磁気的方式その他人の知覚によっては認識することができない方式で作られる記録であって、電子計算機による情報処理の用に供されるものをいう。

（国の責務）

第三条　国は、児童及び生徒が障害その他の特性の有無にかかわらず十分な教育を受けることができるよう、教科用特定図書等の供給の促進並びに児童及び生徒への給与その他教科用特定図書等の普及の促進等のために必要な措置を講じなければならない。

（教科用図書発行者の責務）

第四条　教科用図書発行者は、児童及び生徒が障害その他の特性の有無にかかわらず十分な教育を受けることができるよう、その発行をする検定教科用図書等について、適切な配慮をするよう努めるものとする。

第二章　教科用特定図書等の発行の促進等

（教科用図書発行者による電磁的記録の提供等）

第五条　教科用図書発行者は、文部科学省令で定めるところにより、その発行をする検定教科用図書等に係る電磁的記録を文部科学大臣又は当該電磁的記録を教科用特定図書等の発行をする者に適切に提供することができる者として文部科学大臣が指定する者（次項において「文部科学大臣等」という。）に提供しなければならない。

2　教科用図書発行者から前項の規定による電磁的記録の提供を受けた文部科学大臣等は、文部科学省令で定めるところにより、教科用特定図書等の発行をする者に対して、その発行に必要な電磁的記録の提供を行うことができる。

3　国は、教科用図書発行者による検定教科用図書等に係る電磁的記録の提供の方法及び当該電磁的記録の教科用特定図書等の作成への活用に関して、助言その他の必要な援助を行うものとする。

（教科用特定図書等の標準的な規格の策定等）

第六条　文部科学大臣は、教科用拡大図書その他教科用特定図書等のうち必要と認められるものについて標準的な規格を定め、これを公表しなければならない。

2　教科用図書発行者は、指定種目（検定教科用図書等の教科ごとに分類された単位のうち文部科学大臣が指定するものをいう。次項において同じ。）の検定教科用図書等に係る標準教科用特定図書等（前項の規格に適合する教科用特定図書等をいう。以下同じ。）の発行に努めなければならない。

3　国は、教科用図書発行者による指定種目の検定教科用図書等に係る標準教科用特定図書等の発行に関して、助言その他の必要な援助を行うものとする。

（発達障害等のある児童及び生徒が使用する教科用特定図書等に関する調査研究等の推進）

第七条　国は、発達障害その他の障害のある児童及び生徒であって検定教科用図書等において一般的に使用される文字、図形等を認識することが困難なものが使用する教科用特定図書等の整備及び充実を図るため、必要な調査研究等を推進するものとする。

（障害その他の特性に適切な配慮がなされた検定教科用図書等の普及）

第八条　国は、障害その他の特性の有無にかかわらずできる限り多くの児童及び生徒が検定教科用図書等を使用して学習することができるよう適切な配慮がなされた検定教科用図書等の普及のために必要な措置を講ずるものとする。

第三章　小中学校及び高等学校における教科用特定図書等の使用の支援

（小中学校及び高等学校における教科用特定図書等の使用等）

第九条　小中学校（小学校及び中学校（中等教育学校の前期課程を含む。以下同じ。）をいい、学校教育法第八十一条第二項及び第三項に規定する特別支援学級（以下単に「特別支援学級」という。）を除く。以下同じ。）及び高等学校（中等教育学校の後期課程を含み、特別支援学級を除く。以下同じ。）においては、当該学校に在学する視覚障害その他の障害のある児童及び生徒が、その障害の状態に応じ、採択された検定教科用図書等に代えて、当該検定教科用図書等に係る教科用特定図書等を使用することができるよう、必要な配慮をしなければならない。

2　国及び地方公共団体は、前項の規定による配慮がなされるよう、発行が予定される教科用特定図書等に関する情報の収集及び提供その他の必要な措置を講ずるものとする。

（小中学校の設置者に対する教科用特定図書等の無償給付）

第十条　国は、毎年度、小中学校に在学する視覚障害その他の障害のある児童及び生徒が検定教科用図書等に代えて使用する教科用特定図書等を購入し、小中学校の設置者に無償で給付するものとする。

（契約の締結）

第十一条　文部科学大臣は、教科用特定図書等の発行をする者と、前条の規定により購入すべき教科用特定図書等を購入する旨の契約を締結するものとする。

（教科用特定図書等の給与）

第十二条　小中学校の設置者は、第十条の規定により国から無償で給付された教科用特定図書等を、それぞれ当該学校の校長を通じて、当該学校に在学する視覚障害その他の障害のある児童又は生徒に給与するものとする。

2　学年の中途において転学した視覚障害その他の障害のある児童又は生徒については、その転学後において使用する教科用特定図書等は、前項の規定にかかわらず、文部科学省令で定める場合を除き、給与しないものとする。

（都道府県の教育委員会の責務）

第十三条　都道府県の教育委員会は、政令で定めるところにより、教科用特定図書等の無償給付及び給与の実施に関し必要な事務を行うものとする。

（給付の完了の確認の時期の特例）

第十四条　第十一条の規定による契約に係る政府契約の支払遅延防止等に関する法律（昭和二十四年法律第二百五十六号）第四条第一号に掲げる時期については、同法第五条第一項中「十日以内の日」とあるのは、「二十日以内の日」と読み替えて同項の規定を適用する。

（政令への委任）

第十五条　第十条から前条までに規定するもののほか、教科用特定図書等の無償給付及び給与に関し必要な事項は、政令で定める。

第四章　標準教科用特定図書等の円滑な発行の確保

（標準教科用特定図書等の需要数の報告）

第十六条　市町村の教育委員会並びに学校教育法第二条第二項に規定する国立学校及び私立学校の長は、次に掲げる標準教科用特定図書等の需要数を、文部科学省令で定めるところにより、都道府県の教育委員会に報告しなければならない。

一　小中学校について採択された検定教科用図書等に係る標準教科用特定図書等であって、当該標準教科用特定図書等を使用する年度において発行が予定されているもののうち、小中学校に在学する視覚障害その他の障害のある児童及び生徒が当該検定教科用図書等に代えて使用するもの

二　特別支援学校の小学部及び中学部並びに小学校及び中学校に置かれる特別支援学級について学校教育法附則第九条に規定する教科用図書として採択された標準教科用特定図書等であって、当該標準教科用特定図書等を使用する年度において発行が予定されているもの

2　都道府県の教育委員会は、前項各号に掲げる標準教科用特定図書等の都道府県内の需要数を、文部科学省令で定めるところにより、文部科学大臣に報告しなければならない。

（標準教科用特定図書等の発行の通知等）

第十七条　文部科学大臣は、前条第二項の規定による報告に基づき、標準教科用特定図書等の発行を予定している者にその発行をすべき標準教科用特定図書等の種類及び部数を通知しなければならない。

2　文部科学大臣は、必要に応じ、前項の通知を受けた者に対し報告を求めることができる。

（事務の区分）

第十八条　第十六条第二項の規定により都道府県が処理することとされている事務及び同条第一項の規定により市町村が処理することとされている事務は、地方自治法（昭和二十二年法律第六十七号）第二条第九項第一号に規定する第一号法定受託事務とする。

附　則　抄

（施行期日）

第一条　この法律は、公布の日から起算して三月を超えない範囲内において政令で定める日から施行し、平成二十一年度において使用される検定教科用図書等及び教科用特定図書等から適用する。

（検討）

第二条　国は、高等学校において障害のある生徒が使用する教科用拡大図書等の普及の在り方並びに特別支援学校に就学する児童及び生徒について行う援助の在り方について検討を行い、その結果に基づいて所要の措置を講ずるものとする。

（罰則についての経過措置）

第五条　前条の規定の施行前にした行為に対する罰則の適用については、なお従前の例による。

特別支援教育の推進について（通知）

19文科初第125号
2007（平成19）年4月1日

各都道府県教育委員会教育長　殿
各指定都市教育委員会教育長　殿
各都道府県知事　殿
附属学校を置く各国立大学法人学長　殿

文部科学省初等中等教育局長
銭谷　眞美

文部科学省では、障害のある全ての幼児児童生徒の教育の一層の充実を図るため、学校における特別支援教育を推進しています。本通知は、本日付けをもって、特別支援教育が法的に位置付けられた改正学校教育法が施行されるに当たり、幼稚園、小学校、中学校、高等学校、中等教育学校及び特別支援学校（以下「各学校」という。）において行う特別支援教育について、下記により基本的な考え方、留意事項等をまとめて示すものです。

都道府県・指定都市教育委員会にあっては、所管の学校及び域内の市区町村教育委員会に対して、都道府県知事にあっては、所轄の学校及び学校法人に対して、国立大学法人にあっては、附属学校に対して、この通知の内容について周知を図るとともに、各学校において特別支援教育の一層の推進がなされるようご指導願います。

なお、本通知については、連携先の諸部局・機関への周知にもご配慮願います。

記

1．特別支援教育の理念

特別支援教育は、障害のある幼児児童生徒の自立や社会参加に向けた主体的な取組を支援するという視点に立ち、幼児児童生徒一人一人の教育的ニーズを把握し、その持てる力を高め、生活や学習上の困難を改善又は克服するため、適切な指導及び必要な支援を行うものである。

また、特別支援教育は、これまでの特殊教育の対象の障害だけでなく、知的な遅れのない発達障害も含めて、特別な支援を必要とする幼児児童生徒が在籍する全ての学校において実施されるものである。

さらに、特別支援教育は、障害のある幼児児童生徒への教育にとどまらず、障害の有無やその他の個々の違いを認識しつつ様々な人々が生き生きと活躍できる共生社会の形成の基礎となるものであり、我が国の現在及び将来の社会にとって重要な意味を持っている。

2．校長の責務

校長（園長を含む。以下同じ。）は、特別支援教育実施の責任者として、自らが特別支援教育や障害に関する認識を深めるとともに、リーダーシップを発揮しつつ、次に述べる体制の整備等を行い、組織として十分に機能するよう教職員を指導することが重要である。

また、校長は、特別支援教育に関する学校経営が特別な支援を必要とする幼児児童生徒の将来に大きな影響を及ぼすことを深く自覚し、常に認識を新たにして取り組んでいくことが重要である。

3．特別支援教育を行うための体制の整備及び必要な取組

特別支援教育を実施するため、各学校において次の体制の整備及び取組を行う必要がある。

（1）特別支援教育に関する校内委員会の設置

各学校においては、校長のリーダーシップの下、全校的な支援体制を確立し、発達障害を含む障害のある幼児児童生徒の実態把握や支援方策の検討等を行うため、校内に特別支援教育に関する委員会を設置する

こと。

委員会は、校長、教頭、特別支援教育コーディネーター、教務主任、生徒指導主事、通級指導教室担当教員、特別支援学級教員、養護教諭、対象の幼児児童生徒の学級担任、学年主任、その他必要と思われる者などで構成すること。

なお、特別支援学校においては、他の学校の支援も含めた組織的な対応が可能な体制づくりを進めること。

（2）実態把握

各学校においては、在籍する幼児児童生徒の実態の把握に努め、特別な支援を必要とする幼児児童生徒の存在や状態を確かめること。

さらに、特別な支援が必要と考えられる幼児児童生徒については、特別支援教育コーディネーター等と検討を行った上で、保護者の理解を得ることができるよう慎重に説明を行い、学校や家庭で必要な支援や配慮について、保護者と連携して検討を進めること。その際、実態によっては、医療的な対応が有効な場合もあるので、保護者と十分に話し合うこと。

特に幼稚園、小学校においては、発達障害等の障害は早期発見・早期支援が重要であることに留意し、実態把握や必要な支援を着実に行うこと。

（3）特別支援教育コーディネーターの指名

各学校の校長は、特別支援教育のコーディネーター的な役割を担う教員を「特別支援教育コーディネーター」に指名し、校務分掌に明確に位置付けること。

特別支援教育コーディネーターは、各学校における特別支援教育の推進のため、主に、校内委員会・校内研修の企画・運営、関係諸機関・学校との連絡・調整、保護者からの相談窓口などの役割を担うこと。

また、校長は、特別支援教育コーディネーターが、学校において組織的に機能するよう努めること。

（4）関係機関との連携を図った「個別の教育支援計画」の策定と活用

特別支援学校においては、長期的な視点に立ち、乳幼児期から学校卒業後まで一貫した教育的支援を行うため、医療、福祉、労働等の様々な側面からの取組を含めた「個別の教育支援計画」を活用した効果的な支援を進めること。

また、小・中学校等においても、必要に応じて、「個別の教育支援計画」を策定するなど、関係機関と連携を図った効果的な支援を進めること。

（5）「個別の指導計画」の作成

特別支援学校においては、幼児児童生徒の障害の重度・重複化、多様化等に対応した教育を一層進めるため、「個別の指導計画」を活用した一層の指導の充実を進めること。

また、小・中学校等においても、必要に応じて、「個別の指導計画」を作成するなど、一人一人に応じた教育を進めること。

（6）教員の専門性の向上

特別支援教育の推進のためには、教員の特別支援教育に関する専門性の向上が不可欠である。したがって、各学校は、校内での研修を実施したり、教員を校外での研修に参加させたりすることにより専門性の向上に努めること。

また、教員は、一定の研修を修了した後でも、より専門性の高い研修を受講したり、自ら最新の情報を収集したりするなどして、継続的に専門性の向上に努めること。

さらに、独立行政法人国立特別支援教育総合研究所が実施する各種指導者養成研修についても、活用されたいこと。

なお、教育委員会等が主催する研修等の実施に当たっては、国・私立学校関係者や保育所関係者も受講できるようにすることが望ましいこと。

4．特別支援学校における取組

（1）特別支援教育のさらなる推進

特別支援学校制度は、障害のある幼児児童生徒一人一人の教育的ニーズに応じた教育を実施するためのものであり、その趣旨からも、特別支援学校は、これまでの盲学校・聾学校・養護学校における特別支援教育の取組をさらに推進しつつ、様々な障害種に対応することができる体制づくりや、学校間の連携などを一層進めていくことが重要であること。

（2）地域における特別支援教育のセンター的機能

特別支援学校においては、これまで蓄積してきた専門的な知識や技能を生かし、地域における特別支援教育のセンターとしての機能の充実を図ること。

特に、幼稚園、小学校、中学校、高等学校及び中等教育学校の要請に応じて、発達障害を含む障害のある幼児児童生徒のための個別の指導計画の作成や個別の教育支援計画の策定などへの援助を含め、その支援に努めること。

また、これらの機関のみならず、保育所をはじめとする保育施設などの他の機関等に対しても、同様に助言又は援助に努めることとされたいこと。

特別支援学校において指名された特別支援教育コーディネーターは、関係機関や保護者、地域の幼稚園、小学校、中学校、高等学校、中等教育学校及び他の特別支援学校並びに保育所等との連絡調整を行うこと。

（3）特別支援学校教員の専門性の向上

上記のように、特別支援学校は、在籍している幼児児童生徒のみならず、小・中学校等の通常学級に在籍している発達障害を含む障害のある児童生徒等の相談などを受ける可能性も広がると考えられるため、地域における特別支援教育の中核として、様々な障害種についてのより専門的な助言などが期待されていることに留意し、特別支援学校教員の専門性のさらなる向上を図ること。

そのためにも、特別支援学校は、特別支援学校教員の特別支援学校教諭免許状保有状況の改善、研修の充実に努めること。

さらに、特別支援学校教員は、幼児児童生徒の障害の重複化等に鑑み、複数の特別支援教育領域にわたって免許状を取得することが望ましいこと。

5．教育委員会等における支援

各学校の設置者である教育委員会、国立大学法人及び学校法人等においては、障害のある幼児児童生徒の状況や学校の実態等を踏まえ、特別支援教育を推進するための基本的な計画を定めるなどして、各学校における支援体制や学校施設設備の整備充実等に努めること。

また、学校関係者、保護者、市民等に対し、特別支援教育に関する正しい理解が広まるよう努めること。

特に、教育委員会においては、各学校の支援体制の整備を促進するため、指導主事等の専門性の向上に努めるとともに、教育、医療、保健、福祉、労働等の関係部局、大学、保護者、ＮＰＯ等の関係者からなる連携協議会を設置するなど、地域の協力体制の構築を推進すること。

また、教育委員会においては、障害の有無の判断や望ましい教育的対応について専門的な意見等を各学校に提示する、教育委員会の職員、教員、心理学の専門家、医師等から構成される「専門家チーム」の設置や、各学校を巡回して教員等に指導内容や方法に関する指導や助言を行う巡回相談の実施（障害のある幼児児童生徒について個別の指導計画及び個別の教育支援計画に関する助言を含む。）についても、可能な限り行うこと。なお、このことについては、保育所や国・私立幼稚園の求めに応じてこれらが利用できるよう配慮すること。

さらに、特別支援学校の設置者においては、特別支援学校教員の特別支援学校教諭免許状保有状況の改善に努めること。

6．保護者からの相談への対応や早期からの連携

各学校及び全ての教員は、保護者からの障害に関する相談などに真摯に対応し、その意見や事情を十分に聴いた上で、当該幼児児童生徒への対応を行うこと。

その際、プライバシーに配慮しつつ、必要に応じて校長や特別支援教育コーディネーター等と連携し、組織的な対応を行うこと。

また、本日施行される「学校教育法等の一部を改正する法律の施行に伴う関係政令の整備等に関する政令（平成19年政令第55号）」において、障害のある児童の就学先の決定に際して保護者の意見聴取を義務付けたこと（学校教育法施行令第18条の2）に鑑み、小学校及び特別支援学校において障害のある児童が入学する際には、早期に保護者と連携し、日常生活の状況や留意事項等を聴取し、当該児童の教育的ニーズの把握に努め、適切に対応すること。

7．教育活動等を行う際の留意事項等

（1）障害種別と指導上の留意事項

障害のある幼児児童生徒への支援に当たっては、障害種別の判断も重要であるが、当該幼児児童生徒が示す困難に、より重点を置いた対応を心がけること。

また、医師等による障害の診断がなされている場合でも、教師はその障害の特徴や対応を固定的にとらえることのないよう注意するとともに、その幼児児童生徒のニーズに合わせた指導や支援を検討すること。

（2）学習上・生活上の配慮及び試験などの評価上の配慮

各学校は、障害のある幼児児童生徒が、円滑に学習や学校生活を行うことができるよう、必要な配慮を行うこと。

また、入学試験やその他試験などの評価を実施する際にも、別室実施、出題方法の工夫、時間の延長、人的な補助など可能な限り配慮を行うこと。

（3）生徒指導上の留意事項

障害のある幼児児童生徒は、その障害の特性による学習上・生活上の困難を有しているため、周囲の理解と支援が重要であり、生徒指導上も十分な配慮が必要であること。

特に、いじめや不登校などの生徒指導上の諸問題に対しては、表面に現れた現象のみにとらわれず、その背景に障害が関係している可能性があるか否かなど、幼児児童生徒をめぐる状況に十分留意しつつ慎重に対応する必要があること。

そのため、生徒指導担当にあっては、障害についての知識を深めるとともに、特別支援教育コーディネーターをはじめ、養護教諭、スクールカウンセラー等と連携し、当該幼児児童生徒への支援に係る適切な判断や必要な支援を行うことができる体制を平素整えておくことが重要であること。

（4）交流及び共同学習、障害者理解等

障害のある幼児児童生徒と障害のない幼児児童生徒との交流及び共同学習は、障害のある幼児児童生徒の社会性や豊かな人間性を育む上で重要な役割を担っており、また、障害のない幼児児童生徒が、障害のある幼児児童生徒とその教育に対する正しい理解と認識を深めるための機会である。

このため、各学校においては、双方の幼児児童生徒の教育的ニーズに対応した内容・方法を十分検討し、早期から組織的、計画的、継続的に実施することなど、一層の効果的な実施に向けた取組を推進されたいこと。

なお、障害のある同級生などの理解についての指導を行う際は、幼児児童生徒の発達

段階や、障害のある幼児児童生徒のプライバシー等に十分配慮する必要があること。

（5）進路指導の充実と就労の支援

障害のある生徒が、将来の進路を主体的に選択することができるよう、生徒の実態や進路希望等を的確に把握し、早い段階からの進路指導の充実を図ること。

また、企業等への就職は、職業的な自立を図る上で有効であることから、労働関係機関等との連携を密にした就労支援を進められたいこと。

（6）支援員等の活用

障害のある幼児児童生徒の学習上・生活上の支援を行うため、教育委員会の事業等により特別支援教育に関する支援員等の活用が広がっている。

この支援員等の活用に当たっては、校内における活用の方針について十分検討し共通理解のもとに進めるとともに、支援員等が必要な知識なしに幼児児童生徒の支援に当たることのないよう、事前の研修等に配慮すること。

（7）学校間の連絡

障害のある幼児児童生徒の入学時や卒業時に学校間で連絡会を持つなどして、継続的な支援が実施できるようにすることが望ましいこと。

8．厚生労働省関係機関等との連携

各学校及び各教育委員会等は、必要に応じ、発達障害者支援センター、児童相談所、保健センター、ハローワーク等、福祉、医療、保健、労働関係機関との連携を図ること。

（初等中等教育局特別支援教育課）

お問合せ先
文部科学省初等中等教育局
特別支援教育課（古川、富田、吉原）
TEL03－5253－4111（代表）
（内線3192）
FAX03－6734－3192（直通）

http://www.mext.go.jp/b_menu/hakusho/nc/07050101.htm
より引用

特別支援学校等における医療的ケアの今後の対応について（通知）

23文科初第1344号
2011（平成23）年12月20日

各都道府県教育委員会教育長
各指定都市教育委員会教育長
各都道府県知事
附属学校を置く各国立大学法人学長
構造改革特別区域法第12条第1項の認定を受けた各地方公共団体の長　殿

文部科学省初等中等教育局長
山中　伸一

このたび、「特別支援学校等における医療的ケアの実施に関する検討会議」において、「特別支援学校等における医療的ケアへの今後の対応について」（平成23年12月9日）が取りまとめられました。

介護サービスの基盤強化のための介護保険法等の一部を改正する法律による社会福祉士及び介護福祉士法の一部改正に伴い、平成24年4月より一定の研修を受けた介護職員等は一定の条件の下にたんの吸引等の医療的ケアができるようになることを受け、これまで実質的違法性阻却の考え方に基づいて医療的ケアを実施してきた特別支援学校の教員についても、制度上実施することが可能となります。

本報告は、新制度下において特別支援学校が医療的ケアを行うに当たっての基本的な考え方や体制整備を図る上で留意すべき点や、今回の制度が幼稚園、小学校、中学校、高等学校、中等教育学校においても適用されることを考慮し、特別支援学校での実施経験等を踏まえ、小中学校等において医療的ケアを実施する際に留意すべき点等について取りまとめられたものです。

文部科学省においては本報告を受け、今後、特別支援学校及び小中学校等において、新制度を効果的に活用し、医療的ケアを必要とする児童生徒等の健康と安全を確保するに当たり留意すべき点等について別添のとおり整理いたしました。

関係各位におかれましては、その趣旨を十分御理解の上、適切な対応をお願いするとともに、各都道府県教育委員会におかれては所管の学校及び域内の市町村教育委員会に対して、各指定都市教育委員会におかれては所管の学校に対して、各都道府県知事及び構造改革特別区域法第12条第1項の認定を受けた各地方公共団体の長におかれては所轄の学校及び学校法人等に対して、各国立大学長におかれては附属学校に対して周知を図るようお願いします。

なお、同検討会の報告書については別紙のとおりであり、文部科学省のホームページに掲載されておりますことも併せて申し添えます。

（本件連絡先）
文部科学省初等中等教育局特別支援教育課振興係
ＴＥＬ０３－５２５３－４１１１（内線３１９２）
ＦＡＸ０３－６７３４－３７３７

別添　特別支援学校等における医療的ケアへの今後の対応について（平成23年12月20日　文部科学省）（略）

別紙　特別支援学校等における医療的ケアへの今後の対応について（平成23年12月9日　特別支援学校等における医療的ケアの実施に関する検討会議）（略）

お問合せ先
初等中等教育局特別支援教育課

http://www.mext.go.jp/b_menu/hakusho/nc/1314510.htm
より引用

学校教育法施行令の一部改正について（通知）

25文科初第655号
２０１３（平成25）年9月1日

各都道府県・指定都市教育委員会教育長
各都道府県知事
附属学校を置く各国立大学法人学長
構造改革特別区域法第12条第1項の認定を受けた各地方公共団体の長
独立行政法人特別支援教育総合研究所理事長あて

文部科学事務次官
山中　伸一

学校教育法施行令の一部改正について（通知）

このたび、別添のとおり、「学校教育法施行令の一部を改正する政令」（以下「改正令」という。）が閣議決定され、平成25年8月26日付けをもって政令第244号として公布されました。その改正の趣旨及び内容等は下記のとおりですので、十分に御了知の上、適切に対処くださるようお願いします。

また、各都道府県教育委員会におかれては所管の学校及び域内の市町村教育委員会に対して、各指定都市教育委員会におかれては所管の学校に対して、各都道府県知事及び構造改革特別区域法第12条第1項の認定を受けた各地方公共団体の長におかれては所轄の学校及び学校法人等に対して、各国立大学法人学長におかれては附属学校に対して、改正の趣旨及び内容等について周知を図るとともに、必要な指導、助言又は援助をお願いします。

記

第一　改正の趣旨

今回の学校教育法施行令の改正は、平成24年7月に公表された中央教育審議会初等中等教育分科会報告「共生社会の形成に向けたインクルーシブ教育システム構築のための特別支援教育の推進」（以下「報告」という。）において、「就学基準に該当する障害のある子どもは特別支援学校に原則就学するという従来の就学先決定の仕組みを改め、障害の状態、本人の教育的ニーズ、本人・保護者の意見、教育学、医学、心理学等専門的見地からの意見、学校や地域の状況等を踏まえた総合的な観点から就学先を決定する仕組みとすることが適当である。」との提言がなされたこと等を踏まえ、所要の改正を行うものであること。

なお、報告においては、「その際、市町村教育委員会が、本人・保護者に対し十分情報提供をしつつ、本人・保護者の意見を最大限尊重し、本人・保護者と市町村教育委員会、学校等が教育的ニーズと必要な支援について合意形成を行うことを原則とし、最終的には市町村教育委員会が決定することが適当である。」との指摘がなされており、この点は、改正令における基本的な前提として位置付けられるものであること。

第2　改正の内容

視覚障害者等（視覚障害者、聴覚障害者、知的障害者、肢体不自由者又は病弱者（身体虚弱者を含む。）で、その障害が、学校教育法施行令第22条の3の表に規定する程度のものをいう。以下同じ。）の就学に関する手続について、以下の規定の整備を行うこと。

1　就学先を決定する仕組みの改正（第5条及び第11条関係）

市町村の教育委員会は、就学予定者のうち、認定特別支援学校就学者（視覚障害者等のうち、当該市町村の教育委員会が、その者の障害の状態、その者の教育上必要な支援の内容、地域における教育の体制の整備の状況その他の事情を勘案して、その住所の存する都道府県の設置する特別支援学校に就学させることが適当であると認める者をいう。以下同じ。）以外の者について、その保護者に対し、翌学年の初めから2月前までに、小学校又は中学校の入学期日を通知しなければならないとすること。

2　障害の状態等の変化を踏まえた転学（第6条の3及び第12条の2関係）

特別支援学校・小中学校間の転学について、その者の障害の状態の変化のみならず、その者の教育上必要な支援の内容、地域における教育の体制の整備の状況その他の事情の変化によっても転学の検討を開始できるよう、規定の整備を行うこと。

3　視覚障害者等による区域外就学等（第9条、第10条、第17条及び第18条関係）

視覚障害者等である児童生徒等をその住所の存する市町村の設置する小中学校以外の小学校、中学校又は中等教育学校に就学させようとする場合等の規定を整備すること。

4　保護者及び専門家からの意見聴取の機会の拡大（第18条の2関係）

市町村の教育委員会は、児童生徒等のうち視覚障害者等について、小学校、中学校又は特別支援学校への就学又は転学に係る通知をしようとするときは、その保護者及び教育学、医学、心理学その他の障害のある児童生徒等の就学に関する専門的知識を有する者の意見を聴くものとすること。

5　施行期日（附則関係）

改正令は、平成25年9月1日から施行すること。

第3　留意事項

1　平成23年7月に改正された障害者基本法第16条においては、障害者の教育に関する以下の規定が置かれているところであり、障害のある児童生徒等の就学に関する手続については、これらの規定を踏まえて対応する必要があること。特に、改正後の学校教育法施行令第18条の2に基づく意見の聴取は、市町村の教育委員会において、当該視覚障害者等が認定特別支援学校就学者に当たるかどうかを判断する前に十分な時間的余裕をもって行うものとし、保護者の意見については、可能な限りその意向を尊重しなければならないこと。

【参考・障害者基本法（抄）】

（教育）

第16条　国及び地方公共団体は、障害者が、その年齢及び能力に応じ、かつ、その特性を踏まえた十分な教育が受けられるようにするため、可能な限り障害者である児童及び生徒が障害者でない児童及び生徒と共に教育を受けられるよう配慮しつつ、教育の内容及び方法の改善及び充実を図る等必要な施策を講じなければならない。

2　国及び地方公共団体は、前項の目的を達成するため、障害者である児童及び生徒並びにその保護者に対し十分な情報の提供を行うとともに、可能な限りその意向を尊重しなければならない。

3　国及び地方公共団体は、障害者である児童及び生徒と障害者でない児童及び生徒との交流及び共同学習を積極的に進めることによって、その相互理解を促進しなければならない。

4　国及び地方公共団体は、障害者の教育に関し、調査及び研究並びに人材の確保及び資質の向上、適切な教材等の提供、学校施設の整備その他の環境の整備を促進しなければならない。

2（ママ）　以上のほか、障害のある児童生徒等の就学に関する手続に関しては、報告において、「現在、多くの市町村教育委員会に設置されている「就学指導委員会」については、早期からの教育相談・支援や就学先決定時のみならず、その後の一貫した支援についても助言を行うという観点から、「教育支援委員会」（仮称）といった名称とすることが適当である。」との提言がなされており、この点についても留意する必要があること。

お問合せ先

特別支援教育課

企画調査係

電話番号：03-5253-4111（内線 3193）

ファクシミリ番号：03-6734-3737

メールアドレス：tokubetu@mext.go.jp

http://www.mext.go.jp/a_menu/shotou/tokubetu/material/1339311.htm

より引用

障害のある児童生徒等に対する早期からの一貫した支援について（通知）

25文科初第756号
2013（平成25）年10月4日

各都道府県・指定都市教育委員会教育長
各都道府県知事
附属学校を置く各国立大学法人学長
構造改革特別区域法第12条第1項の認定を受けた各地方公共団体の長
独立行政法人国立特別支援教育総合研究所理事長

文部科学省初等中等教育局長
前川　喜平

障害のある児童生徒等に対する早期からの一貫した支援について（通知）

中央教育審議会初等中等教育分科会報告「共生社会の形成に向けたインクルーシブ教育システム構築のための特別支援教育の推進（平成24年7月）」における提言等を踏まえた，学校教育法施行令の一部改正の趣旨及び内容等については，「学校教育法施行令の一部改正について（通知）」（平成25年9月1日付け25文科初第655号）をもってお知らせしました。この改正に伴う，障害のある児童生徒等に対する早期からの一貫した支援について留意すべき事項は下記のとおりですので，十分に御了知の上，適切に対処下さるようお願いします。

なお，「障害のある児童生徒の就学について（通知）」（平成14年5月27日付け14文科初第291号）は廃止します。

また，各都道府県教育委員会におかれては所管の学校及び域内の市町村教育委員会に対して，各指定都市教育委員会におかれては所管の学校に対して，各都道府県知事及び構造改革特別区域法第12条第1項の認定を受けた各地方公共団体の長におかれては所轄の学校及び学校法人等に対して，各国立大学法人学長におかれては附属学校に対して，下記について周知を図るとともに，必要な指導，助言又は援助をお願いします。

記

第1　障害のある児童生徒等の就学先の決定

1　障害のある児童生徒等の就学先の決定に当たっての基本的な考え方

（1）基本的な考え方

障害のある児童生徒等の就学先の決定に当たっては，障害のある児童生徒等が，その年齢及び能力に応じ，かつ，その特性を踏まえた十分な教育が受けられるようにするため，可能な限り障害のある児童生徒等が障害のない児童生徒等と共に教育を受けられるよう配慮しつつ，必要な施策を講じること。

（2）就学に関する手続等についての情報の提供

市町村の教育委員会は，乳幼児期を含めた早期からの教育相談の実施や学校見学，認定こども園・幼稚園・保育所等の関係機関との連携等を通じて，障害のある児童生徒等及びその保護者に対し，就学に関する手続等についての十分な情報の提供を行うこと。

（3）障害のある児童生徒等及びその保護者の意向の尊重

市町村の教育委員会は，改正後の学校教育法施行令第18条の2に基づく意見の聴取について，最終的な就学先の決定を行う前に十分な時間的余裕をもって行うものとし，保護者の意見については，可能な限りその意向を尊重しなければならないこと。

2　特別支援学校への就学

（1）就学先の決定

視覚障害者，聴覚障害者，知的障害者，肢体不自由者又は病弱者（身体虚弱者を含む。）で，その障害が，学校教育法施行令第22条の3に規定する程度のもののうち，市町村の教育委員会が，その者の障害の状態，その者の教育上必要な支援の内容，地域における教育の体制の整備の状況その他の事情を勘案して，特別支援学校に就学させることが適当であると認める者を対象として，適切な教育を行うこと。

（2）障害の判断に当たっての留意事項

ア　視覚障害者

専門医による精密な診断に基づき総合的に判断を行うこと。なお，年少者，知的障害者等に対する視力及び視力以外の視機能の検査は困難な場合が多いことから，一人一人の状態に応じて，検査の手順や方法をわかりやすく説明するほか，検査時の反応をよく確認すること等により，その正確を期するように特に留意すること。

イ　聴覚障害者

専門医による精密な診断結果に基づき，失聴の時期を含む生育歴及び言語の発達の状態を考慮して総合的に判断を行うこと。

ウ　知的障害者

知的機能及び適応機能の発達の状態の両面から判断すること。標準化された知能検査等の知的機能の発達の遅滞を判断するために必要な検査，コミュニケーション，日常生活，社会生活等に関する適応機能の状態についての調査，本人の発達に影響がある環境の分析等を行った上で総合的に判断を行うこと。

エ　肢体不自由者

専門医の精密な診断結果に基づき，上肢，下肢等の個々の部位ごとにとらえるのでなく，身体全体を総合的に見て障害の状態を判断すること。その際，障害の状態の改善，機能の回復に要する時間等を併せ考慮して判断を行うこと。

オ　病弱者（身体虚弱者を含む。）

医師の精密な診断結果に基づき，疾患の種類，程度及び医療又は生活規制に要する期間等を考慮して判断を行うこと。

3　小学校，中学校又は中等教育学校の前期課程への就学

（1）特別支援学級

学校教育法第81条第2項の規定に基づき特別支援学級を置く場合には，以下の各号に掲げる障害の種類及び程度の児童生徒のうち，その者の障害の状態，その者の教育上必要な支援の内容，地域における教育の体制の整備の状況その他の事情を勘案して，特別支援学級において教育を受けることが適当であると認める者を対象として，適切な教育を行うこと。

障害の判断に当たっては，障害のある児童生徒の教育の経験のある教員等による観察・検査，専門医による診断等に基づき教育学，医学，心理学等の観点から総合的かつ慎重に行うこと。

1　障害の種類及び程度

ア　知的障害者

知的発達の遅滞があり，他人との意思疎通に軽度の困難があり日常生活を営むのに一部援助が必要で，社会生活への適応が困難である程度のもの

イ　肢体不自由者

補装具によっても歩行や筆記等日常生活における基本的な動作に軽度の困難がある程度のもの

ウ　病弱者及び身体虚弱者

一　慢性の呼吸器疾患その他疾患の状態が持続的又は間欠的に医療又は生活の管理を必要とする程度のもの

二　身体虚弱の状態が持続的に生活の管理を必要とする程度のもの

エ　弱視者

拡大鏡等の使用によっても通常の文字，図形等の視覚による認識が困難な程度のもの

オ　難聴者

補聴器等の使用によっても通常の話声を解することが困難な程度のもの

カ　言語障害者

口蓋裂，構音器官のまひ等器質的又は機能的な構音障害のある者，吃音等話し言葉におけるリズムの障害のある者，話す，聞く

等言語機能の基礎的事項に発達の遅れがある者，その他これに準じる者（これらの障害が主として他の障害に起因するものではない者に限る。）で，その程度が著しいもの

キ　自閉症・情緒障害者

一　自閉症又はそれに類するもので，他人との意思疎通及び対人関係の形成が困難である程度のもの

二　主として心理的な要因による選択性かん黙等があるもので，社会生活への適応が困難である程度のもの

2　留意事項

特別支援学級において教育を受けることが適当な児童生徒の障害の判断に当たっての留意事項は，ア～オについては2（2）と同様であり，また，カ及びキについては，その障害の状態によっては，医学的な診断の必要性も十分に検討した上で判断すること。

（2）通級による指導

学校教育法施行規則第140条及び第141条の規定に基づき通級による指導を行う場合には，以下の各号に掲げる障害の種類及び程度の児童生徒のうち，その者の障害の状態，その者の教育上必要な支援の内容，地域における教育の体制の整備の状況その他の事情を勘案して，通級による指導を受けることが適当であると認める者を対象として，適切な教育を行うこと。

障害の判断に当たっては，障害のある児童生徒に対する教育の経験のある教員等による観察・検査，専門医による診断等に基づき教育学，医学，心理学等の観点から総合的かつ慎重に行うこと。その際，通級による指導の特質に鑑み，個々の児童生徒について，通常の学級での適応性，通級による指導に要する適正な時間等を十分考慮すること。

1　障害の種類及び程度

ア　言語障害者

口蓋裂，構音器官のまひ等器質的又は機能的な構音障害のある者，吃音等話し言葉におけるリズムの障害のある者，話す，聞く等言語機能の基礎的事項に発達の遅れがある者，その他これに準じる者（これらの障害が主として他の障害に起因するものではない者に限る。）で，通常の学級での学習におおむね参加でき，一部特別な指導を必要とする程度のもの

イ　自閉症者

自閉症又はそれに類するもので，通常の学級での学習におおむね参加でき，一部特別な指導を必要とする程度のもの

ウ　情緒障害者

主として心理的な要因による選択性かん黙等があるもので，通常の学級での学習におおむね参加でき，一部特別な指導を必要とする程度のもの

エ　弱視者

拡大鏡等の使用によっても通常の文字，図形等の視覚による認識が困難な程度の者で，通常の学級での学習におおむね参加でき，一部特別な指導を必要とするもの

オ　難聴者

補聴器等の使用によっても通常の話声を解することが困難な程度の者で，通常の学級での学習におおむね参加でき，一部特別な指導を必要とするもの

カ　学習障害者

全般的な知的発達に遅れはないが，聞く，話す，読む，書く，計算する又は推論する能力のうち特定のものの習得と使用に著しい困難を示すもので，一部特別な指導を必要とする程度のもの

キ　注意欠陥多動性障害者

年齢又は発達に不釣り合いな注意力，又は衝動性・多動性が認められ，社会的な活動や学業の機能に支障をきたすもので，一部特別な指導を必要とする程度のもの

ク　肢体不自由者，病弱者及び身体虚弱者

肢体不自由，病弱又は身体虚弱の程度が，通常の学級での学習におおむね参加でき，一部特別な指導を必要とする程度のもの

2　留意事項

通級による指導を受けることが適当な児童生徒の指導に当たっての留意事項は，以下の通りであること。

ア　学校教育法施行規則第140条の規定に基づき，通級による指導における特別の教育課程の編成，授業時数については平成5年文部省告示第7号により別に定められていること。同条の規定により特別の教育課程を編成して指導を行う場合には，特別支援学校小学部・中学部学習指導要領を参考として実施すること。

イ　通級による指導を受ける児童生徒の成長の状況を総合的にとらえるため，指導要録において，通級による指導を受ける学校名，通級による指導の授業時数，指導期間，指導内容や結果等を記入すること。他の学校の児童生徒に対し通級による指導を行う学校においては，適切な指導を行う上で必要な範囲で通級による指導の記録を作成すること。

ウ　通級による指導の実施に当たっては，通級による指導の担当教員が，児童生徒の在籍学級（他の学校で通級による指導を受ける場合にあっては，在学している学校の在籍学級）の担任教員との間で定期的な情報交換を行ったり，助言を行ったりする等，両者の連携協力が図られるよう十分に配慮すること。

エ　通級による指導を担当する教員は，基本的には，この通知に示されたうちの一の障害の種類に該当する児童生徒を指導することとなるが，当該教員が有する専門性や指導方法の類似性等に応じて，当該障害の種類とは異なる障害の種類に該当する児童生徒を指導することができること。

オ　通級による指導を行うに際しては，必要に応じ，校長，教頭，特別支援教育コーディネーター，担任教員，その他必要と思われる者で構成する校内委員会において，その必要性を検討するとともに，各都道府県教育委員会等に設けられた専門家チームや巡回相談等を活用すること。

カ　通級による指導の対象とするか否かの判断に当たっては，医学的な診断の有無のみにとらわれることのないよう留意し，総合的な見地から判断すること。

キ　学習障害又は注意欠陥多動性障害の児童生徒については，通級による指導の対象とするまでもなく，通常の学級における教員の適切な配慮やティーム・ティーチングの活用，学習内容の習熟の程度に応じた指導の工夫等により，対応することが適切である者も多くみられることに十分留意すること。

4　その他

（1）重複障害のある児童生徒等について

重複障害のある児童生徒等についても，その者の障害の状態，その者の教育上必要な支援の内容，地域における教育の体制の整備の状況その他の事情を勘案して，就学先の決定等を行うこと。

（2）就学義務の猶予又は免除について

治療又は生命・健康の維持のため療養に専念することを必要とし，教育を受けることが困難又は不可能な者については，保護者の願い出により，就学義務の猶予又は免除の措置を慎重に行うこと。

第2　早期からの一貫した支援について

1　教育相談体制の整備

市町村の教育委員会は，医療，保健，福祉，労働等の関係機関と連携を図りつつ，乳幼児期から学校卒業後までの一貫した教育相談体制の整備を進めることが重要であること。また，都道府県の教育委員会は，専門家による巡回指導を行ったり，関係者に対する研修を実施する等，市町村の教育委員会における教育相談体制の整備を支援することが適当であること。

2　個別の教育支援計画等の作成

早期からの一貫した支援のためには，障害のある児童生徒等の成長記録や指導内容等に関する情報について，本人・保護者の了解を得た上で，その扱いに留意しつつ，必要に応じて関係機関が共有し活用していくことが求められること。

このような観点から，市町村の教育委員会においては，認定こども園・幼稚園・保育所において作成された個別の教育支援計画等や，障害児相談支援事業所で作成されている障害児支援利用計画や障害児通所支援事業所等で作成されている個別支援計画等を有効に活用しつつ，適宜資料の追加等を行った上で，障害のある児童生徒等に関する情報を一元化し，当該市町村における「個別の教育支援計画」「相談支援ファイル」等として小中学校等へ引き継ぐなどの取組を進めていくことが適当であること。

3　就学先等の見直し

就学時に決定した「学びの場」は，固定したものではなく，それぞれの児童生徒の発達の程度，適応の状況等を勘案しながら，柔軟に転学ができることを，すべての関係者の共通理解とすることが適当であること。このためには，2の個別の教育支援計画等に基づく関係者による会議等を定期的に実施し，必要に応じて個別の教育支援計画等を見直し，就学先等を変更できるようにしていくことが適当であること。

4　教育支援委員会（仮称）

現在，多くの市町村の教育委員会に設置されている「就学指導委員会」については，早期からの教育相談・支援や就学先決定時のみならず，その後の一貫した支援についても助言を行うという観点から機能の拡充を図るとともに，「教育支援委員会」（仮称）といった名称とすることが適当であること。

お問合せ先
特別支援教育課
企画調査係
電話番号：03-5253-4111（内線）3193
ファクシミリ番号：03-6734-3737
メールアドレス：tokubetu@mext.go.jp

http://www.mext.go.jp/a_menu/shotou/tokubetu/material/1340331.htm より引用

学校施設整備指針の改正について

２０１４（平成26）年7月25日
文部科学省大臣官房
文教施設企画部施設企画課

文部科学省では、学校種ごとに学校施設の計画・設計上の留意事項を示した「学校施設整備指針」の改正を行いました。

今回の改正は、東日本大震災において顕在化した課題等に対応するため、「学校施設の在り方に関する調査研究協力者会議」（主査：杉山武彦　成城大学社会イノベーション学部教授）における審議を経て、幼稚園、小学校、中学校、高等学校、特別支援学校の全ての指針について行ったものです。

学校施設整備指針の主な改正内容

【改正の概要】

○東日本大震災において顕在化した課題や学校施設に係る新たな課題に対応するため、有識者会議*の審議を経て「学校施設整備指針**」を改正***

○学校施設の津波対策及び避難所としての防

災機能の強化、老朽化対策等に関する規定を充実

＊会議名称：学校施設の在り方に関する調査研究協力者会議（主査：杉山武彦 成城大学イノベーション学部教授）

＊＊教育内容、教育方法等の多様化など今日的な課題も含め、学校教育を円滑に進める上で必要となる施設計画及び設計における基本的な考え方や留意事項について、学校種ごとに示したガイドライン

＊＊＊今回は幼稚園、小学校、中学校、高等学校及び特別支援学校の5種類全ての整備指針について改正を実施

【主な改正内容】

○：津波対策関係　●：避難所関係
◎：津波・避難所共通　◇：老朽化対策
◆：非構造部材の耐震対策　△：法改正等の対応

第1章 総則

○津波等による被害が予測される地域に立地する場合は、周辺の高台等への避難経路の確保や校舎等の屋上等への避難経路の確保について検討した上で、それが困難な場合には、高台移転、高層化を検討し、実施することが重要。

●避難所となる場合には、想定避難者数や、災害種別のリスクを考慮し、防災担当部局と連携して、避難所として必要となる機能を、障害者、高齢者、妊産婦等の要配慮者の利用を踏まえ計画。また、教育活動の早期再開が可能となるよう計画することが重要。

◎学校施設の防災対策は、運営体制や訓練等のソフト面での取組と一体的に実施。

◎施設自体が防災教育の教材として活用されるよう、災害の危険性の意識づけを考慮して計画。

●断熱化や再生可能エネルギーの導入等は、災害時に避難所となる場合も有効。

●他の学校や公共施設との間で、避難所としての防災機能を分担することも有効。

◇改築より工事費を抑えながら改築と同等の教育環境を確保でき、排出する廃棄物も少ない長寿命化改修を積極的に取り入れていくことが重要。

●複合化等による地域の拠点としての整備は、地域コミュニティや地域防災力の強化にも有効。など

第2章 施設計画

○津波等対策のために高層化する場合には、他の公共施設と複合化することも有効。など

第3章 平面計画

●避難所となる場合は、避難所機能と教育機能の区画や動線が分けられるよう計画。避難所としての施設利用計画の策定に当たっては、要配慮者の専用スペースを計画することが重要。

○高台等や校舎等の屋上等までの避難経路を短縮するよう計画することも有効。

○屋上や上層階の緊急避難場所は、想定される津波等の水位以上の高さとすることが重要。また、上層階を津波からの緊急避難場所とする場合も、屋上への避難階段を整備することが望ましい。

◎津波等災害時に屋内運動場を緊急避難場所や避難所として利用するため、上層階に計画することも有効。その場合は、日常の教育活動に支障を生じない動線計画とすることが重要。

●障害のある児童生徒、教職員や、高齢者、障害者等の利用に配慮した便所を計画することが重要。

◎備蓄倉庫を整備する場合は、防災担当部局と連携し、想定される災害に対して安全な場所に、必要な空間を確保することが重要。など

第4章 各室計画

●災害時に便器が使用できなくなることも考慮し、マンホールトイレの整備など複数の対策を組み合わせ、必要な数を確保することが重

要。

△階段は、段差の寸法や手すりの設置、床面の素材などに配慮することが重要。など

第5章 詳細設計

●内装木質化は、避難所となった場合の温熱環境の確保の観点からも望ましい。

◎高齢者、障害者を含む多様な地域住民の利用も踏まえ、二段手すりを整備することも有効。など

第6章 屋外計画

○屋外の避難路は、避難を踏まえた安全な幅、形状とし、また、滑りにくい仕上げとすることが重要。

○津波等災害時の緊急避難場所への避難路は、階段ではなくスロープとすることが望ましい。

○階段等の上り口は、滞留が生じないよう十分な面積を確保することが望ましい。

●プールは、災害時の防火用水、便所洗浄水等として利用できるよう計画することも有効。

◎緊急避難場所又は避難所である旨及び避難経路を示す案内図等を設置することが重要。など

第7章 構造設計

○屋上等に避難する場合には、当該建物が津波等による水圧等により、損壊等構造耐力上支障のある事態を生じない構造のものであることが重要。

◆天井や照明器具等の非構造部材について、落下・破損等の防止に十分配慮することが重要。など

第8章 設備設計

●避難所として必要な情報通信、電気、ガス、給排水等の機能を可能な限り保持できるよう、貯水槽、浄水機能を有するプール、自家発電設備、便所など、代替手段も含めた対策を講じることが重要。

●可搬式発電機等を用いて屋内照明を点灯させるために配線を工夫することが望ましい。また、省エネ型の照明器具は非常時に電力供給量が不足する場合にも有効。

○屋外の避難路については、停電時でも安全に避難できるよう照明等を計画することが望ましい。

●停電に備え、自家発電設備を整備することも有効。また、津波等の想定される災害に対して安全な場所に設置することが重要。

●太陽光発電設備を整備する場合には、自立運転機能及び蓄電機能を備えておくことが望ましい。

◎停電時にも対応できる校内放送設備を整備することが有効。

◎防災行政無線の受信装置を整備することが重要。また、相互通信が可能な防災行政無線設備等の整備が有効。津波等による孤立に備え、情報通信機器を持ち出せるようにしておくことが重要。

●特設公衆電話等の避難所の情報通信環境を整備することが重要。

◎受水槽、高架水槽等は、災害時の利用も考慮して整備することが有効。

●特別支援学級関係室等は、冷暖房設備を設置することが重要。など

第9章 防犯計画

◎避難経路に設ける出入口は、非常時には、夜間や休日であっても通行可能とすることが重要。

【特別支援学校特有の改正内容】

●停電時にも医療器具などに電気が使えるよう、安定的な電力供給が可能な自家発電設備等を整備することが重要。

●高齢者、障害者用の便器、手すり等の設備を設置した多機能トイレを計画することが重要。など

http://www.mext.go.jp/b_menu/shingi/chousa/shisetu/013/toushin/1350224.htm
より引用

Ⅲ　障害児・者にかかわる法律

障害を理由とする差別の解消の推進に関する法律

（平成二十五年法律第六十五号）
施行は一部の附則を除き２０１６（平成28）年４月１日

第一章　総則

（目的）
第一条　この法律は、障害者基本法（昭和四十五年法律第八十四号）の基本的な理念にのっとり、全ての障害者が、障害者でない者と等しく、基本的人権を享有する個人としてその尊厳が重んぜられ、その尊厳にふさわしい生活を保障される権利を有することを踏まえ、障害を理由とする差別の解消の推進に関する基本的な事項、行政機関等及び事業者における障害を理由とする差別を解消するための措置等を定めることにより、障害を理由とする差別の解消を推進し、もって全ての国民が、障害の有無によって分け隔てられることなく、相互に人格と個性を尊重し合いながら共生する社会の実現に資することを目的とする。

（定義）
第二条　この法律において、次の各号に掲げる用語の意義は、それぞれ当該各号に定めるところによる。
一　障害者　身体障害、知的障害、精神障害（発達障害を含む。）その他の心身の機能の障害（以下「障害」と総称する。）がある者であって、障害及び社会的障壁により継続的に日常生活又は社会生活に相当な制限を受ける状態にあるものをいう。
二　社会的障壁　障害がある者にとって日常生活又は社会生活を営む上で障壁となるような社会における事物、制度、慣行、観念その他一切のものをいう。
三　行政機関等　国の行政機関、独立行政法人等、地方公共団体（地方公営企業法（昭和二十七年法律第二百九十二号）第三章の規定の適用を受ける地方公共団体の経営する企業を除く。第七号、第十条及び附則第四条第一項において同じ。）及び地方独立行政法人をいう。
四　国の行政機関　次に掲げる機関をいう。
イ　法律の規定に基づき内閣に置かれる機関（内閣府を除く。）及び内閣の所轄の下に置かれる機関
ロ　内閣府、宮内庁並びに内閣府設置法（平成十一年法律第八十九号）第四十九条第一項及び第二項に規定する機関（これらの機関のうちニの政令で定める機関が置かれる機関にあっては、当該政令で定める機関を除く。）
ハ　国家行政組織法（昭和二十三年法律第百二十号）第三条第二項に規定する機関（ホの政令で定める機関が置かれる機関にあっては、当該政令で定める機関を除く。）
ニ　内閣府設置法第三十九条及び第五十五条並びに宮内庁法（昭和二十二年法律第七十号）第十六条第二項の機関並びに内閣府設置法第四十条及び第五十六条（宮内庁法第十八条第一項において準用する場合を含む。）の特別の機関で、政令で定めるもの
ホ　国家行政組織法第八条の二の施設等機関及び同法第八条の三の特別の機関で、政令で定めるもの
ヘ　会計検査院
五　独立行政法人等　次に掲げる法人をいう。
イ　独立行政法人（独立行政法人通則法（平成十一年法律第百三号）第二条第一項に規定する独立行政法人をいう。ロにおいて同じ。）
ロ　法律により直接に設立された法人、特別の法律により特別の設立行為をもって設立された法人（独立行政法人を除く。）又は特別の法律により設立され、かつ、

その設立に関し行政庁の認可を要する法人のうち、政令で定めるもの
六　地方独立行政法人　地方独立行政法人法（平成十五年法律第百十八号）第二条第一項に規定する地方独立行政法人（同法第二十一条第三号に掲げる業務を行うものを除く。）をいう。
七　事業者　商業その他の事業を行う者（国、独立行政法人等、地方公共団体及び地方独立行政法人を除く。）をいう。

（国及び地方公共団体の責務）
第三条　国及び地方公共団体は、この法律の趣旨にのっとり、障害を理由とする差別の解消の推進に関して必要な施策を策定し、及びこれを実施しなければならない。

（国民の責務）
第四条　国民は、第一条に規定する社会を実現する上で障害を理由とする差別の解消が重要であることに鑑み、障害を理由とする差別の解消の推進に寄与するよう努めなければならない。

（社会的障壁の除去の実施についての必要かつ合理的な配慮に関する環境の整備）
第五条　行政機関等及び事業者は、社会的障壁の除去の実施についての必要かつ合理的な配慮を的確に行うため、自ら設置する施設の構造の改善及び設備の整備、関係職員に対する研修その他の必要な環境の整備に努めなければならない。

第二章　障害を理由とする差別の解消の推進に関する基本方針

第六条　政府は、障害を理由とする差別の解消の推進に関する施策を総合的かつ一体的に実施するため、障害を理由とする差別の解消の推進に関する基本方針（以下「基本方針」という。）を定めなければならない。
2　基本方針は、次に掲げる事項について定めるものとする。
一　障害を理由とする差別の解消の推進に関する施策に関する基本的な方向
二　行政機関等が講ずべき障害を理由とする差別を解消するための措置に関する基本的な事項
三　事業者が講ずべき障害を理由とする差別を解消するための措置に関する基本的な事項
四　その他障害を理由とする差別の解消の推進に関する施策に関する重要事項
3　内閣総理大臣は、基本方針の案を作成し、閣議の決定を求めなければならない。
4　内閣総理大臣は、基本方針の案を作成しようとするときは、あらかじめ、障害者その他の関係者の意見を反映させるために必要な措置を講ずるとともに、障害者政策委員会の意見を聴かなければならない。
5　内閣総理大臣は、第三項の規定による閣議の決定があったときは、遅滞なく、基本方針を公表しなければならない。
6　前三項の規定は、基本方針の変更について準用する。

第三章　行政機関等及び事業者における障害を理由とする差別を解消するための措置

（行政機関等における障害を理由とする差別の禁止）
第七条　行政機関等は、その事務又は事業を行うに当たり、障害を理由として障害者でない者と不当な差別的取扱いをすることにより、障害者の権利利益を侵害してはならない。
2　行政機関等は、その事務又は事業を行うに当たり、障害者から現に社会的障壁の除去を必要としている旨の意思の表明があった場合において、その実施に伴う負担が過重でないときは、障害者の権利利益を侵害することとならないよう、当該障害者の性別、年齢及び障害の状態に応じて、社会的障壁の除去の実施について必要かつ合理的な配慮をしなければならない。

（事業者における障害を理由とする差別の禁止）

第八条　事業者は、その事業を行うに当たり、障害を理由として障害者でない者と不当な差別的取扱いをすることにより、障害者の権利利益を侵害してはならない。

2　事業者は、その事業を行うに当たり、障害者から現に社会的障壁の除去を必要としている旨の意思の表明があった場合において、その実施に伴う負担が過重でないときは、障害者の権利利益を侵害することとならないよう、当該障害者の性別、年齢及び障害の状態に応じて、社会的障壁の除去の実施について必要かつ合理的な配慮をするように努めなければならない。

（国等職員対応要領）

第九条　国の行政機関の長及び独立行政法人等は、基本方針に即して、第七条に規定する事項に関し、当該国の行政機関及び独立行政法人等の職員が適切に対応するために必要な要領（以下この条及び附則第三条において「国等職員対応要領」という。）を定めるものとする。

2　国の行政機関の長及び独立行政法人等は、国等職員対応要領を定めようとするときは、あらかじめ、障害者その他の関係者の意見を反映させるために必要な措置を講じなければならない。

3　国の行政機関の長及び独立行政法人等は、国等職員対応要領を定めたときは、遅滞なく、これを公表しなければならない。

4　前二項の規定は、国等職員対応要領の変更について準用する。

（地方公共団体等職員対応要領）

第十条　地方公共団体の機関及び地方独立行政法人は、基本方針に即して、第七条に規定する事項に関し、当該地方公共団体の機関及び地方独立行政法人の職員が適切に対応するために必要な要領（以下この条及び附則第四条において「地方公共団体等職員対応要領」という。）を定めるよう努めるものとする。

2　地方公共団体の機関及び地方独立行政法人は、地方公共団体等職員対応要領を定めようとするときは、あらかじめ、障害者その他の関係者の意見を反映させるために必要な措置を講ずるよう努めなければならない。

3　地方公共団体の機関及び地方独立行政法人は、地方公共団体等職員対応要領を定めたときは、遅滞なく、これを公表するよう努めなければならない。

4　国は、地方公共団体の機関及び地方独立行政法人による地方公共団体等職員対応要領の作成に協力しなければならない。

5　前三項の規定は、地方公共団体等職員対応要領の変更について準用する。

（事業者のための対応指針）

第十一条　主務大臣は、基本方針に即して、第八条に規定する事項に関し、事業者が適切に対応するために必要な指針（以下「対応指針」という。）を定めるものとする。

2　第九条第二項から第四項までの規定は、対応指針について準用する。

（報告の徴収並びに助言、指導及び勧告）

第十二条　主務大臣は、第八条の規定の施行に関し、特に必要があると認めるときは、対応指針に定める事項について、当該事業者に対し、報告を求め、又は助言、指導若しくは勧告をすることができる。

（事業主による措置に関する特例）

第十三条　行政機関等及び事業者が事業主としての立場で労働者に対して行う障害を理由とする差別を解消するための措置については、障害者の雇用の促進等に関する法律（昭和三十五年法律第百二十三号）の定めるところによる。

第四章　障害を理由とする差別を解消するための支援措置

（相談及び紛争の防止等のための体制の整備）

第十四条　国及び地方公共団体は、障害者及びその家族その他の関係者からの障害を理由とする差別に関する相談に的確に応ずるとともに、障害を理由とする差別に関する紛争の防止又は解決を図ることができるよう必要な体制の整備を図るものとする。

（啓発活動）

第十五条　国及び地方公共団体は、障害を理由とする差別の解消について国民の関心と理解を深めるとともに、特に、障害を理由とする差別の解消を妨げている諸要因の解消を図るため、必要な啓発活動を行うものとする。

（情報の収集、整理及び提供）

第十六条　国は、障害を理由とする差別を解消するための取組に資するよう、国内外における障害を理由とする差別及びその解消のための取組に関する情報の収集、整理及び提供を行うものとする。

（障害者差別解消支援地域協議会）

第十七条　国及び地方公共団体の機関であって、医療、介護、教育その他の障害者の自立と社会参加に関連する分野の事務に従事するもの（以下この項及び次条第二項において「関係機関」という。）は、当該地方公共団体の区域において関係機関が行う障害を理由とする差別に関する相談及び当該相談に係る事例を踏まえた障害を理由とする差別を解消するための取組を効果的かつ円滑に行うため、関係機関により構成される障害者差別解消支援地域協議会（以下「協議会」という。）を組織することができる。

2　前項の規定により協議会を組織する国及び地方公共団体の機関は、必要があると認めるときは、協議会に次に掲げる者を構成員として加えることができる。

一　特定非営利活動促進法（平成十年法律第七号）第二条第二項に規定する特定非営利活動法人その他の団体

二　学識経験者

三　その他当該国及び地方公共団体の機関が必要と認める者

（協議会の事務等）

第十八条　協議会は、前条第一項の目的を達するため、必要な情報を交換するとともに、障害者からの相談及び当該相談に係る事例を踏まえた障害を理由とする差別を解消するための取組に関する協議を行うものとする。

2　関係機関及び前条第二項の構成員（次項において「構成機関等」という。）は、前項の協議の結果に基づき、当該相談に係る事例を踏まえた障害を理由とする差別を解消するための取組を行うものとする。

3　協議会は、第一項に規定する情報の交換及び協議を行うため必要があると認めるとき、又は構成機関等が行う相談及び当該相談に係る事例を踏まえた障害を理由とする差別を解消するための取組に関し他の構成機関等から要請があった場合において必要があると認めるときは、構成機関等に対し、相談を行った障害者及び差別に係る事案に関する情報の提供、意見の表明その他の必要な協力を求めることができる。

4　協議会の庶務は、協議会を構成する地方公共団体において処理する。

5　協議会が組織されたときは、当該地方公共団体は、内閣府令で定めるところにより、その旨を公表しなければならない。

（秘密保持義務）

第十九条　協議会の事務に従事する者又は協議会の事務に従事していた者は、正当な理由なく、協議会の事務に関して知り得た秘密を漏らしてはならない。

（協議会の定める事項）

第二十条　前三条に定めるもののほか、協議会の組織及び運営に関し必要な事項は、協議会が定める。

第五章　雑則

（主務大臣）

第二十一条　この法律における主務大臣は、対応指針の対象となる事業者の事業を所管する大臣又は国家公安委員会とする。

（地方公共団体が処理する事務）

第二十二条　第十二条に規定する主務大臣の権限に属する事務は、政令で定めるところにより、地方公共団体の長その他の執行機関が行うこととすることができる。

（権限の委任）

第二十三条　この法律の規定により主務大臣の権限に属する事項は、政令で定めるところにより、その所属の職員に委任することができる。

（政令への委任）

第二十四条　この法律に定めるもののほか、この法律の実施のため必要な事項は、政令で定める。

第六章　罰則

第二十五条　第十九条の規定に違反した者は、一年以下の懲役又は五十万円以下の罰金に処する。

第二十六条　第十二条の規定による報告をせず、又は虚偽の報告をした者は、二十万円以下の過料に処する。

附則

（施行期日）

第一条　この法律は、平成二十八年四月一日から施行する。ただし、次条から附則第六条までの規定は、公布の日から施行する。

（基本方針に関する経過措置）

第二条　政府は、この法律の施行前においても、第六条の規定の例により、基本方針を定めることができる。この場合において、内閣総理大臣は、この法律の施行前においても、同条の規定の例により、これを公表することができる。

2　前項の規定により定められた基本方針は、この法律の施行の日において第六条の規定により定められたものとみなす。

（国等職員対応要領に関する経過措置）

第三条　国の行政機関の長及び独立行政法人等は、この法律の施行前においても、第九条の規定の例により、国等職員対応要領を定め、これを公表することができる。

2　前項の規定により定められた国等職員対応要領は、この法律の施行の日において第九条の規定により定められたものとみなす。

（地方公共団体等職員対応要領に関する経過措置）

第四条　地方公共団体の機関及び地方独立行政法人は、この法律の施行前においても、第十条の規定の例により、地方公共団体等職員対応要領を定め、これを公表することができる。

2　前項の規定により定められた地方公共団体等職員対応要領は、この法律の施行の日において第十条の規定により定められたものとみなす。

（対応指針に関する経過措置）

第五条　主務大臣は、この法律の施行前においても、第十一条の規定の例により、対応指針を定め、これを公表することができる。

2　前項の規定により定められた対応指針は、この法律の施行の日において第十一条の規定により定められたものとみなす。

（政令への委任）

第六条　この附則に規定するもののほか、この法律の施行に関し必要な経過措置は、政令で定める。

（検討）

第七条　政府は、この法律の施行後三年を経過した場合において、第八条第二項に規定する社会的障壁の除去の実施についての必要かつ合理的な配慮の在り方その他この法律の施行の状況について検討を加え、必要があると認めるときは、その結果に応じて所要の見直しを行うものとする。

（障害者基本法の一部改正）

第八条　障害者基本法の一部を次のように改正する。

第三十二条第二項に次の一号を加える。

四　障害を理由とする差別の解消の推進に関する法律（平成二十五年法律第六十五号）の規定によりその権限に属させられた事項

を処理すること。

（内閣府設置法の一部改正）

第九条　内閣府設置法の一部を次のように改正する。

第四条第三項第四十四号の次に次の一号を加える。

四十四の二　障害を理由とする差別の解消の推進に関する基本方針（障害を理由とする差別の解消の推進に関する法律（平成二十五年法律第六十五号）第六条第一項に規定するものをいう。）の作成及び推進に関すること。

内閣府ホームページ
http://www8.cao.go.jp/shougai/suishin/law_h25-65.html より引用

障害を理由とする差別の解消の推進に関する基本方針

２０１５（平成27）年2月27日閣議決定

政府は、障害を理由とする差別の解消の推進に関する法律（平成25年法律第65号。以下「法」という。）第6条第1項の規定に基づき、障害を理由とする差別の解消の推進に関する基本方針（以下「基本方針」という。）を策定する。基本方針は、障害を理由とする差別（以下「障害者差別」という。）の解消に向けた、政府の施策の総合的かつ一体的な実施に関する基本的な考え方を示すものである。

第1　障害を理由とする差別の解消の推進に関する施策に関する基本的な方向

1　法制定の背景

政府は、近年、障害者の権利擁護に向けた取組が国際的に進展し、平成18年に国連において、障害者の人権及び基本的自由の享有を確保すること並びに障害者の固有の尊厳の尊重を促進するための包括的かつ総合的な国際条約である障害者の権利に関する条約（以下「権利条約」という。）が採択された。我が国は、平成19年に権利条約に署名し、以来、国内法の整備を始めとする取組を進めてきた。

権利条約は第2条において、「「障害に基づく差別」とは、障害に基づくあらゆる区別、排除又は制限であって、政治的、経済的、社会的、文化的、市民的その他のあらゆる分野において、他の者との平等を基礎として全ての人権及び基本的自由を認識し、享有し、又は行使することを害し、又は妨げる目的又は効果を有するものをいう。障害に基づく差別には、あらゆる形態の差別（合理的配慮の否定を含む。）を含む。」と定義し、その禁止について、締約国に全ての適当な措置を求めている。我が国においては、平成16年の障害者基本法（昭和45年法律第84号）の改正において、障害者に対する差別の禁止が基本的理念として明示され、さらに、平成23年の同法改正の際には、権利条約の趣旨を踏まえ、同法第2条第2号において、社会的障壁について、「障害がある者にとつて日常生活又は社会生活を営む上で障壁となるような社会における事物、制度、慣行、観念その他一切のものをいう。」と定義されるとともに、基本原則として、同法第4条第1項に、「何人も、障害者に対して、障害を理由として、差別することその他の権利利益を侵害する行為をしてはならない」こと、また、同条第2項に、「社会的障壁の除去は、それを必要としている障害者が現に存し、かつ、その実施に伴う負担が過重でないときは、それを怠ることによって前項の規定に違反することとならないよう、その実施について必要かつ合理的な配慮がされなければならない」ことが規定された。

法は、障害者基本法の差別の禁止の基本原則を具体化するものであり、全ての国民が、障害の有無によって分け隔てられることなく、相互に人格と個性を尊重し合いながら共生する社会の実現に向け、障害者差別の解消を推進することを目的として、平成25年6月に制定された。我が国は、本法の制定を含めた一連の障害者施策に係る取組の成果を踏まえ、平成26年1月に権利条約を締結した。

2　基本的な考え方

（1）法の考え方

全ての国民が、障害の有無によって分け隔てられることなく、相互に人格と個性を尊重し合いながら共生する社会を実現するためには、日常生活や社会生活における障害者の活動を制限し、社会への参加を制約している社会的障壁を取り除くことが重要である。このため、法は、後述する、障害者に対する不当な差別的取扱い及び合理的配慮の不提供を差別と規定し、行政機関等及び事業者に対し、差別の解消に向けた具体的取組を求めるとともに、普及啓発活動等を通じて、障害者も含めた国民一人ひとりが、それぞれの立場において自発的に取り組むことを促している。

特に、法に規定された合理的配慮の提供に当たる行為は、既に社会の様々な場面において日常的に実践されているものもあり、こうした取組を広く社会に示すことにより、国民一人ひとりの、障害に関する正しい知識の取得や理解が深まり、障害者との建設的対話による相互理解が促進され、取組の裾野が一層広がることを期待するものである。

（2）基本方針と対応要領・対応指針との関係

基本方針に即して、国の行政機関の長及び独立行政法人等においては、当該機関の職員の取組に資するための対応要領を、主務大臣においては、事業者における取組に資するための対応指針を作成することとされている。地方公共団体及び公営企業型以外の地方独立行政法人（以下「地方公共団体等」という。）については、地方分権の観点から、対応要領の作成は努力義務とされているが、積極的に取り組むことが望まれる。

対応要領及び対応指針は、法に規定された不当な差別的取扱い及び合理的配慮について、具体例も盛り込みながら分かりやすく示しつつ、行政機関等の職員に徹底し、事業者の取組を促進するとともに、広く国民に周知するものとする。

（3）条例との関係

地方公共団体においては、近年、法の制定に先駆けて、障害者差別の解消に向けた条例の制定が進められるなど、各地で障害者差別の解消に係る気運の高まりが見られるところである。法の施行後においても、地域の実情に即した既存の条例（いわゆる上乗せ・横出し条例を含む。）については引き続き効力を有し、また、新たに制定することも制限されることはなく、障害者にとって身近な地域において、条例の制定も含めた障害者差別を解消する取組の推進が望まれる。

第2　行政機関等及び事業者が講ずべき障害を理由とする差別を解消するための措置に関する共通的な事項

1　法の対象範囲

（1）障害者

対象となる障害者は、障害者基本法第2条第1号に規定する障害者、即ち、「身体障害、知的障害、精神障害（発達障害を含む。）その他の心身の機能の障害（以下「障害」と総称する。）がある者であって、障害及び社会的障壁により継続的に日常生活又は社会生活に相当な制限を受ける状態にあるもの」である。これは、障害者が日常生活又は社会生活において受ける制限は、身体障害、知的障害、精神障害（発達障害を含む。）その他の心身の機能の障害（難病に起因する障害を含む。）のみに起因するものではなく、社会における様々な障壁と相対することによって生ずるものとのいわゆる「社会モデル」の考え方を踏まえている。したがって、法が対象とする障害者は、いわゆる障害者手帳の所持者に限られない。なお、高次脳機能障害は精神障害に含まれる。

また、特に女性である障害者は、障害に加えて女性であることにより、更に複合的に困難な状況に置かれている場合があること、障害児には、成人の障害者とは異なる支援の必要性があることに留意する。

（2）事業者

対象となる事業者は、商業その他の事業を行う者（地方公共団体の経営する企業及び公営企業型地方独立行政法人を含み、国、独立行政法人等、地方公共団体及び公営企業型以外の地方独立行政法人を除く。）であり、目的の営利・非営利、個人・法人の別を問わず、同種の行為を反復継続する意思をもって行う者である。したがって、例えば、個人事業者や対価を得ない無報酬の事業を行う者、非営利事業を行う社会福祉法人や特定非営利活動法人も対象となる。

（3）対象分野

法は、日常生活及び社会生活全般に係る分野が広く対象となる。ただし、行政機関等及び事業者が事業主としての立場で労働者に対して行う障害を理由とする差別を解消するための措置については、法第13条により、障害者の雇用の促進等に関する法律（昭和35年法律第123号）の定めるところによることとされている。

2　不当な差別的取扱い

（1）不当な差別的取扱いの基本的な考え方

ア　法は、障害者に対して、正当な理由なく、障害を理由として、財・サービスや各種機会の提供を拒否する又は提供に当たって場所・時間帯などを制限する、障害者でない者に対しては付さない条件を付けることなどにより、障害者の権利利益を侵害することを禁止している。

なお、障害者の事実上の平等を促進し、又は達成するために必要な特別の措置は、不当な差別的取扱いではない。

イ　したがって、障害者を障害者でない者と比べて優遇する取扱い（いわゆる積極的改善措置）、法に規定された障害者に対する合理的配慮の提供による障害者でない者との異なる取扱いや、合理的配慮を提供等するために必要な範囲で、プライバシーに配慮しつつ障害者に障害の状況等を確認することは、不当な差別的取扱いには当たらない。不当な差別的取扱いとは、正当な理由なく、障害者を、問題となる事務・事業について本質的に関係する諸事情が同じ障害者でない者より不利に扱うことである点に留意する必要がある。

（2）正当な理由の判断の視点

正当な理由に相当するのは、障害者に対して、障害を理由として、財・サービスや各種機会の提供を拒否するなどの取扱いが客観的に見て正当な目的の下に行われたものであり、その目的に照らしてやむを得ないと言える場合である。行政機関等及び事業者においては、正当な理由に相当するか否かについて、個別の事案ごとに、障害者、事業者、第三者の権利利益（例：安全の確保、財産の保全、事業の目的・内容・機能の維持、損害発生の防止等）及び行政機関等の事務・事業の目的・内容・機能の維持等の観点に鑑み、具体的場面や状況に応じて総合的・客観的に判断することが必要である。行政機関等及び事業者は、正当な理由があると判断した場合には、障害者にその理由を説明するものとし、理解を得るよう努めることが望ましい。

3　合理的配慮

（1）合理的配慮の基本的な考え方

ア　権利条約第2条において、「合理的配慮」は、「障害者が他の者との平等を基礎として全ての人権及び基本的自由を享有し、又は行使することを確保するための必要かつ適当な変更及び調整であって、特定の場合において必要とされるものであり、かつ、均衡を失した又は過度の負担を課さないもの」と定義されている。

法は、権利条約における合理的配慮の定義を踏まえ、行政機関等及び事業者に対し、その事務・

事業を行うに当たり、個々の場面において、障害者から現に社会的障壁の除去を必要としている旨の意思の表明があった場合において、その実施に伴う負担が過重でないときは、障害者の権利利益を侵害することとならないよう、社会的障壁の除去の実施について、必要かつ合理的な配慮（以下「合理的配慮」という。）を行うことを求めている。合理的配慮は、障害者が受ける制限は、障害のみに起因するものではなく、社会における様々な障壁と相対することによって生ずるものとのいわゆる「社会モデル」の考え方を踏まえたものであり、障害者の権利利益を侵害することとならないよう、障害者が個々の場面において必要としている社会的障壁を除去するための必要かつ合理的な取組であり、その実施に伴う負担が過重でないものである。

合理的配慮は、行政機関等及び事業者の事務・事業の目的・内容・機能に照らし、必要とされる範囲で本来の業務に付随するものに限られること、障害者でない者との比較において同等の機会の提供を受けるためのものであること、事務・事業の目的・内容・機能の本質的な変更には及ばないことに留意する必要がある。

イ　合理的配慮は、障害の特性や社会的障壁の除去が求められる具体的場面や状況に応じて異なり、多様かつ個別性の高いものであり、当該障害者が現に置かれている状況を踏まえ、社会的障壁の除去のための手段及び方法について、「(2)過重な負担の基本的な考え方」に掲げた要素を考慮し、代替措置の選択も含め、双方の建設的対話による相互理解を通じて、必要かつ合理的な範囲で、柔軟に対応がなされるものである。さらに、合理的配慮の内容は、技術の進展、社会情勢の変化等に応じて変わり得るものである。

現時点における一例としては、

・車椅子利用者のために段差に携帯スロープを渡す、高い所に陳列された商品を取って渡すなどの物理的環境への配慮

・筆談、読み上げ、手話などによるコミュニケーション、分かりやすい表現を使って説明をするなどの意思疎通の配慮

・障害の特性に応じた休憩時間の調整などのルール・慣行の柔軟な変更

などが挙げられる。合理的配慮の提供に当たっては、障害者の性別、年齢、状態等に配慮するものとする。内閣府及び関係行政機関は、今後、合理的配慮の具体例を蓄積し、広く国民に提供するものとする。

なお、合理的配慮を必要とする障害者が多数見込まれる場合、障害者との関係性が長期にわたる場合等には、その都度の合理的配慮の提供ではなく、後述する環境の整備を考慮に入れることにより、中・長期的なコストの削減・効率化につながる点は重要である。

ウ　意思の表明に当たっては、具体的場面において、社会的障壁の除去に関する配慮を必要としている状況にあることを言語（手話を含む。）のほか、点字、拡大文字、筆談、実物の提示や身振りサイン等による合図、触覚による意思伝達など、障害者が他人とコミュニケーションを図る際に必要な手段（通訳を介するものを含む。）により伝えられる。

また、障害者からの意思表明のみでなく、知的障害や精神障害（発達障害を含む。）等により本人の意思表明が困難な場合には、障害者の家族、介助者等、コミュニケーションを支援する者が本人を補佐して行う意思の表明も含む。

なお、意思の表明が困難な障害者が、家族、介助者等を伴っていない場合など、意思の表明がない場合であっても、当該障害者が社会的障壁の除去を必要としていることが明白である場合には、法の趣旨に鑑みれば、当該障害者に対して適切と思われる配慮を提案するために建設的対話を働きかけるなど、自主的な取組に努めることが望ましい。

エ　合理的配慮は、障害者等の利用を想定して事前に行われる建築物のバリアフリー化、介助者等の人的支援、情報アクセシビリティの向上等の環境の整備（「㊎」において後述）を基礎として、個々の障害者に対して、その状況に応じて個別に実施される措置である。したがって、各場面にお

ける環境の整備の状況により、合理的配慮の内容は異なることとなる。また、障害の状態等が変化することもあるため、特に、障害者との関係性が長期にわたる場合等には、提供する合理的配慮について、適宜、見直しを行うことが重要である。

（2）過重な負担の基本的な考え方

過重な負担については、行政機関等及び事業者において、個別の事案ごとに、以下の要素等を考慮し、具体的場面や状況に応じて総合的・客観的に判断することが必要である。行政機関等及び事業者は、過重な負担に当たると判断した場合は、障害者にその理由を説明するものとし、理解を得るよう努めることが望ましい。

○事務・事業への影響の程度（事務・事業の目的・内容・機能を損なうか否か）
○実現可能性の程度（物理的・技術的制約、人的・体制上の制約）
○費用・負担の程度
○事務・事業規模
○財政・財務状況

第3　行政機関等が講ずべき障害を理由とする差別を解消するための措置に関する基本的な事項

1　基本的な考え方

行政機関等においては、その事務・事業の公共性に鑑み、障害者差別の解消に率先して取り組む主体として、不当な差別的取扱いの禁止及び合理的配慮の提供が法的義務とされており、国の行政機関の長及び独立行政法人等は、当該機関の職員による取組を確実なものとするため、対応要領を定めることとされている。行政機関等における差別禁止を確実なものとするためには、差別禁止に係る具体的取組と併せて、相談窓口の明確化、職員の研修・啓発の機会の確保等を徹底することが重要であり、対応要領においてこの旨を明記するものとする。

2　対応要領

（1）対応要領の位置付け及び作成手続

対応要領は、行政機関等が事務・事業を行うに当たり、職員が遵守すべき服務規律の一環として定められる必要があり、国の行政機関であれば、各機関の長が定める訓令等が、また、独立行政法人等については、内部規則の様式に従って定められることが考えられる。

国の行政機関の長及び独立行政法人等は、対応要領の作成に当たり、障害者その他の関係者を構成員に含む会議の開催、障害者団体等からのヒアリングなど、障害者その他の関係者の意見を反映させるために必要な措置を講ずるとともに、作成後は、対応要領を公表しなければならない。

（2）対応要領の記載事項

対応要領の記載事項としては、以下のものが考えられる。

○趣旨
○障害を理由とする不当な差別的取扱い及び合理的配慮の基本的な考え方
○障害を理由とする不当な差別的取扱い及び合理的配慮の具体例
○相談体制の整備
○職員への研修・啓発

3　地方公共団体等における対応要領に関する事項

地方公共団体等における対応要領の作成については、地方分権の趣旨に鑑み、法においては努力義務とされている。地方公共団体等において対応要領を作成する場合には、2（1）及び（2）に準じて行われることが望ましい。国は、地方公共団体等における対応要領の作成に関し、適時に資料・情報の提供、技術的助言など、所要の支援措置を講ずること等により協力しなければならない。

第4　事業者が講ずべき障害を理由とする差別を解消するための措置に関する基本的な事項

1　基本的な考え方

事業者については、不当な差別的取扱いの禁止が法的義務とされる一方で、事業における障害者との関係が分野・業種・場面・状況によって様々であり、求められる配慮の内容・程度も多種多様であることから、合理的配慮の提供については、努力義務とされている。このため、各主務大臣は、所掌する分野における対応指針を作成し、事業者は、対応指針を参考として、取組を主体的に進めることが期待される。主務大臣においては、所掌する分野の特性を踏まえたきめ細かな対応を行うものとする。各事業者における取組については、障害者差別の禁止に係る具体的取組はもとより、相談窓口の整備、事業者の研修・啓発の機会の確保等も重要であり、対応指針の作成に当たっては、この旨を明記するものとする。

同種の事業が行政機関等と事業者の双方で行われる場合は、事業の類似性を踏まえつつ、事業主体の違いも考慮した上での対応に努めることが望ましい。また、公設民営の施設など、行政機関等がその事務・事業の一環として設置・実施し、事業者に運営を委託等している場合は、提供される合理的配慮の内容に大きな差異が生ずることにより障害者が不利益を受けることのないよう、委託等の条件に、対応要領を踏まえた合理的配慮の提供について盛り込むよう努めることが望ましい。

2　対応指針

（1）対応指針の位置付け及び作成手続

主務大臣は、個別の場面における事業者の適切な対応・判断に資するための対応指針を作成するものとされている。作成に当たっては、障害者や事業者等を構成員に含む会議の開催、障害者団体や事業者団体等からのヒアリングなど、障害者その他の関係者の意見を反映させるために必要な措置を講ずるとともに、作成後は、対応指針を公表しなければならない。

なお、対応指針は、事業者の適切な判断に資するために作成されるものであり、盛り込まれる合理的配慮の具体例は、事業者に強制する性格のものではなく、また、それだけに限られるものではない。事業者においては、対応指針を踏まえ、具体的場面や状況に応じて柔軟に対応することが期待される。

（2）対応指針の記載事項

対応指針の記載事項としては、以下のものが考えられる。

○趣旨
○障害を理由とする不当な差別的取扱い及び合理的配慮の基本的な考え方
○障害を理由とする不当な差別的取扱い及び合理的配慮の具体例
○事業者における相談体制の整備
○事業者における研修・啓発
○国の行政機関（主務大臣）における相談窓口

3　主務大臣による行政措置

事業者における障害者差別解消に向けた取組は、主務大臣の定める対応指針を参考にして、各事業者により自主的に取組が行われることが期待される。しかしながら、事業者による自主的な取組のみによっては、その適切な履行が確保されず、例えば、事業者が法に反した取扱いを繰り返し、自主的な改善を期待することが困難である場合など、主務大臣は、特に必要があると認められるときは、事業者に対し、報告を求め、又は助言、指導若しくは勧告をすることができることとされている。

こうした行政措置に至る事案を未然に防止するため、主務大臣は、事業者に対して、対応指針に係る十分な情報提供を行うとともに、事業者からの照会・相談に丁寧に対応するなどの取組を積極的に行うものとする。また、主務大臣による行政措置に当たっては、事業者における自主的な取組を尊重する法の趣旨に沿って、まず、報告徴収、助言、指導により改善を促すことを基本とする必要がある。主務大臣が事業者に対して行った助言、指導及び勧告については、取りまとめて、毎年国会に報告するものとする。

第5　その他障害を理由とする差別の解消の推進に関する施策に関する重要事項

1　環境の整備

法は、不特定多数の障害者を主な対象として行われる事前的改善措置（いわゆるバリアフリー法に基づく公共施設や交通機関におけるバリアフリー化、意思表示やコミュニケーションを支援するためのサービス・介助者等の人的支援、障害者による円滑な情報の取得・利用・発信のための情報アクセシビリティの向上等）については、個別の場面において、個々の障害者に対して行われる合理的配慮を的確に行うための環境の整備として実施に努めることとしている。新しい技術開発が環境の整備に係る投資負担の軽減をもたらすこともあることから、技術進歩の動向を踏まえた取組が期待される。また、環境の整備には、ハード面のみならず、職員に対する研修等のソフト面の対応も含まれることが重要である。

障害者差別の解消のための取組は、このような環境の整備を行うための施策と連携しながら進められることが重要であり、ハード面でのバリアフリー化施策、情報の取得・利用・発信におけるアクセシビリティ向上のための施策、職員に対する研修等、環境の整備の施策を着実に進めることが必要である。

2　相談及び紛争の防止等のための体制の整備

障害者差別の解消を効果的に推進するには、障害者及びその家族その他の関係者からの相談等に的確に応じることが必要であり、相談等に対応する際には、障害者の性別、年齢、状態等に配慮することが重要である。法は、新たな機関は設置せず、既存の機関等の活用・充実を図ることとしており、国及び地方公共団体においては、相談窓口を明確にするとともに、相談や紛争解決などに対応する職員の業務の明確化・専門性の向上などを図ることにより、障害者差別の解消の推進に資する体制を整備するものとする。内閣府においては、相談及び紛争の防止等に関する機関の情報について収集・整理し、ホームページへの掲載等により情報提供を行うものとする。

3　啓発活動

障害者差別については、国民一人ひとりの障害に関する知識・理解の不足、意識の偏りに起因する面が大きいと考えられることから、内閣府を中心に、関係行政機関と連携して、各種啓発活動に積極的に取り組み、国民各層の障害に関する理解を促進するものとする。

（1）行政機関等における職員に対する研修

行政機関等においては、所属する職員一人ひとりが障害者に対して適切に対応し、また、障害者及びその家族その他の関係者からの相談等に的確に対応するため、法の趣旨の周知徹底、障害者から話を聞く機会を設けるなどの各種研修等を実施することにより、職員の障害に関する理解の促進を図るものとする。

（2）事業者における研修

事業者においては、障害者に対して適切に対応し、また、障害者及びその家族その他の関係者からの相談等に的確に対応するため、研修等を通じて、法の趣旨の普及を図るとともに、障害に関する理解の促進に努めるものとする。

（3）地域住民等に対する啓発活動

ア　障害者差別が、本人のみならず、その家族等にも深い影響を及ぼすことを、国民一人ひとりが認識するとともに、法の趣旨について理解を深めることが不可欠であり、また、障害者からの働きかけによる建設的対話を通じた相互理解が促進されるよう、障害者も含め、広く周知・啓発を行うことが重要である。

内閣府を中心に、関係省庁、地方公共団体、事業者、障害者団体、マスメディア等の多様な主体との連携により、インターネットを活用した情報提供、ポスターの掲示、パンフレットの作成・配布、法の説明会やシンポジウム等の開催など、多様な媒体を用いた周知・啓発活動に積極的に取り組む。

イ　障害のある児童生徒が、その年齢及び能力に応じ、可能な限り障害のない児童生徒と共に、その特性を踏まえた十分な教育を受けることのできるインクルーシブ教育システムを推進しつつ、家庭や学校を始めとする社会のあらゆる機会を活用し、子供の頃から年齢を問わず障害に関する知識・理解を深め、全ての障害者が、障害者でない者と等しく、基本的人権を享有する個人であることを認識し、障害の有無にかかわらず共に助け合い・学び合う精神を涵養する。障害のない児童生徒の保護者に対する働きかけも重要である。

ウ　国は、グループホーム等を含む、障害者関連施設の認可等に際して、周辺住民の同意を求める必要がないことを十分に周知するとともに、地方公共団体においては、当該認可等に際して、周辺住民の同意を求める必要がないことに留意しつつ、住民の理解を得るために積極的な啓発活動を行うことが望ましい。

4　障害者差別解消支援地域協議会

（1）趣旨

障害者差別の解消を効果的に推進するには、障害者にとって身近な地域において、主体的な取組がなされることが重要である。地域において日常生活、社会生活を営む障害者の活動は広範多岐にわたり、相談等を行うに当たっては、どの機関がどのような権限を有しているかは必ずしも明らかではない場合があり、また、相談等を受ける機関においても、相談内容によっては当該機関だけでは対応できない場合がある。このため、地域における様々な関係機関が、相談事例等に係る情報の共有・協議を通じて、各自の役割に応じた事案解決のための取組や類似事案の発生防止の取組など、地域の実情に応じた差別の解消のための取組を主体的に行うネットワークとして、障害者差別解消支援地域協議会（以下「協議会」という。）を組織することができることとされている。協議会については、障害者及びその家族の参画について配慮するとともに、性別・年齢、障害種別を考慮して組織することが望ましい。内閣府においては、法施行後における協議会の設置状況等について公表するものとする。

（2）期待される役割

協議会に期待される役割としては、関係機関から提供された相談事例等について、適切な相談窓口を有する機関の紹介、具体的事案の対応例の共有・協議、協議会の構成機関等における調停、斡旋等の様々な取組による紛争解決、複数の機関で紛争解決等に対応することへの後押し等が考えられる。

なお、都道府県において組織される協議会においては、紛争解決等に向けた取組について、市町村において組織される協議会を補完・支援する役割が期待される。また、関係機関において紛争解決に至った事例、合理的配慮の具体例、相談事案から合理的配慮に係る環境の整備を行うに至った事例などの共有・分析を通じて、構成機関等における業務改善、事案の発生防止のための取組、周知・啓発活動に係る協議等を行うことが期待される。

5　差別の解消に係る施策の推進に関する重要事項

（1）情報の収集、整理及び提供

本法を効果的に運用していくため、内閣府においては、行政機関等による協力や協議会との連携などにより、個人情報の保護等に配慮しつつ、国内における具体例や裁判例等を収集・整理するものとする。あわせて、海外の法制度や差別解消のための取組に係る調査研究等を通じ、権利条約に基づき設置された、障害者の権利に関する委員会を始めとする国際的な動向や情報の集積を図るものとする。これらの成果については、障害者白書や内閣府ホームページ等を通じて、広く国民に提供するものとする。

（2）基本方針、対応要領、対応指針の見直し等

技術の進展、社会情勢の変化等は、特に、合理的配慮について、その内容、程度等に大きな進展をもたらし、また、実施に伴う負担を軽減し得るものであり、法の施行後においては、こうした動向や、不当な差別的取扱い及び合理的配慮の具体例の集積等を踏まえるとともに、国際的な動向も勘案しつつ、必要に応じて、基本方針、対応要領及び対応指針を見直し、適時、充実を図るもの

とする。

法の施行後3年を経過した時点における法の施行状況に係る検討の際には、障害者政策委員会における障害者差別の解消も含めた障害者基本計画の実施状況に係る監視の結果も踏まえて、基本方針についても併せて所要の検討を行うものとする。基本方針の見直しに当たっては、あらかじめ、障害者その他の関係者の意見を反映させるために必要な措置を講ずるとともに、障害者政策委員会の意見を聴かなければならない。対応要領、対応指針の見直しに当たっても、障害者その他の関係者の意見を反映させるために必要な措置を講じなければならない。

なお、各種の国家資格の取得等において障害者に不利が生じないよう、いわゆる欠格条項について、各制度の趣旨や、技術の進展、社会情勢の変化等を踏まえ、適宜、必要な見直しを検討するものとする。

http://www8.cao.go.jp/shougai/suishin/sabekai/kihonhoushin/honbun.html から引用

障害者虐待の防止、障害者の養護者に対する支援等に関する法律

最終改正：２０１２（平成24）年8月22日法律第67号

第一章　総則

（目的）

第一条　この法律は、障害者に対する虐待が障害者の尊厳を害するものであり、障害者の自立及び社会参加にとって障害者に対する虐待を防止することが極めて重要であること等に鑑み、障害者に対する虐待の禁止、障害者虐待の予防及び早期発見その他の障害者虐待の防止等に関する国等の責務、障害者虐待を受けた障害者に対する保護及び自立の支援のための措置、養護者の負担の軽減を図ること等の養護者に対する養護者による障害者虐待の防止に資する支援（以下「養護者に対する支援」という。）のための措置等を定めることにより、障害者虐待の防止、養護者に対する支援等に関する施策を促進し、もって障害者の権利利益の擁護に資することを目的とする。

（定義）

第二条　この法律において「障害者」とは、障害者基本法（昭和四十五年法律第八十四号）第二条第一号に規定する障害者をいう。

2　この法律において「障害者虐待」とは、養護者による障害者虐待、障害者福祉施設従事者等による障害者虐待及び使用者による障害者虐待をいう。

3　この法律において「養護者」とは、障害者を現に養護する者であって障害者福祉施設従事者等及び使用者以外のものをいう。

4　この法律において「障害者福祉施設従事者等」とは、障害者の日常生活及び社会生活を総合的に支援するための法律（平成十七年法律第百二十三号）第五条第十一項に規定する障害者支援施設（以下「障害者支援施設」という。）若しくは独立行政法人国立重度知的障害者総合施設のぞみの園法（平成十四年法律第百六十七号）第十一条第一号の規定により独立行政法人国立重度知的障害者総合施設のぞみの園が設置する施設（以下「のぞみの園」という。）（以下「障害者福祉施設」という。）又は障害者の日常生活及び社会生活を総合的に支援するための法律第五条第一項に規定する障害福祉サービス事業、同条第十六項に規定する一般相談支援事業若しくは特定相談支援事業、同条第二十四項に規定する移動支援事業、同条第二十五項に規定する地域活動支援センターを経営する事業若しくは同条第二十六項に規定する福祉ホームを経営する事

業その他厚生労働省令で定める事業（以下「障害福祉サービス事業等」という。）に係る業務に従事する者をいう。

5　この法律において「使用者」とは、障害者を雇用する事業主（当該障害者が派遣労働者（労働者派遣事業の適正な運営の確保及び派遣労働者の保護等に関する法律（昭和六十年法律第八十八号）第二条第二号に規定する派遣労働者をいう。以下同じ。）である場合において当該派遣労働者に係る労働者派遣（同条第一号に規定する労働者派遣をいう。）の役務の提供を受ける事業主その他これに類するものとして政令で定める事業主を含み、国及び地方公共団体を除く。以下同じ。）又は事業の経営担当者その他その事業の労働者に関する事項について事業主のために行為をする者をいう。

6　この法律において「養護者による障害者虐待」とは、次のいずれかに該当する行為をいう。

一　養護者がその養護する障害者について行う次に掲げる行為

イ　障害者の身体に外傷が生じ、若しくは生じるおそれのある暴行を加え、又は正当な理由なく障害者の身体を拘束すること。

ロ　障害者にわいせつな行為をすること又は障害者をしてわいせつな行為をさせること。

ハ　障害者に対する著しい暴言又は著しく拒絶的な対応その他の障害者に著しい心理的外傷を与える言動を行うこと。

ニ　障害者を衰弱させるような著しい減食又は長時間の放置、養護者以外の同居人によるイからハまでに掲げる行為と同様の行為の放置等養護を著しく怠ること。

二　養護者又は障害者の親族が当該障害者の財産を不当に処分することその他当該障害者から不当に財産上の利益を得ること。

7　この法律において「障害者福祉施設従事者等による障害者虐待」とは、障害者福祉施設従事者等が、当該障害者福祉施設に入所し、その他当該障害者福祉施設を利用する障害者又は当該障害福祉サービス事業等に係るサービスの提供を受ける障害者について行う次のいずれかに該当する行為をいう。

一　障害者の身体に外傷が生じ、若しくは生じるおそれのある暴行を加え、又は正当な理由なく障害者の身体を拘束すること。

二　障害者にわいせつな行為をすること又は障害者をしてわいせつな行為をさせること。

三　障害者に対する著しい暴言、著しく拒絶的な対応又は不当な差別的言動その他の障害者に著しい心理的外傷を与える言動を行うこと。

四　障害者を衰弱させるような著しい減食又は長時間の放置、当該障害者福祉施設に入所し、その他当該障害者福祉施設を利用する他の障害者又は当該障害福祉サービス事業等に係るサービスの提供を受ける他の障害者による前三号に掲げる行為と同様の行為の放置その他の障害者を養護すべき職務上の義務を著しく怠ること。

五　障害者の財産を不当に処分することその他障害者から不当に財産上の利益を得ること。

8　この法律において「使用者による障害者虐待」とは、使用者が当該事業所に使用される障害者について行う次のいずれかに該当する行為をいう。

一　障害者の身体に外傷が生じ、若しくは生じるおそれのある暴行を加え、又は正当な理由なく障害者の身体を拘束すること。

二　障害者にわいせつな行為をすること又は障害者をしてわいせつな行為をさせること。

三　障害者に対する著しい暴言、著しく拒絶的な対応又は不当な差別的言動その他の障害者に著しい心理的外傷を与える言動を行うこと。

四　障害者を衰弱させるような著しい減食又は長時間の放置、当該事業所に使用される他の労働者による前三号に掲げる行為と同様の行為の放置その他これらに準ずる行為を行うこと。

五　障害者の財産を不当に処分することその他障害者から不当に財産上の利益を得ること。

（障害者に対する虐待の禁止）

第三条　何人も、障害者に対し、虐待をしてはならない。

（国及び地方公共団体の責務等）

第四条　国及び地方公共団体は、障害者虐待の予防及び早期発見その他の障害者虐待の防止、障害者虐待を受けた障害者の迅速かつ適切な保護及び自立の支援並びに適切な養護者に対する支援を行うため、関係省庁相互間その他関係機関及び民間団体の間の連携の強化、民間団体の支援その他必要な体制の整備に努めなければならない。

2　国及び地方公共団体は、障害者虐待の防止、障害者虐待を受けた障害者の保護及び自立の支援並びに養護者に対する支援が専門的知識に基づき適切に行われるよう、これらの職務に携わる専門的知識及び技術を有する人材その他必要な人材の確保及び資質の向上を図るため、関係機関の職員の研修等必要な措置を講ずるよう努めなければならない。

3　国及び地方公共団体は、障害者虐待の防止、障害者虐待を受けた障害者の保護及び自立の支援並びに養護者に対する支援に資するため、障害者虐待に係る通報義務、人権侵犯事件に係る救済制度等について必要な広報その他の啓発活動を行うものとする。

（国民の責務）

第五条　国民は、障害者虐待の防止、養護者に対する支援等の重要性に関する理解を深めるとともに、国又は地方公共団体が講ずる障害者虐待の防止、養護者に対する支援等のための施策に協力するよう努めなければならない。

（障害者虐待の早期発見等）

第六条　国及び地方公共団体の障害者の福祉に関する事務を所掌する部局その他の関係機関は、障害者虐待を発見しやすい立場にあることに鑑み、相互に緊密な連携を図りつつ、障害者虐待の早期発見に努めなければならない。

2　障害者福祉施設、学校、医療機関、保健所その他障害者の福祉に業務上関係のある団体並びに障害者福祉施設従事者等、学校の教職員、医師、歯科医師、保健師、弁護士その他障害者の福祉に職務上関係のある者及び使用者は、障害者虐待を発見しやすい立場にあることを自覚し、障害者虐待の早期発見に努めなければならない。

3　前項に規定する者は、国及び地方公共団体が講ずる障害者虐待の防止のための啓発活動並びに障害者虐待を受けた障害者の保護及び自立の支援のための施策に協力するよう努めなければならない。

第二章　養護者による障害者虐待の防止、養護者に対する支援等

（養護者による障害者虐待に係る通報等）

第七条　養護者による障害者虐待（十八歳未満の障害者について行われるものを除く。以下この章において同じ。）を受けたと思われる障害者を発見した者は、速やかに、これを市町村に通報しなければならない。

2　刑法（明治四十年法律第四十五号）の秘密漏示罪の規定その他の守秘義務に関する法律の規定は、前項の規定による通報をすることを妨げるものと解釈してはならない。

第八条　市町村が前条第一項の規定による通報又は次条第一項に規定する届出を受けた場合においては、当該通報又は届出を受けた市町村の職員は、その職務上知り得た事項であって当該通報又は届出をした者を特定させるものを漏らしてはならない。

（通報等を受けた場合の措置）

第九条　市町村は、第七条第一項の規定による通報又は障害者からの養護者による障害者虐待を受けた旨の届出を受けたときは、速やかに、当該障害者の安全の確認その他当該通報又は届出に係る事実の確認のための措置を講ずるとともに、第三十五条の規定により当該市町村と連携協力する者（以下「市町村障害者虐待対応協力者」という。）とその対応について協議を行うものとする。

2　市町村は、第七条第一項の規定による通報又は前項に規定する届出があった場合には、当該通報又は届出に係る障害者に対する養護者による障害者虐待の防止及び当該障害者の保護が図られるよう、養護者による障害者虐待により生命又は身体に重大な危険が生じているおそれがあると認められる障害者を一時的に保護するため迅速に当該市町村の設置する障害者支援施設又は障害者の日常生活及び社会生活を総合的に支援するための法律第五条第六項の厚生労働省令で定める施設（以下「障害者支援施設等」という。）に入所させる等、適切に、身体障害者福祉法（昭和二十四年法律第二百八十三号）第十八条第一項若しくは第二項又は知的障害者福祉法（昭和三十五年法律第三十七号）第十五条の四若しくは第十六条第一項第二号の規定による措置を講ずるものとする。この場合において、当該障害者が身体障害者福祉法第四条に規定する身体障害者（以下「身体障害者」という。）及び知的障害者福祉法にいう知的障害者（以下「知的障害者」という。）以外の障害者であるときは、当該障害者を身体障害者又は知的障害者とみなして、身体障害者福祉法第十八条第一項若しくは第二項又は知的障害者福祉法第十五条の四若しくは第十六条第一項第二号の規定を適用する。

3　市町村長は、第七条第一項の規定による通報又は第一項に規定する届出があった場合には、当該通報又は届出に係る障害者に対する養護者による障害者虐待の防止並びに当該障害者の保護及び自立の支援が図られるよう、適切に、精神保健及び精神障害者福祉に関する法律（昭和二十五年法律第百二十三号）第五十一条の十一の二又は知的障害者福祉法第二十八条の規定により審判の請求をするものとする。

（居室の確保）

第十条　市町村は、養護者による障害者虐待を受けた障害者について前条第二項の措置を採るために必要な居室を確保するための措置を講ずるものとする。

（立入調査）

第十一条　市町村長は、養護者による障害者虐待により障害者の生命又は身体に重大な危険が生じているおそれがあると認めるときは、障害者の福祉に関する事務に従事する職員をして、当該障害者の住所又は居所に立ち入り、必要な調査又は質問をさせることができる。

2　前項の規定による立入り及び調査又は質問を行う場合においては、当該職員は、その身分を示す証明書を携帯し、関係者の請求があるときは、これを提示しなければならない。

3　第一項の規定による立入り及び調査又は質問を行う権限は、犯罪捜査のために認められたものと解釈してはならない。

（警察署長に対する援助要請等）

第十二条　市町村長は、前条第一項の規定による立入り及び調査又は質問をさせようとする場合において、これらの職務の執行に際し必要があると認めるときは、当該障害者の住所又は居所の所在地を管轄する警察署長に対し援助を求めることができる。

2　市町村長は、障害者の生命又は身体の安全の確保に万全を期する観点から、必要に応じ適切に、前項の規定により警察署長に対し援助を求めなければならない。

3　警察署長は、第一項の規定による援助の求めを受けた場合において、障害者の生命又は身体の安全を確保するため必要と認めるときは、速やかに、所属の警察官に、同項の職務の執行を援助するために必要な警察官職務執行法（昭和二十三年法律第百三十六号）その他の法令の定めるところによる措置を講じさせるよう努めなければならない。

（面会の制限）

第十三条　養護者による障害者虐待を受けた障害者について第九条第二項の措置が採られた場合においては、市町村長又は当該措置に係る障害者支援施設等若しくはのぞみの園の長若しくは当該措置に係る身体障害者福祉法第十八条第二項に規定する指定医療機関の管理者は、養護者による障害者虐待の防止及び当該障害者の保護の観点から、当該養護者による障害者虐待を行った養護者について当該障害者との面会を制限することができる。

（養護者の支援）

第十四条　市町村は、第三十二条第二項第二号に規定するもののほか、養護者の負担の軽減のため、養護者に対する相談、指導及び助言その他必要な措置を講ずるものとする。

2　市町村は、前項の措置として、養護者の心身の状態に照らしその養護の負担の軽減を図るため緊急の必要があると認める場合に障害者が短期間養護を受けるために必要となる居室を確保するための措置を講ずるものとする。

第三章　障害者福祉施設従事者等による障害者虐待の防止等

（障害者福祉施設従事者等による障害者虐待の防止等のための措置）

第十五条　障害者福祉施設の設置者又は障害福祉サービス事業等を行う者は、障害者福祉施設従事者等の研修の実施、当該障害者福祉施設に入所し、その他当該障害者福祉施設を利用し、又は当該障害福祉サービス事業等に係るサービスの提供を受ける障害者及びその家族からの苦情の処理の体制の整備その他の障害者福祉施設従事者等による障害者虐待の防止等のための措置を講ずるものとする。

（障害者福祉施設従事者等による障害者虐待に係る通報等）

第十六条　障害者福祉施設従事者等による障害者虐待を受けたと思われる障害者を発見した者は、速やかに、これを市町村に通報しなければならない。

2　障害者福祉施設従事者等による障害者虐待を受けた障害者は、その旨を市町村に届け出ることができる。

3　刑法の秘密漏示罪の規定その他の守秘義務に関する法律の規定は、第一項の規定による通報（虚偽であるもの及び過失によるものを除く。次項において同じ。）をすることを妨げるものと解釈してはならない。

4　障害者福祉施設従事者等は、第一項の規定による通報をしたことを理由として、解雇その他不利益な取扱いを受けない。

第十七条　市町村は、前条第一項の規定による通報又は同条第二項の規定による届出を受けたときは、厚生労働省令で定めるところにより、当該通報又は届出に係る障害者福祉施設従事者等による障害者虐待に関する事項を、当該障害者福祉施設従事者等による障害者虐待に係る障害者福祉施設又は当該障害者福祉施設従事者等による障害者虐待に係る障害福祉サービス事業等の事業所の所在地の都道府県に報告しなければならない。

第十八条　市町村が第十六条第一項の規定による通報又は同条第二項の規定による届出を受けた場合においては、当該通報又は届出を受けた市町村の職員は、その職務上知り得た事項であって当該通報又は届出をした者を特定させるものを漏らしてはならない。都道府県が前条の規定による報告を受けた場合における当該報告を受けた都道府県の職員についても、同様とする。

（通報等を受けた場合の措置）

第十九条　市町村が第十六条第一項の規定による通報若しくは同条第二項の規定による届出を受け、又は都道府県が第十七条の規定による報告を受けたときは、市町村長又は都道府県知事は、障害者福祉施設の業務又は障害福祉サービス事業等の適正な運営を確保することにより、当該通報又は届出に係る障害者に対する障害者福祉施設従事者等による障害者虐待の防止並びに当該障害者の保護及び自立の支援を図るため、社会福祉法（昭和二十六年法律第四十五号）、障害者の日常生活及び社会生活を総合的に支援するための法律その他関係法律の規定による権限を適切に行使するものとする。

（公表）

第二十条　都道府県知事は、毎年度、障害者福祉施設従事者等による障害者虐待の状況、障害者福祉施設従事者等による障害者虐待があった場合に採った措置その他厚生労働省令で定める事項を公表するものとする。

第四章　使用者による障害者虐待の防止等

（使用者による障害者虐待の防止等のための措置）

第二十一条　障害者を雇用する事業主は、労働者の研修の実施、当該事業所に使用される障害者及びその家族からの苦情の処理の体制の整備その他の使用者による障害者虐待の防止等のための措置を講ずるものとする。

（使用者による障害者虐待に係る通報等）

第二十二条　使用者による障害者虐待を受けたと思われる障害者を発見した者は、速やかに、これを市町村又は都道府県に通報しなければならない。

2　使用者による障害者虐待を受けた障害者は、その旨を市町村又は都道府県に届け出ることができる。

3　刑法の秘密漏示罪の規定その他の守秘義務に関する法律の規定は、第一項の規定による通報（虚偽であるもの及び過失によるものを除く。次項において同じ。）をすることを妨げるものと解釈してはならない。

4　労働者は、第一項の規定による通報又は第二項の規定による届出（虚偽であるもの及び過失によるものを除く。）をしたことを理由として、解雇その他不利益な取扱いを受けない。

第二十三条　市町村は、前条第一項の規定による通報又は同条第二項の規定による届出を受けたときは、厚生労働省令で定めるところにより、当該通報又は届出に係る使用者による障害者虐待に関する事項を、当該使用者による障害者虐待に係る事業所の所在地の都道府県に通知しなければならない。

第二十四条　都道府県は、第二十二条第一項の規定による通報、同条第二項の規定による届出又は前条の規定による通知を受けたときは、厚生労働省令で定めるところにより、当該通報、届出又は通知に係る使用者による障害者虐待に関する事項を、当該使用者による障害者虐待に係る事業所の所在地を管轄する都道府県労働局に報告しなければならない。

第二十五条　市町村又は都道府県が第二十二条第一項の規定による通報又は同条第二項の規定による届出を受けた場合においては、当該通報又は届出を受けた市町村又は都道府県の職員は、その職務上知り得た事項であって当該通報又は届出をした者を特定させるものを漏らしてはならない。都道府県が第二十三条の規定による通知を受けた場合における当該通知を受けた都道府県の職員及び都道府県労働局が前条の規定による報告を受けた場合における当該報告を受けた都道府県労働局の職員についても、同様とする。

（報告を受けた場合の措置）

第二十六条　都道府県労働局が第二十四条の規定による報告を受けたときは、都道府県労働局長又は労働基準監督署長若しくは公共職業安定所長は、事業所における障害者の適正な労働条件及び雇用管理を確保することにより、当該報告に係る障害者に対する使用者による障害者虐待の防止並びに当該障害者の保護及び自立の支援を図るため、当該報告に係る都道府県との連携を図りつつ、労働基準法（昭和二十二年法律第四十九号）、障害者の雇用の促進等に関する法律（昭和三十五年法律第百二十三号）、個別労働関係紛争の解決の促進に関する法律（平成十三年法律第百十二号）その他関係法律の規定による権限を適切に行使するものとする。

（船員に関する特例）

第二十七条　船員法（昭和二十二年法律第百号）の適用を受ける船員である障害者について行われる使用者による障害者虐待に係る前三条の規定の適用については、第二十四条中「厚生労働省令」とあるのは「国土交通省令又は厚生労働省令」と、「当該使用者による障害者虐待に係る事業所の所在地を管轄する都道府県労働局」とあるのは「地方運輸局その他の関係行政機関」と、第二十五条中「都道府県労働局」とあるのは「地方運輸局その他の関係行政機関」と、前条中「都道府県労働局が」とあるのは「地方運輸局その他の関係行政機関が」と、「都道府県労働局長又は労働基準監督署長若しくは公共職業安定所長」とあるのは「地方運輸局その他の関係行政機関の長」と、「労働基準法（昭和二十二年法律第四十九号）」とあるのは「船員法（昭和二十二年法律第百号）」とする。

（公表）

第二十八条　厚生労働大臣は、毎年度、使用者による障害者虐待の状況、使用者による障害者虐待があった場合に採った措置その他厚生労働省令で定める事項を公表するものとする。

第五章　就学する障害者等に対する虐待の防止等

（就学する障害者に対する虐待の防止等）

第二十九条　学校（学校教育法（昭和二十二年法律第二十六号）第一条に規定する学校、同法第百二十四条に規定する専修学校又は同法第百三十四条第一項に規定する各種学校をいう。以下同じ。）の長は、教職員、児童、生徒、学生その他の関係者に対する障害及び障害者に関する理解を深めるための研修の実施及び普及啓発、就学する障害者に対する虐待に関する相談に係る体制の整備、就学する障害者に対する虐待に対処するための措置その他の当該学校に就学する障害者に対する虐待を防止するため必要な措置を講ずるものとする。

（保育所等に通う障害者に対する虐待の防止等）

第三十条　保育所等（児童福祉法（昭和二十二年法律第百六十四号）第三十九条第一項に規定する保育所若しくは同法第五十九条第一項に規定する施設のうち同法第三十九条第一項に規定する業務を目的とするもの（少数の乳児又は幼児を対象とするものその他の厚生労働省令で定めるものを除く。）又は就学前の子どもに関する教育、保育等の総合的な提供の推進に関する法律（平成十八年法律第七十七号）第七条第一項に規定する認定こども園をいう。以下同じ。）の長は、保育所等の職員その他の関係者に対する障害及び障害者に関する理解を深めるための研修の実施及び普及啓発、保育所等に通う障害者に対する虐待に関する相談に係る体制の整備、保育所等に通う障害者に対する虐待に対処するための措置その他の当該保育所等に通う障害者に対する虐待を防止するため必要な措置を講ずるものとする。

（医療機関を利用する障害者に対する虐待の防止等）

第三十一条　医療機関（医療法（昭和二十三年法律第二百五号）第一条の五第一項に規定する病院又は同条第二項に規定する診療所をいう。以下同じ。）の管理者は、医療機関の職員その他の関係者に対する障害及び障害者に関する理解を深めるための研修の実施及び普及啓発、医療機関を利用する障害者に対する虐待に関する相談に係る体制の整備、医療機関を利用する障害者に対する虐待に対処するための措置その他の当該医療機関を利用する障害者に対する虐待を防止するため必要な措置を講ずるものとする。

第六章　市町村障害者虐待防止センター

及び都道府県障害者権利擁護センター

（市町村障害者虐待防止センター）

第三十二条　市町村は、障害者の福祉に関する事務を所掌する部局又は当該市町村が設置する施設において、当該部局又は施設が市町村障害者虐待防止センターとしての機能を果たすようにするものとする。

2　市町村障害者虐待防止センターは、次に掲げる業務を行うものとする。

一　第七条第一項、第十六条第一項若しくは第二十二条第一項の規定による通報又は第九条第一項に規定する届出若しくは第十六条第二項若しくは第二十二条第二項の規定による届出を受理すること。

二　養護者による障害者虐待の防止及び養護者による障害者虐待を受けた障害者の保護のため、障害者及び養護者に対して、相談、指導及び助言を行うこと。

三　障害者虐待の防止及び養護者に対する支援に関する広報その他の啓発活動を行うこと。

（市町村障害者虐待防止センターの業務の委託）

第三十三条　市町村は、市町村障害者虐待対応協力者のうち適当と認められるものに、前条第二項各号に掲げる業務の全部又は一部を委託することができる。

2　前項の規定による委託を受けた者若しくはその役員若しくは職員又はこれらの者であった者は、正当な理由なしに、その委託を受けた業務に関して知り得た秘密を漏らしてはならない。

3　第一項の規定により第七条第一項、第十六条第一項若しくは第二十二条第一項の規定による通報又は第九条第一項に規定する届出若しくは第十六条第二項若しくは第二十二条第二項の規定による届出の受理に関する業務の委託を受けた者が第七条第一項、第十六条第一項若しくは第二十二条第一項の規定による通報又は第九条第一項に規定する届出若しくは第十六条第二項若しくは第二十二条第二項の規定による届出を受けた場合には、当該通報若しくは届出を受けた者又はその役員若しくは職員は、その職務上知り得た事項であって当該通報又は届出をした者を特定させるものを漏らしてはならない。

（市町村等における専門的に従事する職員の確保）

第三十四条　市町村及び前条第一項の規定による委託を受けた者は、障害者虐待の防止、障害者虐待を受けた障害者の保護及び自立の支援並びに養護者に対する支援を適切に実施するために、障害者の福祉又は権利の擁護に関し専門的知識又は経験を有し、かつ、これらの事務に専門的に従事する職員を確保するよう努めなければならない。

（市町村における連携協力体制の整備）

第三十五条　市町村は、養護者による障害者虐待の防止、養護者による障害者虐待を受けた障害者の保護及び自立の支援並びに養護者に対する支援を適切に実施するため、社会福祉法に定める福祉に関する事務所（以下「福祉事務所」という。）その他関係機関、民間団体等との連携協力体制を整備しなければならない。この場合において、養護者による障害者虐待にいつでも迅速に対応することができるよう、特に配慮しなければならない。

（都道府県障害者権利擁護センター）

第三十六条　都道府県は、障害者の福祉に関する事務を所掌する部局又は当該都道府県が設置する施設において、当該部局又は施設が都道府県障害者権利擁護センターとしての機能を果たすようにするものとする。

2　都道府県障害者権利擁護センターは、次に掲げる業務を行うものとする。

一　第二十二条第一項の規定による通報又は同条第二項の規定による届出を受理すること。

二　この法律の規定により市町村が行う措置の実施に関し、市町村相互間の連絡調整、市町村に対する情報の提供、助言その他必要な援助を行うこと。

三　障害者虐待を受けた障害者に関する各般の問題及び養護者に対する支援に関し、相談に応ずること又は相談を行う機関を紹介すること。

四　障害者虐待を受けた障害者の支援及び養護者に対する支援のため、情報の提供、助言、関係機関との連絡調整その他の援助を行うこと。

五　障害者虐待の防止及び養護者に対する支援に関する情報を収集し、分析し、及び提供すること。

六　障害者虐待の防止及び養護者に対する支援に関する広報その他の啓発活動を行うこと。

七　その他障害者に対する虐待の防止等のために必要な支援を行うこと。

（都道府県障害者権利擁護センターの業務の委託）

第三十七条　都道府県は、第三十九条の規定により当該都道府県と連携協力する者（以下「都道府県障害者虐待対応協力者」という。）のうち適当と認められるものに、前条第二項第一号又は第三号から第七号までに掲げる業務の全部又は一部を委託することができる。

２　前項の規定による委託を受けた者若しくはその役員若しくは職員又はこれらの者であった者は、正当な理由なしに、その委託を受けた業務に関して知り得た秘密を漏らしてはならない。

３　第一項の規定により第二十二条第一項の規定による通報又は同条第二項に規定する届出の受理に関する業務の委託を受けた者が同条第一項の規定による通報又は同条第二項に規定する届出を受けた場合には、当該通報若しくは届出を受けた者又はその役員若しくは職員は、その職務上知り得た事項であって当該通報又は届出をした者を特定させるものを漏らしてはならない。

（都道府県等における専門的に従事する職員の確保）

第三十八条　都道府県及び前条第一項の規定による委託を受けた者は、障害者虐待の防止、障害者虐待を受けた障害者の保護及び自立の支援並びに養護者に対する支援を適切に実施するために、障害者の福祉又は権利の擁護に関し専門的知識又は経験を有し、かつ、これらの事務に専門的に従事する職員を確保するよう努めなければならない。

（都道府県における連携協力体制の整備）

第三十九条　都道府県は、障害者虐待の防止、障害者虐待を受けた障害者の保護及び自立の支援並びに養護者に対する支援を適切に実施するため、福祉事務所その他関係機関、民間団体等との連携協力体制を整備しなければならない。

第七章　雑則

（周知）

第四十条　市町村又は都道府県は、市町村障害者虐待防止センター又は都道府県障害者権利擁護センターとしての機能を果たす部局又は施設及び市町村障害者虐待対応協力者又は都道府県障害者虐待対応協力者の名称を明示すること等により、当該部局又は施設及び市町村障害者虐待対応協力者又は都道府県障害者虐待対応協力者を周知させなければならない。

（障害者虐待を受けた障害者の自立の支援）

第四十一条　国及び地方公共団体は、障害者虐待を受けた障害者が地域において自立した生活を円滑に営むことができるよう、居住の場所の確保、就業の支援その他の必要な施策を講ずるものとする。

（調査研究）

第四十二条　国及び地方公共団体は、障害者虐待を受けた障害者がその心身に著しく重大な被害を受けた事例の分析を行うとともに、障害者虐待の予防及び早期発見のための方策、障害者虐待があった場合の適切な対応方法、養護者に対する支援の在り方その他障害者虐待の防止、障害者虐待を受けた障害者の保護及び自立の支援並びに養護者に対する支援のために必要な事項についての調査及び研究を行うものとする。

（財産上の不当取引による被害の防止等）

第四十三条　市町村は、養護者、障害者の親族、障害者福祉施設従事者等及び使用者以外の者が不当に財産上の利益を得る目的で障害者と行う取引（以下「財産上の不当取引」という。）による障害者の被害について、相談に応じ、若しくは消費生活に関する業務を担当する部局その他の関係機関を紹介し、又は市町村障害者虐待対応協力者に、財産上の不当取引による障害者の被害に係る相談若しくは関係機関の紹介の実施を委託するものとする。

2　市町村長は、財産上の不当取引の被害を受け、又は受けるおそれのある障害者について、適切に、精神保健及び精神障害者福祉に関する法律第五十一条の十一の二又は知的障害者福祉法第二十八条の規定により審判の請求をするものとする。

（成年後見制度の利用促進）

第四十四条　国及び地方公共団体は、障害者虐待の防止並びに障害者虐待を受けた障害者の保護及び自立の支援並びに財産上の不当取引による障害者の被害の防止及び救済を図るため、成年後見制度の周知のための措置、成年後見制度の利用に係る経済的負担の軽減のための措置等を講ずることにより、成年後見制度が広く利用されるようにしなければならない。

第八章　罰則

第四十五条　第三十三条第二項又は第三十七条第二項の規定に違反した者は、一年以下の懲役又は百万円以下の罰金に処する。

第四十六条　正当な理由がなく、第十一条第一項の規定による立入調査を拒み、妨げ、若しくは忌避し、又は同項の規定による質問に対して答弁をせず、若しくは虚偽の答弁をし、若しくは障害者に答弁をさせず、若しくは虚偽の答弁をさせた者は、三十万円以下の罰金に処する。

附則　抄

（施行期日）

第一条　この法律は、平成二十四年十月一日から施行する。

（検討）

第二条　政府は、学校、保育所等、医療機関、官公署等における障害者に対する虐待の防止等の体制の在り方並びに障害者の安全の確認又は安全の確保を実効的に行うための方策、障害者を訪問して相談等を行う体制の充実強化その他の障害者虐待の防止、障害者虐待を受けた障害者の保護及び自立の支援、養護者に対する支援等のための制度について、この法律の施行後三年を目途として、児童虐待、高齢者虐待、配偶者からの暴力等の防止等に関する法制度全般の見直しの状況を踏まえ、この法律の施行状況等を勘案して検討を加え、その結果に基づいて必要な措置を講ずるものとする。

（調整規定）

第四条　この法律の施行の日が障害者基本法の一部を改正する法律（平成二十三年法律第九十号）の施行の日前である場合には、同法の施行の日の前日までの間における第二条第一項及び前条の規定による改正後の高齢者虐待の防止、高齢者の養護者に対する支援等に関する法律第二条第六項の規定の適用については、これらの規定中「第二条第一項」とあるのは、「第二条」とする。

附則（平成二四年四月六日法律第二七号）　抄

（施行期日）

第一条　この法律は、公布の日から起算して六月を超えない範囲内において政令で定める日から施行する。

附則（平成二四年六月二七日法律第五一号）

抄

（施行期日）

第一条　この法律は、平成二十五年四月一日から施行する。ただし、次の各号に掲げる規定は、当該各号に定める日から施行する。

二　第二条、第四条、第六条及び第八条並びに附則第五条から第八条まで、第十二条から第十六条まで及び第十八条から第二十六条までの規定　平成二十六年四月一日

附則　（平成二四年八月二二日法律第六七号）　抄

この法律は、子ども・子育て支援法の施行の日から施行する。

発達障害者支援法

（２００４〔平成16〕年12月10日法律第167号）

最終改正：２０１２（平成24）年８月22日法律第67号

（最終改正までの未施行法令）

２０１２（平成24）年８月22日法律第67号（未施行）

第一章　総則

（目的）

第一条　この法律は、発達障害者の心理機能の適正な発達及び円滑な社会生活の促進のために発達障害の症状の発現後できるだけ早期に発達支援を行うことが特に重要であることにかんがみ、発達障害を早期に発見し、発達支援を行うことに関する国及び地方公共団体の責務を明らかにするとともに、学校教育における発達障害者への支援、発達障害者の就労の支援、発達障害者支援センターの指定等について定めることにより、発達障害者の自立及び社会参加に資するようその生活全般にわたる支援を図り、もってその福祉の増進に寄与することを目的とする。

（定義）

第二条　この法律において「発達障害」とは、自閉症、アスペルガー症候群その他の広汎性発達障害、学習障害、注意欠陥多動性障害その他これに類する脳機能の障害であってその症状が通常低年齢において発現するものとして政令で定めるものをいう。

２　この法律において「発達障害者」とは、発達障害を有するために日常生活又は社会生活に制限を受ける者をいい、「発達障害児」とは、発達障害者のうち十八歳未満のものをいう。

３　この法律において「発達支援」とは、発達障害者に対し、その心理機能の適正な発達を支援し、及び円滑な社会生活を促進するため行う発達障害の特性に対応した医療的、福祉的及び教育的援助をいう。

（国及び地方公共団体の責務）

第三条　国及び地方公共団体は、発達障害者の心理機能の適正な発達及び円滑な社会生活の促進のために発達障害の症状の発現後できるだけ早期に発達支援を行うことが特に重要であることにかんがみ、発達障害の早期発見のため必要な措置を講じるものとする。

２　国及び地方公共団体は、発達障害児に対し、発達障害の症状の発現後できるだけ早期に、その者の状況に応じて適切に、就学前の発達支援、学校における発達支援その他の発達支援が行われるとともに、発達障害者に対する就労、地域における生活等に関する支援及び発達障害者の家族に対する支援が行われるよ

う、必要な措置を講じるものとする。

3　発達障害者の支援等の施策が講じられるに当たっては、発達障害者及び発達障害児の保護者（親権を行う者、未成年後見人その他の者で、児童を現に監護するものをいう。以下同じ。）の意思ができる限り尊重されなければならないものとする。

4　国及び地方公共団体は、発達障害者の支援等の施策を講じるに当たっては、医療、保健、福祉、教育及び労働に関する業務を担当する部局の相互の緊密な連携を確保するとともに、犯罪等により発達障害者が被害を受けること等を防止するため、これらの部局と消費生活に関する業務を担当する部局その他の関係機関との必要な協力体制の整備を行うものとする。

（国民の責務）

第四条　国民は、発達障害者の福祉について理解を深めるとともに、社会連帯の理念に基づき、発達障害者が社会経済活動に参加しようとする努力に対し、協力するように努めなければならない。

第二章　児童の発達障害の早期発見及び発達障害者の支援のための施策

（児童の発達障害の早期発見等）

第五条　市町村は、母子保健法（昭和四十年法律第百四十一号）第十二条及び第十三条に規定する健康診査を行うに当たり、発達障害の早期発見に十分留意しなければならない。

2　市町村の教育委員会は、学校保健安全法（昭和三十三年法律第五十六号）第十一条に規定する健康診断を行うに当たり、発達障害の早期発見に十分留意しなければならない。

3　市町村は、児童に発達障害の疑いがある場合には、適切に支援を行うため、当該児童についての継続的な相談を行うよう努めるとともに、必要に応じ、当該児童が早期に医学的又は心理学的判定を受けることができるよう、当該児童の保護者に対し、第十四条第一項の発達障害者支援センター、第十九条の規定により都道府県が確保した医療機関その他の機関（次条第一項において「センター等」という。）を紹介し、又は助言を行うものとする。

4　市町村は、前三項の措置を講じるに当たっては、当該措置の対象となる児童及び保護者の意思を尊重するとともに、必要な配慮をしなければならない。

5　都道府県は、市町村の求めに応じ、児童の発達障害の早期発見に関する技術的事項についての指導、助言その他の市町村に対する必要な技術的援助を行うものとする。

（早期の発達支援）

第六条　市町村は、発達障害児が早期の発達支援を受けることができるよう、発達障害児の保護者に対し、その相談に応じ、センター等を紹介し、又は助言を行い、その他適切な措置を講じるものとする。

2　前条第四項の規定は、前項の措置を講じる場合について準用する。

3　都道府県は、発達障害児の早期の発達支援のために必要な体制の整備を行うとともに、発達障害児に対して行われる発達支援の専門性を確保するため必要な措置を講じるものとする。

（保育）

第七条　市町村は、保育の実施に当たっては、発達障害児の健全な発達が他の児童と共に生活することを通じて図られるよう適切な配慮をするものとする。

（教育）

第八条　国及び地方公共団体は、発達障害児（十八歳以上の発達障害者であって高等学校、中等教育学校及び特別支援学校に在学する者を含む。）がその障害の状態に応じ、十分な教育を受けられるようにするため、適切な教育的支援、支援体制の整備その他必要な措置を講じるものとする。

2　大学及び高等専門学校は、発達障害者の障害の状態に応じ、適切な教育上の配慮をするものとする。

（放課後児童健全育成事業の利用）

第九条　市町村は、放課後児童健全育成事業について、発達障害児の利用の機会の確保を図るため、適切な配慮をするものとする。

（就労の支援）

第十条　都道府県は、発達障害者の就労を支援するため必要な体制の整備に努めるとともに、公共職業安定所、地域障害者職業センター（障害者の雇用の促進等に関する法律（昭和三十五年法律第百二十三号）第十九条第一項第三号の地域障害者職業センターをいう。）、障害者就業・生活支援センター（同法第二十七条第一項の規定による指定を受けた者をいう。）、社会福祉協議会、教育委員会その他の関係機関及び民間団体相互の連携を確保しつつ、発達障害者の特性に応じた適切な就労の機会の確保に努めなければならない。

2　都道府県及び市町村は、必要に応じ、発達障害者が就労のための準備を適切に行えるようにするための支援が学校において行われるよう必要な措置を講じるものとする。

（地域での生活支援）

第十一条　市町村は、発達障害者が、その希望に応じて、地域において自立した生活を営むことができるようにするため、発達障害者に対し、社会生活への適応のために必要な訓練を受ける機会の確保、共同生活を営むべき住居その他の地域において生活を営むべき住居の確保その他必要な支援に努めなければならない。

（権利擁護）

第十二条　国及び地方公共団体は、発達障害者が、その発達障害のために差別されること等権利利益を害されることがないようにするため、権利擁護のために必要な支援を行うものとする。

（発達障害者の家族への支援）

第十三条　都道府県及び市町村は、発達障害児の保護者が適切な監護をすることができるようにすること等を通じて発達障害者の福祉の増進に寄与するため、児童相談所等関係機関と連携を図りつつ、発達障害者の家族に対し、相談及び助言その他の支援を適切に行うよう努めなければならない。

第三章　発達障害者支援センター等

（発達障害者支援センター等）

第十四条　都道府県知事は、次に掲げる業務を、社会福祉法人その他の政令で定める法人であって当該業務を適正かつ確実に行うことができると認めて指定した者（以下「発達障害者支援センター」という。）に行わせ、又は自ら行うことができる。

一　発達障害の早期発見、早期の発達支援等に資するよう、発達障害者及びその家族に対し、専門的に、その相談に応じ、又は助言を行うこと。

二　発達障害者に対し、専門的な発達支援及び就労の支援を行うこと。

三　医療、保健、福祉、教育等に関する業務（次号において「医療等の業務」という。）を行う関係機関及び民間団体並びにこれに従事する者に対し発達障害についての情報提供及び研修を行うこと。

四　発達障害に関して、医療等の業務を行う関係機関及び民間団体との連絡調整を行うこと。

五　前各号に掲げる業務に附帯する業務

2　前項の規定による指定は、当該指定を受けようとする者の申請により行う。

（秘密保持義務）

第十五条　発達障害者支援センターの役員若しくは職員又はこれらの職にあった者は、職務上知ることのできた個人の秘密を漏らしてはならない。

（報告の徴収等）

第十六条　都道府県知事は、発達障害者支援センターの第十四条第一項に規定する業務の適正な運営を確保するため必要があると認めるときは、当該発達障害者支援センターに対し、その業務の状況に関し必要な報告を求め、又はその職員に、当該発達障害者支援センターの事業所若しくは事務所に立ち入り、その業務の状況に関し必要な調査若しくは質問をさせることができる。

2　前項の規定により立入調査又は質問をする職員は、その身分を示す証明書を携帯し、関係者の請求があるときは、これを提示しなければならない。

3　第一項の規定による立入調査及び質問の権限は、犯罪捜査のために認められたものと解釈してはならない。

（改善命令）

第十七条　都道府県知事は、発達障害者支援センターの第十四条第一項に規定する業務の適正な運営を確保するため必要があると認めるときは、当該発達障害者支援センターに対し、その改善のために必要な措置をとるべきことを命ずることができる。

（指定の取消し）

第十八条　都道府県知事は、発達障害者支援センターが第十六条第一項の規定による報告をせず、若しくは虚偽の報告をし、若しくは同項の規定による立入調査を拒み、妨げ、若しくは忌避し、若しくは質問に対して答弁をせず、若しくは虚偽の答弁をした場合において、その業務の状況の把握に著しい支障が生じたとき、又は発達障害者支援センターが前条の規定による命令に違反したときは、その指定を取り消すことができる。

（専門的な医療機関の確保等）

第十九条　都道府県は、専門的に発達障害の診断及び発達支援を行うことができると認める病院又は診療所を確保しなければならない。

2　国及び地方公共団体は、前項の医療機関の相互協力を推進するとともに、同項の医療機関に対し、発達障害者の発達支援等に関する情報の提供その他必要な援助を行うものとする。

第四章　補則

（民間団体への支援）

第二十条　国及び地方公共団体は、発達障害者を支援するために行う民間団体の活動の活性化を図るよう配慮するものとする。

（国民に対する普及及び啓発）

第二十一条　国及び地方公共団体は、発達障害に関する国民の理解を深めるため、必要な広報その他の啓発活動を行うものとする。

（医療又は保健の業務に従事する者に対する知識の普及及び啓発）

第二十二条　国及び地方公共団体は、医療又は保健の業務に従事する者に対し、発達障害の発見のため必要な知識の普及及び啓発に努めなければならない。

（専門的知識を有する人材の確保等）

第二十三条　国及び地方公共団体は、発達障害者に対する支援を適切に行うことができるよう、医療、保健、福祉、教育等に関する業務に従事する職員について、発達障害に関する専門的知識を有する人材を確保するよう努めるとともに、発達障害に対する理解を深め、及び専門性を高めるため研修等必要な措置を講じるものとする。

（調査研究）

第二十四条　国は、発達障害者の実態の把握に努めるとともに、発達障害の原因の究明、発達障害の診断及び治療、発達支援の方法等に関する必要な調査研究を行うものとする。

（大都市等の特例）

第二十五条　この法律中都道府県が処理することとされている事務で政令で定めるものは、地方自治法（昭和二十二年法律第六十七号）第二百五十二条の十九第一項の指定都市（以下「指定都市」という。）においては、政令で定めるところにより、指定都市が処理するものとする。この場合においては、この法律中都道府県に関する規定は、指定都市に関する規定として指定都市に適用があるものとする。

附　則（２００８〔平成20〕年12月26日法律第96号）　抄

（施行期日）

第一条　この法律は、平成二十一年四月一日から施行する。ただし、次の各号に掲げる規定は、当該各号に定める日から施行する。

二　第三条の規定（次号に掲げる改正規定を除く。）及び附則第八条の規定　平成二十四年四月一日

附　則（２０１２〔平成24〕年８月22日法律第67号）　抄

この法律は、子ども・子育て支援法の施行の日から施行する。

（参考）

子ども・子育て支援法（２０１２年８月22日法律第65号）の最終改正は２０１４年６月13日（法律第69号）。その附則第一条により、この法律は、行政不服審査法（２０１４法律第68号）の施行の日から施行するとなっている。行政不服審査法は、２０１４年６月に現行法を全部改正して公布され、公布の日から起算して２年を超えない範囲内において政令で定める日から施行される。まだ具体的にいつ施行されるかは定まっていない。

障害者の日常生活及び社会生活を総合的に支援するための法律（抄）

（平成十七年十一月七日法律第百二十三号）

最終改正・平成二六年六月二五日法律第八三号

（最終改正までの未施行法令）

平成二十六年六月四日法律第五十一号

（未施行）

平成二十六年六月十三日法律第六十九号

（未施行）

平成二十六年六月二十五日法律第八十三号

（未施行）

第一章　総則

（目的）

第一条　この法律は、障害者基本法（昭和四十五年法律第八十四号）の基本的な理念にのっとり、身体障害者福祉法（昭和二十四年法律第二百八十三号）、知的障害者福祉法（昭和三十五年法律第三十七号）、精神保健及び精神障害者福祉に関する法律（昭和二十五年法律第百二十三号）、児童福祉法（昭和二十二年法律第百六十四号）その他障害者及び障害児の福祉に関する法律と相まって、障害者及び障害児が基本的人権を享有する個人としての尊厳にふさわしい日常生活又は社会生活を営むことができるよう、必要な障害福祉サービスに係る給付、地域生活支援事業その他の支援を総合的に行い、もって障害者及び障害児の福祉の増進を図るとともに、障害の有無にかかわらず国民が相互に人格と個性を尊重し安心して暮らすことのできる地域社会の実現に寄与することを目的とする。

（基本理念）

第一条の二　障害者及び障害児が日常生活又は社会生活を営むための支援は、全ての国民が、障害の有無にかかわらず、等しく基本的人権を享有するかけがえのない個人として尊重されるものであるとの理念にのっとり、全ての国民が、障害の有無によって分け隔てられることなく、相互に人格と個性を尊重し合いながら共生する社会を実現するため、全ての障害者及び障害児が可能な限りその身近な場所において必要な日常生活又は社会生活を営むための支援を受けられることにより社会参加の機会が確保されること及びどこで誰と生活するかについての選択の機会が確保され、地域社会において他の人々と共生することを妨げられないこと並びに障害者及び障害児にとって日常生活又は社会生活を営む上で障壁となるような社会における事物、制度、慣行、

観念その他一切のものの除去に資することを旨として、総合的かつ計画的に行わなければならない。

（市町村等の責務）

第二条　市町村（特別区を含む。以下同じ。）は、この法律の実施に関し、次に掲げる責務を有する。

一　障害者が自ら選択した場所に居住し、又は障害者若しくは障害児（以下「障害者等」という。）が自立した日常生活又は社会生活を営むことができるよう、当該市町村の区域における障害者等の生活の実態を把握した上で、公共職業安定所その他の職業リハビリテーション（障害者の雇用の促進等に関する法律（昭和三十五年法律第百二十三号）第二条第七号に規定する職業リハビリテーションをいう。以下同じ。）の措置を実施する機関、教育機関その他の関係機関との緊密な連携を図りつつ、必要な自立支援給付及び地域生活支援事業を総合的かつ計画的に行うこと。

二　障害者等の福祉に関し、必要な情報の提供を行い、並びに相談に応じ、必要な調査及び指導を行い、並びにこれらに付随する業務を行うこと。

三　意思疎通について支援が必要な障害者等が障害福祉サービスを円滑に利用することができるよう必要な便宜を供与すること、障害者等に対する虐待の防止及びその早期発見のために関係機関と連絡調整を行うことその他障害者等の権利の擁護のために必要な援助を行うこと。

2　都道府県は、この法律の実施に関し、次に掲げる責務を有する。

一　市町村が行う自立支援給付及び地域生活支援事業が適正かつ円滑に行われるよう、市町村に対する必要な助言、情報の提供その他の援助を行うこと。

二　市町村と連携を図りつつ、必要な自立支援医療費の支給及び地域生活支援事業を総合的に行うこと。

三　障害者等に関する相談及び指導のうち、専門的な知識及び技術を必要とするものを行うこと。

四　市町村と協力して障害者等の権利の擁護のために必要な援助を行うとともに、市町村が行う障害者等の権利の擁護のために必要な援助が適正かつ円滑に行われるよう、市町村に対する必要な助言、情報の提供その他の援助を行うこと。

3　国は、市町村及び都道府県が行う自立支援給付、地域生活支援事業その他この法律に基づく業務が適正かつ円滑に行われるよう、市町村及び都道府県に対する必要な助言、情報の提供その他の援助を行わなければならない。

4　国及び地方公共団体は、障害者等が自立した日常生活又は社会生活を営むことができるよう、必要な障害福祉サービス、相談支援及び地域生活支援事業の提供体制の確保に努めなければならない。

（国民の責務）

第三条　すべての国民は、その障害の有無にかかわらず、障害者等が自立した日常生活又は社会生活を営めるような地域社会の実現に協力するよう努めなければならない。

（定義）

第四条　この法律において「障害者」とは、身体障害者福祉法第四条に規定する身体障害者、知的障害者福祉法にいう知的障害者のうち十八歳以上である者及び精神保健及び精神障害者福祉に関する法律第五条に規定する精神障害者（発達障害者支援法（平成十六年法律第百六十七号）第二条第二項に規定する発達障害者を含み、知的障害者福祉法にいう知的障害者を除く。以下「精神障害者」という。）のうち十八歳以上である者並びに治療方法が確立していない疾病その他の特殊の疾病であって政令で定めるものによる障害の程度が厚生労働大臣が定める程度である者であって十八歳以上であるものをいう。

2　この法律において「障害児」とは、児童福祉法第四条第二項に規定する障害児をいう。

3　この法律において「保護者」とは、児童福祉法第六条に規定する保護者をいう。

4　この法律において「障害支援区分」とは、障害者等の障害の多様な特性その他の心身の状態に応じて必要とされる標準的な支援の度合を総合的に示すものとして厚生労働省令で定める区分をいう。

第五条　この法律において「障害福祉サービス」とは、居宅介護、重度訪問介護、同行援護、行動援護、療養介護、生活介護、短期入所、重度障害者等包括支援、施設入所支援、自立訓練、就労移行支援、就労継続支援及び共同生活援助をいい、「障害福祉サービス事業」とは、障害福祉サービス（障害者支援施設、独立行政法人国立重度知的障害者総合施設のぞみの園法（平成十四年法律第百六十七号）第十一条第一号の規定により独立行政法人国立重度知的障害者総合施設のぞみの園が設置する施設（以下「のぞみの園」という。）その他厚生労働省令で定める施設において行われる施設障害福祉サービス（施設入所支援及び厚生労働省令で定める障害福祉サービスをいう。以下同じ。）を除く。）を行う事業をいう。

2　この法律において「居宅介護」とは、障害者等につき、居宅において入浴、排せつ又は食事の介護その他の厚生労働省令で定める便宜を供与することをいう。

3　この法律において「重度訪問介護」とは、重度の肢体不自由者その他の障害者であって常時介護を要するものとして厚生労働省令で定めるものにつき、居宅における入浴、排せつ又は食事の介護その他の厚生労働省令で定める便宜及び外出時における移動中の介護を総合的に供与することをいう。

4　この法律において「同行援護」とは、視覚障害により、移動に著しい困難を有する障害者等につき、外出時において、当該障害者等に同行し、移動に必要な情報を提供するとともに、移動の援護その他の厚生労働省令で定める便宜を供与することをいう。

5　この法律において「行動援護」とは、知的障害又は精神障害により行動上著しい困難を有する障害者等であって常時介護を要するものにつき、当該障害者等が行動する際に生じ得る危険を回避するために必要な援護、外出時における移動中の介護その他の厚生労働省令で定める便宜を供与することをいう。

6　この法律において「療養介護」とは、医療を要する障害者であって常時介護を要するものとして厚生労働省令で定めるものにつき、主として昼間において、病院その他の厚生労働省令で定める施設において行われる機能訓練、療養上の管理、看護、医学的管理の下における介護及び日常生活上の世話の供与をいい、「療養介護医療」とは、療養介護のうち医療に係るものをいう。

7　この法律において「生活介護」とは、常時介護を要する障害者として厚生労働省令で定める者につき、主として昼間において、障害者支援施設その他の厚生労働省令で定める施設において行われる入浴、排せつ又は食事の介護、創作的活動又は生産活動の機会の提供その他の厚生労働省令で定める便宜を供与することをいう。

8　この法律において「短期入所」とは、居宅においてその介護を行う者の疾病その他の理由により、障害者支援施設その他の厚生労働省令で定める施設への短期間の入所を必要とする障害者等につき、当該施設に短期間の入所をさせ、入浴、排せつ又は食事の介護その他の厚生労働省令で定める便宜を供与することをいう。

9　この法律において「重度障害者等包括支援」とは、常時介護を要する障害者等であって、その介護の必要の程度が著しく高いものとして厚生労働省令で定めるものにつき、居宅介護その他の厚生労働省令で定める障害福祉サービスを包括的に提供することをいう。

10　この法律において「施設入所支援」とは、

その施設に入所する障害者につき、主として夜間において、入浴、排せつ又は食事の介護その他の厚生労働省令で定める便宜を供与することをいう。

11　この法律において「障害者支援施設」とは、障害者につき、施設入所支援を行うとともに、施設入所支援以外の施設障害福祉サービスを行う施設（のぞみの園及び第一項の厚生労働省令で定める施設を除く。）をいう。

12　この法律において「自立訓練」とは、障害者につき、自立した日常生活又は社会生活を営むことができるよう、厚生労働省令で定める期間にわたり、身体機能又は生活能力の向上のために必要な訓練その他の厚生労働省令で定める便宜を供与することをいう。

13　この法律において「就労移行支援」とは、就労を希望する障害者につき、厚生労働省令で定める期間にわたり、生産活動その他の活動の機会の提供を通じて、就労に必要な知識及び能力の向上のために必要な訓練その他の厚生労働省令で定める便宜を供与することをいう。

14　この法律において「就労継続支援」とは、通常の事業所に雇用されることが困難な障害者につき、就労の機会を提供するとともに、生産活動その他の活動の機会の提供を通じて、その知識及び能力の向上のために必要な訓練その他の厚生労働省令で定める便宜を供与することをいう。

15　この法律において「共同生活援助」とは、障害者につき、主として夜間において、共同生活を営むべき住居において相談、入浴、排せつ又は食事の介護その他の日常生活上の援助を行うことをいう。

16　この法律において「相談支援」とは、基本相談支援、地域相談支援及び計画相談支援をいい、「地域相談支援」とは、地域移行支援及び地域定着支援をいい、「計画相談支援」とは、サービス利用支援及び継続サービス利用支援をいい、「一般相談支援事業」とは、基本相談支援及び地域相談支援のいずれも行う事業をいい、「特定相談支援事業」とは、基本相談支援及び計画相談支援のいずれも行う事業をいう。

17　この法律において「基本相談支援」とは、地域の障害者等の福祉に関する各般の問題につき、障害者等、障害児の保護者又は障害者等の介護を行う者からの相談に応じ、必要な情報の提供及び助言を行い、併せてこれらの者と市町村及び第二十九条第二項に規定する指定障害福祉サービス事業者等との連絡調整（サービス利用支援及び継続サービス利用支援に関するものを除く。）その他の厚生労働省令で定める便宜を総合的に供与することをいう。

18　この法律において「地域移行支援」とは、障害者支援施設、のぞみの園若しくは第一項若しくは第六項の厚生労働省令で定める施設に入所している障害者又は精神科病院（精神科病院以外の病院で精神病室が設けられているものを含む。第八十九条第四項において同じ。）に入院している精神障害者その他の地域における生活に移行するために重点的な支援を必要とする者であって厚生労働省令で定めるものにつき、住居の確保その他の地域における生活に移行するための活動に関する相談その他の厚生労働省令で定める便宜を供与することをいう。

19　この法律において「地域定着支援」とは、居宅において単身その他の厚生労働省令で定める状況において生活する障害者につき、当該障害者との常時の連絡体制を確保し、当該障害者に対し、障害の特性に起因して生じた緊急の事態その他の厚生労働省令で定める場合に相談その他の便宜を供与することをいう。

20　この法律において「サービス利用支援」とは、第二十条第一項若しくは第二十四条第一項の申請に係る障害者等又は第五十一条の六第一項若しくは第五十一条の九第一項の申請に係る障害者の心身の状況、その置かれている環境、当該障害者等又は障害児の保護者の障害福祉サービス又は地域相談支援の利用に関する意向その他の事情を勘案し、利用する障害福祉サービス又は地域相談支援の種類及び内容その他の厚生労働省令で定める事項を定めた計画（以下「サービス等利用計画案」という。）を作成し、第十九条第一項に規定する支給決定（次項において「支給決定」という。）、第二十四条第二項に規定する支給決定の変更の決定（次項において「支給決定の変更の決定」という。）、第五十一条の五第一項に規定する地域相談支援給付決定（次項において「地域相談支援給付決定」という。）又は第五十一条の九第二項に規定する地域相談支援給付決定の変更の決定（次項において「地域相談支援給付決定の変更の決定」という。）（以下「支給決定等」と総称する。）が行われた後に、第二十九条第二項に規定する指定障害福祉サービス事業者等、第五十一条の十四第一項に規定する指定一般相談支援事業者その他の者（次項において「関係者」という。）との連絡調整その他の便宜を供与するとともに、当該支給決定等に係る障害福祉サービス又は地域相談支援の種類及び内容、これを担当する者その他の厚生労働省令で定める事項を記載した計画（以下「サービス等利用計画」という。）を作成することをいう。

21　この法律において「継続サービス利用支援」とは、第十九条第一項の規定により支給決定を受けた障害者若しくは障害児の保護者（以下「支給決定障害者等」という。）又は第五十一条の五第一項の規定により地域相談支援給付決定を受けた障害者（以下「地域相談支援給付決定障害者」という。）が、第二十三条に規定する支給決定の有効期間又は第五十一条の八に規定する地域相談支援給付決定の有効期間内において継続して障害福祉サービス又は地域相談支援を適切に利用することができるよう、当該支給決定障害者等又は地域相談支援給付決定障害者に係るサービス等利用計画（この項の規定により変更されたものを含む。以下同じ。）が適切であるかどうかにつき、厚生労働省令で定める期間ごとに、当該支給決定障害者等の障害福祉サービス又は当該地域相談支援給付決定障害者の地域相談支援の利用状況を検証し、その結果及び当該支給決定に係る障害者等又は当該地域相談支援給付決定に係る障害者の心身の状況、その置かれている環境、当該障害者等又は障害児の保護者の障害福祉サービス又は地域相談支援の利用に関する意向その他の事情を勘案し、サービス等利用計画の見直しを行い、その結果に基づき、次のいずれかの便宜の供与を行うことをいう。

一　サービス等利用計画を変更するとともに、関係者との連絡調整その他の便宜の供与を行うこと。

二　新たな支給決定若しくは地域相談支援給付決定又は支給決定の変更の決定若しくは地域相談支援給付決定の変更の決定が必要であると認められる場合において、当該支給決定等に係る障害者又は障害児の保護者に対し、支給決定等に係る申請の勧奨を行うこと。

22　この法律において「自立支援医療」とは、障害者等につき、その心身の障害の状態の軽減を図り、自立した日常生活又は社会生活を営むために必要な医療であって政令で定めるものをいう。

23　この法律において「補装具」とは、障害者等の身体機能を補完し、又は代替し、かつ、長期間にわたり継続して使用されるものその他の厚生労働省令で定める基準に該当するものとして、義肢、装具、車いすその他の厚生労働大臣が定めるものをいう。

24　この法律において「移動支援事業」とは、障害者等が円滑に外出することができるよう、障害者等の移動を支援する事業をいう。

25　この法律において「地域活動支援センター」とは、障害者等を通わせ、創作的活動又は生産活動の機会の提供、社会との交流の促進その他の厚生労働省令で定める便宜を供与する施設をいう。

26　この法律において「福祉ホーム」とは、現に住居を求めている障害者につき、低額な料金で、居室その他の設備を利用させるとともに、日常生活に必要な便宜を供与する施設をいう。

第二章　自立支援給付

第一節　通則

（自立支援給付）

第六条　自立支援給付は、介護給付費、特例介護給付費、訓練等給付費、特例訓練等給付費、特定障害者特別給付費、特例特定障害者特別給付費、地域相談支援給付費、特例地域相談支援給付費、計画相談支援給付費、特例計画相談支援給付費、自立支援医療費、療養介護医療費、基準該当療養介護医療費、補装具費及び高額障害福祉サービス等給付費の支給とする。

（他の法令による給付との調整）

第七条　自立支援給付は、当該障害の状態につき、介護保険法（平成九年法律第百二十三号）の規定による介護給付、健康保険法（大正十一年法律第七十号）の規定による療養の給付その他の法令に基づく給付であって政令で定めるもののうち自立支援給付に相当するものを受けることができるときは政令で定める限度において、当該政令で定める給付以外の給付であって国又は地方公共団体の負担において自立支援給付に相当するものが行われたときはその限度において、行わない。

（不正利得の徴収）

第八条　市町村（政令で定める医療に係る自立支援医療費の支給に関しては、都道府県とする。以下「市町村等」という。）は、偽りその他不正の手段により自立支援給付を受けた者があるときは、その者から、その自立支援給付の額に相当する金額の全部又は一部を徴収することができる。

2　市町村等は、第二十九条第二項に規定する指定障害福祉サービス事業者等、第五十一条の十四第一項に規定する指定一般相談支援事業者、第五十一条の十七第一項第一号に規定する指定特定相談支援事業者又は第五十四条第二項に規定する指定自立支援医療機関（以下この項において「事業者等」という。）が、偽りその他不正の行為により介護給付費、訓練等給付費、特定障害者特別給付費、地域相談支援給付費、計画相談支援給付費、自立支援医療費又は療養介護医療費の支給を受けたときは、当該事業者等に対し、その支払った額につき返還させるほか、その返還させる額に百分の四十を乗じて得た額を支払わせることができる。

3　前二項の規定による徴収金は、地方自治法（昭和二十二年法律第六十七号）第二百三十一条の三第三項に規定する法律で定める歳入とする。

（報告等）

第九条　市町村等は、自立支援給付に関して必要があると認めるときは、障害者等、障害児の保護者、障害者等の配偶者若しくは障害者等の属する世帯の世帯主その他その世帯に属する者又はこれらの者であった者に対し、報告若しくは文書その他の物件の提出若しくは提示を命じ、又は当該職員に質問させることができる。

2　前項の規定による質問を行う場合においては、当該職員は、その身分を示す証明書を携帯し、かつ、関係人の請求があるときは、これを提示しなければならない。

3　第一項の規定による権限は、犯罪捜査のために認められたものと解釈してはならない。

第十条　市町村等は、自立支援給付に関して必要があると認めるときは、当該自立支援給付に係る障害福祉サービス、相談支援、自立支援医療、療養介護医療若しくは補装具の販売若しくは修理（以下「自立支援給付対象サービス等」という。）を行う者若しくはこれらを使用する者若しくはこれらの者であった者に対し、報告若しくは文書その他の物件の提出若しくは提示を命じ、又は当該職員に関係者に対して質問させ、若しくは当該自立支援給付対象サービス等の事業を行う事業所若しくは施設に立ち入り、その設備若しくは帳簿書類その他の物件を検査させることができる。

2　前条第二項の規定は前項の規定による質問又は検査について、同条第三項の規定は前項の規定による権限について準用する。

（厚生労働大臣又は都道府県知事の自立支援給付対象サービス等に関する調査等）

第十一条　厚生労働大臣又は都道府県知事は、自立支援給付に関して必要があると認めるときは、自立支援給付に係る障害者等若しくは障害児の保護者又はこれらの者であった者に対し、当該自立支援給付に係る自立支援給付対象サービス等の内容に関し、報告若しくは文書その他の物件の提出若しくは提示を命じ、又は当該職員に質問させることができる。

2　厚生労働大臣又は都道府県知事は、自立支援給付に関して必要があると認めるときは、自立支援給付対象サービス等を行った者若しくはこれらを使用した者に対し、その行った自立支援給付対象サービス等に関し、報告若しくは当該自立支援給付対象サービス等の提供の記録、帳簿書類その他の物件の提出若しくは提示を命じ、又は当該職員に関係者に対して質問させることができる。

3　第九条第二項の規定は前二項の規定による質問について、同条第三項の規定は前二項の規定による権限について準用する。

（資料の提供等）

第十二条　市町村等は、自立支援給付に関して必要があると認めるときは、障害者等、障害児の保護者、障害者等の配偶者又は障害者等の属する世帯の世帯主その他その世帯に属する者の資産又は収入の状況につき、官公署に対し必要な文書の閲覧若しくは資料の提供を求め、又は銀行、信託会社その他の機関若しくは障害者の雇用主その他の関係人に報告を求めることができる。

（受給権の保護）

第十三条　自立支援給付を受ける権利は、譲り渡し、担保に供し、又は差し押さえることができない。

（租税その他の公課の禁止）

第十四条　租税その他の公課は、自立支援給付として支給を受けた金品を標準として、課することができない。

第二節　介護給付費、特例介護給付費、訓練等給付費、特例訓練等給付費、特定障害者特別給付費及び特例特定障害者特別給付費の支給

第一款　市町村審査会

（市町村審査会）

第十五条　第二十六条第二項に規定する審査判定業務を行わせるため、市町村に第十九条第一項に規定する介護給付費等の支給に関する審査会（以下「市町村審査会」という。）を置く。

（委員）

第十六条　市町村審査会の委員の定数は、政令で定める基準に従い条例で定める数とする。

2　委員は、障害者等の保健又は福祉に関する学識経験を有する者のうちから、市町村長（特別区の区長を含む。以下同じ。）が任命する。

（共同設置の支援）

第十七条　都道府県は、市町村審査会について地方自治法第二百五十二条の七第一項の規定による共同設置をしようとする市町村の求めに応じ、市町村相互間における必要な調整を行うことができる。

2　都道府県は、市町村審査会を共同設置した市町村に対し、その円滑な運営が確保されるように必要な技術的な助言その他の援助をすることができる。

（政令への委任）

第十八条　この法律に定めるもののほか、市町村審査会に関し必要な事項は、政令で定める。

第二款　支給決定等

（介護給付費等の支給決定）
第十九条　介護給付費、特例介護給付費、訓練等給付費又は特例訓練等給付費（以下「介護給付費等」という。）の支給を受けようとする障害者又は障害児の保護者は、市町村の介護給付費等を支給する旨の決定（以下「支給決定」という。）を受けなければならない。
2　支給決定は、障害者又は障害児の保護者の居住地の市町村が行うものとする。ただし、障害者又は障害児の保護者が居住地を有しないとき、又は明らかでないときは、その障害者又は障害児の保護者の現在地の市町村が行うものとする。
3　前項の規定にかかわらず、第二十九条第一項若しくは第三十条第一項の規定により介護給付費等の支給を受けて又は身体障害者福祉法第十八条第二項　若しくは知的障害者福祉法第十六条第一項　の規定により入所措置が採られて障害者支援施設、のぞみの園又は第五条第一項若しくは第六項の厚生労働省令で定める施設に入所している障害者及び生活保護法（昭和二十五年法律第百四十四号）第三十条第一項　ただし書の規定により入所している障害者（以下この項において「特定施設入所障害者」と総称する。）については、その者が障害者支援施設、のぞみの園、第五条第一項若しくは第六項の厚生労働省令で定める施設又は同法第三十条第一項　ただし書に規定する施設（以下「特定施設」という。）への入所前に有した居住地（継続して二以上の特定施設に入所している特定施設入所障害者（以下この項において「継続入所障害者」という。）については、最初に入所した特定施設への入所前に有した居住地）の市町村が、支給決定を行うものとする。ただし、特定施設への入所前に居住地を有しないか、又は明らかでなかった特定施設入所障害者については、入所前におけるその者の所在地（継続入所障害者については、最初に入所した特定施設の入所前に有した所在地）の市町村が、支給決定を行うものとする。
4　前二項の規定にかかわらず、児童福祉法第二十四条の二第一項　若しくは第二十四条の二十四第一項　の規定により障害児入所給付費の支給を受けて又は同法第二十七条第一項第三号　若しくは第二項　の規定により措置（同法第三十一条第四項　の規定により同法第二十七条第一項第三号　又は第二項　に規定する措置とみなされる場合を含む。）が採られて第五条第一項　の厚生労働省令で定める施設に入所していた障害者等が、継続して、第二十九条第一項若しくは第三十条第一項の規定により介護給付費等の支給を受けて、身体障害者福祉法第十八条第二項　若しくは知的障害者福祉法第十六条第一項　の規定により入所措置が採られて又は生活保護法第三十条第一項　ただし書の規定により特定施設に入所した場合は、当該障害者等が満十八歳となる日の前日に当該障害者等の保護者であった者（以下この項において「保護者であった者」という。）が有した居住地の市町村が、支給決定を行うものとする。ただし、当該障害者等が満十八歳となる日の前日に保護者であった者がいないか、保護者であった者が居住地を有しないか、又は保護者であった者の居住地が明らかでない障害者等については、当該障害者等が満十八歳となる日の前日におけるその者の所在地の市町村が支給決定を行うものとする。
5　前二項の規定の適用を受ける障害者等が入所している特定施設は、当該特定施設の所在する市町村及び当該障害者等に対し支給決定を行う市町村に、必要な協力をしなければならない。

（申請）
第二十条　支給決定を受けようとする障害者又は障害児の保護者は、厚生労働省令で定めるところにより、市町村に申請をしなければならない。
2　市町村は、前項の申請があったときは、次条第一項及び第二十二条第一項の規定により障害支援区分の認定及び同項に規定する支給要否決定を行うため、厚生労働省令で定めるところにより、当該職員をして、当該申請に係る障害者等又は障害児の保護者に面接をさせ、その心身の状況、その置かれている環境その他厚生労働省令で定める事項について調査をさせるものとする。この場合において、市町村は、当該調査を第五十一条の十四第一項に規定する指定一般相談支援事業者その他の厚生労働省令で定める者（以下この条において「指定一般相談支援事業者等」という。）に委託することができる。

3　前項後段の規定により委託を受けた指定一般相談支援事業者等は、障害者等の保健又は福祉に関する専門的知識及び技術を有するものとして厚生労働省令で定める者に当該委託に係る調査を行わせるものとする。

4　第二項後段の規定により委託を受けた指定一般相談支援事業者等の役員（業務を執行する社員、取締役、執行役又はこれらに準ずる者をいい、相談役、顧問その他いかなる名称を有する者であるかを問わず、法人に対し業務を執行する社員、取締役、執行役又はこれらに準ずる者と同等以上の支配力を有するものと認められる者を含む。以下同じ。）若しくは前項の厚生労働省令で定める者又はこれらの職にあった者は、正当な理由なしに、当該委託業務に関して知り得た個人の秘密を漏らしてはならない。

5　第二項後段の規定により委託を受けた指定一般相談支援事業者等の役員又は第三項の厚生労働省令で定める者で、当該委託業務に従事するものは、刑法（明治四十年法律第四十五号）その他の罰則の適用については、法令により公務に従事する職員とみなす。

6　第二項の場合において、市町村は、当該障害者等又は障害児の保護者が遠隔の地に居住地又は現在地を有するときは、当該調査を他の市町村に嘱託することができる。

（障害支援区分の認定）

第二十一条　市町村は、前条第一項の申請があったときは、政令で定めるところにより、市町村審査会が行う当該申請に係る障害者等の障害支援区分に関する審査及び判定の結果に基づき、障害支援区分の認定を行うものとする。

2　市町村審査会は、前項の審査及び判定を行うに当たって必要があると認めるときは、当該審査及び判定に係る障害者等、その家族、医師その他の関係者の意見を聴くことができる。

（支給要否決定等）

第二十二条　市町村は、第二十条第一項の申請に係る障害者等の障害支援区分、当該障害者等の介護を行う者の状況、当該障害者等の置かれている環境、当該申請に係る障害者等又は障害児の保護者の障害福祉サービスの利用に関する意向その他の厚生労働省令で定める事項を勘案して介護給付費等の支給の要否の決定（以下この条及び第二十七条において「支給要否決定」という。）を行うものとする。

2　市町村は、支給要否決定を行うに当たって必要があると認めるときは、厚生労働省令で定めるところにより、市町村審査会又は身体障害者福祉法第九条第七項に規定する身体障害者更生相談所（第七十四条及び第七十六条第三項において「身体障害者更生相談所」という。）、知的障害者福祉法第九条第六項に規定する知的障害者更生相談所、精神保健及び精神障害者福祉に関する法律第六条第一項に規定する精神保健福祉センター若しくは児童相談所（以下「身体障害者更生相談所等」と総称する。）その他厚生労働省令で定める機関の意見を聴くことができる。

3　市町村審査会、身体障害者更生相談所等又は前項の厚生労働省令で定める機関は、同項の意見を述べるに当たって必要があると認めるときは、当該支給要否決定に係る障害者等、その家族、医師その他の関係者の意見を聴くことができる。

4　市町村は、支給要否決定を行うに当たって必要と認められる場合として厚生労働省令で定めるところにより、第二十条第一項の申請に係る障害者又は障害児の保護者に対し、第五十一条の十七第一項第一号に規定する指定特定相談支援事業者が作成するサービス等利用計画案の提出を求めるものとする。

5　前項の規定によりサービス等利用計画案の提出を求められた障害者又は障害児の保護者は、厚生労働省令で定める場合には、同項のサービス等利用計画案に代えて厚生労働省令で定めるサービス等利用計画案を提出することができる。

6　市町村は、前二項のサービス等利用計画案の提出があった場合には、第一項の厚生労働省令で定める事項及び当該サービス等利用計画案を勘案して支給要否決定を行うものとする。

7　市町村は、支給決定を行う場合には、障害福祉サービスの種類ごとに月を単位として厚生労働省令で定める期間において介護給付費等を支給する障害福祉サービスの量（以下「支給量」という。）を定めなければならない。

8　市町村は、支給決定を行ったときは、当該支給決定障害者等に対し、厚生労働省令で定めるところにより、支給量その他の厚生労働省令で定める事項を記載した障害福祉サービス受給者証（以下「受給者証」という。）を交付しなければならない。

（支給決定の有効期間）

第二十三条　支給決定は、厚生労働省令で定める期間（以下「支給決定の有効期間」という。）内に限り、その効力を有する。

（支給決定の変更）

第二十四条　支給決定障害者等は、現に受けている支給決定に係る障害福祉サービスの種類、支給量その他の厚生労働省令で定める事項を変更する必要があるときは、厚生労働省令で定めるところにより、市町村に対し、当該支給決定の変更の申請をすることができる。

2　市町村は、前項の申請又は職権により、第二十二条第一項の厚生労働省令で定める事項を勘案し、支給決定障害者等につき、必要があると認めるときは、支給決定の変更の決定を行うことができる。この場合において、市町村は、当該決定に係る支給決定障害者等に対し受給者証の提出を求めるものとする。

3　第十九条（第一項を除く。）、第二十条（第一項を除く。）及び第二十二条（第一項を除く。）の規定は、前項の支給決定の変更の決定について準用する。この場合において、必要な技術的読替えは、政令で定める。

4　市町村は、第二項の支給決定の変更の決定を行うに当たり、必要があると認めるときは、障害支援区分の変更の認定を行うことができる。

5　第二十一条の規定は、前項の障害支援区分の変更の認定について準用する。この場合において、必要な技術的読替えは、政令で定める。

6　市町村は、第二項の支給決定の変更の決定を行った場合には、受給者証に当該決定に係る事項を記載し、これを返還するものとする。

（支給決定の取消し）

第二十五条　支給決定を行った市町村は、次に掲げる場合には、当該支給決定を取り消すことができる。

一　支給決定に係る障害者等が、第二十九条第一項に規定する指定障害福祉サービス等及び第三十条第一項第二号に規定する基準該当障害福祉サービスを受ける必要がなくなったと認めるとき。

二　支給決定障害者等が、支給決定の有効期間内に、当該市町村以外の市町村の区域内に居住地を有するに至ったと認めるとき（支給決定に係る障害者が特定施設に入所することにより当該市町村以外の市町村の区域内に居住地を有するに至ったと認めるときを除く。）。

三　支給決定に係る障害者等又は障害児の保護者が、正当な理由なしに第二十条第二項

（前条第三項において準用する場合を含む。）の規定による調査に応じないとき。
四　その他政令で定めるとき。
2　前項の規定により支給決定の取消しを行った市町村は、厚生労働省令で定めるところにより、当該取消しに係る支給決定障害者等に対し受給者証の返還を求めるものとする。

（都道府県による援助等）
第二十六条　都道府県は、市町村の求めに応じ、市町村が行う第十九条から第二十二条まで、第二十四条及び前条の規定による業務に関し、その設置する身体障害者更生相談所等による技術的事項についての協力その他市町村に対する必要な援助を行うものとする。
2　地方自治法第二百五十二条の十四第一項の規定により市町村の委託を受けて審査判定業務（第二十一条（第二十四条第五項において準用する場合を含む。第四項において同じ。）、第二十二条第二項及び第三項（これらの規定を第二十四条第三項において準用する場合を含む。第四項において同じ。）並びに第五十一条の七第二項及び第三項（これらの規定を第五十一条の九第三項において準用する場合を含む。）の規定により市町村審査会が行う業務をいう。以下この条及び第九十五条第二項第一号において同じ。）を行う都道府県に、当該審査判定業務を行わせるため、介護給付費等の支給に関する審査会（以下「都道府県審査会」という。）を置く。
3　第十六条及び第十八条の規定は、前項の都道府県審査会について準用する。この場合において、第十六条第二項中「市町村長（特別区の区長を含む。以下同じ。）」とあるのは、「都道府県知事」と読み替えるものとする。
4　審査判定業務を都道府県に委託した市町村について第二十一条並びに第二十二条第二項及び第三項の規定を適用する場合においては、これらの規定中「市町村審査会」とあるのは、「都道府県審査会」とする。

（政令への委任）
第二十七条　この款に定めるもののほか、障害支援区分に関する審査及び判定、支給決定、支給要否決定、受給者証、支給決定の変更の決定並びに支給決定の取消しに関し必要な事項は、政令で定める。

第三款　介護給付費、特例介護給付費、訓練等給付費及び特例訓練等給付費の支給

（介護給付費、特例介護給付費、訓練等給付費及び特例訓練等給付費の支給）
第二十八条　介護給付費及び特例介護給付費の支給は、次に掲げる障害福祉サービスに関して次条及び第三十条の規定により支給する給付とする。
一　居宅介護
二　重度訪問介護
三　同行援護
四　行動援護
五　療養介護（医療に係るものを除く。）
六　生活介護
七　短期入所
八　重度障害者等包括支援
九　施設入所支援
2　訓練等給付費及び特例訓練等給付費の支給は、次に掲げる障害福祉サービスに関して次条及び第三十条の規定により支給する給付とする。
一　自立訓練
二　就労移行支援
三　就労継続支援
四　共同生活援助

（介護給付費又は訓練等給付費）
第二十九条　市町村は、支給決定障害者等が、支給決定の有効期間内において、都道府県知事が指定する障害福祉サービス事業を行う者（以下「指定障害福祉サービス事業者」という。）若しくは障害者支援施設（以下「指定障害者支援施設」という。）から当該指定に係る障害福祉サービス（以下「指定障害福祉サービス」という。）を受けたとき、又はのぞ

ぞみの園から施設障害福祉サービスを受けたときは、厚生労働省令で定めるところにより、当該支給決定障害者等に対し、当該指定障害福祉サービス又は施設障害福祉サービス（支給量の範囲内のものに限る。以下「指定障害福祉サービス等」という。）に要した費用（食事の提供に要する費用、居住若しくは滞在に要する費用その他の日常生活に要する費用又は創作的活動若しくは生産活動に要する費用のうち厚生労働省令で定める費用（以下「特定費用」という。）を除く。）について、介護給付費又は訓練等給付費を支給する。

2　指定障害福祉サービス等を受けようとする支給決定障害者等は、厚生労働省令で定めるところにより、指定障害福祉サービス事業者、指定障害者支援施設又はのぞみの園（以下「指定障害福祉サービス事業者等」という。）に受給者証を提示して当該指定障害福祉サービス等を受けるものとする。ただし、緊急の場合その他やむを得ない事由のある場合については、この限りでない。

3　介護給付費又は訓練等給付費の額は、一月につき、第一号に掲げる額から第二号に掲げる額を控除して得た額とする。

一　同一の月に受けた指定障害福祉サービス等について、障害福祉サービスの種類ごとに指定障害福祉サービス等に通常要する費用（特定費用を除く。）につき、厚生労働大臣が定める基準により算定した費用の額（その額が現に当該指定障害福祉サービス等に要した費用（特定費用を除く。）の額を超えるときは、当該現に指定障害福祉サービス等に要した費用の額）を合計した額

二　当該支給決定障害者等の家計の負担能力その他の事情をしん酌して政令で定める額（当該政令で定める額が前号に掲げる額の百分の十に相当する額を超えるときは、当該相当する額）

4　支給決定障害者等が指定障害福祉サービス事業者等から指定障害福祉サービス等を受けたときは、市町村は、当該支給決定障害者等が当該指定障害福祉サービス事業者等に支払うべき当該指定障害福祉サービス等に要した費用（特定費用を除く。）について、介護給付費又は訓練等給付費として当該支給決定障害者等に支給すべき額の限度において、当該支給決定障害者等に代わり、当該指定障害福祉サービス事業者等に支払うことができる。

5　前項の規定による支払があったときは、支給決定障害者等に対し介護給付費又は訓練等給付費の支給があったものとみなす。

6　市町村は、指定障害福祉サービス事業者等から介護給付費又は訓練等給付費の請求があったときは、第三項第一号の厚生労働大臣が定める基準及び第四十三条第二項の都道府県の条例で定める指定障害福祉サービスの事業の設備及び運営に関する基準（指定障害福祉サービスの取扱いに関する部分に限る。）又は第四十四条第二項の都道府県の条例で定める指定障害者支援施設等の設備及び運営に関する基準（施設障害福祉サービスの取扱いに関する部分に限る。）に照らして審査の上、支払うものとする。

7　市町村は、前項の規定による支払に関する事務を国民健康保険法（昭和三十三年法律第百九十二号）第四十五条第五項に規定する国民健康保険団体連合会（以下「連合会」という。）に委託することができる。

8　前各項に定めるもののほか、介護給付費及び訓練等給付費の支給並びに指定障害福祉サービス事業者等の介護給付費及び訓練等給付費の請求に関し必要な事項は、厚生労働省令で定める。

（特例介護給付費又は特例訓練等給付費）

第三十条　市町村は、次に掲げる場合において、必要があると認めるときは、厚生労働省令で定めるところにより、当該指定障害福祉サービス等又は第二号に規定する基準該当障害福祉サービス（支給量の範囲内のものに限る。）に要した費用（特定費用を除く。）について、

特例介護給付費又は特例訓練等給付費を支給することができる。

一　支給決定障害者等が、第二十条第一項の申請をした日から当該支給決定の効力が生じた日の前日までの間に、緊急その他やむを得ない理由により指定障害福祉サービス等を受けたとき。

二　支給決定障害者等が、指定障害福祉サービス等以外の障害福祉サービス（次に掲げる事業所又は施設により行われるものに限る。以下「基準該当障害福祉サービス」という。）を受けたとき。

イ　第四十三条第一項の都道府県の条例で定める基準又は同条第二項の都道府県の条例で定める指定障害福祉サービスの事業の設備及び運営に関する基準に定める事項のうち都道府県の条例で定めるものを満たすと認められる事業を行う事業所（以下「基準該当事業所」という。）

ロ　第四十四条第一項の都道府県の条例で定める基準又は同条第二項の都道府県の条例で定める指定障害者支援施設等の設備及び運営に関する基準に定める事項のうち都道府県の条例で定めるものを満たすと認められる施設（以下「基準該当施設」という。）

三　その他政令で定めるとき。

2　都道府県が前項第二号イ及びロの条例を定めるに当たっては、第一号から第三号までに掲げる事項については厚生労働省令で定める基準に従い定めるものとし、第四号に掲げる事項については厚生労働省令で定める基準を標準として定めるものとし、その他の事項については厚生労働省令で定める基準を参酌するものとする。

一　基準該当障害福祉サービスに従事する従業者及びその員数

二　基準該当障害福祉サービスの事業に係る居室及び病室の床面積

三　基準該当障害福祉サービスの事業の運営に関する事項であって、障害者又は障害児の保護者のサービスの適切な利用の確保、障害者等の安全の確保及び秘密の保持等に密接に関連するものとして厚生労働省令で定めるもの

四　基準該当障害福祉サービスの事業に係る利用定員

3　特例介護給付費又は特例訓練等給付費の額は、一月につき、同一の月に受けた次の各号に掲げる障害福祉サービスの区分に応じ、当該各号に定める額を合計した額から、それぞれ当該支給決定障害者等の家計の負担能力その他の事情をしん酌して政令で定める額（当該政令で定める額が当該合計した額の百分の十に相当する額を超えるときは、当該相当する額）を控除して得た額を基準として、市町村が定める。

一　指定障害福祉サービス等　前条第三項第一号の厚生労働大臣が定める基準により算定した費用の額（その額が現に当該指定障害福祉サービス等に要した費用（特定費用を除く。）の額を超えるときは、当該現に指定障害福祉サービス等に要した費用の額）

二　基準該当障害福祉サービス　障害福祉サービスの種類ごとに基準該当障害福祉サービスに通常要する費用（特定費用を除く。）につき厚生労働大臣が定める基準により算定した費用の額（その額が現に当該基準該当障害福祉サービスに要した費用（特定費用を除く。）の額を超えるときは、当該現に基準該当障害福祉サービスに要した費用の額）

4　前三項に定めるもののほか、特例介護給付費及び特例訓練等給付費の支給に関し必要な事項は、厚生労働省令で定める。

（介護給付費等の額の特例）

第三十一条　市町村が、災害その他の厚生労働省令で定める特別の事情があることにより、障害福祉サービスに要する費用を負担することが困難であると認めた支給決定障害者等が

受ける介護給付費又は訓練等給付費の支給について第二十九条第三項の規定を適用する場合においては、同項第二号中「額）」とあるのは、「額）の範囲内において市町村が定める額」とする。

2　前項に規定する支給決定障害者等が受ける特例介護給付費又は特例訓練等給付費の支給について前条第三項の規定を適用する場合においては、同項中「を控除して得た額を基準として、市町村が定める」とあるのは、「の範囲内において市町村が定める額を控除して得た額とする」とする。

第四款　特定障害者特別給付費及び特例特定障害者特別給付費の支給

第三十二条　削除

第三十三条　削除

（特定障害者特別給付費の支給）

第三十四条　市町村は、施設入所支援、共同生活援助その他の政令で定める障害福祉サービス（以下この項において「特定入所等サービス」という。）に係る支給決定を受けた障害者のうち所得の状況その他の事情をしん酌して厚生労働省令で定めるもの（以下この項及び次条第一項において「特定障害者」という。）が、支給決定の有効期間内において、指定障害者支援施設若しくはのぞみの園（以下「指定障害者支援施設等」という。）に入所し、又は共同生活援助を行う住居に入居して、当該指定障害者支援施設等又は指定障害福祉サービス事業者から特定入所等サービスを受けたときは、当該特定障害者に対し、当該指定障害者支援施設等又は共同生活援助を行う住居における食事の提供に要した費用又は居住に要した費用（同項において「特定入所等費用」という。）について、政令で定めるところにより、特定障害者特別給付費を支給する。

2　第二十九条第二項及び第四項から第七項までの規定は、特定障害者特別給付費の支給について準用する。この場合において、必要な技術的読替えは、政令で定める。

3　前二項に定めるもののほか、特定障害者特別給付費の支給及び指定障害者支援施設等又は指定障害福祉サービス事業者の特定障害者特別給付費の請求に関し必要な事項は、厚生労働省令で定める。

（特例特定障害者特別給付費の支給）

第三十五条　市町村は、次に掲げる場合において、必要があると認めるときは、特定障害者に対し、当該指定障害者支援施設等若しくは基準該当施設又は共同生活援助を行う住居における特定入所等費用について、政令で定めるところにより、特例特定障害者特別給付費を支給することができる。

一　特定障害者が、第二十条第一項の申請をした日から当該支給決定の効力が生じた日の前日までの間に、緊急その他やむを得ない理由により指定障害福祉サービス等を受けたとき。

二　特定障害者が、基準該当障害福祉サービスを受けたとき。

2　前項に定めるもののほか、特例特定障害者特別給付費の支給に関し必要な事項は、厚生労働省令で定める。

第五款　指定障害福祉サービス事業者及び指定障害者支援施設等（略）

第六款　業務管理体制の整備等（略）

第三節　地域相談支援給付費、特例地域相談支援給付費、計画相談支援給付費及び特例計画相談支援給付費の支給

第一款　地域相談支援給付費及び特例地域相談支援給付費の支給

（地域相談支援給付費等の相談支援給付決定）

第五十一条の五　地域相談支援給付費又は特例地域相談支援給付費（以下「地域相談支援給付費等」という。）の支給を受けようとする障害者は、市町村の地域相談支援給付費等を支給する旨の決定（以下「地域相談支援給付決定」という。）を受けなければならない。

2　第十九条（第一項を除く。）の規定は、地域相談支援給付決定について準用する。この場合において、必要な技術的読替えは、政令で定める。

（申請）

第五十一条の六　地域相談支援給付決定を受けようとする障害者は、厚生労働省令で定めるところにより、市町村に申請しなければならない。

2　第二十条（第一項を除く。）の規定は、前項の申請について準用する。この場合において、必要な技術的読替えは、政令で定める。

（給付要否決定等）

第五十一条の七　市町村は、前条第一項の申請があったときは、当該申請に係る障害者の心身の状態、当該障害者の地域相談支援の利用に関する意向その他の厚生労働省令で定める事項を勘案して地域相談支援給付費等の支給の要否の決定（以下この条及び第五十一条の十二において「給付要否決定」という。）を行うものとする。

2　市町村は、給付要否決定を行うに当たって必要があると認めるときは、厚生労働省令で定めるところにより、市町村審査会、身体障害者更生相談所等その他厚生労働省令で定める機関の意見を聴くことができる。

3　市町村審査会、身体障害者更生相談所等又は前項の厚生労働省令で定める機関は、同項の意見を述べるに当たって必要があると認めるときは、当該給付要否決定に係る障害者、その家族、医師その他の関係者の意見を聴くことができる。

4　市町村は、給付要否決定を行うに当たって必要と認められる場合として厚生労働省令で定める場合には、厚生労働省令で定めるところにより、前条第一項の申請に係る障害者に対し、第五十一条の十七第一項第一号に規定する指定特定相談支援事業者が作成するサービス等利用計画案の提出を求めるものとする。

5　前項の規定によりサービス等利用計画案の提出を求められた障害者は、厚生労働省令で定める場合には、同項のサービス等利用計画案に代えて厚生労働省令で定めるサービス等利用計画案を提出することができる。

6　市町村は、前二項のサービス等利用計画案の提出があった場合には、第一項の厚生労働省令で定める事項及び当該サービス等利用計画案を勘案して給付要否決定を行うものとする。

7　市町村は、地域相談支援給付決定を行う場合には、地域相談支援の種類ごとに月を単位として厚生労働省令で定める期間において地域相談支援給付費等を支給する地域相談支援の量（以下「地域相談支援給付量」という。）を定めなければならない。

8　市町村は、地域相談支援給付決定を行ったときは、当該地域相談支援給付決定障害者に対し、厚生労働省令で定めるところにより、地域相談支援給付量その他の厚生労働省令で定める事項を記載した地域相談支援受給者証（以下「地域相談支援受給者証」という。）を交付しなければならない。

（地域相談支援給付決定の有効期間）

第五十一条の八　地域相談支援給付決定は、厚生労働省令で定める期間（以下「地域相談支援給付決定の有効期間」という。）内に限り、その効力を有する。

（地域相談支援給付決定の変更）

第五十一条の九　地域相談支援給付決定障害者は、現に受けている地域相談支援給付決定に係る地域相談支援の種類、地域相談支援給付量その他の厚生労働省令で定める事項を変更する必要があるときは、厚生労働省令で定めるところにより、市町村に対し、当該地域相談支援給付決定の変更の申請をすることができる。

2　市町村は、前項の申請又は職権により、第五十一条の七第一項の厚生労働省令で定める事項を勘案し、地域相談支援給付決定障害者につき、必要があると認めるときは、地域相談支援給付決定の変更の決定を行うことができる。この場合において、市町村は、当該決定に係る地域相談支援給付決定障害者に対し地域相談支援受給者証の提出を求めるものとする。

3　第十九条（第一項を除く。）、第二十条（第一項を除く。）及び第五十一条の七（第一項を除く。）の規定は、前項の地域相談支援給付決定の変更の決定について準用する。この場合において、必要な技術的読替えは、政令で定める。

4　市町村は、第二項の地域相談支援給付決定の変更の決定を行った場合には、地域相談支援受給者証に当該決定に係る事項を記載し、これを返還するものとする。

（地域相談支援給付決定の取消し）

第五十一条の十　地域相談支援給付決定を行った市町村は、次に掲げる場合には、当該地域相談支援給付決定を取り消すことができる。

一　地域相談支援給付決定に係る障害者が、第五十一条の十四第一項に規定する指定地域相談支援を受ける必要がなくなったと認めるとき。

二　地域相談支援給付決定障害者が、地域相談支援給付決定の有効期間内に、当該市町村以外の市町村の区域内に居住地を有するに至ったと認めるとき（地域相談支援給付決定に係る障害者が特定施設に入所することにより当該市町村以外の市町村の区域内に居住地を有するに至ったと認めるときを除く。）。

三　地域相談支援給付決定に係る障害者が、正当な理由なしに第五十一条の六第二項及び前条第三項において準用する第二十条第二項の規定による調査に応じないとき。

四　その他政令で定めるとき。

2　前項の規定により地域相談支援給付決定の取消しを行った市町村は、厚生労働省令で定めるところにより、当該取消しに係る地域相談支援給付決定障害者に対し地域相談支援受給者証の返還を求めるものとする。

（都道府県による援助等）

第五十一条の十一　都道府県は、市町村の求めに応じ、市町村が行う第五十一条の五から第五十一条の七まで、第五十一条の九及び前条の規定による業務に関し、その設置する身体障害者更生相談所等による技術的事項についての協力その他市町村に対する必要な援助を行うものとする。

（政令への委任）

第五十一条の十二　第五十一条の五から前条までに定めるもののほか、地域相談支援給付決定、給付要否決定、地域相談支援受給者証、地域相談支援給付決定の変更の決定及び地域相談支援給付決定の取消しに関し必要な事項は、政令で定める。

（地域相談支援給付費及び特例地域相談支援給付費の支給）

第五十一条の十三　地域相談支援給付費及び特例地域相談支援給付費の支給は、地域相談支援に関して次条及び第五十一条の十五の規定により支給する給付とする。

（地域相談支援給付費）

第五十一条の十四　市町村は、地域相談支援給付決定障害者が、地域相談支援給付決定の有効期間内において、都道府県知事が指定する一般相談支援事業を行う者（以下「指定一般相談支援事業者」という。）から当該指定に係る地域相談支援（以下「指定地域相談支援」という。）を受けたときは、厚生労働省令で定めるところにより、当該地域相談支援給付決定障害者に対し、当該指定地域相談支援（地域相談支援給付量の範囲内のものに限る。以下この条及び次条において同じ。）に要した費用について、地域相談支援給付費を支給する。

2　指定地域相談支援を受けようとする地域相談支援給付決定障害者は、厚生労働省令で定めるところにより、指定一般相談支援事業者に地域相談支援受給者証を提示して当該指定地域相談支援を受けるものとする。ただし、緊急の場合その他やむを得ない事由のある場合については、この限りでない。

3　地域相談支援給付費の額は、指定地域相談支援の種類ごとに指定地域相談支援に通常要する費用につき、厚生労働大臣が定める基準により算定した費用の額（その額が現に当該指定地域相談支援に要した費用の額を超えるときは、当該現に指定地域相談支援に要した費用の額）とする。

4　地域相談支援給付決定障害者が指定一般相談支援事業者から指定地域相談支援を受けたときは、市町村は、当該地域相談支援給付決定障害者が当該指定一般相談支援事業者に支払うべき当該指定地域相談支援に要した費用について、地域相談支援給付費として当該地域相談支援給付決定障害者に支給すべき額の限度において、当該地域相談支援給付決定障害者に代わり、当該指定一般相談支援事業者に支払うことができる。

5　前項の規定による支払があったときは、地域相談支援給付決定障害者に対し地域相談支援給付費の支給があったものとみなす。

6　市町村は、指定一般相談支援事業者から地域相談支援給付費の請求があったときは、第三項の厚生労働大臣が定める基準及び第五十一条の二十三第二項の厚生労働省令で定める指定地域相談支援の事業の運営に関する基準（指定地域相談支援の取扱いに関する部分に限る。）に照らして審査の上、支払うものとする。

7　市町村は、前項の規定による支払に関する事務を連合会に委託することができる。

8　前各項に定めるもののほか、地域相談支援給付費の支給及び指定一般相談支援事業者の地域相談支援給付費の請求に関し必要な事項は、厚生労働省令で定める。

（特例地域相談支援給付費）

第五十一条の十五　市町村は、地域相談支援給付決定障害者が、第五十一条の六第一項の申請をした日から当該地域相談支援給付決定の効力が生じた日の前日までの間に、緊急その他やむを得ない理由により指定地域相談支援を受けた場合において、必要があると認めるときは、厚生労働省令で定めるところにより、当該指定地域相談支援に要した費用について、特例地域相談支援給付費を支給することができる。

2　特例地域相談支援給付費の額は、前条第三項の厚生労働大臣が定める基準により算定した費用の額（その額が現に当該指定地域相談支援に要した費用の額を超えるときは、当該現に指定地域相談支援に要した費用の額）を基準として、市町村が定める。

3　前二項に定めるもののほか、特例地域相談支援給付費の支給に関し必要な事項は、厚生労働省令で定める。

第二款　計画相談支援給付費及び特例計画相談支援給付費の支給

（計画相談支援給付費及び特例計画相談支援給付費の支給）

第五十一条の十六　計画相談支援給付費及び特例計画相談支援給付費の支給は、計画相談支援に関して次条及び第五十一条の十八の規定により支給する給付とする。

（計画相談支援給付費）

第五十一条の十七　市町村は、次の各号に掲げる者（以下「計画相談支援対象障害者等」という。）に対し、当該各号に定める場合の区分に応じ、当該各号に規定する計画相談支援に要した費用について、計画相談支援給付費を支給する。

一　第二十二条第四項（第二十四条第三項において準用する場合を含む。）の規定により、サービス等利用計画案の提出を求められた第二十条第一項若しくは第二十四条第一項の申請に係る障害者若しくは障害児の保護者又は第五十一条の七第四項（第五十一条の九第三項において準用する場合を含む。）の規定により、サービス等利用計画案の提出を求められた第五十一条の六第一項若しくは第五十一条の九第一項の申請に係る障害者　市町村長が指定する特定相談支援事業を行う者（以下「指定特定相談支援事業者」という。）から当該指定に係るサービス利用支援（次項において「指定サービス利用支援」という。）を受けた場合であって、当該申請に係る支給決定等を受けたとき。

二　支給決定障害者等又は地域相談支援給付決定障害者　指定特定相談支援事業者から当該指定に係る継続サービス利用支援（次項において「指定継続サービス利用支援」という。）を受けたとき。

2　計画相談支援給付費の額は、指定サービス利用支援又は指定継続サービス利用支援（以下「指定計画相談支援」という。）に通常要する費用につき、厚生労働大臣が定める基準により算定した費用の額（その額が現に当該指定計画相談支援に要した費用の額を超えるときは、当該現に指定計画相談支援に要した費用の額）とする。

3　計画相談支援対象障害者等が指定特定相談支援事業者から指定計画相談支援を受けたときは、市町村は、当該計画相談支援対象障害者等が当該指定特定相談支援事業者に支払うべき当該指定計画相談支援に要した費用について、計画相談支援給付費として当該計画相談支援対象障害者等に対し支給すべき額の限度において、当該計画相談支援対象障害者等に代わり、当該指定特定相談支援事業者に支払うことができる。

4　前項の規定による支払があったときは、計画相談支援対象障害者等に対し計画相談支援給付費の支給があったものとみなす。

5　市町村は、指定特定相談支援事業者から計画相談支援給付費の請求があったときは、第二項の厚生労働大臣が定める基準及び第五十一条の二十四第二項の厚生労働省令で定める指定計画相談支援の事業の運営に関する基準（指定計画相談支援の取扱いに関する部分に限る。）に照らして審査の上、支払うものとする。

6　市町村は、前項の規定による支払に関する事務を連合会に委託することができる。

7　前各項に定めるもののほか、計画相談支援給付費の支給及び指定特定相談支援事業者の計画相談支援給付費の請求に関し必要な事項は、厚生労働省令で定める。

（特例計画相談支援給付費）

第五十一条の十八　市町村は、計画相談支援対象障害者等が、指定計画相談支援以外の計画相談支援（第五十一条の二十四第一項の厚生労働省令で定める基準及び同条第二項の厚生労働省令で定める指定計画相談支援の事業の運営に関する基準に定める事項のうち厚生労働省令で定めるものを満たすと認められる事業を行う事業所により行われるものに限る。以下この条において「基準該当計画相談支援」という。）を受けた場合において、必要があると認めるときは、厚生労働省令で定めるところにより、基準該当計画相談支援に要した費用について、特例計画相談支援給付費を支給することができる。

2　特例計画相談支援給付費の額は、当該基準該当計画相談支援について前条第二項の厚生労働大臣が定める基準により算定した費用の額（その額が現に当該基準該当計画相談支援に要した費用の額を超えるときは、当該現に基準該当計画相談支援に要した費用の額）を基準として、市町村が定める。

3　前二項に定めるもののほか、特例計画相談支援給付費の支給に関し必要な事項は、厚生労働省令で定める。

第三款　指定一般相談支援事業者及び指定特定相談支援事業者（略）

第四款　業務管理体制の整備等（略）

第四節　自立支援医療費、療養介護医療費及び基準該当療養介護医療費の支給

（自立支援医療費の支給認定）

第五十二条　自立支援医療費の支給を受けようとする障害者又は障害児の保護者は、市町村等の自立支援医療費を支給する旨の認定（以下「支給認定」という。）を受けなければならない。

2　第十九条第二項の規定は市町村等が行う支給認定について、同条第三項から第五項までの規定は市町村が行う支給認定について準用する。この場合において、必要な技術的読替えは、政令で定める。

（申請）

第五十三条　支給認定を受けようとする障害者又は障害児の保護者は、厚生労働省令で定めるところにより、市町村等に申請をしなければならない。

2　前項の申請は、都道府県が支給認定を行う場合には、政令で定めるところにより、当該障害者又は障害児の保護者の居住地の市町村（障害者又は障害児の保護者が居住地を有しないか、又はその居住地が明らかでないときは、その障害者又は障害児の保護者の現在地の市町村）を経由して行うことができる。

（支給認定等）

第五十四条　市町村等は、前条第一項の申請に係る障害者等が、その心身の障害の状態からみて自立支援医療を受ける必要があり、かつ、当該障害者等又はその属する世帯の他の世帯員の所得の状況、治療状況その他の事情を勘案して政令で定める基準に該当する場合には、厚生労働省令で定める自立支援医療の種類ごとに支給認定を行うものとする。ただし、当該障害者等が、自立支援医療のうち厚生労働省令で定める種類の医療を、戦傷病者特別援護法（昭和三十八年法律第百六十八号）又は心神喪失等の状態で重大な他害行為を行った者の医療及び観察等に関する法律（平成十五年法律第百十号）の規定により受けることができるときは、この限りでない。

2　市町村等は、支給認定をしたときは、厚生労働省令で定めるところにより、都道府県知事が指定する医療機関（以下「指定自立支援医療機関」という。）の中から、当該支給認定に係る障害者等が自立支援医療を受けるものを定めるものとする。

3　市町村等は、支給認定をしたときは、支給認定を受けた障害者又は障害児の保護者（以下「支給認定障害者等」という。）に対し、厚生労働省令で定めるところにより、次条に規定する支給認定の有効期間、前項の規定により定められた指定自立支援医療機関の名称その他の厚生労働省令で定める事項を記載した自立支援医療受給者証（以下「医療受給者証」という。）を交付しなければならない。

（支給認定の有効期間）

第五十五条　支給認定は、厚生労働省令で定める期間（以下「支給認定の有効期間」という。）内に限り、その効力を有する。

（支給認定の変更）

第五十六条　支給認定障害者等は、現に受けている支給認定に係る第五十四条第二項の規定により定められた指定自立支援医療機関その他の厚生労働省令で定める事項について変更の必要があるときは、厚生労働省令で定めるところにより、市町村等に対し、支給認定の変更の申請をすることができる。

2　市町村等は、前項の申請又は職権により、支給認定障害者等につき、同項の厚生労働省令で定める事項について変更の必要があると認めるときは、厚生労働省令で定めるところにより、支給認定の変更の認定を行うことができる。この場合において、市町村等は、当該支給認定障害者等に対し医療受給者証の提出を求めるものとする。

3　第十九条第二項の規定は市町村等が行う前項の支給認定の変更の認定について、同条第三項から第五項までの規定は市町村が行う前項の支給認定の変更の認定について準用する。この場合において、必要な技術的読替えは、政令で定める。

4　市町村等は、第二項の支給認定の変更の認定を行った場合には、医療受給者証に当該認定に係る事項を記載し、これを返還するものとする。

（支給認定の取消し）

第五十七条　支給認定を行った市町村等は、次に掲げる場合には、当該支給認定を取り消すことができる。

一　支給認定に係る障害者等が、その心身の障害の状態からみて自立支援医療を受ける必要がなくなったと認めるとき。

二　支給認定障害者等が、支給認定の有効期間内に、当該市町村等以外の市町村等の区域内に居住地を有するに至ったと認めるとき（支給認定に係る障害者が特定施設に入所することにより当該市町村以外の市町村の区域内に居住地を有するに至ったと認めるときを除く。）。

三　支給認定に係る障害者等が、正当な理由なしに第九条第一項の規定による命令に応じないとき。

四　その他政令で定めるとき。

2　前項の規定により支給認定の取消しを行った市町村等は、厚生労働省令で定めるところにより、当該取消しに係る支給認定障害者等に対し医療受給者証の返還を求めるものとする。

（自立支援医療費の支給）

第五十八条　市町村等は、支給認定に係る障害者等が、支給認定の有効期間内において、第五十四条第二項の規定により定められた指定自立支援医療機関から当該指定に係る自立支援医療（以下「指定自立支援医療」という。）を受けたときは、厚生労働省令で定めるところにより、当該支給認定障害者等に対し、当該指定自立支援医療に要した費用について、自立支援医療費を支給する。

2　指定自立支援医療を受けようとする支給認定障害者等は、厚生労働省令で定めるところにより、指定自立支援医療機関に医療受給者証を提示して当該指定自立支援医療を受けるものとする。ただし、緊急の場合その他やむを得ない事由のある場合については、この限りでない。

3　自立支援医療費の額は、一月につき、第一号に掲げる額（当該指定自立支援医療に食事療養（健康保険法第六十三条第二項第一号に規定する食事療養をいう。以下この項において同じ。）が含まれるときは、当該額及び第二号に掲げる額の合算額、当該指定自立支援医療に生活療養（同条第二項第二号に規定する生活療養をいう。以下この項において同じ。）が含まれるときは、当該額及び第三号に掲げる額の合算額）とする。

一　同一の月に受けた指定自立支援医療（食事療養及び生活療養を除く。）につき健康保険の療養に要する費用の額の算定方法の例により算定した額から、当該支給認定障害者等の家計の負担能力、障害の状態その他の事情をしん酌して政令で定める額（当該政令で定める額が当該算定した額の百分の十に相当する額を超えるときは、当該相当する額）を控除して得た額

二　当該指定自立支援医療（食事療養に限る。）につき健康保険の療養に要する費用の額の算定方法の例により算定した額から、健康保険法第八十五条第二項に規定する食事療養標準負担額、支給認定障害者等の所得の状況その他の事情を勘案して厚生労働大臣が定める額を控除した額

三　当該指定自立支援医療（生活療養に限る。）につき健康保険の療養に要する費用の額の算定方法の例により算定した額から、健康保険法第八十五条の二第二項に規定する生活療養標準負担額、支給認定障害者等の所得の状況その他の事情を勘案して厚生労働大臣が定める額を控除した額

4　前項に規定する療養に要する費用の額の算定方法の例によることができないとき、及びこれによることを適当としないときの自立支援医療に要する費用の額の算定方法は、厚生労働大臣の定めるところによる。

5　支給認定に係る障害者等が指定自立支援医

療機関から指定自立支援医療を受けたときは、市町村等は、当該支給認定障害者等が当該指定自立支援医療機関に支払うべき当該指定自立支援医療に要した費用について、自立支援医療費として当該支給認定障害者等に支給すべき額の限度において、当該支給認定障害者等に代わり、当該指定自立支援医療機関に支払うことができる。

6　前項の規定による支払があったときは、支給認定障害者等に対し自立支援医療費の支給があったものとみなす。

（指定自立支援医療機関の指定）

第五十九条　第五十四条第二項の指定は、厚生労働省令で定めるところにより、病院若しくは診療所（これらに準ずるものとして政令で定めるものを含む。以下同じ。）又は薬局の開設者の申請により、同条第一項の厚生労働省令で定める自立支援医療の種類ごとに行う。

2　都道府県知事は、前項の申請があった場合において、次の各号のいずれかに該当するときは、指定自立支援医療機関の指定をしないことができる。

一　当該申請に係る病院若しくは診療所又は薬局が、健康保険法第六十三条第三項第一号に規定する保険医療機関若しくは保険薬局又は厚生労働省令で定める事業所若しくは施設でないとき。

二　当該申請に係る病院若しくは診療所若しくは薬局又は申請者が、自立支援医療費の支給に関し診療又は調剤の内容の適切さを欠くおそれがあるとして重ねて第六十三条の規定による指導又は第六十七条第一項の規定による勧告を受けたものであるとき。

三　申請者が、第六十七条第三項の規定による命令に従わないものであるとき。

四　前三号のほか、当該申請に係る病院若しくは診療所又は薬局が、指定自立支援医療機関として著しく不適当と認めるものであるとき。

3　第三十六条第三項（第一号から第三号まで及び第七号を除く。）の規定は、指定自立支援医療機関の指定について準用する。この場合において、必要な技術的読替えは、政令で定める。

（指定の更新）

第六十条　第五十四条第二項の指定は、六年ごとにその更新を受けなければ、その期間の経過によって、その効力を失う。

2　健康保険法第六十八条第二項の規定は、前項の指定の更新について準用する。この場合において、必要な技術的読替えは、政令で定める。

（指定自立支援医療機関の責務）

第六十一条　指定自立支援医療機関は、厚生労働省令で定めるところにより、良質かつ適切な自立支援医療を行わなければならない。

（診療方針）

第六十二条　指定自立支援医療機関の診療方針は、健康保険の診療方針の例による。

2　前項に規定する診療方針によることができないとき、及びこれによることを適当としないときの診療方針は、厚生労働大臣が定めるところによる。

（都道府県知事の指導）

第六十三条　指定自立支援医療機関は、自立支援医療の実施に関し、都道府県知事の指導を受けなければならない。

（変更の届出）

第六十四条　指定自立支援医療機関は、当該指定に係る医療機関の名称及び所在地その他厚生労働省令で定める事項に変更があったときは、厚生労働省令で定めるところにより、その旨を都道府県知事に届け出なければならない。

（指定の辞退）

第六十五条　指定自立支援医療機関は、一月以上の予告期間を設けて、その指定を辞退することができる。

（報告等）

第六十六条　都道府県知事は、自立支援医療の実施に関して必要があると認めるときは、指定自立支援医療機関若しくは指定自立支援医療機関の開設者若しくは管理者、医師、薬剤師その他の従業者であった者（以下この項において「開設者であった者等」という。）に対し報告若しくは診療録、帳簿書類その他の物件の提出若しくは提示を命じ、指定自立支援医療機関の開設者若しくは管理者、医師、薬剤師その他の従業者（開設者であった者等を含む。）に対し出頭を求め、又は当該職員に関係者に対して質問させ、若しくは指定自立支援医療機関について設備若しくは診療録、帳簿書類その他の物件を検査させることができる。

2　第九条第二項の規定は前項の規定による質問又は検査について、同条第三項の規定は前項の規定による権限について準用する。

3　指定自立支援医療機関が、正当な理由がなく、第一項の規定による報告若しくは提出若しくは提示をせず、若しくは虚偽の報告をし、又は同項の規定による検査を拒み、妨げ、若しくは忌避したときは、都道府県知事は、当該指定自立支援医療機関に対する市町村等の自立支援医療費の支払を一時差し止めることを指示し、又は差し止めることができる。

（勧告、命令等）

第六十七条　都道府県知事は、指定自立支援医療機関が、第六十一条又は第六十二条の規定に従って良質かつ適切な自立支援医療を行っていないと認めるときは、当該指定自立支援医療機関の開設者に対し、期限を定めて、第六十一条又は第六十二条の規定を遵守すべきことを勧告することができる。

2　都道府県知事は、前項の規定による勧告をした場合において、その勧告を受けた指定自立支援医療機関の開設者が、同項の期限内にこれに従わなかったときは、その旨を公表することができる。

3　都道府県知事は、第一項の規定による勧告を受けた指定自立支援医療機関の開設者が、正当な理由がなくてその勧告に係る措置をとらなかったときは、当該指定自立支援医療機関の開設者に対し、期限を定めて、その勧告に係る措置をとるべきことを命ずることができる。

4　都道府県知事は、前項の規定による命令をしたときは、その旨を公示しなければならない。

5　市町村は、指定自立支援医療を行った指定自立支援医療機関の開設者について、第六十一条又は第六十二条の規定に従って良質かつ適切な自立支援医療を行っていないと認めるときは、その旨を当該指定に係る医療機関の所在地の都道府県知事に通知しなければならない。

（指定の取消し等）

第六十八条　都道府県知事は、次の各号のいずれかに該当する場合においては、当該指定自立支援医療機関に係る第五十四条第二項の指定を取り消し、又は期間を定めてその指定の全部若しくは一部の効力を停止することができる。

一　指定自立支援医療機関が、第五十九条第二項各号のいずれかに該当するに至ったとき。

二　指定自立支援医療機関が、第五十九条第三項の規定により準用する第三十六条第三項第四号から第五号の二まで、第十二号又は第十三号のいずれかに該当するに至ったとき。

三　指定自立支援医療機関が、第六十一条又は第六十二条の規定に違反したとき。

四　自立支援医療費の請求に関し不正があったとき。

五　指定自立支援医療機関が、第六十六条第一項の規定により報告若しくは診療録、帳簿書類その他の物件の提出若しくは提示を命ぜられてこれに従わず、又は虚偽の報告をしたとき。

六　指定自立支援医療機関の開設者又は従業者が、第六十六条第一項の規定により出頭を求められてこれに応ぜず、同項の規定による質問に対して答弁せず、若しくは虚偽の答弁をし、又は同項の規定による検査を拒み、妨げ、若しくは忌避したとき。ただし、当該指定自立支援医療機関の従業者がその行為をした場合において、その行為を防止するため、当該指定自立支援医療機関の開設者が相当の注意及び監督を尽くしたときを除く。

2　第五十条第一項第八号から第十二号まで及び第二項の規定は、前項の指定自立支援医療機関の指定の取消し又は効力の停止について準用する。この場合において、必要な技術的読替えは、政令で定める。

（公示）

第六十九条　都道府県知事は、次に掲げる場合には、その旨を公示しなければならない。

一　第五十四条第二項の指定自立支援医療機関の指定をしたとき。

二　第六十四条の規定による届出（同条の厚生労働省令で定める事項の変更に係るものを除く。）があったとき。

三　第六十五条の規定による指定自立支援医療機関の指定の辞退があったとき。

四　前条の規定により指定自立支援医療機関の指定を取り消したとき。

（療養介護医療費の支給）

第七十条　市町村は、介護給付費（療養介護に係るものに限る。）に係る支給決定を受けた障害者が、支給決定の有効期間内において、指定障害福祉サービス事業者等から当該指定に係る療養介護医療を受けたときは、厚生労働省令で定めるところにより、当該支給決定に係る障害者に対し、当該療養介護医療に要した費用について、療養介護医療費を支給する。

2　第五十八条第三項から第六項までの規定は、療養介護医療費について準用する。この場合において、必要な技術的読替えは、政令で定める。

（基準該当療養介護医療費の支給）

第七十一条　市町村は、特例介護給付費（療養介護に係るものに限る。）に係る支給決定を受けた障害者が、基準該当事業所又は基準該当施設から当該療養介護医療（以下「基準該当療養介護医療」という。）を受けたときは、厚生労働省令で定めるところにより、当該支給決定に係る障害者に対し、当該基準該当療養介護医療に要した費用について、基準該当療養介護医療費を支給する。

2　第五十八条第三項及び第四項の規定は、基準該当療養介護医療費について準用する。この場合において、必要な技術的読替えは、政令で定める。

（準用）

第七十二条　第六十一条及び第六十二条の規定は、療養介護医療を行う指定障害福祉サービス事業者等又は基準該当療養介護医療を行う基準該当事業所若しくは基準該当施設について準用する。

（自立支援医療費等の審査及び支払）

第七十三条　都道府県知事は、指定自立支援医療機関、療養介護医療を行う指定障害福祉サービス事業者等又は基準該当療養介護医療を行う基準該当事業所若しくは基準該当施設（以下この条において「公費負担医療機関」という。）の診療内容並びに自立支援医療費、療養介護医療費及び基準該当療養介護医療費（以下この条及び第七十五条において「自立支援医療費等」という。）の請求を随時審査し、かつ、公費負担医療機関が第五十八条第五項（第七十条第二項において準用する場合を含む。）の規定によって請求することができる自立支援医療費等の額を決定することができる。

2　公費負担医療機関は、都道府県知事が行う前項の決定に従わなければならない。

3　都道府県知事は、第一項の規定により公費負担医療機関が請求することができる自立支援医療費等の額を決定するに当たっては、社会保険診療報酬支払基金法（昭和二十三年法律第百二十九号）に定める審査委員会、国民健康保険法に定める国民健康保険診療報酬審査委員会その他政令で定める医療に関する審査機関の意見を聴かなければならない。

4　市町村等は、公費負担医療機関に対する自立支援医療費等の支払に関する事務を社会保険診療報酬支払基金、連合会その他厚生労働省令で定める者に委託することができる。

5　前各項に定めるもののほか、自立支援医療費等の請求に関し必要な事項は、厚生労働省令で定める。

6　第一項の規定による自立支援医療費等の額の決定については、行政不服審査法（昭和三十七年法律第百六十号）による不服申立てをすることができない。

（都道府県による援助等）

第七十四条　市町村は、支給認定又は自立支援医療費を支給しない旨の認定を行うに当たって必要があると認めるときは、厚生労働省令で定めるところにより、身体障害者更生相談所その他厚生労働省令で定める機関の意見を聴くことができる。

2　都道府県は、市町村の求めに応じ、市町村が行うこの節の規定による業務に関し、その設置する身体障害者更生相談所その他厚生労働省令で定める機関による技術的事項についての協力その他市町村に対する必要な援助を行うものとする。

（政令への委任）

第七十五条　この節に定めるもののほか、支給認定、医療受給者証、支給認定の変更の認定及び支給認定の取消しその他自立支援医療費等に関し必要な事項は、政令で定める。

第五節　補装具費の支給

第七十六条　市町村は、障害者又は障害児の保護者から申請があった場合において、当該申請に係る障害者等の障害の状態からみて、当該障害者等が補装具の購入又は修理を必要とする者であると認めるときは、当該障害者又は障害児の保護者（以下この条において「補装具費支給対象障害者等」という。）に対し、当該補装具の購入又は修理に要した費用について、補装具費を支給する。ただし、当該申請に係る障害者等又はその属する世帯の他の世帯員のうち政令で定める者の所得が政令で定める基準以上であるときは、この限りでない。

2　補装具費の額は、一月につき、同一の月に購入又は修理をした補装具について、補装具の購入又は修理に通常要する費用の額を勘案して厚生労働大臣が定める基準により算定した費用の額（その額が現に当該補装具の購入又は修理に要した費用の額を超えるときは、当該現に補装具の購入又は修理に要した費用の額。以下この項において「基準額」という。）を合計した額から、当該補装具費支給対象障害者等の家計の負担能力その他の事情をしん酌して政令で定める額（当該政令で定める額が基準額を合計した額の百分の十に相当する額を超えるときは、当該相当する額）を控除して得た額とする。

3　市町村は、補装具費の支給に当たって必要があると認めるときは、厚生労働省令で定めるところにより、身体障害者更生相談所その他厚生労働省令で定める機関の意見を聴くことができる。

4　第十九条第二項から第五項までの規定は、補装具費の支給に係る市町村の認定について準用する。この場合において、必要な技術的読替えは、政令で定める。

5　厚生労働大臣は、第二項の規定により厚生労働大臣の定める基準を適正なものとするため、必要な調査を行うことができる。

6　前各項に定めるもののほか、補装具費の支給に関し必要な事項は、厚生労働省令で定める。

第六節　高額障害福祉サービス等給付費の支給

第七十六条の二　市町村は、支給決定障害者等が受けた障害福祉サービス及び介護保険法第二十四条第二項に規定する介護給付等対象サービスのうち政令で定めるもの並びに補装具の購入又は修理に要した費用の合計額（それぞれ厚生労働大臣が定める基準により算定した費用の額（その額が現に要した費用の額を超えるときは、当該現に要した額）の合計額を限度とする。）から当該費用につき支給された介護給付費等及び同法第二十条に規定する介護給付等のうち政令で定めるもの並びに補装具費の合計額を控除して得た額が、著しく高額であるときは、当該支給決定障害者等に対し、高額障害福祉サービス等給付費を支給する。

2　前項に定めるもののほか、高額障害福祉サービス等給付費の支給要件、支給額その他高額障害福祉サービス等給付費の支給に関し必要な事項は、障害福祉サービス及び補装具の購入又は修理に要する費用の負担の家計に与える影響を考慮して、政令で定める。

第三章　地域生活支援事業

（市町村の地域生活支援事業）

第七十七条　市町村は、厚生労働省令で定めるところにより、地域生活支援事業として、次に掲げる事業を行うものとする。

一　障害者等の自立した日常生活及び社会生活に関する理解を深めるための研修及び啓発を行う事業

二　障害者等、障害者等の家族、地域住民等により自発的に行われる障害者等が自立した日常生活及び社会生活を営むことができるようにするための活動に対する支援を行う事業

三　障害者等が障害福祉サービスその他のサービスを利用しつつ、自立した日常生活又は社会生活を営むことができるよう、地域の障害者等の福祉に関する各般の問題につき、障害者等、障害児の保護者又は障害者等の介護を行う者からの相談に応じ、必要な情報の提供及び助言その他の厚生労働省令で定める便宜を供与するとともに、障害者等に対する虐待の防止及びその早期発見のための関係機関との連絡調整その他の障害者等の権利の擁護のために必要な援助を行う事業（次号に掲げるものを除く。）

四　障害福祉サービスの利用の観点から成年後見制度を利用することが有用であると認められる障害者で成年後見制度の利用に要する費用について補助を受けなければ成年後見制度の利用が困難であると認められるものにつき、当該費用のうち厚生労働省令で定める費用を支給する事業

五　障害者に係る民法（明治二十九年法律第八十九号）に規定する後見、保佐及び補助の業務を適正に行うことができる人材の育成及び活用を図るための研修を行う事業

六　聴覚、言語機能、音声機能その他の障害のため意思疎通を図ることに支障がある障害者等その他の日常生活を営むのに支障がある障害者等につき、意思疎通支援（手話その他厚生労働省令で定める方法により当該障害者等とその他の者の意思疎通を支援することをいう。以下同じ。）を行う者の派遣、日常生活上の便宜を図るための用具であって厚生労働大臣が定めるものの給付又は貸与その他の厚生労働省令で定める便宜を供与する事業

七　意思疎通支援を行う者を養成する事業

八　移動支援事業

九　障害者等につき、地域活動支援センターその他の厚生労働省令で定める施設に通わせ、創作的活動又は生産活動の機会の提供、社会との交流の促進その他の厚生労働省令で定める便宜を供与する事業

2　都道府県は、市町村の地域生活支援事業の実施体制の整備の状況その他の地域の実情を勘案して、関係市町村の意見を聴いて、当該市町村に代わって前項各号に掲げる事業の一部を行うことができる。

3　市町村は、第一項各号に掲げる事業のほか、

現に住居を求めている障害者につき低額な料金で福祉ホームその他の施設において当該施設の居室その他の設備を利用させ、日常生活に必要な便宜を供与する事業その他の障害者等が自立した日常生活又は社会生活を営むために必要な事業を行うことができる。

（基幹相談支援センター）

第七十七条の二　基幹相談支援センターは、地域における相談支援の中核的な役割を担う機関として、前条第一項第三号及び第四号に掲げる事業並びに身体障害者福祉法第九条第五項第二号及び第三号、知的障害者福祉法第九条第五項第二号及び第三号並びに精神保健及び精神障害者福祉に関する法律第四十九条第一項に規定する業務を総合的に行うことを目的とする施設とする。

2　市町村は、基幹相談支援センターを設置することができる。

3　市町村は、一般相談支援事業を行う者その他の厚生労働省令で定める者に対し、第一項の事業及び業務の実施を委託することができる。

4　前項の委託を受けた者は、第一項の事業及び業務を実施するため、厚生労働省令で定めるところにより、あらかじめ、厚生労働省令で定める事項を市町村長に届け出て、基幹相談支援センターを設置することができる。

5　基幹相談支援センターを設置する者は、第一項の事業及び業務の効果的な実施のために、指定障害福祉サービス事業者等、医療機関、民生委員法（昭和二十三年法律第百九十八号）に定める民生委員、身体障害者福祉法第十二条の三第一項又は第二項の規定により委託を受けた身体障害者相談員、知的障害者福祉法第十五条の二第一項又は第二項の規定により委託を受けた知的障害者相談員、意思疎通支援を行う者を養成し、又は派遣する事業の関係者その他の関係者との連携に努めなければならない。

6　第三項の規定により委託を受けて第一項の事業及び業務を実施するため基幹相談支援センターを設置する者（その者が法人である場合にあっては、その役員）若しくはその職員又はこれらの職にあった者は、正当な理由なしに、その業務に関して知り得た秘密を漏らしてはならない。

（都道府県の地域生活支援事業）

第七十八条　都道府県は、厚生労働省令で定めるところにより、地域生活支援事業として、第七十七条第一項第三号、第六号及び第七号に掲げる事業のうち、特に専門性の高い相談支援に係る事業及び特に専門性の高い意思疎通支援を行う者を養成し、又は派遣する事業、意思疎通支援を行う者の派遣に係る市町村相互間の連絡調整その他の広域的な対応が必要な事業として厚生労働省令で定める事業を行うものとする。

2　都道府県は、前項に定めるもののほか、障害福祉サービス又は相談支援の質の向上のために障害福祉サービス若しくは相談支援を提供する者又はこれらの者に対し必要な指導を行う者を育成する事業その他障害者等が自立した日常生活又は社会生活を営むために必要な事業を行うことができる。

第四章　事業及び施設

（事業の開始等）

第七十九条　都道府県は、次に掲げる事業を行うことができる。

一　障害福祉サービス事業

二　一般相談支援事業及び特定相談支援事業

三　移動支援事業

四　地域活動支援センターを経営する事業

五　福祉ホームを経営する事業

2　国及び都道府県以外の者は、厚生労働省令で定めるところにより、あらかじめ、厚生労働省令で定める事項を都道府県知事に届け出て、前項各号に掲げる事業を行うことができる。

3　前項の規定による届出をした者は、厚生労働省令で定める事項に変更が生じたときは、変更の日から一月以内に、その旨を都道府県知事に届け出なければならない。

4　国及び都道府県以外の者は、第一項各号に掲げる事業を廃止し、又は休止しようとするときは、あらかじめ、厚生労働省令で定める事項を都道府県知事に届け出なければならない。

（障害福祉サービス事業、地域活動支援センター及び福祉ホームの基準）

第八十条　都道府県は、障害福祉サービス事業（施設を必要とするものに限る。以下この条及び第八十二条第二項において同じ。）、地域活動支援センター及び福祉ホームの設備及び運営について、条例で基準を定めなければならない。

2　都道府県が前項の条例を定めるに当たっては、第一号から第三号までに掲げる事項については厚生労働省令で定める基準に従い定めるものとし、第四号に掲げる事項については厚生労働省令で定める基準を標準として定めるものとし、その他の事項については厚生労働省令で定める基準を参酌するものとする。

一　障害福祉サービス事業に従事する従業者及びその員数並びに地域活動支援センター及び福祉ホームに配置する従業者及びその員数

二　障害福祉サービス事業に係る居室及び病室の床面積並びに福祉ホームに係る居室の床面積

三　障害福祉サービス事業の運営に関する事項であって、障害者の適切な処遇及び安全の確保並びに秘密の保持に密接に関連するものとして厚生労働省令で定めるもの並びに地域活動支援センター及び福祉ホームの運営に関する事項であって、障害者等の安全の確保及び秘密の保持に密接に関連するものとして厚生労働省令で定めるもの

四　障害福祉サービス事業、地域活動支援センター及び福祉ホームに係る利用定員

3　第一項の障害福祉サービス事業を行う者並びに地域活動支援センター及び福祉ホームの設置者は、同項の基準を遵守しなければならない。

（報告の徴収等）

第八十一条　都道府県知事は、障害者等の福祉のために必要があると認めるときは、障害福祉サービス事業、一般相談支援事業、特定相談支援事業若しくは移動支援事業を行う者若しくは地域活動支援センター若しくは福祉ホームの設置者に対して、報告若しくは帳簿書類その他の物件の提出若しくは提示を求め、又は当該職員に関係者に対して質問させ、若しくはその事業所若しくは施設に立ち入り、その設備若しくは帳簿書類その他の物件を検査させることができる。

2　第九条第二項の規定は前項の規定による質問又は検査について、同条第三項の規定は前項の規定による権限について準用する。

（事業の停止等）

第八十二条　都道府県知事は、障害福祉サービス事業、一般相談支援事業、特定相談支援事業又は移動支援事業を行う者が、この章の規定若しくは当該規定に基づく命令若しくはこれらに基づいてする処分に違反したとき、その事業に関し不当に営利を図り、若しくはその事業に係る者の処遇につき不当な行為をしたとき、又は身体障害者福祉法第十八条の二、知的障害者福祉法第二十一条若しくは児童福祉法第二十一条の七の規定に違反したときは、その事業を行う者に対して、その事業の制限又は停止を命ずることができる。

2　都道府県知事は、障害福祉サービス事業を行う者又は地域活動支援センター若しくは福祉ホームの設置者が、この章の規定若しくは当該規定に基づく命令若しくはこれらに基づいてする処分に違反したとき、当該障害福祉サービス事業、地域活動支援センター若しくは福祉ホームが第八十条第一項の基準に適合しなくなったとき、又は身体障害者福祉法第十八条の二、知的障害者福祉法第二十一条若

しくは児童福祉法第二十一条の七の規定に違反したときは、その事業を行う者又はその設置者に対して、その施設の設備若しくは運営の改善又はその事業の停止若しくは廃止を命ずることができる。

（施設の設置等）
第八十三条　国は、障害者支援施設を設置しなければならない。
2　都道府県は、障害者支援施設を設置することができる。
3　市町村は、あらかじめ厚生労働省令で定める事項を都道府県知事に届け出て、障害者支援施設を設置することができる。
4　国、都道府県及び市町村以外の者は、社会福祉法（昭和二十六年法律第四十五号）の定めるところにより、障害者支援施設を設置することができる。
5　前各項に定めるもののほか、障害者支援施設の設置、廃止又は休止に関し必要な事項は、政令で定める。

（施設の基準）
第八十四条　都道府県は、障害者支援施設の設備及び運営について、条例で基準を定めなければならない。
2　都道府県が前項の条例を定めるに当たっては、第一号から第三号までに掲げる事項については厚生労働省令で定める基準に従い定めるものとし、第四号に掲げる事項については厚生労働省令で定める基準を標準として定めるものとし、その他の事項については厚生労働省令で定める基準を参酌するものとする。
一　障害者支援施設に配置する従業者及びその員数
二　障害者支援施設に係る居室の床面積
三　障害者支援施設の運営に関する事項であって、障害者の適切な処遇及び安全の確保並びに秘密の保持に密接に関連するものとして厚生労働省令で定めるもの
四　障害者支援施設に係る利用定員
3　国、都道府県及び市町村以外の者が設置する障害者支援施設については、第一項の基準を社会福祉法第六十五条第一項の基準とみなして、同法第六十二条第四項、第六十五条第三項及び第七十一条の規定を適用する。

（報告の徴収等）
第八十五条　都道府県知事は、市町村が設置した障害者支援施設の運営を適切にさせるため、必要があると認めるときは、当該施設の長に対して、必要と認める事項の報告若しくは帳簿書類その他の物件の提出若しくは提示を求め、又は当該職員に関係者に対して質問させ、若しくはその施設に立ち入り、設備若しくは帳簿書類その他の物件を検査させることができる。
2　第九条第二項の規定は前項の規定による質問又は検査について、同条第三項の規定は前項の規定による権限について準用する。

（事業の停止等）
第八十六条　都道府県知事は、市町村が設置した障害者支援施設について、その設備又は運営が第八十四条第一項の基準に適合しなくなったと認め、又は法令の規定に違反すると認めるときは、その事業の停止又は廃止を命ずることができる。
2　都道府県知事は、前項の規定による処分をするには、文書をもって、その理由を示さなければならない。

第五章　障害福祉計画

（基本指針）
第八十七条　厚生労働大臣は、障害福祉サービス及び相談支援並びに市町村及び都道府県の地域生活支援事業の提供体制を整備し、自立支援給付及び地域生活支援事業の円滑な実施を確保するための基本的な指針（以下「基本指針」という。）を定めるものとする。
2　基本指針においては、次に掲げる事項を定めるものとする。
一　障害福祉サービス及び相談支援の提供体制の確保に関する基本的事項

二　障害福祉サービス、相談支援並びに市町村及び都道府県の地域生活支援事業の提供体制の確保に係る目標に関する事項
三　次条第一項に規定する市町村障害福祉計画及び第八十九条第一項に規定する都道府県障害福祉計画の作成に関する事項
四　その他自立支援給付及び地域生活支援事業の円滑な実施を確保するために必要な事項

3　厚生労働大臣は、基本指針の案を作成し、又は基本指針を変更しようとするときは、あらかじめ、障害者等及びその家族その他の関係者の意見を反映させるために必要な措置を講ずるものとする。

4　厚生労働大臣は、障害者等の生活の実態、障害者等を取り巻く環境の変化その他の事情を勘案して必要があると認めるときは、速やかに基本指針を変更するものとする。

5　厚生労働大臣は、基本指針を定め、又はこれを変更したときは、遅滞なく、これを公表しなければならない。

（市町村障害福祉計画）

第八十八条　市町村は、基本指針に即して、障害福祉サービスの提供体制の確保その他この法律に基づく業務の円滑な実施に関する計画（以下「市町村障害福祉計画」という。）を定めるものとする。

2　市町村障害福祉計画においては、次に掲げる事項を定めるものとする。
一　障害福祉サービス、相談支援及び地域生活支援事業の提供体制の確保に係る目標に関する事項
二　各年度における指定障害福祉サービス、指定地域相談支援又は指定計画相談支援の種類ごとの必要な量の見込み
三　地域生活支援事業の種類ごとの実施に関する事項

3　市町村障害福祉計画においては、前項各号に掲げるもののほか、次に掲げる事項について定めるよう努めるものとする。
一　前項第二号の指定障害福祉サービス、指定地域相談支援又は指定計画相談支援の種類ごとの必要な見込量の確保のための方策
二　前項第二号の指定障害福祉サービス、指定地域相談支援又は指定計画相談支援及び同項第三号の地域生活支援事業の提供体制の確保に係る医療機関、教育機関、公共職業安定所その他の職業リハビリテーションの措置を実施する機関その他の関係機関との連携に関する事項

4　市町村障害福祉計画は、当該市町村の区域における障害者等の数、その障害の状況その他の事情を勘案して作成されなければならない。

5　市町村は、当該市町村の区域における障害者等の心身の状況、その置かれている環境その他の事情を正確に把握した上で、これらの事情を勘案して、市町村障害福祉計画を作成するよう努めるものとする。

6　市町村障害福祉計画は、障害者基本法第十一条第三項に規定する市町村障害者計画、社会福祉法第百七条に規定する市町村地域福祉計画その他の法律の規定による計画であって障害者等の福祉に関する事項を定めるものと調和が保たれたものでなければならない。

7　市町村は、市町村障害福祉計画を定め、又は変更しようとするときは、あらかじめ、住民の意見を反映させるために必要な措置を講ずるよう努めるものとする。

8　市町村は、第八十九条の三第一項に規定する協議会（以下この項及び第八十九条第六項において「協議会」という。）を設置したときは、市町村障害福祉計画を定め、又は変更しようとする場合において、あらかじめ、協議会の意見を聴くよう努めなければならない。

9　障害者基本法第三十六条第四項の合議制の機関を設置する市町村は、市町村障害福祉計画を定め、又は変更しようとするときは、あらかじめ、当該機関の意見を聴かなければならない。

10　市町村は、市町村障害福祉計画を定め、又は変更しようとするときは、あらかじめ、第二項に規定する事項について、あらかじめ、都道府県の意見を聴かなければならない。

11　市町村は、市町村障害福祉計画を定め、又は変更したときは、遅滞なく、これを都道府県知事に提出しなければならない。

第八十八条の二　市町村は、定期的に、前条第二項各号に掲げる事項（市町村障害福祉計画に同条第三項各号に掲げる事項を定める場合にあっては、当該各号に掲げる事項を含む。）について、調査、分析及び評価を行い、必要があると認めるときは、当該市町村障害福祉計画を変更することその他の必要な措置を講ずるものとする。

（都道府県障害福祉計画）

第八十九条　都道府県は、基本指針に即して、市町村障害福祉計画の達成に資するため、各市町村を通ずる広域的な見地から、障害福祉サービスの提供体制の確保その他この法律に基づく業務の円滑な実施に関する計画（以下「都道府県障害福祉計画」という。）を定めるものとする。

2　都道府県障害福祉計画においては、次に掲げる事項を定めるものとする。

一　障害福祉サービス、相談支援及び地域生活支援事業の提供体制の確保に係る目標に関する事項

二　当該都道府県が定める区域ごとに当該区域における各年度の指定障害福祉サービス、指定地域相談支援又は指定計画相談支援の種類ごとの必要な量の見込み

三　各年度の指定障害者支援施設の必要入所定員総数

四　地域生活支援事業の種類ごとの実施に関する事項

3　都道府県障害福祉計画においては、前項各号に掲げる事項のほか、次に掲げる事項について定めるよう努めるものとする。

一　前項第一号の区域ごとの指定障害福祉サービス又は指定地域相談支援の種類ごとの必要な見込量の確保のための方策

二　前項第一号の区域ごとの指定障害福祉サービス、指定地域相談支援又は指定計画相談支援に従事する者の確保又は資質の向上のために講ずる措置に関する事項

三　指定障害者支援施設の施設障害福祉サービスの質の向上のために講ずる措置に関する事項

四　前項第二号の区域ごとの指定障害福祉サービス又は指定地域相談支援及び同項第四号の地域生活支援事業の提供体制の確保に係る医療機関、教育機関、公共職業安定所その他の職業リハビリテーションの措置を実施する機関その他の関係機関との連携に関する事項

4　都道府県障害福祉計画は、障害者基本法第十一条第二項に規定する都道府県障害者計画、社会福祉法第百八条に規定する都道府県地域福祉支援計画その他の法律の規定による計画であって障害者等の福祉に関する事項を定めるものと調和が保たれたものでなければならない。

5　都道府県障害福祉計画は、医療法（昭和二十三年法律第二百五号）第三十条の四第一項に規定する医療計画と相まって、精神科病院に入院している精神障害者の退院の促進に資するものでなければならない。

6　都道府県は、協議会を設置したときは、都道府県障害福祉計画を定め、又は変更しようとする場合において、あらかじめ、協議会の意見を聴くよう努めなければならない。

7　都道府県は、都道府県障害福祉計画を定め、又は変更しようとするときは、あらかじめ、障害者基本法第三十六条第一項の合議制の機関の意見を聴かなければならない。

8　都道府県は、都道府県障害福祉計画を定め、又は変更したときは、遅滞なく、これを厚生労働大臣に提出しなければならない。

第八十九条の二　都道府県は、定期的に、前条第二項各号に掲げる事項（都道府県障害福祉

計画に同条第三項各号に掲げる事項を定める場合にあっては、当該各号に掲げる事項を含む。）について、調査、分析及び評価を行い、必要があると認めるときは、当該都道府県障害福祉計画を変更することその他の必要な措置を講ずるものとする。

（協議会の設置）

第八十九条の三　地方公共団体は、単独で又は共同して、障害者等への支援の体制の整備を図るため、関係機関、関係団体並びに障害者等及びその家族並びに障害者等の福祉、医療、教育又は雇用に関連する職務に従事する者その他の関係者（次項において「関係機関等」という。）により構成される協議会を置くように努めなければならない。

2　前項の協議会は、関係機関等が相互の連絡を図ることにより、地域における障害者等への支援体制に関する課題について情報を共有し、関係機関等の連携の緊密化を図るとともに、地域の実情に応じた体制の整備について協議を行うものとする。

（都道府県知事の助言等）

第九十条　都道府県知事は、市町村に対し、市町村障害福祉計画の作成上の技術的事項について必要な助言をすることができる。

2　厚生労働大臣は、都道府県に対し、都道府県障害福祉計画の作成の手法その他都道府県障害福祉計画の作成上重要な技術的事項について必要な助言をすることができる。

（国の援助）

第九十一条　国は、市町村又は都道府県が、市町村障害福祉計画又は都道府県障害福祉計画に定められた事業を実施しようとするときは、当該事業が円滑に実施されるように必要な助言その他の援助の実施に努めるものとする。

第六章　費用

（市町村の支弁）

第九十二条　次に掲げる費用は、市町村の支弁とする。

一　介護給付費等、特定障害者特別給付費及び特例特定障害者特別給付費（以下「障害福祉サービス費等」という。）の支給に要する費用

二　地域相談支援給付費、特例地域相談支援給付費、計画相談支援給付費及び特例計画相談支援給付費（第九十四条第一項において「相談支援給付費等」という。）の支給に要する費用

三　自立支援医療費（第八条第一項の政令で定める医療に係るものを除く。）、療養介護医療費及び基準該当療養介護医療費の支給に要する費用

四　補装具費の支給に要する費用

五　高額障害福祉サービス等給付費の支給に要する費用

六　市町村が行う地域生活支援事業に要する費用

（都道府県の支弁）

第九十三条　次に掲げる費用は、都道府県の支弁とする。

一　自立支援医療費（第八条第一項の政令で定める医療に係るものに限る。）の支給に要する費用

二　都道府県が行う地域生活支援事業に要する費用

（都道府県の負担及び補助）

第九十四条　都道府県は、政令で定めるところにより、第九十二条の規定により市町村が支弁する費用について、次に掲げるものを負担する。

一　第九十二条第一号、第二号及び第五号に掲げる費用のうち、国及び都道府県が負担すべきものとして当該市町村における障害福祉サービス費等及び高額障害福祉サービス等給付費の支給に係る障害者等の障害支援区分ごとの人数、相談支援給付費等の支給に係る障害者等の人数その他の事情を勘案して政令で定めるところにより算定した

額（以下「障害福祉サービス費等負担対象額」という。）の百分の二十五

二　第九十二条第三号及び第四号に掲げる費用のうち、その百分の二十五

2　都道府県は、当該都道府県の予算の範囲内において、政令で定めるところにより、第九十二条の規定により市町村が支弁する費用のうち、同条第六号に掲げる費用の百分の二十五以内を補助することができる。

（国の負担及び補助）

第九十五条　国は、政令で定めるところにより、次に掲げるものを負担する。

一　第九十二条の規定により市町村が支弁する費用のうち、障害福祉サービス費等負担対象額の百分の五十

二　第九十二条の規定により市町村が支弁する費用のうち、同条第三号及び第四号に掲げる費用の百分の五十

三　第九十三条の規定により都道府県が支弁する費用のうち、同条第一号に掲げる費用の百分の五十

2　国は、予算の範囲内において、政令で定めるところにより、次に掲げるものを補助することができる。

一　第十九条から第二十二条まで、第二十四条及び第二十五条の規定により市町村が行う支給決定に係る事務の処理に要する費用（地方自治法第二百五十二条の十四第一項の規定により市町村が審査判定業務を都道府県審査会に委託している場合にあっては、当該委託に係る費用を含む。）並びに第五十一条の五から第五十一条の七まで、第五十一条の九及び第五十一条の十の規定により市町村が行う地域相談支援給付決定に係る事務の百分の五十以内

二　第九十二条及び第九十三条の規定により市町村及び都道府県が支弁する費用のうち、第九十二条第六号及び第九十三条第二号に掲げる費用の百分の五十以内

（準用規定）

第九十六条　社会福祉法第五十八条第二項から第四項までの規定は、国有財産特別措置法（昭和二十七年法律第二百十九号）第二条第二項第三号の規定又は同法第三条第一項第四号及び第二項の規定により普通財産の譲渡又は貸付けを受けた社会福祉法人に準用する。

第七章　国民健康保険団体連合会の障害者総合支援法関係業務

（連合会の業務）

第九十六条の二　連合会は、国民健康保険法の規定による業務のほか、第二十九条第七項（第三十四条第二項において準用する場合を含む。）、第五十一条の十四第七項及び第五十一条の十七第六項の規定により市町村から委託を受けて行う介護給付費、訓練等給付費、特定障害者特別給付費、地域相談支援給付費及び計画相談支援給付費の支払に関する業務を行う。

（議決権の特例）

第九十六条の三　連合会が前条の規定により行う業務（次条において「障害者総合支援法関係業務」という。）については、国民健康保険法第八十六条において準用する同法第二十九条の規定にかかわらず、厚生労働省令で定めるところにより、規約をもって議決権に関する特段の定めをすることができる。

（区分経理）

第九十六条の四　連合会は、障害者総合支援法関係業務に係る経理については、その他の経理と区分して整理しなければならない。

第八章　審査請求

（審査請求）

第九十七条　市町村の介護給付費等又は地域相談支援給付費等に係る処分に不服がある障害者又は障害児の保護者は、都道府県知事に対して審査請求をすることができる。

2　前項の審査請求は、時効の中断に関しては、

裁判上の請求とみなす。

（不服審査会）

第九十八条　都道府県知事は、条例で定めるところにより、前条第一項の審査請求の事件を取り扱わせるため、障害者介護給付費等不服審査会（以下「不服審査会」という。）を置くことができる。

2　不服審査会の委員の定数は、政令で定める基準に従い、条例で定める員数とする。

3　委員は、人格が高潔であって、介護給付費等又は地域相談支援給付費等に関する処分の審理に関し公正かつ中立な判断をすることができ、かつ、障害者等の保健又は福祉に関する学識経験を有する者のうちから、都道府県知事が任命する。

（委員の任期）

第九十九条　委員の任期は、三年とする。ただし、補欠の委員の任期は、前任者の残任期間とする。

2　委員は、再任されることができる。

（会長）

第百条　不服審査会に、委員のうちから委員が選挙する会長一人を置く。

2　会長に事故があるときは、前項の規定に準じて選挙された者が、その職務を代行する。

（審査請求の期間及び方式）

第百一条　審査請求は、処分があったことを知った日の翌日から起算して六十日以内に、文書又は口頭でしなければならない。ただし、正当な理由により、この期間内に審査請求をすることができなかったことを疎明したときは、この限りでない。

（市町村に対する通知）

第百二条　都道府県知事は、審査請求を受理したときは、原処分をした市町村及びその他の利害関係人に通知しなければならない。

（審理のための処分）

第百三条　都道府県知事は、審理を行うため必要があると認めるときは、審査請求人若しくは関係人に対して報告若しくは意見を求め、その出頭を命じて審問し、又は医師その他都道府県知事の指定する者（次項において「医師等」という。）に診断その他の調査をさせることができる。

2　都道府県は、前項の規定により出頭した関係人又は診断その他の調査をした医師等に対し、政令で定めるところにより、旅費、日当及び宿泊料又は報酬を支給しなければならない。

（政令等への委任）

第百四条　この章及び行政不服審査法に定めるもののほか、審査請求の手続に関し必要な事項は政令で、不服審査会に関し必要な事項は当該不服審査会を設置した都道府県の条例で定める。

（審査請求と訴訟との関係）

第百五条　第九十七条第一項に規定する処分の取消しの訴えは、当該処分についての審査請求に対する裁決を経た後でなければ、提起することができない。

第九章　雑則

（連合会に対する監督）

第百五条の二　連合会について国民健康保険法第百六条及び第百八条の規定を適用する場合において、これらの規定中「事業」とあるのは、「事業（障害者の日常生活及び社会生活を総合的に支援するための法律（平成十七年法律第百二十三号）第九十六条の三に規定する障害者総合支援法関係業務を含む。）」とする。

（大都市等の特例）

第百六条　この法律中都道府県が処理することとされている事務に関する規定で政令で定めるものは、地方自治法第二百五十二条の十九第一項の指定都市（以下「指定都市」という。）及び同法第二百五十二条の二十二第一項の中核市（以下「中核市」という。）並びに児童福祉法第五十九条の四第一項に規定する児童相談所設置市（以下「児童相談所設置市」という。）においては、政令で定めるところにより、指定都市若しくは中核市又は児童相談所設置市（以下「指定都市等」という。）が処理するものとする。この場合においては、この法律中都道府県に関する規定は、指定都市等に関する規定として指定都市等に適用があるものとする。

（権限の委任）

第百七条　この法律に規定する厚生労働大臣の権限は、厚生労働省令で定めるところにより、地方厚生局長に委任することができる。

2　前項の規定により地方厚生局長に委任された権限は、厚生労働省令で定めるところにより、地方厚生支局長に委任することができる。

（実施規定）

第百八条　この法律に特別の規定があるものを除くほか、この法律の実施のための手続その他その執行について必要な細則は、厚生労働省令で定める。

第十章　罰則

第百九条　市町村審査会、都道府県審査会若しくは不服審査会の委員又はこれらの委員であった者が、正当な理由なしに、職務上知り得た自立支援給付対象サービス等を行った者の業務上の秘密又は個人の秘密を漏らしたときは、一年以下の懲役又は百万円以下の罰金に処する。

2　第二十条第四項（第二十四条第三項、第五十一条の六第二項及び第五十一条の九第三項において準用する場合を含む。）及び第七十七条の二第六項の規定に違反した者は、一年以下の懲役又は百万円以下の罰金に処する。

第百十条　第十一条第一項の規定による報告若しくは物件の提出若しくは提示をせず、若しくは虚偽の報告若しくは虚偽の物件の提出若しくは提示をし、又は同項の規定による当該職員の質問に対して、答弁せず、若しくは虚偽の答弁をした者は、三十万円以下の罰金に処する。

第百十一条　第四十八条第一項（同条第三項において準用する場合を含む。）、第五十一条の三第一項、第五十一条の二十七第一項若しくは第二項若しくは第五十一条の三十二第一項の規定による報告若しくは物件の提出若しくは提示をせず、若しくは虚偽の報告若しくは虚偽の物件の提出若しくは提示をし、又はこれらの規定による当該職員の質問に対して、答弁せず、若しくは虚偽の答弁をし、若しくはこれらの規定による検査を拒み、妨げ、若しくは忌避した者は、三十万円以下の罰金に処する。

第百十二条　法人の代表者又は法人若しくは人の代理人、使用人その他の従業者が、その法人又は人の業務に関して前条の違反行為をしたときは、行為者を罰するほか、その法人又は人に対しても、同条の刑を科する。

第百十三条　正当な理由なしに、第百三条第一項の規定による処分に違反して、出頭せず、陳述をせず、報告をせず、若しくは虚偽の陳述若しくは報告をし、又は診断その他の調査をしなかった者は、三十万円以下の罰金に処する。ただし、不服審査会の行う審査の手続における請求人又は第百二条の規定により通知を受けた市町村その他の利害関係人は、この限りでない。

第百十四条　第十一条第二項の規定による報告若しくは物件の提出若しくは提示をせず、若しくは虚偽の報告若しくは虚偽の物件の提出若しくは提示をし、又は同項の規定による当該職員の質問に対して、答弁せず、若しくは虚偽の答弁をした者は、十万円以下の過料に処する。

第百十五条　市町村等は、条例で、正当な理由なしに、第九条第一項の規定による報告若しくは物件の提出若しくは提示をせず、若しくは虚偽の報告若しくは虚偽の物件の提出若しくは提示をし、又は同項の規定による当該職員の質問に対して、答弁せず、若しくは虚偽の答弁をした者に対し十万円以下の過料を科する規定を設けることができる。

2　市町村等は、条例で、正当な理由なしに、第十条第一項の規定による報告若しくは物件の提出若しくは提示をせず、若しくは虚偽の報告若しくは虚偽の物件の提出若しくは提示をし、又は同項の規定による当該職員の質問に対して、答弁せず、若しくは虚偽の答弁をし、若しくは同項の規定による検査を拒み、妨げ、若しくは忌避した者に対し十万円以下の過料を科する規定を設けることができる。

3　市町村は、条例で、第二十四条第二項、第二十五条第二項、第五十一条の九第二項又は第五十一条の十第二項の規定による受給者証又は地域相談支援受給者証の提出又は返還を求められてこれに応じない者に対し十万円以下の過料を科する規定を設けることができる。

附　則（平成二六年六月四日法律第五一号）抄

（施行期日）

第一条　この法律は、平成二十七年四月一日から施行する。

（罰則に関する経過措置）

第八条　この法律の施行前にした行為に対する罰則の適用については、なお従前の例による。

（政令への委任）

第九条　附則第二条から前条までに規定するもののほか、この法律の施行に関し必要な経過措置（罰則に関する経過措置を含む。）は、政令で定める。

附　則（平成二六年六月一三日法律第六九号）抄

（施行期日）

第一条　この法律は、行政不服審査法（平成二十六年法律第六十八号）の施行の日から施行する。

附　則（平成二六年六月二五日法律第八三号）抄

（施行期日）

第一条　この法律は、公布の日又は平成二十六年四月一日のいずれか遅い日から施行する。ただし、次の各号に掲げる規定は、当該各号に定める日から施行する。

一　第十二条中診療放射線技師法第二十六条第二項の改正規定及び第二十四条の規定並びに次条並びに附則第七条、第十三条ただし書、第十八条、第二十条第一項ただし書、第二十二条、第二十五条、第二十九条、第三十一条、第六十一条、第六十二条、第六十四条、第六十七条、第七十一条及び第七十二条の規定　公布の日

三　第二条の規定、第四条の規定（第五号に掲げる改正規定を除く。）、第五条のうち、介護保険法の目次の改正規定、同法第七条第五項、第八条、第八条の二、第十三条、第二十四条の二第五項、第三十二条第四項、第四十二条の二、第四十二条の三第二項、第五十三条、第五十四条第三項、第五十四条の二、第五十四条の三第二項、第五十八条第一項、第六十八条第五項、第六十九条の三十四、第六十九条の三十八第二項、第六十九条の三十九第二項、第七十八条の二、第七十八条の十四第一項、第百十五条の十二、第百十五条の二十二第一項及び第百十五条の四十五の改正規定、同法第百十五条の四十五の次に十条を加える改正規定、同法第百十五条の四十六及び第百十五条の四十七の改正規定、同法第六章中同法第百十五条の四十八を同法第百十五条の四十九とし、同法第百十五条の四十七の次に一条を加える改正規定、同法第百十七条、第百十八条、第百二十二条の二、第百二十三条第三項及び第百二十四条第三項の改正規定、同法第百二十四条の次に二条を加える改正規定、同法第百二十六条第一項、第百二十七条、第百二十八条、第

百四十一条の見出し及び同条第一項、第百四十八条第二項、第百五十二条及び第百五十三条並びに第百七十六条の改正規定、同法第十一章の章名の改正規定、同法第百七十九条から第百八十二条までの改正規定、同法第二百条の次に一条を加える改正規定、同法第二百二条第一項、第二百三条及び第二百五条並びに附則第九条第一項ただし書の改正規定並びに同法附則に一条を加える改正規定、第七条の規定（次号に掲げる改正規定を除く。）、第九条及び第十条の規定、第十二条の規定（第一号に掲げる改正規定を除く。）、第十三条及び第十四条の規定、第十五条の規定（第六号に掲げる改正規定を除く。）、第十六条の規定（第六号に掲げる改正規定を除く。）、第十七条の規定、第十八条の規定（第六号に掲げる改正規定を除く。）、第十九条の規定並びに第二十一条中看護師等の人材確保の促進に関する法律第二条第二項の改正規定並びに附則第五条、第八条第二項及び第四項、第九条から第十二条まで、第十三条（ただし書を除く。）、第十四条から第十七条まで、第二十八条、第三十条、第三十二条第一項、第三十三条から第三十九条まで、第四十四条、第四十六条並びに第四十八条の規定、附則第五十条の規定（第六号に掲げる改正規定を除く。）、附則第五十一条の規定、附則第五十二条の規定（第六号に掲げる改正規定を除く。）、附則第五十四条、第五十七条及び第五十八条の規定、附則第五十九条中高齢者虐待の防止、高齢者の養護者に対する支援等に関する法律（平成十七年法律第百二十四号）第二条第五項第二号の改正規定（「同条第十四項」を「同条第十二項」に、「同条第十八項」を「同条第十六項」に改める部分に限る。）並びに附則第六十五条、第六十六条及び第七十条の規定　平成二十七年四月一日

（罰則の適用に関する経過措置）

第七十一条　この法律（附則第一条各号に掲げる規定にあっては、当該規定。以下この条において同じ。）の施行前にした行為並びにこの附則の規定によりなお従前の例によることとされる場合におけるこの法律の施行後にした行為及びこの附則の規定によりなお効力を有することとされる場合におけるこの法律の施行後にした行為に対する罰則の適用については、なお従前の例による。

（政令への委任）

第七十二条　附則第三条から第四十一条まで及び前条に定めるもののほか、この法律の施行に伴い必要な経過措置は、政令で定める。

障害者の雇用の促進等に関する法律

最終改正：２０１３（平成25）年11月27日法律第86号

第一章　総則

（目的）

第一条　この法律は、身体障害者又は知的障害者の雇用義務等に基づく雇用の促進等のための措置、職業リハビリテーションの措置その他障害者がその能力に適合する職業に就くこと等を通じてその職業生活において自立することを促進するための措置を総合的に講じ、もつて障害者の職業の安定を図ることを目的とする。

（用語の意義）

第二条　この法律において、次の各号に掲げる用語の意義は、当該各号に定めるところによる。

一　障害者　身体障害、知的障害、精神障害（発達障害を含む。第六号において同じ。）その他の心身の機能の障害（以下「障害」と総称する。）があるため、長期にわたり、職業生活に相当の制限を受け、又は職業生活を営むことが著しく困難な者をいう。

二　身体障害者　障害者のうち、身体障害がある者であつて別表に掲げる障害があるも

のをいう。

三　重度身体障害者　身体障害者のうち、身体障害の程度が重い者であつて厚生労働省令で定めるものをいう。

四　知的障害者　障害者のうち、知的障害がある者であつて厚生労働省令で定めるものをいう。

五　重度知的障害者　知的障害者のうち、知的障害の程度が重い者であつて厚生労働省令で定めるものをいう。

六　精神障害者　障害者のうち、精神障害がある者であつて厚生労働省令で定めるものをいう。

七　職業リハビリテーション　障害者に対して職業指導、職業訓練、職業紹介その他この法律に定める措置を講じ、その職業生活における自立を図ることをいう。

（基本的理念）

第三条　障害者である労働者は、経済社会を構成する労働者の一員として、職業生活においてその能力を発揮する機会を与えられるものとする。

第四条　障害者である労働者は、職業に従事する者としての自覚を持ち、自ら進んで、その能力の開発及び向上を図り、有為な職業人として自立するように努めなければならない。

（事業主の責務）

第五条　すべて事業主は、障害者の雇用に関し、社会連帯の理念に基づき、障害者である労働者が有為な職業人として自立しようとする努力に対して協力する責務を有するものであつて、その有する能力を正当に評価し、適当な雇用の場を与えるとともに適正な雇用管理を行うことによりその雇用の安定を図るように努めなければならない。

（国及び地方公共団体の責務）

第六条　国及び地方公共団体は、障害者の雇用について事業主その他国民一般の理解を高めるとともに、事業主、障害者その他の関係者に対する援助の措置及び障害者の特性に配慮した職業リハビリテーションの措置を講ずる等障害者の雇用の促進及びその職業の安定を図るために必要な施策を、障害者の福祉に関する施策との有機的な連携を図りつつ総合的かつ効果的に推進するように努めなければならない。

（障害者雇用対策基本方針）

第七条　厚生労働大臣は、障害者の雇用の促進及びその職業の安定に関する施策の基本となるべき方針（以下「障害者雇用対策基本方針」という。）を策定するものとする。

2　障害者雇用対策基本方針に定める事項は、次のとおりとする。

一　障害者の就業の動向に関する事項

二　職業リハビリテーションの措置の総合的かつ効果的な実施を図るため講じようとする施策の基本となるべき事項

三　第五条の事業主が行うべき雇用管理に関して、障害者である労働者の障害の種類及び程度に応じ、その適正な実施を図るために必要な指針となるべき事項

四　前三号に掲げるもののほか、障害者の雇用の促進及びその職業の安定を図るため講じようとする施策の基本となるべき事項

3　厚生労働大臣は、障害者雇用対策基本方針を定めるに当たつては、あらかじめ、労働政策審議会の意見を聴くほか、都道府県知事の意見を求めるものとする。

4　厚生労働大臣は、障害者雇用対策基本方針を定めたときは、遅滞なく、その概要を公表しなければならない。

5　前二項の規定は、障害者雇用対策基本方針の変更について準用する。

第二章　職業リハビリテーションの推進

第一節　通則

（職業リハビリテーションの原則）

第八条　職業リハビリテーションの措置は、障害者各人の障害の種類及び程度並びに希望、適性、職業経験等の条件に応じ、総合的かつ効果的に実施されなければならない。

2　職業リハビリテーションの措置は、必要に応じ、医学的リハビリテーション及び社会的リハビリテーションの措置との適切な連携の下に実施されるものとする。

第二節　職業紹介等

（求人の開拓等）

第九条　公共職業安定所は、障害者の雇用を促進するため、障害者の求職に関する情報を収集し、事業主に対して当該情報の提供、障害者の雇入れの勧奨等を行うとともに、その内容が障害者の能力に適合する求人の開拓に努めるものとする。

（求人の条件等）

第十条　公共職業安定所は、正当な理由がないにもかかわらず身体又は精神に一定の障害がないことを条件とする求人の申込みを受理しないことができる。

2　公共職業安定所は、障害者にその能力に適合する職業を紹介するため必要があるときは、求人者に対して、身体的又は精神的な条件その他の求人の条件について指導するものとする。

3　公共職業安定所は、障害者について職業紹介を行う場合において、求人者から求めがあるときは、その有する当該障害者の職業能力に関する資料を提供するものとする。

（職業指導等）

第十一条　公共職業安定所は、障害者がその能力に適合する職業に就くことができるようにするため、適性検査を実施し、雇用情報を提供し、障害者に適応した職業指導を行う等必要な措置を講ずるものとする。

（障害者職業センターとの連携）

第十二条　公共職業安定所は、前条の適性検査、職業指導等を特に専門的な知識及び技術に基づいて行う必要があると認める障害者については、第十九条第一項に規定する障害者職業センターとの密接な連携の下に当該適性検査、職業指導等を行い、又は当該障害者職業センターにおいて当該適性検査、職業指導等を受けることについてあつせんを行うものとする。

（適応訓練）

第十三条　都道府県は、必要があると認めるときは、求職者である障害者（身体障害者、知的障害者又は精神障害者に限る。次条及び第十五条第二項において同じ。）について、その能力に適合する作業の環境に適応することを容易にすることを目的として、適応訓練を行うものとする。

2　適応訓練は、前項に規定する作業でその環境が標準的なものであると認められるものを行う事業主に委託して実施するものとする。

（適応訓練のあつせん）

第十四条　公共職業安定所は、その雇用の促進のために必要があると認めるときは、障害者に対して、適応訓練を受けることについてあつせんするものとする。

（適応訓練を受ける者に対する措置）

第十五条　適応訓練は、無料とする。

2　都道府県は、適応訓練を受ける障害者に対して、雇用対策法（昭和四十一年法律第百三十二号）の規定に基づき、手当を支給することができる。

（厚生労働省令への委任）

第十六条　前三条に規定するもののほか、訓練期間その他適応訓練の基準については、厚生労働省令で定める。

（就職後の助言及び指導）

第十七条　公共職業安定所は、障害者の職業の安定を図るために必要があると認めるときは、その紹介により就職した障害者その他事業主に雇用されている障害者に対して、その作業の環境に適応させるために必要な助言又は指導を行うことができる。

（事業主に対する助言及び指導）

第十八条　公共職業安定所は、障害者の雇用の促進及びその職業の安定を図るために必要があると認めるときは、障害者を雇用し、又は雇用しようとする者に対して、雇入れ、配置、作業補助具、作業の設備又は環境その他障害者の雇用に関する技術的事項（次節において「障害者の雇用管理に関する事項」という。）についての助言又は指導を行うことができる。

第三節　障害者職業センター

（障害者職業センターの設置等の業務）

第十九条　厚生労働大臣は、障害者の職業生活における自立を促進するため、次に掲げる施設（以下「障害者職業センター」という。）の設置及び運営の業務を行う。

一　障害者職業総合センター

二　広域障害者職業センター

三　地域障害者職業センター

2　厚生労働大臣は、前項に規定する業務の全部又は一部を独立行政法人高齢・障害・求職者雇用支援機構（以下「機構」という。）に行わせるものとする。

（障害者職業総合センター）

第二十条　障害者職業総合センターは、次に掲げる業務を行う。

一　職業リハビリテーション（職業訓練を除く。第五号イ及び第二十五条第三項を除き、以下この節において同じ。）に関する調査及び研究を行うこと。

二　障害者の雇用に関する情報の収集、分析及び提供を行うこと。

三　第二十四条の障害者職業カウンセラー及び職場適応援助者（身体障害者、知的障害者、精神障害者その他厚生労働省令で定める障害者（以下「知的障害者等」という。）が職場に適応することを容易にするための援助を行う者をいう。以下同じ。）の養成及び研修を行うこと。

四　広域障害者職業センター、地域障害者職業センター、第二十七条第二項の障害者就業・生活支援センターその他の関係機関に対する職業リハビリテーションに関する技術的事項についての助言、指導その他の援助を行うこと。

五　前各号に掲げる業務に付随して、次に掲げる業務を行うこと。

イ　障害者に対する職業評価（障害者の職業能力、適性等を評価し、及び必要な職業リハビリテーションの措置を判定することをいう。以下同じ。）、職業指導、基本的な労働の習慣を体得させるための訓練（第二十二条第一号及び第二十八条第二号において「職業準備訓練」という。）並びに職業に必要な知識及び技能を習得させるための講習（以下「職業講習」という。）を行うこと。

ロ　事業主に雇用されている知的障害者等に対する職場への適応に関する事項についての助言又は指導を行うこと。

ハ　事業主に対する障害者の雇用管理に関する事項についての助言その他の援助を行うこと。

六　前各号に掲げる業務に附帯する業務を行うこと。

（広域障害者職業センター）

第二十一条　広域障害者職業センターは、広範囲の地域にわたり、系統的に職業リハビリテーションの措置を受けることを必要とする障害者に関して、障害者職業能力開発校又は独立行政法人労働者健康福祉機構法（平成十四年法律第百七十一号）第十二条第一項第一号に掲げる療養施設若しくは同項第七号に掲げるリハビリテーション施設その他の厚生労働省令で定める施設との密接な連携の下に、次に掲げる業務を行う。

一　厚生労働省令で定める障害者に対する職業評価、職業指導及び職業講習を系統的に行うこと。

二　前号の措置を受けた障害者を雇用し、又は雇用しようとする事業主に対する障害者の雇用管理に関する事項についての助言その他の援助を行うこと。

三　前二号に掲げる業務に附帯する業務を行うこと。

（地域障害者職業センター）

第二十二条　地域障害者職業センターは、都道府県の区域内において、次に掲げる業務を行う。

一　障害者に対する職業評価、職業指導、職業準備訓練及び職業講習を行うこと。

二　事業主に雇用されている知的障害者等に対する職場への適応に関する事項についての助言又は指導を行うこと。

三　事業主に対する障害者の雇用管理に関する事項についての助言その他の援助を行うこと。

四　職場適応援助者の養成及び研修を行うこと。

五　第二十七条第二項の障害者就業・生活支援センターその他の関係機関に対する職業リハビリテーションに関する技術的事項についての助言その他の援助を行うこと。

六　前各号に掲げる業務に附帯する業務を行うこと。

（名称使用の制限）

第二十三条　障害者職業センターでないものは、その名称中に障害者職業総合センター又は障害者職業センターという文字を用いてはならない。

（障害者職業カウンセラー）

第二十四条　機構は、障害者職業センターに、障害者職業カウンセラーを置かなければならない。

2　障害者職業カウンセラーは、厚生労働大臣が指定する試験に合格し、かつ、厚生労働大臣が指定する講習を修了した者その他厚生労働省令で定める資格を有する者でなければならない。

（障害者職業センター相互の連絡及び協力等）

第二十五条　障害者職業センターは、相互に密接に連絡し、及び協力して、障害者の職業生活における自立の促進に努めなければならない。

2　障害者職業センターは、精神障害者について、第二十条第五号、第二十一条第一号若しくは第二号又は第二十二条第一号から第三号までに掲げる業務を行うに当たつては、医師その他の医療関係者との連携に努めるものとする。

3　障害者職業センターは、公共職業安定所の行う職業紹介等の措置、第二十七条第二項の障害者就業・生活支援センターの行う業務並びに職業能力開発促進法（昭和四十四年法律第六十四号）第十五条の六第三項の公共職業能力開発施設及び同法第二十七条の職業能力開発総合大学校（第八十三条において「公共職業能力開発施設等」という。）の行う職業訓練と相まつて、効果的に職業リハビリテーションが推進されるように努めるものとする。

（職業リハビリテーションの措置の無料実施）

第二十六条　障害者職業センターにおける職業リハビリテーションの措置は、無料とするものとする。

第四節　障害者就業・生活支援センター

（指定）

第二十七条　都道府県知事は、職業生活における自立を図るために就業及びこれに伴う日常生活又は社会生活上の支援を必要とする障害者（以下この節において「支援対象障害者」という。）の職業の安定を図ることを目的とする一般社団法人若しくは一般財団法人、社会福祉法（昭和二十六年法律第四十五号）第二十二条に規定する社会福祉法人又は特定非営利活動促進法（平成十年法律第七号）第二条第二項に規定する特定非営利活動法人その他厚生労働省令で定める法人であつて、次条に規定する業務に関し次に掲げる基準に適合すると認められるものを、その申請により、同条に規定する業務を行う者として指定することができる。

一　職員、業務の方法その他の事項についての業務の実施に関する計画が適正なものであり、かつ、その計画を確実に遂行するに足りる経理的及び技術的な基礎を有すると認められること。

二　前号に定めるもののほか、業務の運営が適正かつ確実に行われ、支援対象障害者の雇用の促進その他福祉の増進に資すると認められること。

2　都道府県知事は、前項の規定による指定をしたときは、同項の規定による指定を受けた者（以下「障害者就業・生活支援センター」という。）の名称及び住所並びに事務所の所在地を公示しなければならない。

3　障害者就業・生活支援センターは、その名称及び住所並びに事務所の所在地を変更しようとするときは、あらかじめ、その旨を都道府県知事に届け出なければならない。

4　都道府県知事は、前項の規定による届出があつたときは、当該届出に係る事項を公示しなければならない。

（業務）

第二十八条　障害者就業・生活支援センターは、次に掲げる業務を行うものとする。

一　支援対象障害者からの相談に応じ、必要な指導及び助言を行うとともに、公共職業安定所、地域障害者職業センター、社会福祉施設、医療施設、特別支援学校その他の関係機関との連絡調整その他厚生労働省令で定める援助を総合的に行うこと。

二　支援対象障害者が障害者職業総合センター、地域障害者職業センターその他厚生労働省令で定める事業主により行われる職業準備訓練を受けることについてあつせんすること。

三　前二号に掲げるもののほか、支援対象障害者がその職業生活における自立を図るために必要な業務を行うこと。

（地域障害者職業センターとの関係）

第二十九条　障害者就業・生活支援センターは、地域障害者職業センターの行う支援対象障害者に対する職業評価に基づき、前条第二号に掲げる業務を行うものとする。

（事業計画等）

第三十条　障害者就業・生活支援センターは、毎事業年度、厚生労働省令で定めるところにより、事業計画書及び収支予算書を作成し、都道府県知事に提出しなければならない。これを変更しようとするときも、同様とする。

2　障害者就業・生活支援センターは、厚生労働省令で定めるところにより、毎事業年度終了後、事業報告書及び収支決算書を作成し、都道府県知事に提出しなければならない。

（監督命令）

第三十一条　都道府県知事は、この節の規定を施行するために必要な限度において、障害者就業・生活支援センターに対し、第二十八条に規定する業務に関し監督上必要な命令をすることができる。

（指定の取消し等）

第三十二条　都道府県知事は、障害者就業・生活支援センターが次の各号のいずれかに該当するときは、第二十七条第一項の規定による指定（以下この条において「指定」という。）を取り消すことができる。

一　第二十八条に規定する業務を適正かつ確実に実施することができないと認められるとき。

二　指定に関し不正の行為があつたとき。

三　この節の規定又は当該規定に基づく命令若しくは処分に違反したとき。

2　都道府県知事は、前項の規定により、指定を取り消したときは、その旨を公示しなければならない。

（秘密保持義務）

第三十三条　障害者就業・生活支援センターの役員若しくは職員又はこれらの職にあつた者は、第二十八条第一号に掲げる業務に関して知り得た秘密を漏らしてはならない。

第三十四条　削除

第三十五条　削除

第三十六条　削除

第三章　身体障害者又は知的障害者の雇用義務等に基づく雇用の促進等

第一節　身体障害者又は知的障害者の雇用義務等

（身体障害者又は知的障害者の雇用に関する事業主の責務）

第三十七条　すべて事業主は、身体障害者又は知的障害者の雇用に関し、社会連帯の理念に基づき、適当な雇用の場を与える共同の責務を有するものであつて、進んで身体障害者又は知的障害者の雇入れに努めなければならない。

（雇用に関する国及び地方公共団体の義務）

第三十八条　国及び地方公共団体の任命権者（委任を受けて任命権を行う者を除く。以下同じ。）は、職員（当該機関（当該任命権者の委任を受けて任命権を行う者に係る機関を含む。以下同じ。）に常時勤務する職員であつて、警察官、自衛官その他の政令で定める職員以外のものに限る。以下同じ。）の採用について、当該機関に勤務する身体障害者又は知的障害者である職員の数が、当該機関の職員の総数に、第四十三条第二項に規定する障害者雇用率を下回らない率であつて政令で定めるものを乗じて得た数（その数に一人未満の端数があるときは、その端数は、切り捨てる。）未満である場合には、身体障害者又は知的障害者である職員の数がその率を乗じて得た数以上となるようにするため、政令で定めるところにより、身体障害者又は知的障害者の採用に関する計画を作成しなければならない。

2　前項の職員の総数の算定に当たつては、短時間勤務職員（一週間の勤務時間が、当該機関に勤務する通常の職員の一週間の勤務時間に比し短く、かつ、第四十三条第三項の厚生労働大臣の定める時間数未満である常時勤務する職員をいう。以下同じ。）は、その一人をもつて、厚生労働省令で定める数の職員に相当するものとみなす。

3　第一項の身体障害者又は知的障害者である職員の数の算定に当たつては、身体障害者又は知的障害者である短時間勤務職員は、その一人をもつて、厚生労働省令で定める数の身体障害者又は知的障害者である職員に相当するものとみなす。

4　第一項の身体障害者又は知的障害者である職員の数の算定に当たつては、重度身体障害者又は重度知的障害者である職員（短時間勤務職員を除く。）は、その一人をもつて、政令で定める数の身体障害者又は知的障害者である職員に相当するものとみなす。

5　第一項の身体障害者又は知的障害者である職員の数の算定に当たつては、第三項の規定にかかわらず、重度身体障害者又は重度知的障害者である短時間勤務職員は、その一人をもつて、前項の政令で定める数に満たない範囲内において厚生労働省令で定める数の身体障害者又は知的障害者である職員に相当するものとみなす。

（採用状況の通報等）

第三十九条　国及び地方公共団体の任命権者は、政令で定めるところにより、前条第一項の計画及びその実施状況を厚生労働大臣に通報しなければならない。

2　厚生労働大臣は、特に必要があると認めるときは、前条第一項の計画を作成した国及び地方公共団体の任命権者に対して、その適正な実施に関し、勧告をすることができる。

（任免に関する状況の通報）

第四十条　国及び地方公共団体の任命権者は、毎年一回、政令で定めるところにより、当該機関における身体障害者又は知的障害者である職員の任免に関する状況を厚生労働大臣に通報しなければならない。

（国に勤務する職員に関する特例）

第四十一条　省庁（内閣府設置法（平成十一年法律第八十九号）第四十九条第一項に規定する機関又は国家行政組織法（昭和二十三年法律第百二十号）第三条第二項に規定する省若しくは庁をいう。以下同じ。）で、当該省庁の任命権者及び当該省庁に置かれる外局等（内閣府設置法第四十九条第二項に規定する機関、国家行政組織法第三条第二項に規定する委員会若しくは庁又は同法第八条の三に規定する特別の機関をいう。以下同じ。）の任命権者の申請に基づいて、一体として身体障害者又は知的障害者である職員の採用の促進を図ることができるものとして厚生労働大臣の承認を受けたもの（以下「承認省庁」という。）に係る第三十八条第一項及び前条の規定の適用については、当該外局等に勤務する職員は当該承認省庁のみに勤務する職員と、当該外局等は当該承認省庁とみなす。

2　厚生労働大臣は、前項の規定による承認をした後において、承認省庁若しくは外局等が廃止されたとき、又は承認省庁若しくは外局等における身体障害者若しくは知的障害者である職員の採用の促進を図ることができなくなつたと認めるときは、当該承認を取り消すことができる。

（地方公共団体に勤務する職員に関する特例）

第四十二条　地方公共団体の機関で、当該機関の任命権者及び当該機関以外の地方公共団体の機関（以下「その他機関」という。）の任命権者の申請に基づいて当該機関及び当該その他機関について次に掲げる基準に適合する旨の厚生労働大臣の認定を受けたもの（以下「認定地方機関」という。）に係る第三十八条第一項及び第四十条の規定の適用については、当該その他機関に勤務する職員は当該認定地方機関のみに勤務する職員と、当該その他機関は当該認定地方機関とみなす。

一　当該認定地方機関と当該その他機関との人的関係が緊密であること。

二　当該認定地方機関及び当該その他機関において、身体障害者又は知的障害者である職員の採用の促進が確実に達成されると認められること。

2　厚生労働大臣は、前項の規定による認定をした後において、認定地方機関若しくはその他機関が廃止されたとき、又は前項各号に掲げる基準に適合しなくなつたと認めるときは、当該認定を取り消すことができる。

（一般事業主の雇用義務等）

第四十三条　事業主（常時雇用する労働者（以下単に「労働者」という。）を雇用する事業主をいい、国及び地方公共団体を除く。以下同じ。）は、厚生労働省令で定める雇用関係の変動がある場合には、その雇用する身体障害者又は知的障害者である労働者の数が、その雇用する労働者の数に障害者雇用率を乗じて得た数（その数に一人未満の端数があるときは、その端数は、切り捨てる。第四十六条第一項において「法定雇用障害者数」という。）以上であるようにしなければならない。

2　前項の障害者雇用率は、労働者（労働の意思及び能力を有するにもかかわらず、安定した職業に就くことができない状態にある者を含む。第五十四条第三項において同じ。）の総数に対する身体障害者又は知的障害者である労働者（労働の意思及び能力を有するにもかかわらず、安定した職業に就くことができない状態にある身体障害者及び知的障害者を含む。第五十四条第三項において同じ。）の総数の割合を基準として設定するものとし、少なくとも五年ごとに、当該割合の推移を勘案して政令で定める。

3　第一項の身体障害者又は知的障害者である労働者の数及び前項の身体障害者又は知的障害者である労働者の総数の算定に当たつては、身体障害者又は知的障害者である短時間労働者（一週間の所定労働時間が、当該事業主の事業所に雇用する通常の労働者の一週間の所定労働時間に比し短く、かつ、厚生労働大臣の定める時間数未満である常時雇用する労働者をいう。以下同じ。）は、その一人をもつて、厚生労働省令で定める数の身体障害者又は知的障害者である労働者に相当するものとみなす。

4　第一項の身体障害者又は知的障害者である労働者の数及び第二項の身体障害者又は知的障害者である労働者の総数の算定に当たつては、重度身体障害者又は重度知的障害者である労働者（短時間労働者を除く。）は、その一人をもつて、政令で定める数の身体障害者又は知的障害者である労働者に相当するものとみなす。

5　第一項の身体障害者又は知的障害者である労働者の数及び第二項の身体障害者又は知的障害者である労働者の総数の算定に当たつて

は、第三項の規定にかかわらず、重度身体障害者又は重度知的障害者である短時間労働者は、その一人をもつて、前項の政令で定める数に満たない範囲内において厚生労働省令で定める数の身体障害者又は知的障害者である労働者に相当するものとみなす。

6　第二項の規定にかかわらず、特殊法人（法律により直接に設立された法人、特別の法律により特別の設立行為をもつて設立された法人又は特別の法律により地方公共団体が設立者となつて設立された法人のうち、その資本金の全部若しくは大部分が国若しくは地方公共団体からの出資による法人又はその事業の運営のために必要な経費の主たる財源を国若しくは地方公共団体からの交付金若しくは補助金によつて得ている法人であつて、政令で定めるものをいう。以下同じ。）に係る第一項の障害者雇用率は、第二項の規定による率を下回らない率であつて政令で定めるものとする。

7　事業主（その雇用する労働者の数が常時厚生労働省令で定める数以上である事業主に限る。）は、毎年一回、厚生労働省令で定めるところにより、身体障害者又は知的障害者である労働者の雇用に関する状況を厚生労働大臣に報告しなければならない。

8　第一項及び前項の雇用する労働者の数並びに第二項の労働者の総数の算定に当たつては、短時間労働者は、その一人をもつて、厚生労働省令で定める数の労働者に相当するものとみなす。

（子会社に雇用される労働者に関する特例）

第四十四条　特定の株式会社（第四十五条の三第一項の認定に係る組合員たる事業主であるものを除く。）と厚生労働省令で定める特殊の関係のある事業主で、当該事業主及び当該株式会社（以下「子会社」という。）の申請に基づいて当該子会社について次に掲げる基準に適合する旨の厚生労働大臣の認定を受けたもの（以下「親事業主」という。）に係る前条第一項及び第七項の規定の適用については、当該子会社が雇用する労働者は当該親事業主のみが雇用する労働者と、当該子会社の事業所は当該親事業主の事業所とみなす。

一　当該子会社の行う事業と当該事業主の行う事業との人的関係が緊密であること。

二　当該子会社が雇用する身体障害者又は知的障害者である労働者の数及びその数の当該子会社が雇用する労働者の総数に対する割合が、それぞれ、厚生労働大臣が定める数及び率以上であること。

三　当該子会社がその雇用する身体障害者又は知的障害者である労働者の雇用管理を適正に行うに足りる能力を有するものであること。

四　前二号に掲げるもののほか、当該子会社の行う事業において、当該子会社が雇用する重度身体障害者又は重度知的障害者その他の身体障害者又は知的障害者である労働者の雇用の促進及びその雇用の安定が確実に達成されると認められること。

2　前項第二号の労働者の総数の算定に当たつては、短時間労働者は、その一人をもつて、厚生労働省令で定める数の労働者に相当するものとみなす。

3　第一項第二号の身体障害者又は知的障害者である労働者の数の算定に当たつては、身体障害者又は知的障害者である短時間労働者は、その一人をもつて、厚生労働省令で定める数の身体障害者又は知的障害者である労働者に相当するものとみなす。

4　厚生労働大臣は、第一項の規定による認定をした後において、親事業主が同項に定める特殊の関係についての要件を満たさなくなつたとき若しくは事業を廃止したとき、又は当該認定に係る子会社について同項各号に掲げる基準に適合しなくなつたと認めるときは、当該認定を取り消すことができる。

第四十五条　親事業主であつて、特定の株式会社（当該親事業主の子会社及び第四十五条の三第一項の認定に係る組合員たる事業主であるものを除く。）と厚生労働省令で定める特殊の関係にあるもので、当該親事業主、当該子会社及び当該株式会社（以下「関係会社」という。）の申請に基づいて当該親事業主及び当該関係会社について次に掲げる基準に適合する旨の厚生労働大臣の認定を受けたものに係る第四十三条第一項及び第七項の規定の適用については、当該関係会社が雇用する労働者は当該親事業主のみが雇用する労働者と、当該関係会社の事業所は当該親事業主の事業所とみなす。

一　当該関係会社の行う事業と当該子会社の行う事業との人的関係若しくは営業上の関係が緊密であること、又は当該関係会社が当該子会社に出資していること。

二　当該親事業主が第七十八条第一項各号に掲げる業務を担当する者を同項の規定により選任しており、かつ、その者が当該子会社及び当該関係会社についても同項第一号に掲げる業務を行うこととしていること。

三　当該親事業主が、自ら雇用する身体障害者又は知的障害者である労働者並びに当該子会社及び当該関係会社に雇用される身体障害者又は知的障害者である労働者の雇用の促進及び雇用の安定を確実に達成することができると認められること。

2　関係会社が、前条第一項又は次条第一項の認定を受けたものである場合は、前項の申請をすることができない。

3　前条第四項の規定は、第一項の場合について準用する。

（関係子会社に雇用される労働者に関する特例）

第四十五条の二　事業主であつて、当該事業主及びそのすべての子会社の申請に基づいて当該事業主及び当該申請に係る子会社（以下「関係子会社」という。）について次に掲げる基準に適合する旨の厚生労働大臣の認定を受けたもの（以下「関係親事業主」という。）に係る第四十三条第一項及び第七項の規定の適用については、当該関係子会社が雇用する労働者は当該関係親事業主のみが雇用する労働者と、当該関係子会社の事業所は当該関係親事業主の事業所とみなす。

一　当該事業主が第七十八条第一項各号に掲げる業務を担当する者を同項の規定により選任しており、かつ、その者が当該関係子会社についても同項第一号に掲げる業務を行うこととしていること。

二　当該事業主が、自ら雇用する身体障害者又は知的障害者である労働者及び当該関係子会社に雇用される身体障害者又は知的障害者である労働者の雇用の促進及び雇用の安定を確実に達成することができると認められること。

三　当該関係子会社が雇用する身体障害者又は知的障害者である労働者の数が、厚生労働大臣が定める数以上であること。

四　当該関係子会社がその雇用する身体障害者若しくは知的障害者である労働者の雇用管理を適正に行うに足りる能力を有し、又は他の関係子会社が雇用する身体障害者若しくは知的障害者である労働者の行う業務に関し、その行う事業と当該他の関係子会社の行う事業との人的関係若しくは営業上の関係が緊密であること。

2　関係子会社が第四十四条第一項又は前条第一項の認定を受けたものである場合については、これらの規定にかかわらず、当該子会社又は当該関係会社を関係子会社とみなして、前項（第三号及び第四号を除く。）の規定を適用する。

3　事業主であつて、その関係子会社に第一項の認定を受けたものがあるものは、同項の認定を受けることができない。

4　第一項第三号の身体障害者又は知的障害者である労働者の数の算定に当たつては、身体障害者又は知的障害者である短時間労働者は、その一人をもつて、厚生労働省令で定める数の身体障害者又は知的障害者である労働者に相当するものとみなす。

5　第一項第三号の身体障害者又は知的障害者である労働者の数の算定に当たつては、重度身体障害者又は重度知的障害者である労働者（短時間労働者を除く。）は、その一人をもつて、政令で定める数の身体障害者又は知的障害者である労働者に相当するものとみなす。

6　第一項第三号の身体障害者又は知的障害者である労働者の数の算定に当たつては、第四項の規定にかかわらず、重度身体障害者又は重度知的障害者である短時間労働者は、その一人をもつて、前項の政令で定める数に満たない範囲内において厚生労働省令で定める数の身体障害者又は知的障害者である労働者に相当するものとみなす。

7　第四十四条第四項の規定は、第一項の場合について準用する。

（特定事業主に雇用される労働者に関する特例）

第四十五条の三　事業協同組合等であつて、当該事業協同組合等及び複数のその組合員たる事業主（その雇用する労働者の数が常時第四十三条第七項の厚生労働省令で定める数以上である事業主に限り、第四十四条第一項、第四十五条第一項、前条第一項又はこの項の認定に係る子会社、関係会社、関係子会社又は組合員たる事業主であるものを除く。以下「特定事業主」という。）の申請に基づいて当該事業協同組合等及び当該特定事業主について次に掲げる基準に適合する旨の厚生労働大臣の認定を受けたもの（以下「特定組合等」という。）に係る第四十三条第一項及び第七項の規定の適用については、当該特定事業主が雇用する労働者は当該特定組合等のみが雇用する労働者と、当該特定事業主の事業所は当該特定組合等の事業所とみなす。

一　当該事業協同組合等が自ら雇用する身体障害者又は知的障害者である労働者が行う業務に関し、当該事業協同組合等の行う事業と当該特定事業主の行う事業との人的関係又は営業上の関係が緊密であること。

二　当該事業協同組合等の定款、規約その他これらに準ずるものにおいて、当該事業協同組合等が第五十三条第一項の障害者雇用納付金を徴収された場合に、特定事業主の身体障害者又は知的障害者である労働者の雇用状況に応じて当該障害者雇用納付金に係る経費を特定事業主に賦課する旨の定めがあること。

三　当該事業協同組合等が、自ら雇用する身体障害者又は知的障害者である労働者及び当該特定事業主に雇用される身体障害者又は知的障害者である労働者の雇用の促進及び雇用の安定に関する事業（第三項において「雇用促進事業」という。）を適切に実施するための計画（以下この号及び同項において「実施計画」という。）を作成し、実施計画に従つて、当該身体障害者又は知的障害者である労働者の雇用の促進及び雇用の安定を確実に達成することができると認められること。

四　当該事業協同組合等が自ら雇用する身体障害者又は知的障害者である労働者の数及びその数の当該事業協同組合等が雇用する労働者の総数に対する割合が、それぞれ、厚生労働大臣が定める数及び率以上であること。

五　当該事業協同組合等が自ら雇用する身体障害者又は知的障害者である労働者の雇用管理を適正に行うに足りる能力を有するものであること。

六　当該特定事業主が雇用する身体障害者又は知的障害者である労働者の数が、厚生労働大臣が定める数以上であること。

2　この条において「事業協同組合等」とは、事業協同組合その他の特別の法律により設立された組合であつて厚生労働省令で定めるものをいう。

3　実施計画には、次に掲げる事項を記載しなければならない。

一　雇用促進事業の目標（事業協同組合等及び特定事業主がそれぞれ雇用しようとする身体障害者又は知的障害者である労働者の数に関する目標を含む。）

二　雇用促進事業の内容

三　雇用促進事業の実施時期

4　特定事業主が、第四十四条第一項、前条第一項又は第一項の認定を受けたものである場合は、同項の申請をすることができない。

5　第四十三条第八項の規定は、第一項の雇用する労働者の数及び同項第四号の労働者の総数の算定について準用する。

6　前条第四項の規定は第一項第四号の身体障害者又は知的障害者である労働者の数の算定について、同条第四項から第六項までの規定は第一項第六号の身体障害者又は知的障害者である労働者の数の算定について準用する。

7　厚生労働大臣は、第一項の規定による認定をした後において、当該認定に係る事業協同組合等及び特定事業主について同項各号に掲げる基準に適合しなくなつたと認めるときは、当該認定を取り消すことができる。

（一般事業主の身体障害者又は知的障害者の雇入れに関する計画）

第四十六条　厚生労働大臣は、身体障害者又は知的障害者の雇用を促進するため必要があると認める場合には、その雇用する身体障害者又は知的障害者である労働者の数が法定雇用障害者数未満である事業主（特定組合等及び前条第一項の認定に係る特定事業主であるものを除く。以下この条及び次条において同じ。）に対して、身体障害者又は知的障害者である労働者の数がその法定雇用障害者数以上となるようにするため、厚生労働省令で定めるところにより、身体障害者又は知的障害者の雇入れに関する計画の作成を命ずることができる。

2　第四十五条の二第四項から第六項までの規定は、前項の身体障害者又は知的障害者である労働者の数の算定について準用する。

3　親事業主又は関係親事業主に係る第一項の規定の適用については、当該子会社及び当該関係会社が雇用する労働者は当該親事業主のみが雇用する労働者と、当該関係子会社が雇用する労働者は当該関係親事業主のみが雇用する労働者とみなす。

4　事業主は、第一項の計画を作成したときは、厚生労働省令で定めるところにより、これを厚生労働大臣に提出しなければならない。これを変更したときも、同様とする。

5　厚生労働大臣は、第一項の計画が著しく不適当であると認めるときは、当該計画を作成した事業主に対してその変更を勧告することができる。

6　厚生労働大臣は、特に必要があると認めるときは、第一項の計画を作成した事業主に対して、その適正な実施に関し、勧告をすることができる。

（一般事業主についての公表）

第四十七条　厚生労働大臣は、前条第一項の計画を作成した事業主が、正当な理由がなく、同条第五項又は第六項の勧告に従わないときは、その旨を公表することができる。

（特定身体障害者）

第四十八条　国及び地方公共団体の任命権者は、特定職種（労働能力はあるが、別表に掲げる障害の程度が重いため通常の職業に就くことが特に困難である身体障害者の能力にも適合すると認められる職種で政令で定めるものをいう。以下この条において同じ。）の職員（短時間勤務職員を除く。以下この項及び第三項において同じ。）の採用について、当該機関に勤務する特定身体障害者（身体障害者のうち特定職種ごとに政令で定める者に該当する者をいう。以下この条において同じ。）である当該職種の職員の数が、当該機関に勤務する当該職種の職員の総数に、職種に応じて政令で定める特定身体障害者雇用率を乗じて得た数（その数に一人未満の端数があるときは、その端数は、切り捨てる。）未満である場合には、特定身体障害者である当該職種の職員の数がその特定身体障害者雇用率を乗じて得た数以上となるようにするため、政令で定めるところにより、特定身体障害者の採用に関する計画を作成しなければならない。

2　第三十九条の規定は、前項の計画について準用する。

3　承認省庁又は認定地方機関に係る第一項の規定の適用については、当該外局等又は当該その他機関に勤務する職員は、当該承認省庁又は当該認定地方機関のみに勤務する職員とみなす。

4　事業主は、特定職種の労働者（短時間労働者を除く。以下この項及び次項において同じ。）の雇入れについては、その雇用する特定身体障害者である当該職種の労働者の数が、その雇用する当該職種の労働者の総数に、職種に応じて厚生労働省令で定める特定身体障害者雇用率を乗じて得た数（その数に一人未満の端数があるときは、その端数は、切り捨てる。）以上であるように努めなければならない。

5　厚生労働大臣は、特定身体障害者の雇用を促進するため特に必要があると認める場合には、その雇用する特定身体障害者である特定職種の労働者の数が前項の規定により算定した数未満であり、かつ、その数を増加するのに著しい困難を伴わないと認められる事業主（その雇用する当該職種の労働者の数が職種に応じて厚生労働省令で定める数以上であるものに限る。）に対して、特定身体障害者である当該職種の労働者の数が同項の規定により算定した数以上となるようにするため、厚生労働省令で定めるところにより、特定身体障害者の雇入れに関する計画の作成を命ずることができる。

6　親事業主、関係親事業主又は特定組合等に係る前二項の規定の適用については、当該子会社及び当該関係会社が雇用する労働者は当該親事業主のみが雇用する労働者と、当該関係子会社が雇用する労働者は当該関係親事業主のみが雇用する労働者と、当該特定事業主が雇用する労働者は当該特定組合等のみが雇用する労働者とみなす。

7　第四十六条第四項及び第五項の規定は、第五項の計画について準用する。

第二節　障害者雇用調整金の支給等及び障害者雇用納付金の徴収

第一款　障害者雇用調整金の支給等

（納付金関係業務）

第四十九条　厚生労働大臣は、身体障害者又は知的障害者の雇用に伴う経済的負担の調整並びにその雇用の促進及び継続を図るため、次に掲げる業務（以下「納付金関係業務」という。）を行う。

一　事業主（特殊法人を除く。以下この節及び第五節において同じ。）で次条第一項の規定に該当するものに対して、同項の障害者雇用調整金を支給すること。

二　身体障害者若しくは知的障害者を労働者として雇い入れる事業主又は身体障害者若しくは知的障害者である労働者を雇用する事業主に対して、これらの者の雇入れ又は雇用の継続のために必要となる施設又は設備の設置又は整備に要する費用に充てるための助成金を支給すること。

三　身体障害者又は知的障害者である労働者を雇用する事業主又は当該事業主の加入している事業主の団体に対して、身体障害者又は知的障害者である労働者の福祉の増進を図るための施設の設置又は整備に要する費用に充てるための助成金を支給すること。

四　身体障害者又は知的障害者である労働者を雇用する事業主であつて、次のいずれかを行うものに対して、その要する費用に充てるための助成金を支給すること。

イ　身体障害者となつた労働者の雇用の継続のために必要となる当該労働者が職場に適応することを容易にするための措置

ロ　身体障害者又は知的障害者である労働者の雇用に伴い必要となる介助その他その雇用の安定を図るために必要な業務（身体障害者又は知的障害者である労働者の通勤を容易にするための業務を除く。）を行う者を置くこと（次号ロに掲げるものを除く。）。

四の二　身体障害者又は知的障害者に対する

職場適応援助者による援助であつて、次のいずれかを行う者に対して、その要する費用に充てるための助成金を支給すること。

イ　社会福祉法第二十二条に規定する社会福祉法人その他身体障害者又は知的障害者の雇用の促進に係る事業を行う法人が行う職場適応援助者による援助の事業

ロ　身体障害者又は知的障害者である労働者を雇用する事業主が身体障害者又は知的障害者である労働者の雇用に伴い必要となる援助を行う職場適応援助者を置くこと。

五　身体障害者（重度身体障害者その他の厚生労働省令で定める身体障害者に限る。以下この号において同じ。）若しくは知的障害者である労働者を雇用する事業主又は当該事業主の加入している事業主の団体に対して、身体障害者又は知的障害者である労働者の通勤を容易にするための措置に要する費用に充てるための助成金を支給すること。

六　重度身体障害者又は知的障害者である労働者を多数雇用する事業所の事業主に対して、当該事業所の事業の用に供する施設又は設備の設置又は整備に要する費用に充てるための助成金を支給すること。

七　身体障害者又は知的障害者の職業に必要な能力を開発し、及び向上させるための教育訓練（厚生労働大臣が定める基準に適合するものに限る。以下この号において同じ。）の事業を行う次に掲げるものに対して、当該事業に要する費用に充てるための助成金を支給すること並びに身体障害者又は知的障害者である労働者を雇用する事業主に対して、身体障害者又は知的障害者である労働者の教育訓練の受講を容易にするための措置に要する費用に充てるための助成金を支給すること。

イ　事業主又はその団体

ロ　学校教育法（昭和二十二年法律第二十六号）第百二十四条に規定する専修学校又は同法第百三十四条第一項に規定する各種学校を設置する私立学校法（昭和二十四年法律第二百七十号）第三条に規定する学校法人又は同法第六十四条第四項に規定する法人

ハ　社会福祉法第二十二条に規定する社会福祉法人

ニ　その他身体障害者又は知的障害者の雇用の促進に係る事業を行う法人

八　障害者の技能に関する競技大会に係る業務を行うこと。

九　身体障害者若しくは知的障害者の雇用に関する技術的事項についての研究、調査若しくは講習の業務又は身体障害者若しくは知的障害者の雇用について事業主その他国民一般の理解を高めるための啓発の業務を行うこと（前号に掲げる業務を除く。）。

十　第五十三条第一項に規定する障害者雇用納付金の徴収を行うこと。

十一　前各号に掲げる業務に附帯する業務を行うこと。

2　厚生労働大臣は、前項各号に掲げる業務の全部又は一部を機構に行わせるものとする。

（障害者雇用調整金の支給）

第五十条　機構は、政令で定めるところにより、各年度（四月一日から翌年三月三十一日までをいう。以下同じ。）ごとに、第五十四条第二項に規定する調整基礎額に当該年度に属する各月（当該年度の中途に事業を開始し、又は廃止した事業主にあつては、当該事業を開始した日の属する月の翌月以後の各月又は当該事業を廃止した日の属する月の前月以前の各月に限る。以下同じ。）ごとの初日におけるその雇用する身体障害者又は知的障害者である労働者の数の合計数を乗じて得た額が同条第一項の規定により算定した額を超える事業主に対して、その差額に相当する額を当該調整基礎額で除して得た数を単位調整額に乗じて得た額に相当する金額を、当該年度分の障害者雇用調整金（以下「調整金」という。）として支給する。

2　前項の単位調整額は、事業主がその雇用する労働者の数に第五十四条第三項に規定する基準雇用率を乗じて得た数を超えて新たに身体障害者又は知的障害者である者を雇用するものとした場合に当該身体障害者又は知的障害者である者一人につき通常追加的に必要とされる一月当たりの同条第二項に規定する特別費用の額の平均額を基準として、政令で定める金額とする。

3　第四十三条第八項の規定は、前項の雇用する労働者の数の算定について準用する。

4　第四十五条の二第四項から第六項までの規定は第一項の身体障害者又は知的障害者である労働者の数の算定について、第四十八条第六項の規定は親事業主、関係親事業主又は特定組合等に係る第一項の規定の適用について準用する。

5　親事業主、関係親事業主又は特定組合等に係る第一項の規定の適用については、機構は、厚生労働省令で定めるところにより、当該親事業主、当該子会社若しくは当該関係会社、当該関係親事業主若しくは当該関係子会社又は当該特定組合等若しくは当該特定事業主に対して調整金を支給することができる。

6　第二項から前項までに定めるもののほか、法人である事業主が合併した場合又は個人である事業主について相続（包括遺贈を含む。第六十八条において同じ。）があつた場合における調整金の額の算定の特例その他調整金に関し必要な事項は、政令で定める。

（助成金の支給）

第五十一条　機構は、厚生労働省令で定める支給要件、支給額その他の支給の基準に従つて第四十九条第一項第二号から第七号までの助成金を支給する。

2　前項の助成金の支給については、身体障害者又は知的障害者の職業の安定を図るため講じられるその他の措置と相まつて、身体障害者又は知的障害者の雇用が最も効果的かつ効率的に促進され、及び継続されるように配慮されなければならない。

（資料の提出等）

第五十二条　機構は、第四十九条第一項第十号に掲げる業務に関して必要な限度において、事業主に対し、身体障害者又は知的障害者である労働者の雇用の状況その他の事項についての文書その他の物件の提出を求めることができる。

2　機構は、納付金関係業務に関し必要があると認めるときは、事業主、その団体、第四十九条第一項第四号の二イに規定する法人又は同項第七号ロからニまでに掲げる法人（第八十二条第一項において「事業主等」という。）に対し、必要な事項についての報告を求めることができる。

第二款　障害者雇用納付金の徴収

（障害者雇用納付金の徴収及び納付義務）

第五十三条　機構は、第四十九条第一項第一号の調整金及び同項第二号から第七号までの助成金の支給に要する費用、同項第八号及び第九号の業務の実施に要する費用並びに同項各号に掲げる業務に係る事務の処理に要する費用に充てるため、この款に定めるところにより、事業主から、毎年度、障害者雇用納付金（以下「納付金」という。）を徴収する。

2　事業主は、納付金を納付する義務を負う。

（納付金の額等）

第五十四条　事業主が納付すべき納付金の額は、各年度につき、調整基礎額に、当該年度に属する各月ごとにその初日におけるその雇用する労働者の数に基準雇用率を乗じて得た数（その数に一人未満の端数があるときは、その端数は、切り捨てる。）の合計数を乗じて得た額とする。

2　前項の調整基礎額は、事業主がその雇用する労働者の数に基準雇用率を乗じて得た数に達するまでの数の身体障害者又は知的障害者である者を雇用するものとした場合に当該身体障害者又は知的障害者である者一人につき通常必要とされる一月当たりの特別費用（身体障害者又は知的障害者である者を雇用する場合に必要な施設又は設備の設置又は整備その他の身体障害者又は知的障害者である者の適正な雇用管理に必要な措置に通常要する費用その他身体障害者又は知的障害者である者を雇用するために特別に必要とされる費用をいう。）の額の平均額を基準として、政令で定める金額とする。

3　前二項の基準雇用率は、労働者の総数に対する身体障害者又は知的障害者である労働者の総数の割合を基準として設定するものとし、少なくとも五年ごとに、当該割合の推移を勘案して政令で定める。

4　第四十三条第八項の規定は、第一項及び第二項の雇用する労働者の数並びに前項の労働者の総数の算定について準用する。

5　第四十五条の二第四項から第六項までの規定は第三項の身体障害者又は知的障害者である労働者の総数の算定について、第四十八条第六項の規定は親事業主、関係親事業主又は特定組合等に係る第一項の規定の適用について準用する。

第五十五条　前条第一項の場合において、当該事業主が当該年度において身体障害者又は知的障害者である労働者を雇用しており、かつ、同条第二項に規定する調整基礎額に当該年度に属する各月ごとの初日における当該事業主の雇用する身体障害者又は知的障害者である労働者の数の合計数を乗じて得た額が同条第一項の規定により算定した額に達しないときは、当該事業主が納付すべき納付金の額は、同項の規定にかかわらず、その差額（第七十四条の二第四項及び第五項において「算定額」という。）に相当する金額とする。

2　前条第一項の場合において、当該事業主が当該年度において身体障害者又は知的障害者である労働者を雇用しており、かつ、同条第二項に規定する調整基礎額に当該年度に属する各月ごとの初日における当該事業主の雇用する身体障害者又は知的障害者である労働者の数の合計数を乗じて得た額が同条第一項の規定により算定した額以上であるときは、当該事業主については、同項の規定にかかわらず、納付金は、徴収しない。

3　第四十五条の二第四項から第六項までの規定は前二項の身体障害者又は知的障害者である労働者の数の算定について、第四十八条第六項の規定は親事業主、関係親事業主又は特定組合等に係る前二項の規定の適用について準用する。

（納付金の納付等）

第五十六条　事業主は、各年度ごとに、当該年度に係る納付金の額その他の厚生労働省令で定める事項を記載した申告書を翌年度の初日（当該年度の中途に事業を廃止した事業主にあつては、当該事業を廃止した日）から四十五日以内に機構に提出しなければならない。

2　事業主は、前項の申告に係る額の納付金を、同項の申告書の提出期限までに納付しなければならない。

3　第一項の申告書には、当該年度に属する各月ごとの初日における各事業所ごとの労働者の数及び身体障害者又は知的障害者である労働者の数その他の厚生労働省令で定める事項を記載した書類を添付しなければならない。

4　機構は、事業主が第一項の申告書の提出期限までに同項の申告書を提出しないとき、又は同項の申告書の記載に誤りがあると認めたときは、納付金の額を決定し、事業主に納入の告知をする。

5　前項の規定による納入の告知を受けた事業主は、第一項の申告書を提出していないとき（納付すべき納付金の額がない旨の記載をした申告書を提出しているときを含む。）は前項の規定により機構が決定した納付金の額の全額を、第一項の申告に係る納付金の額が前項の規定により機構が決定した納付金の額に足りないときはその不足額を、その通知を受けた日から十五日以内に機構に納付しなければならない。

6　事業主が納付した納付金の額が、第四項の規定により機構が決定した納付金の額を超える場合には、機構は、その超える額について、未納の納付金その他この款の規定による徴収金があるときはこれに充当し、なお残余があれば還付し、未納の納付金その他この款の規定による徴収金がないときはこれを還付しなければならない。

7　第四十八条第六項の規定は、親事業主、関係親事業主又は特定組合等に係る第一項、第三項及び第四項の規定の適用について準用する。この場合において、同条第六項中「とみなす」とあるのは、「と、当該子会社及び当該関係会社の事業所は当該親事業主の事業所と、当該関係子会社の事業所は当該関係親事業主の事業所と、当該特定事業主の事業所は当該特定組合等の事業所とみなす」と読み替えるものとする。

（納付金の延納）

第五十七条　機構は、厚生労働省令で定めるところにより、事業主の申請に基づき、当該事業主の納付すべき納付金を延納させることができる。

（追徴金）

第五十八条　機構は、事業主が第五十六条第五項の規定による納付金の全額又はその不足額を納付しなければならない場合には、その納付すべき額（その額に千円未満の端数があるときは、その端数は、切り捨てる。）に百分の十を乗じて得た額の追徴金を徴収する。ただし、事業主が天災その他やむを得ない理由により、同項の規定による納付金の全額又はその不足額を納付しなければならなくなつた場合は、この限りでない。

2　前項の規定にかかわらず、同項に規定する納付金の全額又はその不足額が千円未満であるときは、同項の規定による追徴金は、徴収しない。

3　機構は、第一項の規定により追徴金を徴収する場合には、厚生労働省令で定めるところにより、事業主に対して、期限を指定して、その納付すべき追徴金の額を通知しなければならない。

（徴収金の督促及び滞納処分）

第五十九条　納付金その他この款の規定による徴収金を納付しない者があるときは、機構は、期限を指定して督促しなければならない。

2　前項の規定により督促するときは、機構は、納付義務者に対して督促状を発する。この場合において、督促状により指定すべき期限は、督促状を発する日から起算して十日以上経過した日でなければならない。

3　第一項の規定による督促を受けた者がその指定の期限までに納付金その他この款の規定による徴収金を完納しないときは、機構は、厚生労働大臣の認可を受けて、国税滞納処分の例により、滞納処分をすることができる。

（延滞金）

第六十条　前条第一項の規定により納付金の納付を督促したときは、機構は、その督促に係る納付金の額につき年十四・五パーセントの割合で、納付期限の翌日からその完納又は財産差押えの日の前日までの日数により計算した延滞金を徴収する。ただし、督促に係る納付金の額が千円未満であるときは、この限りでない。

2　前項の場合において、納付金の額の一部につき納付があつたときは、その納付の日以降の期間に係る延滞金の額の計算の基礎となる納付金の額は、その納付のあつた納付金の額を控除した額とする。

3　延滞金の計算において、前二項の納付金の額に千円未満の端数があるときは、その端数は、切り捨てる。

4　前三項の規定によつて計算した延滞金の額に百円未満の端数があるときは、その端数は、切り捨てる。

5　延滞金は、次の各号のいずれかに該当する場合には、徴収しない。ただし、第四号の場合には、その執行を停止し、又は猶予した期間に対応する部分の金額に限る。

一　督促状に指定した期限までに納付金を完

納したとき。
二　納付義務者の住所又は居所がわからないため、公示送達の方法によつて督促したとき。
三　延滞金の額が百円未満であるとき。
四　納付金について滞納処分の執行を停止し、又は猶予したとき。
五　納付金を納付しないことについてやむを得ない理由があると認められるとき。

（先取特権の順位）
第六十一条　納付金その他この款の規定による徴収金の先取特権の順位は、国税及び地方税に次ぐものとする。

（徴収金の徴収手続等）
第六十二条　納付金その他この款の規定による徴収金は、この款に別段の定めがある場合を除き、国税徴収の例により徴収する。

（時効）
第六十三条　納付金その他この款の規定による徴収金を徴収し、又はその還付を受ける権利は、二年を経過したときは、時効によつて消滅する。
2　機構が行う納付金その他この款の規定による徴収金の納入の告知又は第五十九条第一項の規定による督促は、民法（明治二十九年法律第八十九号）第百五十三条の規定にかかわらず、時効中断の効力を生ずる。

（徴収金の帰属）
第六十四条　機構が徴収した納付金その他この款の規定による徴収金は、機構の収入とする。

（徴収金の徴収に関する不服申立て）
第六十五条　納付金その他この款の規定による徴収金の賦課又は徴収の処分について不服がある者は、厚生労働大臣に対して行政不服審査法（昭和三十七年法律第百六十号）による審査請求をすることができる。

（不服申立てと訴訟との関係）
第六十六条　前条に規定する処分の取消しの訴えは、当該処分についての審査請求に対する厚生労働大臣の裁決を経た後でなければ、提起することができない。

（行政手続法の適用除外）
第六十七条　納付金その他この款の規定による徴収金の賦課又は徴収の処分については、行政手続法（平成五年法律第八十八号）第二章及び第三章の規定は、適用しない。

（政令への委任）
第六十八条　この款に定めるもののほか、法人である事業主が合併した場合又は個人である事業主について相続があつた場合における納付金の額の算定の特例その他この款に定める納付金その他の徴収金に関し必要な事項は、政令で定める。

第三節　精神障害者に関する特例

（雇用義務等及び納付金関係業務に係る規定の適用に関する特例）
第六十九条　精神障害者のうち精神保健及び精神障害者福祉に関する法律（昭和二十五年法律第百二十三号）第四十五条第二項の規定により精神障害者保健福祉手帳の交付を受けている者（第七十三条、次節及び第七十九条を除き、以下「精神障害者」という。）である職員及び精神障害者である労働者については、この条から第七十二条までに定めるところにより、身体障害者又は知的障害者である職員及び身体障害者又は知的障害者である労働者に関する前二節（第三十七条、第三十八条第三項から第五項まで、第四十三条第二項から第六項まで、第四十四条第三項、第四十五条の二第四項から第六項まで（第四十五条の三第六項、第四十六条第二項、第五十条第四項、第五十四条第五項及び第五十五条第三項において準用する場合を含む。）、第四十八条、第四十九条第一項第二号から第九号まで、第五十条第二項並びに第五十四条第二項及び第三項を除く。）の規定を適用するものとする。

（雇用義務等に係る規定の精神障害者である職員についての適用に関する特例）
第七十条　第三十八条第一項に規定する場合において、当該機関に精神障害者である職員が勤務するときにおける同項の規定の適用については、同項の計画の作成前に、当該機関の任命権者が身体障害者又は知的障害者である職員以外の職員に替えて当該精神障害者である職員の数に相当する数（精神障害者である短時間勤務職員にあつては、その一人をもつて、厚生労働省令で定める数に相当する数）の身体障害者又は知的障害者である職員を採用したものとみなす。

2　国及び地方公共団体の任命権者は、第三十八条第一項の身体障害者又は知的障害者の採用に関する計画を作成し、又は実施する場合においては、精神障害者である職員の採用は身体障害者又は知的障害者である職員の採用に含まれるものとして、当該作成又は実施をすることができる。

3　第四十条の規定の適用については、精神障害者である職員は、身体障害者又は知的障害者である職員とみなす。

4　第四十一条及び第四十二条第一項の規定の適用については、第四十一条第一項及び第四十二条第一項第二号中「又は知的障害者である職員」とあるのは「、知的障害者又は第六十九条に規定する精神障害者である職員」と、第四十一条第二項中「若しくは知的障害者である職員」とあるのは「、知的障害者若しくは第六十九条に規定する精神障害者である職員」とする。

（雇用義務等に係る規定の精神障害者である労働者についての適用に関する特例）

第七十一条　第四十三条第一項の場合において、当該事業主が精神障害者である労働者を雇用しているときにおける同項の規定の適用については、当該事業主が身体障害者又は知的障害者である労働者以外の労働者に替えて当該精神障害者である労働者の数に相当する数（精神障害者である短時間労働者にあつては、その一人をもつて、厚生労働省令で定める数に相当する数）の身体障害者又は知的障害者である労働者を雇い入れたものとみなす。

2　第四十三条第七項の規定の適用については、精神障害者である労働者は、身体障害者又は知的障害者である労働者とみなす。

3　第四十四条第一項、第四十五条第一項、第四十五条の二第一項並びに第四十五条の三第一項及び第三項の規定の適用については、精神障害者である労働者は、第四十四条第一項第二号、第四十五条の二第一項第三号並びに第四十五条の三第一項第四号及び第六号において身体障害者又は知的障害者である労働者とみなし、これらの規定の身体障害者又は知的障害者である労働者の数の算定に当たつては、精神障害者である短時間労働者は、その一人をもつて、厚生労働省令で定める数の身体障害者又は知的障害者である労働者に相当するものとみなし、第四十四条第一項第三号及び第四号、第四十五条第一項第三号、第四十五条の二第一項第三号並びに第四十五条の三第一項（第四号及び第六号を除く。）及び第三項第一号中「又は知的障害者である労働者」とあるのは「、知的障害者又は第六十九条に規定する精神障害者である労働者」と、第四十五条の二第一項第四号中「若しくは知的障害者である労働者」とあるのは「、知的障害者若しくは第六十九条に規定する精神障害者である労働者」とする。

4　第四十六条第一項の規定の適用については、精神障害者である労働者は、身体障害者又は知的障害者である労働者とみなし、同項の身体障害者又は知的障害者である労働者の数の算定に当たつては、精神障害者である短時間労働者は、その一人をもつて、厚生労働省令で定める数の身体障害者又は知的障害者である労働者に相当するものとみなす。

5　事業主は、第四十六条第一項の身体障害者又は知的障害者の雇入れに関する計画を作成し、又は実施する場合においては、精神障害者の雇入れは身体障害者又は知的障害者の雇入れに含まれるものとして、当該作成又は実施をすることができる。

（精神障害者である労働者に関する納付金関係業務の実施等）

第七十二条　第五十条第一項並びに第五十五条第一項及び第二項の規定の適用については、精神障害者である労働者は、身体障害者又は知的障害者である労働者とみなし、これらの規定の身体障害者又は知的障害者である労働者の数の算定に当たつては、精神障害者である短時間労働者は、その一人をもつて、厚生労働省令で定める数の身体障害者又は知的障害者である労働者に相当するものとみなす。

2　第五十二条第一項及び第五十六条第三項の規定（第五十二条第一項に係る罰則の規定を含む。）の適用については、精神障害者である労働者は、身体障害者又は知的障害者である労働者とみなす。

（精神障害者に関する助成金の支給業務の実施等）

第七十三条　厚生労働大臣は、精神障害者である労働者に関しても、第四十九条第一項第二号から第九号まで及び第十一号に掲げる業務に相当する業務を行うことができる。

2　厚生労働大臣は、前項に規定する業務の全部又は一部を機構に行わせるものとする。

3　前項の場合においては、当該業務は、第四十九条第一項第二号から第九号まで及び第十一号に掲げる業務に含まれるものとみなして、第五十一条及び第五十三条の規定を適用する。この場合において、第五十一条第二項中「身体障害者又は知的障害者」とあるのは、「身体障害者、知的障害者又は精神障害者」とする。

第四節　身体障害者、知的障害者及び精神障害者以外の障害者に関する特例

第七十四条　厚生労働大臣は、障害者（身体障害者、知的障害者及び精神障害者を除く。）のうち厚生労働省令で定める者に関しても、第四十九条第一項第二号から第九号まで及び第十一号に掲げる業務であつて厚生労働省令で定めるものに相当する業務を行うことができる。

2　厚生労働大臣は、前項に規定する業務の全部又は一部を機構に行わせるものとする。

3　前項の場合においては、当該業務は、第四十九条第一項第二号から第九号まで及び第十一号に掲げる業務に含まれるものとみなして、第五十一条及び第五十三条の規定を適用する。

第五節　障害者の在宅就業に関する特例

（在宅就業障害者特例調整金）

第七十四条の二

厚生労働大臣は、在宅就業障害者の就業機会の確保を支援するため、事業主で次項の規定に該当するものに対して、同項の在宅就業障害者特例調整金を支給する業務を行うことができる。

2　厚生労働大臣は、厚生労働省令で定めるところにより、各年度ごとに、在宅就業障害者との間で書面により在宅就業契約を締結した事業主（次条第一項に規定する在宅就業支援団体を除く。以下この節において同じ。）であつて、在宅就業障害者に在宅就業契約に基づく業務の対価を支払つたものに対して、調整額に、当該年度に支払つた当該対価の総額（以下「対象額」という。）を評価額で除して得た数（その数に一未満の端数があるときは、その端数は切り捨てる。）を乗じて得た額に相当する金額を、当該年度分の在宅就業障害者特例調整金として支給する。ただし、在宅就業単位調整額に当該年度に属する各月ごとの初日における当該事業主の雇用する身体障害者、知的障害者又は精神障害者である労働者の数の合計数を乗じて得た額に相当する金額を超えることができない。

3　この節、次章、第五章及び附則第四条において、次の各号に掲げる用語の意義は、当該各号に定めるところによる。

一　在宅就業障害者　身体障害者、知的障害者又は精神障害者であつて、自宅その他厚生労働省令で定める場所において物品の製

造、役務の提供その他これらに類する業務を自ら行うもの（雇用されている者を除く。）

二　在宅就業契約　在宅就業障害者が物品の製造、役務の提供その他これらに類する業務を行う旨の契約

三　在宅就業単位調整額　第五十条第二項に規定する単位調整額以下の額で政令で定める額

四　調整額　在宅就業単位調整額に評価基準月数（在宅就業障害者の就業機会の確保に資する程度その他の状況を勘案して政令で定める月数をいう。以下同じ。）を乗じて得た額

五　評価額　障害者である労働者の平均的な給与の状況その他の状況を勘案して政令で定める額に評価基準月数を乗じて得た額

4　第五十五条第一項の場合において、当該事業主が当該年度において在宅就業障害者に在宅就業契約に基づく業務の対価を支払っており、かつ、第二項の規定により算定した在宅就業障害者特例調整金の額が算定額に達しないときは、当該事業主が納付すべき納付金の額は、同条第一項の規定にかかわらず、その差額に相当する金額とする。この場合においては、当該事業主については、第二項の規定にかかわらず、在宅就業障害者特例調整金は支給しない。

5　第五十五条第一項の場合において、当該事業主が当該年度において在宅就業障害者に在宅就業契約に基づく業務の対価を支払っており、かつ、第二項の規定により算定した在宅就業障害者特例調整金の額が算定額以上であるときは、同項の規定にかかわらず、当該事業主に対して、その差額に相当する金額を、当該年度分の在宅就業障害者特例調整金として支給する。この場合においては、当該事業主については、同条第一項の規定にかかわらず、納付金は徴収しない。

6　厚生労働大臣は、第一項に規定する業務の全部又は一部を機構に行わせるものとする。

7　機構は、第一項に規定する業務に関し必要があると認めるときは、事業主又は在宅就業障害者に対し、必要な事項についての報告を求めることができる。

8　第六項の場合における第五十三条の規定の適用については、同条第一項中「並びに同項各号に掲げる業務」とあるのは、「、第七十四条の二第一項の在宅就業障害者特例調整金の支給に要する費用並びに第四十九条第一項各号に掲げる業務及び第七十四条の二第一項に規定する業務」とする。

9　親事業主、関係親事業主又は特定組合等に係る第二項、第四項及び第五項並びに第五十六条第一項及び第四項の規定の適用については、在宅就業契約に基づく業務の対価とし て在宅就業障害者に対して支払つた額に関し、当該子会社及び当該関係会社が支払つた額は当該親事業主のみが支払つた額と、当該関係子会社が支払つた額は当該関係親事業主のみが支払つた額と、当該特定事業主が支払つた額は当該特定組合等のみが支払つた額とみなす。

10　第四十五条の二第四項から第六項までの規定は第二項の身体障害者、知的障害者又は精神障害者である労働者の数の算定について、第五十条第五項及び第六項の規定は第一項の在宅就業障害者特例調整金について準用する。この場合において、第四十五条の二第四項中「又は知的障害者である労働者の」とあるのは「、知的障害者又は第六十九条に規定する精神障害者である労働者の」と、「又は知的障害者である短時間労働者」とあるのは「、知的障害者又は同条に規定する精神障害者である短時間労働者」と読み替えるものとする。

（在宅就業支援団体）

第七十四条の三　各年度ごとに、事業主に在宅就業対価相当額（事業主が厚生労働大臣の登録を受けた法人（以下「在宅就業支援団体」という。）との間で締結した物品の製造、役務の提供その他これらに類する業務に係る契

約に基づき当該事業主が在宅就業支援団体に対して支払つた金額のうち、当該契約の履行に当たり在宅就業支援団体が在宅就業障害者との間で締結した在宅就業契約に基づく業務の対価として支払つた部分の金額に相当する金額をいう。以下同じ。）があるときは、その総額を当該年度の対象額に加算する。この場合において、前条の規定の適用については、同条第二項中「当該対価の総額」とあるのは「当該対価の総額と次条第一項に規定する在宅就業対価相当額の総額とを合計した額」と、同条第九項中「に関し、」とあるのは「に関し」と、「とみなす」とあるのは「と、当該子会社及び当該関係会社に係る次条第一項に規定する在宅就業対価相当額（以下この項において「在宅就業対価相当額」という。）は当該親事業主のみに係る在宅就業対価相当額と、当該関係子会社に係る在宅就業対価相当額は当該関係親事業主のみに係る在宅就業対価相当額と、当該特定事業主に係る在宅就業対価相当額は当該特定組合等のみに係る在宅就業対価相当額とみなす」とする。

2　前項の登録は、在宅就業障害者の希望に応じた就業の機会を確保し、及び在宅就業障害者に対して組織的に提供することその他の在宅就業障害者に対する援助の業務を行う法人の申請により行う。

3　次の各号のいずれかに該当する法人は、第一項の登録を受けることができない。

一　この法律の規定その他労働に関する法律の規定であつて政令で定めるもの又は出入国管理及び難民認定法（昭和二十六年政令第三百十九号）第七十三条の二第一項の規定及び同項の規定に係る同法第七十六条の二の規定により、罰金の刑に処せられ、その執行を終わり、又は執行を受けることがなくなつた日から五年を経過しない法人

二　第十八項の規定により登録を取り消され、その取消しの日から五年を経過しない法人

三　役員のうちに、禁錮以上の刑に処せられ、又はこの法律の規定その他労働に関する法律の規定であつて政令で定めるもの若しくは暴力団員による不当な行為の防止等に関する法律（平成三年法律第七十七号）の規定（同法第五十条（第二号に係る部分に限る。）及び第五十二条の規定を除く。）により、若しくは刑法（明治四十年法律第四十五号）第二百四条、第二百六条、第二百八条、第二百八条の二、第二百二十二条若しくは第二百四十七条の罪、暴力行為等処罰に関する法律（大正十五年法律第六十号）の罪若しくは出入国管理及び難民認定法第七十三条の二第一項の罪を犯したことにより、罰金の刑に処せられ、その執行を終わり、又は執行を受けることがなくなつた日から五年を経過しない者のある法人

4　厚生労働大臣は、第二項の規定により登録を申請した法人が次に掲げる要件のすべてに適合しているときは、その登録をしなければならない。この場合において、登録に関して必要な手続は、厚生労働省令で定める。

一　常時十人以上の在宅就業障害者に対して、次に掲げる業務のすべてを継続的に実施していること。

イ　在宅就業障害者の希望に応じた就業の機会を確保し、及び在宅就業障害者に対して組織的に提供すること。

ロ　在宅就業障害者に対して、その業務を適切に行うために必要な知識及び技能を習得するための職業講習又は情報提供を行うこと。

ハ　在宅就業障害者に対して、その業務を適切に行うために必要な助言その他の援助を行うこと。

ニ　雇用による就業を希望する在宅就業障害者に対して、必要な助言その他の援助を行うこと。

二　前号イからニまでに掲げる業務（以下「実施業務」という。）の対象である障害者に係る障害に関する知識及び当該障害に係る

障害者の援助を行う業務に従事した経験並びに在宅就業障害者に対して提供する就業の機会に係る業務の内容に関する知識を有する者（次号において「従事経験者」という。）が実施業務を実施し、その人数が二人以上であること。

三　前号に掲げる者のほか、実施業務を適正に行うための専任の管理者（従事経験者である者に限る。）が置かれていること。

四　実施業務を行うために必要な施設及び設備を有すること。

5　登録は、在宅就業支援団体登録簿に次に掲げる事項を記載してするものとする。

一　登録年月日及び登録番号

二　在宅就業支援団体の名称及び住所並びにその代表者の氏名

三　在宅就業支援団体が在宅就業障害者に係る業務を行う事業所の所在地

6　第一項の登録は、三年以内において政令で定める期間ごとにその更新を受けなければ、その期間の経過によつて、その効力を失う。

7　第二項から第五項までの規定は、前項の登録の更新について準用する。

8　在宅就業支援団体は、物品の製造、役務の提供その他これらに類する業務に係る契約に基づき事業主から対価の支払を受けたときは、厚生労働省令で定めるところにより、当該事業主に対し、在宅就業対価相当額を証する書面を交付しなければならない。

9　在宅就業支援団体は、前項に定めるもののほか、第四項各号に掲げる要件及び厚生労働省令で定める基準に適合する方法により在宅就業障害者に係る業務を行わなければならない。

10　在宅就業支援団体は、第五項第二号又は第三号に掲げる事項を変更しようとするときは、変更しようとする日の二週間前までに、その旨を厚生労働大臣に届け出なければならない。

11　在宅就業支援団体は、在宅就業障害者に係る業務に関する規程（次項において「業務規程」という。）を定め、当該業務の開始前に、厚生労働大臣に届け出なければならない。これを変更しようとするときも、同様とする。

12　業務規程には、在宅就業障害者に係る業務の実施方法その他の厚生労働省令で定める事項を定めておかなければならない。

13　在宅就業支援団体は、在宅就業障害者に係る業務の全部又は一部を休止し、又は廃止しようとするときは、厚生労働省令で定めるところにより、あらかじめ、その旨を厚生労働大臣に届け出なければならない。

14　在宅就業支援団体は、毎事業年度経過後三月以内に、その事業年度の財産目録、貸借対照表及び損益計算書又は収支計算書並びに事業報告書（その作成に代えて電磁的記録（電子的方式、磁気的方式その他の人の知覚によつては認識することができない方式で作られる記録であつて、電子計算機による情報処理の用に供されるものをいう。以下同じ。）の作成がされている場合における当該電磁的記録を含む。以下「財務諸表等」という。）を作成し、五年間事業所に備えて置かなければならない。

15　在宅就業障害者その他の利害関係人は、在宅就業支援団体の業務時間内は、いつでも、次に掲げる請求をすることができる。ただし、第二号又は第四号の請求をするには、在宅就業支援団体の定めた費用を支払わなければならない。

一　財務諸表等が書面をもつて作成されているときは、当該書面の閲覧又は謄写の請求

二　前号の書面の謄本又は抄本の請求

三　財務諸表等が電磁的記録をもつて作成されているときは、当該電磁的記録に記録された事項を厚生労働省令で定める方法により表示したものの閲覧又は謄写の請求

四　前号の電磁的記録に記録された事項を電磁的方法であつて厚生労働省令で定めるものにより提供することの請求又は当該事項を記載した書面の交付の請求

16　厚生労働大臣は、在宅就業支援団体が第四

項各号のいずれかに適合しなくなつたと認めるときは、当該在宅就業支援団体に対し、これらの規定に適合するため必要な措置をとるべきことを命ずることができる。

17　厚生労働大臣は、在宅就業支援団体が第九項の規定に違反していると認めるときは、当該在宅就業支援団体に対し、在宅就業障害者に係る業務を行うべきこと又は当該業務の実施の方法その他の業務の方法の改善に関し必要な措置をとるべきことを命ずることができる。

18　厚生労働大臣は、在宅就業支援団体が次の各号のいずれかに該当するときは、その登録を取り消し、又は期間を定めて在宅就業障害者に係る業務の全部若しくは一部の停止を命ずることができる。

一　第三項第一号又は第三号に該当するに至つたとき。

二　第八項、第十項から第十四項まで又は次項の規定に違反したとき。

三　正当な理由がないのに第十五項各号の規定による請求を拒んだとき。

四　前二項の規定による命令に違反したとき。

五　不正の手段により第一項の登録を受けたとき。

19　在宅就業支援団体は、厚生労働省令で定めるところにより、帳簿を備え、在宅就業障害者に係る業務に関し厚生労働省令で定める事項を記載し、これを保存しなければならない。

20　機構は、第一項において読み替えて適用する前条第二項の場合における同条第一項の業務に関し必要があると認めるときは、事業主、在宅就業障害者又は在宅就業支援団体に対し、必要な事項についての報告を求めることができる。

21　在宅就業支援団体は、毎年一回、厚生労働省令で定めるところにより、在宅就業障害者に係る業務に関し厚生労働省令で定める事項を厚生労働大臣に報告しなければならない。

22　厚生労働大臣は、次に掲げる場合には、その旨を官報に公示しなければならない。

一　第一項の登録をしたとき。

二　第十項の規定による届出があつたとき。

三　第十三項の規定による届出があつたとき。

四　第十八項の規定により第一項の登録を取り消し、又は在宅就業障害者に係る業務の停止を命じたとき。

第四章　雑則

（障害者の雇用の促進等に関する研究等）

第七十五条　国は、障害者の能力に適合する職業、その就業上必要な作業設備及び作業補助具その他障害者の雇用の促進及びその職業の安定に関し必要な事項について、調査、研究及び資料の整備に努めるものとする。

（障害者の雇用に関する広報啓発）

第七十六条　国及び地方公共団体は、障害者の雇用を妨げている諸要因の解消を図るため、障害者の雇用について事業主その他国民一般の理解を高めるために必要な広報その他の啓発活動を行うものとする。

第七十七条　削除

（障害者雇用推進者）

第七十八条　事業主は、その雇用する労働者の数が常時第四十三条第七項の厚生労働省令で定める数以上であるときは、厚生労働省令で定めるところにより、次に掲げる業務を担当する者を選任するように努めなければならない。

一　障害者の雇用の促進及びその雇用の継続を図るために必要な施設又は設備の設置又は整備その他の諸条件の整備を図るための業務

二　第四十三条第七項の規定による報告及び第八十一条第一項の規定による届出を行う業務

三　第四十六条第一項の規定による命令を受けたとき、又は同条第五項若しくは第六項の規定による勧告を受けたときは、当該命令若しくは勧告に係る国との連絡に関する

業務又は同条第一項の計画の作成及び当該計画の円滑な実施を図るための業務

2　第四十三条第八項の規定は、前項の雇用する労働者の数の算定について準用する。

（障害者職業生活相談員）

第七十九条　事業主は、厚生労働省令で定める数以上の障害者（身体障害者、知的障害者及び精神障害者（厚生労働省令で定める者に限る。以下この項において同じ。）に限る。以下この項及び第八十一条において同じ。）である労働者を雇用する事業所においては、その雇用する労働者であつて、厚生労働大臣が行う講習（以下この条において「資格認定講習」という。）を修了したものその他厚生労働省令で定める資格を有するもののうちから、厚生労働省令で定めるところにより、障害者職業生活相談員を選任し、その者に当該事業所に雇用されている障害者である労働者の職業生活に関する相談及び指導を行わせなければならない。

2　厚生労働大臣は、資格認定講習に関する業務の全部又は一部を、第四十九条第一項第九号に掲げる業務として機構に行わせることができる。

（障害者である短時間労働者の待遇に関する措置）

第八十条　事業主は、その雇用する障害者である短時間労働者が、当該事業主の雇用する労働者の所定労働時間労働すること等の希望を有する旨の申出をしたときは、当該短時間労働者に対し、その有する能力に応じた適切な待遇を行うように努めなければならない。

（解雇の届出）

第八十一条　事業主は、障害者である労働者を解雇する場合（労働者の責めに帰すべき理由により解雇する場合その他厚生労働省令で定める場合を除く。）には、厚生労働省令で定めるところにより、その旨を公共職業安定所長に届け出なければならない。

2　前項の届出があつたときは、公共職業安定所は、同項の届出に係る障害者である労働者について、速やかに求人の開拓、職業紹介等の措置を講ずるように努めるものとする。

（報告等）

第八十二条　厚生労働大臣又は公共職業安定所長は、この法律を施行するため必要な限度において、厚生労働省令で定めるところにより、事業主等、在宅就業障害者又は在宅就業支援団体に対し、障害者の雇用の状況その他の事項についての報告を命じ、又はその職員に、事業主等若しくは在宅就業支援団体の事業所若しくは在宅就業障害者が業務を行う場所に立ち入り、関係者に対して質問させ、若しくは帳簿書類その他の物件の検査をさせることができる。

2　前項の規定により立入検査をする職員は、その身分を示す証明書を携帯し、関係者に提示しなければならない。

3　第一項の規定による立入検査の権限は、犯罪捜査のために認められたものと解釈してはならない。

（連絡及び協力）

第八十三条　公共職業安定所、機構、障害者就業・生活支援センター、公共職業能力開発施設等、社会福祉法に定める福祉に関する事務所、精神保健及び精神障害者福祉に関する法律第六条第一項に規定する精神保健福祉センターその他の障害者に対する援護の機関等の関係機関及び関係団体は、障害者の雇用の促進及びその職業の安定を図るため、相互に、密接に連絡し、及び協力しなければならない。

（権限の委任）

第八十四条　この法律に定める厚生労働大臣の権限は、厚生労働省令で定めるところにより、その一部を都道府県労働局長に委任することができる。

2　前項の規定により都道府県労働局長に委任された権限は、厚生労働省令で定めるところにより、公共職業安定所長に委任することができる。

（厚生労働省令への委任）

第八十五条　この法律に規定するもののほか、この法律の実施のため必要な手続その他の事項は、厚生労働省令で定める。

第五章　罰則

第八十五条の二　第七十四条の三第十八項の規定による業務の停止の命令に違反したときは、その違反行為をした在宅就業支援団体の役員又は職員は、一年以下の懲役若しくは百万円以下の罰金に処し、又はこれを併科する。

第八十六条　事業主が次の各号のいずれかに該当するときは、三十万円以下の罰金に処する。
一　第四十三条第七項、第五十二条第二項、第七十四条の二第七項又は第七十四条の三第二十項の規定による報告をせず、又は虚偽の報告をしたとき。
二　第四十六条第一項の規定による命令に違反して身体障害者若しくは知的障害者の雇入れに関する計画を作成せず、又は同条第四項の規定に違反して当該計画を提出しなかつたとき。
三　第五十二条第一項の規定による文書その他の物件の提出をせず、又は虚偽の記載をした文書の提出をしたとき。
四　第八十一条第一項の規定による届出をせず、又は虚偽の届出をしたとき。
五　第八十二条第一項の規定による報告をせず、若しくは虚偽の報告をし、又は同項の規定による当該職員の質問に対して答弁せず、若しくは虚偽の陳述をし、若しくは同項の規定による検査を拒み、妨げ、若しくは忌避したとき。

第八十六条の二　事業主の団体、第四十九条第一項第四号の二イに規定する法人又は同項第七号ロからニまでに掲げる法人が次の各号のいずれかに該当するときは、三十万円以下の罰金に処する。
一　第五十二条第二項の規定による報告をせず、又は虚偽の報告をしたとき。
二　第八十二条第一項の規定による報告をせず、若しくは虚偽の報告をし、又は同項の規定による当該職員の質問に対して答弁せず、若しくは虚偽の陳述をし、若しくは同項の規定による検査を拒み、妨げ、若しくは忌避したとき。

第八十六条の三　在宅就業支援団体が次の各号のいずれかに該当するときは、三十万円以下の罰金に処する。
一　第七十四条の三第二十項又は第二十一項の規定による報告をせず、又は虚偽の報告をしたとき。
二　第七十四条の三第八項の規定による書面の交付をせず、又は虚偽の記載をした書面の交付をしたとき。
三　第七十四条の三第十三項の規定による届出をせず、又は虚偽の届出をしたとき。
四　第七十四条の三第十九項の規定に違反して帳簿を備えず、帳簿に記載せず、若しくは虚偽の記載をし、又は帳簿を保存しなかつたとき。
五　第八十二条第一項の規定による報告をせず、若しくは虚偽の報告をし、又は同項の規定による当該職員の質問に対して答弁せず、若しくは虚偽の陳述をし、若しくは同項の規定による検査を拒み、妨げ、若しくは忌避したとき。

第八十七条　法人（法人でない事業主の団体を含む。以下この項において同じ。）の代表者又は法人若しくは人の代理人、使用人その他の従業者が、その法人又は人の業務に関して第八十五条の二から前条までの違反行為をしたときは、行為者を罰するほか、その法人又は人に対しても、各本条の罰金刑を科する。
2　前項の規定により法人でない事業主の団体を処罰する場合においては、その代表者が訴訟行為につきその団体を代表するほか、法人を被告人又は被疑者とする場合の刑事訴訟に関する法律の規定を準用する。

第八十八条　第三十三条の規定に違反した者は、二十万円以下の過料に処する。

第八十九条　第五十九条第三項の規定により厚生労働大臣の認可を受けなければならない場合において、その認可を受けなかつたときは、その違反行為をした機構の役員は、二十万円以下の過料に処する。

第八十九条の二　第七十四条の三第十四項の規定に違反して財務諸表等を備えて置かず、財務諸表等に記載すべき事項を記載せず、若しくは虚偽の記載をし、又は正当な理由がないのに同条第十五項各号の規定による請求を拒んだ在宅就業支援団体は、二十万円以下の過料に処する。

第九十条　第二十三条の規定に違反したもの（法人その他の団体であるときは、その代表者）は、十万円以下の過料に処する。

第九十一条　在宅就業障害者が次の各号のいずれかに該当するときは、五万円以下の過料に処する。

一　第七十四条の二第七項又は第七十四条の三第二十項の規定による報告をせず、又は虚偽の報告をしたとき。

二　第八十二条第一項の規定による報告をせず、若しくは虚偽の報告をし、又は同項の規定による当該職員の質問に対して答弁せず、若しくは虚偽の陳述をし、若しくは同項の規定による検査を拒み、妨げ、若しくは忌避したとき。

附則（平成二四年八月一日法律第五三号）　抄

（施行期日）

第一条　この法律は、公布の日から起算して三月を超えない範囲内において政令で定める日から施行する。ただし、次の各号に掲げる規定は、当該各号に定める日から施行する。

一　第二条の規定並びに附則第五条、第七条、第十条、第十二条、第十四条、第十六条、第十八条、第二十条、第二十三条、第二十八条及び第三十一条第二項の規定　公布の日から起算して六月を超えない範囲内において政令で定める日

附則（平成二五年六月一九日法律第四六号）　抄

（施行期日）

第一条　この法律は、平成三十年四月一日から施行する。ただし、次の各号に掲げる規定は、当該各号に定める日から施行する。

一　第二条第一号の改正規定並びに次条及び附則第五条の規定　公布の日

二　目次の改正規定（「身体障害者又は知的障害者」を「対象障害者」に、「第六十八条」を「第七十二条」に改め、「第三節　精神障害者に関する特例（第六十九条―第七十三条）」を削り、「第四節　身体障害者、知的障害者及び精神障害者」を「第三節　対象障害者」に、「（第七十四条）」を「（第七十三条・第七十四条）」に、「第五節」を「第四節」に改める部分を除く。）、第一条の改正規定（「身体障害者又は知的障害者」を「対象障害者」に改める部分を除く。）、第七条及び第十条の改正規定、第三十三条の次に章名を付する改正規定、第三十四条から第三十六条までの改正規定、第三章の前に見出し及び五条を加える改正規定、第四十三条第一項中「除く。」の下に「次章を除き、」を加える改正規定、第七十四条の二第三項中「次章」を「第四章」に改める改正規定、第三章の次に一章を加える改正規定、第八十五条の二を第八十五条の四とし、第八十五条の次に二条を加える改正規定並びに第八十七条第一項の改正規定並びに附則第三条、第六条及び第八条の規定　平成二十八年四月一日

（施行前の準備）

第二条　この法律による改正後の障害者の雇用の促進等に関する法律（以下「新法」という。）第三十六条第一項に規定する差別の禁止に関する指針の策定及び新法第三十六条の五第一項に規定する均等な機会の確保等に関する指針の策定並びにこれらに関し必要な手続その他の行為は、前条第二号に掲げる規定の施行の日前においても、新法第三十六条及び第三十六

条の五の規定の例により行うことができる。

（紛争の解決の促進に関する特例に関する経過措置）

第三条　附則第一条第二号に掲げる規定の施行の際現に個別労働関係紛争の解決の促進に関する法律（平成十三年法律第百十二号）第六条第一項の紛争調整委員会又は同法第二十一条第一項の規定により読み替えて適用する同法第五条第一項の規定により指名するあっせん員に係属している同項（同法第二十一条第一項の規定により読み替えて適用する場合を含む。）のあっせんに係る紛争については、新法第七十四条の五（新法第八十五条の二第二項の規定により読み替えて適用する場合を含む。）の規定にかかわらず、なお従前の例による。

（一般事業主の雇用義務等に関する経過措置）

第四条　新法第四十三条第二項及び第五十四条第三項の規定の適用については、この法律の施行の日から起算して五年を経過する日までの間、これらの規定中「を基準として設定するものとし」とあるのは「に基づき」と、「当該割合の推移」とあるのは「対象障害者の雇用の状況その他の事情」とする。

（政令への委任）

第五条　この附則に定めるもののほか、この法律の施行に関し必要な経過措置は、政令で定める。

附則（平成二五年一一月二七日法律第八六号）　抄

（施行期日）

第一条　この法律は、公布の日から起算して六月を超えない範囲内において政令で定める日から施行する。

別表　障害の範囲（第二条、第四十八条関係）

一　次に掲げる視覚障害で永続するもの
イ　両眼の視力（万国式試視力表によつて測つたものをいい、屈折異状がある者については、矯正視力について測つたものをいう。以下同じ。）がそれぞれ〇・一以下のもの
ロ　一眼の視力が〇・〇二以下、他眼の視力が〇・六以下のもの
ハ　両眼の視野がそれぞれ一〇度以内のもの
ニ　両眼による視野の二分の一以上が欠けているもの

二　次に掲げる聴覚又は平衡機能の障害で永続するもの
イ　両耳の聴力レベルがそれぞれ七〇デシベル以上のもの
ロ　一耳の聴力レベルが九〇デシベル以上、他耳の聴力レベルが五〇デシベル以上のもの
ハ　両耳による普通話声の最良の語音明瞭度が五〇パーセント以下のもの
ニ　平衡機能の著しい障害

三　次に掲げる音声機能、言語機能又はそしやく機能の障害
イ　音声機能、言語機能又はそしやく機能の喪失
ロ　音声機能、言語機能又はそしやく機能の著しい障害で、永続するもの

四　次に掲げる肢体不自由
イ　一上肢、一下肢又は体幹の機能の著しい障害で永続するもの
ロ　一上肢のおや指を指骨間関節以上で欠くもの又はひとさし指を含めて一上肢の二指以上をそれぞれ第一指骨間関節以上で欠くもの
ハ　一下肢をリスフラン関節以上で欠くもの
ニ　一上肢のおや指の機能の著しい障害又はひとさし指を含めて一上肢の三指以上の機能の著しい障害で、永続するもの
ホ　両下肢のすべての指を欠くもの
ヘ　イからホまでに掲げるもののほか、その程度がイからホまでに掲げる障害の程度以上であると認められる障害

五　心臓、じん臓又は呼吸器の機能の障害その他政令で定める障害で、永続し、かつ、日常生活が著しい制限を受ける程度であると認められるもの

高齢者、障害者等の移動等の円滑化の促進に関する法律

2006（平成18）年6月21日法律第91号）
最終改正：2014（平成26）年6月13日法律第69号
（最終改正までの未施行法令）
2014（平成26）年6月4日法律第54号（未施行）
2014（平成26）年6月13日法律第69号（未施行）

第一章　総則

（目的）
第一条　この法律は、高齢者、障害者等の自立した日常生活及び社会生活を確保することの重要性にかんがみ、公共交通機関の旅客施設及び車両等、道路、路外駐車場、公園施設並びに建築物の構造及び設備を改善するための措置、一定の地区における旅客施設、建築物等及びこれらの間の経路を構成する道路、駅前広場、通路その他の施設の一体的な整備を推進するための措置その他の措置を講ずることにより、高齢者、障害者等の移動上及び施設の利用上の利便性及び安全性の向上の促進を図り、もって公共の福祉の増進に資することを目的とする。

（定義）
第二条　この法律において次の各号に掲げる用語の意義は、それぞれ当該各号に定めるところによる。
一　高齢者、障害者等　高齢者又は障害者で日常生活又は社会生活に身体の機能上の制限を受けるものその他日常生活又は社会生活に身体の機能上の制限を受ける者をいう。
二　移動等円滑化　高齢者、障害者等の移動又は施設の利用に係る身体の負担を軽減することにより、その移動上又は施設の利用上の利便性及び安全性を向上することをいう。
三　施設設置管理者　公共交通事業者等、道路管理者、路外駐車場管理者等、公園管理者等及び建築主等をいう。
四　公共交通事業者等　次に掲げる者をいう。
イ　鉄道事業法（昭和六十一年法律第九十二号）による鉄道事業者（旅客の運送を行うもの及び旅客の運送を行う鉄道事業者に鉄道施設を譲渡し、又は使用させるものに限る。）
ロ　軌道法（大正十年法律第七十六号）による軌道経営者（旅客の運送を行うものに限る。第二十三号ハにおいて同じ。）
ハ　道路運送法（昭和二十六年法律第百八十三号）による一般乗合旅客自動車運送事業者（路線を定めて定期に運行する自動車により乗合旅客の運送を行うものに限る。以下この条において同じ。）及び一般乗用旅客自動車運送事業者
ニ　自動車ターミナル法（昭和三十四年法律第百三十六号）によるバスターミナル事業を営む者
ホ　海上運送法（昭和二十四年法律第百八十七号）による一般旅客定期航路事業（日本の国籍を有する者及び日本の法令により設立された法人その他の団体以外の者が営む同法による対外旅客定期航路事業を除く。次号ニにおいて同じ。）を営む者
ヘ　航空法（昭和二十七年法律第二百三十一号）による本邦航空運送事業者（旅客の運送を行うものに限る。）
ト　イからヘまでに掲げる者以外の者で次号イ、ニ又はホに掲げる旅客施設を設置し、又は管理するもの
五　旅客施設　次に掲げる施設であって、公共交通機関を利用する旅客の乗降、待合いその他の用に供するものをいう。
イ　鉄道事業法による鉄道施設

ロ　軌道法による軌道施設
ハ　自動車ターミナル法によるバスターミナル
ニ　海上運送法による輸送施設（船舶を除き、同法による一般旅客定期航路事業の用に供するものに限る。）
ホ　航空旅客ターミナル施設

六　特定旅客施設　旅客施設のうち、利用者が相当数であること又は相当数であると見込まれることその他の政令で定める要件に該当するものをいう。

七　車両等　公共交通事業者等が旅客の運送を行うためその事業の用に供する車両、自動車（一般乗合旅客自動車運送事業者が旅客の運送を行うためその事業の用に供する自動車にあっては道路運送法第五条第一項第三号に規定する路線定期運行の用に供するもの、一般乗用旅客自動車運送事業者が旅客の運送を行うためその事業の用に供する自動車にあっては高齢者、障害者等が移動のための車いすその他の用具を使用したまま車内に乗り込むことが可能なものその他主務省令で定めるものに限る。）、船舶及び航空機をいう。

八　道路管理者　道路法（昭和二十七年法律第百八十号）第十八条第一項に規定する道路管理者をいう。

九　特定道路　移動等円滑化が特に必要なものとして政令で定める道路法による道路をいう。

十　路外駐車場管理者等　駐車場法（昭和三十二年法律第百六号）第十二条に規定する路外駐車場管理者又は都市計画法（昭和四十三年法律第百号）第四条第二項の都市計画区域外において特定路外駐車場を設置する者をいう。

十一　特定路外駐車場　駐車場法第二条第二号に規定する路外駐車場（道路法第二条第二項第六号に規定する自動車駐車場、都市公園法（昭和三十一年法律第七十九号）第二条第二項に規定する公園施設（以下「公園施設」という。）、建築物又は建築物特定施設であるものを除く。）であって、自動車の駐車の用に供する部分の面積が五百平方メートル以上であるものであり、かつ、その利用について駐車料金を徴収するものをいう。

十二　公園管理者等　都市公園法第五条第一項に規定する公園管理者（以下「公園管理者」という。）又は同項の規定による許可を受けて公園施設（特定公園施設に限る。）を設け若しくは管理し、若しくは設け若しくは管理しようとする者をいう。

十三　特定公園施設　移動等円滑化が特に必要なものとして政令で定める公園施設をいう。

十四　建築主等　建築物の建築をしようとする者又は建築物の所有者、管理者若しくは占有者をいう。

十五　建築物　建築基準法（昭和二十五年法律第二百一号）第二条第一号に規定する建築物をいう。

十六　特定建築物　学校、病院、劇場、観覧場、集会場、展示場、百貨店、ホテル、事務所、共同住宅、老人ホームその他の多数の者が利用する政令で定める建築物又はその部分をいい、これらに附属する建築物特定施設を含むものとする。

十七　特別特定建築物　不特定かつ多数の者が利用し、又は主として高齢者、障害者等が利用する特定建築物であって、移動等円滑化が特に必要なものとして政令で定めるものをいう。

十八　建築物特定施設　出入口、廊下、階段、エレベーター、便所、敷地内の通路、駐車場その他の建築物又はその敷地に設けられる施設で政令で定めるものをいう。

十九　建築　建築物を新築し、増築し、又は改築することをいう。

二十　所管行政庁　建築主事を置く市町村又は特別区の区域については当該市町村又は

特別区の長をいい、その他の市町村又は特別区の区域については都道府県知事をいう。ただし、建築基準法第九十七条の二第一項又は第九十七条の三第一項の規定により建築主事を置く市町村又は特別区の区域内の政令で定める建築物については、都道府県知事とする。

二十一　重点整備地区　次に掲げる要件に該当する地区をいう。

イ　生活関連施設（高齢者、障害者等が日常生活又は社会生活において利用する旅客施設、官公庁施設、福祉施設その他の施設をいう。以下同じ。）の所在地を含み、かつ、生活関連施設相互間の移動が通常徒歩で行われる地区であること。

ロ　生活関連施設及び生活関連経路（生活関連施設相互間の経路をいう。以下同じ。）を構成する一般交通用施設（道路、駅前広場、通路その他の一般交通の用に供する施設をいう。以下同じ。）について移動等円滑化のための事業が実施されることが特に必要であると認められる地区であること。

ハ　当該地区において移動等円滑化のための事業を重点的かつ一体的に実施することが、総合的な都市機能の増進を図る上で有効かつ適切であると認められる地区であること。

二十二　特定事業　公共交通特定事業、道路特定事業、路外駐車場特定事業、都市公園特定事業、建築物特定事業及び交通安全特定事業をいう。

二十三　公共交通特定事業　次に掲げる事業をいう。

イ　特定旅客施設内において実施するエレベーター、エスカレーターその他の移動等円滑化のために必要な設備の整備に関する事業

ロ　イに掲げる事業に伴う特定旅客施設の構造の変更に関する事業

ハ　特定車両（軌道経営者又は一般乗合旅客自動車運送事業者が旅客の運送を行うために使用する車両等をいう。以下同じ。）を床面の低いものとすることその他の特定車両に関する移動等円滑化のために必要な事業

二十四　道路特定事業　次に掲げる道路法による道路の新設又は改築に関する事業（これと併せて実施する必要がある移動等円滑化のための施設又は設備の整備に関する事業を含む。）をいう。

イ　歩道、道路用エレベーター、通行経路の案内標識その他の移動等円滑化のために必要な施設又は工作物の設置に関する事業

ロ　歩道の拡幅又は路面の構造の改善その他の移動等円滑化のために必要な道路の構造の改良に関する事業

二十五　路外駐車場特定事業　特定路外駐車場において実施する車いすを使用している者が円滑に利用することができる駐車施設その他の移動等円滑化のために必要な施設の整備に関する事業をいう。

二十六　都市公園特定事業　都市公園の移動等円滑化のために必要な特定公園施設の整備に関する事業をいう。

二十七　建築物特定事業　次に掲げる事業をいう。

イ　特別特定建築物（第十四条第三項の条例で定める特定建築物を含む。ロにおいて同じ。）の移動等円滑化のために必要な建築物特定施設の整備に関する事業

ロ　特定建築物（特別特定建築物を除き、その全部又は一部が生活関連経路であるものに限る。）における生活関連経路の移動等円滑化のために必要な建築物特定施設の整備に関する事業

二十八　交通安全特定事業　次に掲げる事業をいう。

イ　高齢者、障害者等による道路の横断の安全を確保するための機能を付加した信

号機、道路交通法（昭和三十五年法律第百五号）第九条の歩行者用道路であることを表示する道路標識、横断歩道であることを表示する道路標示その他の移動等円滑化のために必要な信号機、道路標識又は道路標示（第三十六条第二項において「信号機等」という。）の同法第四条第一項の規定による設置に関する事業

ロ　違法駐車行為（道路交通法第五十一条の二第一項の違法駐車行為をいう。以下この号において同じ。）に係る車両の取締りの強化、違法駐車行為の防止についての広報活動及び啓発活動その他の移動等円滑化のために必要な生活関連経路を構成する道路における違法駐車行為の防止のための事業

第二章　基本方針等

（基本方針）

第三条　主務大臣は、移動等円滑化を総合的かつ計画的に推進するため、移動等円滑化の促進に関する基本方針（以下「基本方針」という。）を定めるものとする。

2　基本方針には、次に掲げる事項について定めるものとする。

一　移動等円滑化の意義及び目標に関する事項

二　移動等円滑化のために施設設置管理者が講ずべき措置に関する基本的な事項

三　第二十五条第一項の基本構想の指針となるべき次に掲げる事項

イ　重点整備地区における移動等円滑化の意義に関する事項

ロ　重点整備地区の位置及び区域に関する基本的な事項

ハ　生活関連施設及び生活関連経路並びにこれらにおける移動等円滑化に関する基本的な事項

ニ　生活関連施設、特定車両及び生活関連経路を構成する一般交通用施設について移動等円滑化のために実施すべき特定事業その他の事業に関する基本的な事項

ホ　ニに規定する事業と併せて実施する土地区画整理事業（土地区画整理法（昭和二十九年法律第百十九号）による土地区画整理事業をいう。以下同じ。）、市街地再開発事業（都市再開発法（昭和四十四年法律第三十八号）による市街地再開発事業をいう。以下同じ。）その他の市街地開発事業（都市計画法第四条第七項に規定する市街地開発事業をいう。以下同じ。）に関し移動等円滑化のために考慮すべき基本的な事項、自転車その他の車両の駐車のための施設の整備に関する事項その他の重点整備地区における移動等円滑化に資する市街地の整備改善に関する基本的な事項その他重点整備地区における移動等円滑化のために必要な事項

四　移動等円滑化の促進のための施策に関する基本的な事項その他移動等円滑化の促進に関する事項

3　主務大臣は、情勢の推移により必要が生じたときは、基本方針を変更するものとする。

4　主務大臣は、基本方針を定め、又はこれを変更したときは、遅滞なく、これを公表しなければならない。

（国の責務）

第四条　国は、高齢者、障害者等、地方公共団体、施設設置管理者その他の関係者と協力して、基本方針及びこれに基づく施設設置管理者の講ずべき措置の内容その他の移動等円滑化の促進のための施策の内容について、移動等円滑化の進展の状況等を勘案しつつ、これらの者の意見を反映させるために必要な措置を講じた上で、適時に、かつ、適切な方法により検討を加え、その結果に基づいて必要な措置を講ずるよう努めなければならない。

2　国は、教育活動、広報活動等を通じて、移動等円滑化の促進に関する国民の理解を深めるとともに、その実施に関する国民の協力を求めるよう努めなければならない。

（地方公共団体の責務）

第五条　地方公共団体は、国の施策に準じて、移動等円滑化を促進するために必要な措置を講ずるよう努めなければならない。

（施設設置管理者等の責務）

第六条　施設設置管理者その他の高齢者、障害者等が日常生活又は社会生活において利用する施設を設置し、又は管理する者は、移動等円滑化のために必要な措置を講ずるよう努めなければならない。

（国民の責務）

第七条　国民は、高齢者、障害者等の自立した日常生活及び社会生活を確保することの重要性について理解を深めるとともに、これらの者の円滑な移動及び施設の利用を確保するために協力するよう努めなければならない。

第三章　移動等円滑化のために施設設置管理者が講ずべき措置

（公共交通事業者等の基準適合義務等）

第八条　公共交通事業者等は、旅客施設を新たに建設し、若しくは旅客施設について主務省令で定める大規模な改良を行うとき又は車両等を新たにその事業の用に供するときは、当該旅客施設又は車両等（以下「新設旅客施設等」という。）を、移動等円滑化のために必要な旅客施設又は車両等の構造及び設備に関する主務省令で定める基準（以下「公共交通移動等円滑化基準」という。）に適合させなければならない。

2　公共交通事業者等は、その事業の用に供する新設旅客施設等を公共交通移動等円滑化基準に適合するように維持しなければならない。

3　公共交通事業者等は、その事業の用に供する旅客施設及び車両等（新設旅客施設等を除く。）を公共交通移動等円滑化基準に適合させるために必要な措置を講ずるよう努めなければならない。

4　公共交通事業者等は、高齢者、障害者等に対し、これらの者が公共交通機関を利用して移動するために必要となる情報を適切に提供するよう努めなければならない。

5　公共交通事業者等は、その職員に対し、移動等円滑化を図るために必要な教育訓練を行うよう努めなければならない。

（旅客施設及び車両等に係る基準適合性審査等）

第九条　主務大臣は、新設旅客施設等について鉄道事業法その他の法令の規定で政令で定めるものによる許可、認可その他の処分の申請があった場合には、当該処分に係る法令に定める基準のほか、公共交通移動等円滑化基準に適合するかどうかを審査しなければならない。この場合において、主務大臣は、当該新設旅客施設等が公共交通移動等円滑化基準に適合しないと認めるときは、これらの規定による許可、認可その他の処分をしてはならない。

2　公共交通事業者等は、前項の申請又は鉄道事業法その他の法令の規定で政令で定めるものによる届出をしなければならない場合を除くほか、旅客施設の建設又は前条第一項の主務省令で定める大規模な改良を行おうとするときは、あらかじめ、主務省令で定めるところにより、その旨を主務大臣に届け出なければならない。その届け出た事項を変更しようとするときも、同様とする。

3　主務大臣は、新設旅客施設等のうち車両等（第一項の規定により審査を行うものを除く。）若しくは前項の政令で定める法令の規定若しくは同項の規定による届出に係る旅客施設について前条第一項の規定に違反している事実があり、又は新設旅客施設等について同条第二項の規定に違反している事実があると認めるときは、公共交通事業者等に対し、当該違反を是正するために必要な措置をとるべきことを命ずることができる。

（道路管理者の基準適合義務等）

第十条　道路管理者は、特定道路の新設又は改築を行うときは、当該特定道路（以下この条において「新設特定道路」という。）を、移動等円滑化のために必要な道路の構造に関する条例（国道（道路法第三条第二号の一般国道をいう。以下同じ。）にあっては、主務省令）で定める基準（以下この条において「道路移動等円滑化基準」という。）に適合させなければならない。

2　前項の規定に基づく条例は、主務省令で定める基準を参酌して定めるものとする。

3　道路管理者は、その管理する新設特定道路を道路移動等円滑化基準に適合するように維持しなければならない。

4　道路管理者は、その管理する道路（新設特定道路を除く。）を道路移動等円滑化基準に適合させるために必要な措置を講ずるよう努めなければならない。

5　新設特定道路についての道路法第三十三条第一項及び第三十六条第二項の規定の適用については、これらの規定中「政令で定める基準」とあるのは「政令で定める基準及び高齢者、障害者等の移動等の円滑化の促進に関する法律（平成十八年法律第九十一号）第二条第二号に規定する移動等円滑化のために必要なものとして国土交通省令で定める基準」と、同法第三十三条第一項中「同条第一項」とあるのは「前条第一項」とする。

（路外駐車場管理者等の基準適合義務等）

第十一条　路外駐車場管理者等は、特定路外駐車場を設置するときは、当該特定路外駐車場（以下この条において「新設特定路外駐車場」という。）を、移動等円滑化のために必要な特定路外駐車場の構造及び設備に関する主務省令で定める基準（以下「路外駐車場移動等円滑化基準」という。）に適合させなければならない。

2　路外駐車場管理者等は、その管理する新設特定路外駐車場を路外駐車場移動等円滑化基準に適合するように維持しなければならない。

3　地方公共団体は、その地方の自然的社会的条件の特殊性により、前二項の規定のみによっては、高齢者、障害者等が特定路外駐車場を円滑に利用できるようにする目的を十分に達成することができないと認める場合においては、路外駐車場移動等円滑化基準に条例で必要な事項を付加することができる。

4　路外駐車場管理者等は、その管理する特定路外駐車場（新設特定路外駐車場を除く。）を路外駐車場移動等円滑化基準（前項の条例で付加した事項を含む。第五十三条第二項において同じ。）に適合させるために必要な措置を講ずるよう努めなければならない。

（特定路外駐車場に係る基準適合命令等）

第十二条　路外駐車場管理者等は、特定路外駐車場を設置するときは、あらかじめ、主務省令で定めるところにより、その旨を都道府県知事（市の区域内にあっては、当該市の長。以下「知事等」という。）に届け出なければならない。ただし、駐車場法第十二条の規定による届出をしなければならない場合にあっては、同条の規定により知事等に提出すべき届出書に主務省令で定める書面を添付して届け出たときは、この限りでない。

2　前項本文の規定により届け出た事項を変更しようとするときも、同項と同様とする。

3　知事等は、前条第一項から第三項までの規定に違反している事実があると認めるときは、路外駐車場管理者等に対し、当該違反を是正するために必要な措置をとるべきことを命ずることができる。

（公園管理者等の基準適合義務等）

第十三条　公園管理者等は、特定公園施設の新設、増設又は改築を行うときは、当該特定公園施設（以下この条において「新設特定公園施設」という。）を、移動等円滑化のために必要な特定公園施設の設置に関する条例（国の設置に係る都市公園にあっては、主務省令）で定める基準（以下この条において「都市公園移動等円滑化基準」という。）に適合させなければならない。

2　前項の規定に基づく条例は、主務省令で定める基準を参酌して定めるものとする。

3　公園管理者は、新設特定公園施設について都市公園法第五条第一項の規定による許可の申請があった場合には、同法第四条に定める基準のほか、都市公園移動等円滑化基準に適合するかどうかを審査しなければならない。この場合において、公園管理者は、当該新設特定公園施設が都市公園移動等円滑化基準に適合しないと認めるときは、同項の規定による許可をしてはならない。

4　公園管理者等は、その管理する新設特定公園施設を都市公園移動等円滑化基準に適合するように維持しなければならない。

5　公園管理者等は、その管理する特定公園施設（新設特定公園施設を除く。）を都市公園移動等円滑化基準に適合させるために必要な措置を講ずるよう努めなければならない。

（特別特定建築物の建築主等の基準適合義務等）

第十四条　建築主等は、特別特定建築物の政令で定める規模以上の建築（用途の変更をして特別特定建築物にすることを含む。以下この条において同じ。）をしようとするときは、当該特別特定建築物（次項において「新築特別特定建築物」という。）を、移動等円滑化のために必要な建築物特定施設の構造及び配置に関する政令で定める基準（以下「建築物移動等円滑化基準」という。）に適合させなければならない。

2　建築主等は、その所有し、管理し、又は占有する新築特別特定建築物を建築物移動等円滑化基準に適合するように維持しなければならない。

3　地方公共団体は、その地方の自然的社会的条件の特殊性により、前二項の規定のみによっては、高齢者、障害者等が特定建築物を円滑に利用できるようにする目的を十分に達成することができないと認める場合においては、特別特定建築物に条例で定める特定建築物を追加し、第一項の建築の規模を条例で同項の政令で定める規模未満で別に定め、又は建築物移動等円滑化基準に条例で必要な事項を付加することができる。

4　前三項の規定は、建築基準法第六条第一項に規定する建築基準関係規定とみなす。

5　建築主等（第一項から第三項までの規定が適用される者を除く。）は、その建築をしようとし、又は所有し、管理し、若しくは占有する特別特定建築物（同項の条例で定める特定建築物を含む。以下同じ。）を建築物移動等円滑化基準（同項の条例で付加した事項を含む。第十七条第三項第一号を除き、以下同じ。）に適合させるために必要な措置を講ずるよう努めなければならない。

（特別特定建築物に係る基準適合命令等）

第十五条　所管行政庁は、前条第一項から第三項までの規定に違反している事実があると認めるときは、建築主等に対し、当該違反を是正するために必要な措置をとるべきことを命ずることができる。

2　国、都道府県又は建築主事を置く市町村の特別特定建築物については、前項の規定は、適用しない。この場合において、所管行政庁は、国、都道府県又は建築主事を置く市町村の特別特定建築物が前条第一項から第三項までの規定に違反している事実があると認めるときは、直ちに、その旨を当該特別特定建築物を管理する機関の長に通知し、前項に規定する措置をとるべきことを要請しなければならない。

3　所管行政庁は、前条第五項に規定する措置の適確な実施を確保するため必要があると認めるときは、建築主等に対し、建築物移動等円滑化基準を勘案して、特別特定建築物の設計及び施工に係る事項その他の移動等円滑化に係る事項について必要な指導及び助言をすることができる。

（特定建築物の建築主等の努力義務等）

第十六条　建築主等は、特定建築物（特別特定建築物を除く。以下この条において同じ。）の建築（用途の変更をして特定建築物にすることを含む。次条第一項において同じ。）をしようとするときは、当該特定建築物を建築物移動等円滑化基準に適合させるために必要な措置を講ずるよう努めなければならない。

2 建築主等は、特定建築物の建築物特定施設の修繕又は模様替をしようとするときは、当該建築物特定施設を建築物移動等円滑化基準に適合させるために必要な措置を講ずるよう努めなければならない。

3 所管行政庁は、特定建築物について前二項に規定する措置の適確な実施を確保するため必要があると認めるときは、建築主等に対し、建築物移動等円滑化基準を勘案して、特定建築物又はその建築物特定施設の設計及び施工に係る事項について必要な指導及び助言をすることができる。

（特定建築物の建築等及び維持保全の計画の認定）

第十七条 建築主等は、特定建築物の建築、修繕又は模様替（修繕又は模様替にあっては、建築物特定施設に係るものに限る。以下「建築等」という。）をしようとするときは、主務省令で定めるところにより、特定建築物の建築等及び維持保全の計画を作成し、所管行政庁の認定を申請することができる。

2 前項の計画には、次に掲げる事項を記載しなければならない。

一 特定建築物の位置

二 特定建築物の延べ面積、構造方法及び用途並びに敷地面積

三 計画に係る建築物特定施設の構造及び配置並びに維持保全に関する事項

四 特定建築物の建築等の事業に関する資金計画

五 その他主務省令で定める事項

3 所管行政庁は、第一項の申請があった場合において、当該申請に係る特定建築物の建築等及び維持保全の計画が次に掲げる基準に適合すると認めるときは、認定をすることができる。

一 前項第三号に掲げる事項が、建築物移動等円滑化基準を超え、かつ、高齢者、障害者等が円滑に利用できるようにするために誘導すべき主務省令で定める建築物特定施設の構造及び配置に関する基準に適合すること。

二 前項第四号に掲げる資金計画が、特定建築物の建築等の事業を確実に遂行するため適切なものであること。

4 前項の認定の申請をする者は、所管行政庁に対し、当該申請に併せて、建築基準法第六条第一項（同法第八十七条第一項において準用する場合を含む。第七項において同じ。）の規定による確認の申請書を提出して、当該申請に係る特定建築物の建築等の計画が同法第六条第一項の建築基準関係規定に適合する旨の建築主事の通知（以下この条において「適合通知」という。）を受けるよう申し出ることができる。

5 前項の申出を受けた所管行政庁は、速やかに当該申出に係る特定建築物の建築等の計画を建築主事に通知しなければならない。

6 建築基準法第十八条第三項及び第十二項の規定は、建築主事が前項の通知を受けた場合について準用する。この場合においては、建築主事は、申請に係る特定建築物の建築等の計画が第十四条第一項の規定に適合するかどうかを審査することを要しないものとする。

7 所管行政庁が、適合通知を受けて第三項の認定をしたときは、当該認定に係る特定建築物の建築等の計画は、建築基準法第六条第一項の規定による確認済証の交付があったものとみなす。

8 建築基準法第十二条第七項、第九十三条及び第九十三条の二の規定は、建築主事が適合通知をする場合について準用する。

（特定建築物の建築等及び維持保全の計画の変更）

第十八条 前条第三項の認定を受けた者（以下「認定建築主等」という。）は、当該認定を受けた計画の変更（主務省令で定める軽微な変更を除く。）をしようとするときは、所管行政庁の認定を受けなければならない。

2　前条の規定は、前項の場合について準用する。

（認定特定建築物の容積率の特例）

第十九条　建築基準法第五十二条第一項、第二項、第七項、第十二項及び第十四項、第五十七条の二第三項第二号、第五十七条の三第二項、第五十九条第一項及び第三項、第五十九条の二第一項、第六十条第一項、第六十条の二第一項及び第四項、第六十八条の三第一項、第六十八条の四、第六十八条の五（第二号イを除く。）、第六十八条の五の二（第二号イを除く。）、第六十八条の五の三第一項（第一号ロを除く。）、第六十八条の五の四（第一号ロを除く。）、第六十八条の五の五第一項第一号ロ、第六十八条の八、第六十八条の九第一項、第八十六条第三項及び第四項、第八十六条の二第二項及び第三項、第八十六条の五第三項並びに第八十六条の六第一項に規定する建築物の容積率（同法第五十九条第一項、第六十条の二第一項及び第六十八条の九第一項に規定するものについては、これらの規定に規定する建築物の容積率の最高限度に係る場合に限る。）の算定の基礎となる延べ面積には、同法第五十二条第三項及び第六項に定めるもののほか、第十七条第三項の認定を受けた計画（前条第一項の規定による変更の認定があったときは、その変更後のもの。第二十一条において同じ。）に係る特定建築物（以下「認定特定建築物」という。）の建築物特定施設の床面積のうち、移動等円滑化の措置をとることにより通常の建築物の建築物特定施設の床面積を超えることとなる場合における政令で定める床面積は、算入しないものとする。

（認定特定建築物の表示等）

第二十条　認定建築主等は、認定特定建築物の建築等をしたときは、当該認定特定建築物、その敷地又はその利用に関する広告その他の主務省令で定めるもの（次項において「広告等」という。）に、主務省令で定めるところにより、当該認定特定建築物が第十七条第三項の認定を受けている旨の表示を付することができる。

2　何人も、前項の規定による場合を除くほか、建築物、その敷地又はその利用に関する広告等に、同項の表示又はこれと紛らわしい表示を付してはならない。

（認定建築主等に対する改善命令）

第二十一条　所管行政庁は、認定建築主等が第十七条第三項の認定を受けた計画に従って認定特定建築物の建築等又は維持保全を行っていないと認めるときは、当該認定建築主等に対し、その改善に必要な措置をとるべきことを命ずることができる。

（特定建築物の建築等及び維持保全の計画の認定の取消し）

第二十二条　所管行政庁は、認定建築主等が前条の規定による処分に違反したときは、第十七条第三項の認定を取り消すことができる。

（既存の特定建築物に設けるエレベーターについての建築基準法の特例）

第二十三条　この法律の施行の際現に存する特定建築物に専ら車いすを使用している者の利用に供するエレベーターを設置する場合において、当該エレベーターが次に掲げる基準に適合し、所管行政庁が防火上及び避難上支障がないと認めたときは、当該特定建築物に対する建築基準法第二十七条第一項、第六十一条及び第六十二条第一項の規定の適用については、当該エレベーターの構造は耐火構造（同法第二条第七号に規定する耐火構造をいう。）とみなす。

一　エレベーター及び当該エレベーターの設置に係る特定建築物の主要構造部の部分の構造が主務省令で定める安全上及び防火上の基準に適合していること。

二　エレベーターの制御方法及びその作動状態の監視方法が主務省令で定める安全上の基準に適合していること。

2　建築基準法第九十三条第一項本文及び第二

項の規定は、前項の規定により所管行政庁が防火上及び避難上支障がないと認める場合について準用する。

（高齢者、障害者等が円滑に利用できる建築物の容積率の特例）

第二十四条　建築物特定施設（建築基準法第五十二条第六項に規定する共同住宅の共用の廊下及び階段を除く。）の床面積が高齢者、障害者等の円滑な利用を確保するため通常の床面積よりも著しく大きい建築物で、主務大臣が高齢者、障害者等の円滑な利用を確保する上で有効と認めて定める基準に適合するものについては、当該建築物を同条第十四項第一号に規定する建築物とみなして、同項の規定を適用する。

第四章　重点整備地区における移動等円滑化に係る事業の重点的かつ一体的な実施

（移動等円滑化基本構想）

第二十五条　市町村は、基本方針に基づき、単独で又は共同して、当該市町村の区域内の重点整備地区について、移動等円滑化に係る事業の重点的かつ一体的な推進に関する基本的な構想（以下「基本構想」という。）を作成することができる。

2　基本構想には、次に掲げる事項について定めるものとする。

一　重点整備地区の位置及び区域

二　生活関連施設及び生活関連経路並びにこれらにおける移動等円滑化に関する事項

三　生活関連施設、特定車両及び生活関連経路を構成する一般交通用施設について移動等円滑化のために実施すべき特定事業その他の事業に関する事項（旅客施設の所在地を含まない重点整備地区にあっては、当該重点整備地区と同一の市町村の区域内に所在する特定旅客施設との間の円滑な移動のために実施すべき特定事業その他の事業に関する事項を含む。）

四　前号に掲げる事業と併せて実施する土地区画整理事業、市街地再開発事業その他の市街地開発事業に関し移動等円滑化のために考慮すべき事項、自転車その他の車両の駐車のための施設の整備に関する事項その他の重点整備地区における移動等円滑化に資する市街地の整備改善に関する事項その他重点整備地区における移動等円滑化のために必要な事項

3　前項各号に掲げるもののほか、基本構想には、重点整備地区における移動等円滑化に関する基本的な方針について定めるよう努めるものとする。

4　市町村は、特定旅客施設の所在地を含む重点整備地区について基本構想を作成する場合には、当該基本構想に当該特定旅客施設を第二項第二号及び第三号の生活関連施設として定めなければならない。

5　基本構想には、道路法第十二条ただし書及び第十五条並びに道路法の一部を改正する法律（昭和三十九年法律第百六十三号。以下「昭和三十九年道路法改正法」という。）附則第三項の規定にかかわらず、国道又は都道府県道（道路法第三条第二号の都道府県道をいう。第三十二条第一項において同じ。）（道路法第十二条ただし書及び第十五条並びに昭和三十九年道路法改正法附則第三項の規定により都道府県が新設又は改築を行うこととされているもの（道路法第十七条第一項から第四項までの規定により同条第一項の指定市、同条第二項の指定市以外の市、同条第三項の町村又は同条第四項の指定市以外の市町村が行うこととされているものを除く。）に限る。以下同じ。）に係る道路特定事業を実施する者として、市町村（他の市町村又は道路管理者と共同して実施する場合にあっては、市町村及び他の市町村又は道路管理者。第三十二条において同じ。）を定めることができる。

6　基本構想は、都市計画及び都市計画法第十八条の二の市町村の都市計画に関する基本的な方針との調和が保たれたものでなければ

ならない。

7　市町村は、基本構想を作成しようとするときは、あらかじめ、住民、生活関連施設を利用する高齢者、障害者等その他利害関係者の意見を反映させるために必要な措置を講ずるものとする。

8　市町村は、基本構想を作成しようとする場合において、次条第一項の協議会が組織されていないときは、これに定めようとする特定事業に関する事項について、関係する施設設置管理者及び都道府県公安委員会（以下「公安委員会」という。）と協議をしなければならない。

9　市町村は、次条第一項の協議会が組織されていない場合には、基本構想を作成するに当たり、あらかじめ、関係する施設設置管理者及び公安委員会に対し、特定事業に関する事項について基本構想の案を作成し、当該市町村に提出するよう求めることができる。

10　前項の案の提出を受けた市町村は、基本構想を作成するに当たっては、当該案の内容が十分に反映されるよう努めるものとする。

11　市町村は、基本構想を作成したときは、遅滞なく、これを公表するとともに、主務大臣、都道府県並びに関係する施設設置管理者及び公安委員会に、基本構想を送付しなければならない。

12　主務大臣及び都道府県は、前項の規定により基本構想の送付を受けたときは、市町村に対し、必要な助言をすることができる。

13　第七項から前項までの規定は、基本構想の変更について準用する。

（協議会）

第二十六条　基本構想を作成しようとする市町村は、基本構想の作成に関する協議及び基本構想の実施に係る連絡調整を行うための協議会（以下この条において「協議会」という。）を組織することができる。

2　協議会は、次に掲げる者をもって構成する。

一　基本構想を作成しようとする市町村

二　関係する施設設置管理者、公安委員会その他基本構想に定めようとする特定事業その他の事業を実施すると見込まれる者

三　高齢者、障害者等、学識経験者その他の当該市町村が必要と認める者

3　第一項の規定により協議会を組織する市町村は、同項に規定する協議を行う旨を前項第二号に掲げる者に通知するものとする。

4　前項の規定による通知を受けた者は、正当な理由がある場合を除き、当該通知に係る協議に応じなければならない。

5　協議会において協議が調った事項については、協議会の構成員はその協議の結果を尊重しなければならない。

6　前各項に定めるもののほか、協議会の運営に関し必要な事項は、協議会が定める。

（基本構想の作成等の提案）

第二十七条　次に掲げる者は、市町村に対して、基本構想の作成又は変更をすることを提案することができる。この場合においては、基本方針に即して、当該提案に係る基本構想の素案を作成して、これを提示しなければならない。

一　施設設置管理者、公安委員会その他基本構想に定めようとする特定事業その他の事業を実施しようとする者

二　高齢者、障害者等その他の生活関連施設又は生活関連経路を構成する一般交通用施設の利用に関し利害関係を有する者

2　前項の規定による提案を受けた市町村は、当該提案に基づき基本構想の作成又は変更をするか否かについて、遅滞なく、当該提案をした者に通知しなければならない。この場合において、基本構想の作成又は変更をしないこととするときは、その理由を明らかにしなければならない。

（公共交通特定事業の実施）

第二十八条　第二十五条第一項の規定により基本構想が作成されたときは、関係する公共交通事業者等は、単独で又は共同して、当該基本構想に即して公共交通特定事業を実施する

ための計画（以下「公共交通特定事業計画」という。）を作成し、これに基づき、当該公共交通特定事業を実施するものとする。

2　公共交通特定事業計画においては、実施しようとする公共交通特定事業について次に掲げる事項を定めるものとする。

一　公共交通特定事業を実施する特定旅客施設又は特定車両

二　公共交通特定事業の内容

三　公共交通特定事業の実施予定期間並びにその実施に必要な資金の額及びその調達方法

四　その他公共交通特定事業の実施に際し配慮すべき重要事項

3　公共交通事業者等は、公共交通特定事業計画を定めようとするときは、あらかじめ、関係する市町村及び施設設置管理者の意見を聴かなければならない。

4　公共交通事業者等は、公共交通特定事業計画を定めたときは、遅滞なく、これを関係する市町村及び施設設置管理者に送付しなければならない。

5　前二項の規定は、公共交通特定事業計画の変更について準用する。

（公共交通特定事業計画の認定）

第二十九条　公共交通事業者等は、主務省令で定めるところにより、主務大臣に対し、公共交通特定事業計画が重点整備地区における移動等円滑化を適切かつ確実に推進するために適当なものである旨の認定を申請することができる。

2　主務大臣は、前項の規定による認定の申請があった場合において、前条第二項第二号に掲げる事項が基本方針及び公共交通移動等円滑化基準に照らして適切なものであり、かつ、同号及び同項第三号に掲げる事項が当該公共交通特定事業を確実に遂行するために技術上及び資金上適切なものであると認めるときは、その認定をするものとする。

3　前項の認定を受けた者は、当該認定に係る公共交通特定事業計画を変更しようとするときは、主務大臣の認定を受けなければならない。

4　第二項の規定は、前項の認定について準用する。

5　主務大臣は、第二項の認定を受けた者が当該認定に係る公共交通特定事業計画（第三項の規定による変更の認定があったときは、その変更後のもの。次条において同じ。）に従って公共交通特定事業を実施していないと認めるときは、その認定を取り消すことができる。

（公共交通特定事業計画に係る地方債の特例）

第三十条　地方公共団体が、前条第二項の認定に係る公共交通特定事業計画に基づく公共交通特定事業で主務省令で定めるものに関する助成を行おうとする場合においては、当該助成に要する経費であって地方財政法（昭和二十三年法律第百九号）第五条各号に規定する経費のいずれにも該当しないものは、同条第五号に規定する経費とみなす。

（道路特定事業の実施）

第三十一条　第二十五条第一項の規定により基本構想が作成されたときは、関係する道路管理者は、単独で又は共同して、当該基本構想に即して道路特定事業を実施するための計画（以下「道路特定事業計画」という。）を作成し、これに基づき、当該道路特定事業を実施するものとする。

2　道路特定事業計画においては、基本構想において定められた道路特定事業について定めるほか、当該重点整備地区内の道路において実施するその他の道路特定事業について定めることができる。

3　道路特定事業計画においては、実施しようとする道路特定事業について次に掲げる事項を定めるものとする。

一　道路特定事業を実施する道路の区間

二　前号の道路の区間ごとに実施すべき道路特定事業の内容及び実施予定期間

三　その他道路特定事業の実施に際し配慮すべき重要事項

4　道路管理者は、道路特定事業計画を定めようとするときは、あらかじめ、関係する市町村、施設設置管理者及び公安委員会の意見を聴かなければならない。

5　道路管理者は、道路特定事業計画において、道路法第二十条第一項に規定する他の工作物について実施し、又は同法第二十三条第一項の規定に基づき実施する道路特定事業について定めるときは、あらかじめ、当該道路特定事業を実施する工作物又は施設の管理者と協議しなければならない。この場合において、当該道路特定事業の費用の負担を当該工作物又は施設の管理者に求めるときは、当該道路特定事業計画に当該道路特定事業の実施に要する費用の概算及び道路管理者と当該工作物又は施設の管理者との分担割合を定めるものとする。

6　道路管理者は、道路特定事業計画を定めたときは、遅滞なく、これを公表するよう努めるとともに、関係する市町村、施設設置管理者及び公安委員会並びに前項に規定する工作物又は施設の管理者に送付しなければならない。

7　前三項の規定は、道路特定事業計画の変更について準用する。

（市町村による国道等に係る道路特定事業の実施）

第三十二条　第二十五条第五項の規定により基本構想において道路特定事業を実施する者として市町村（道路法第十七条第一項の指定市を除く。以下この条及び第五十五条から第五十七条までにおいて同じ。）が定められたときは、前条第一項、同法第十二条ただし書及び第十五条並びに昭和三十九年道路法改正法附則第三項の規定にかかわらず、市町村は、単独で又は他の市町村若しくは道路管理者と共同して、国道又は都道府県道に係る道路特定事業計画を作成し、これに基づき、当該道路特定事業を実施するものとする。

2　前条第二項から第七項までの規定は、前項の場合について準用する。この場合において、同条第四項から第六項までの規定中「道路管理者」とあるのは、「次条第一項の規定により道路特定事業を実施する市町村（他の市町村又は道路管理者と共同して実施する場合にあっては、市町村及び他の市町村又は道路管理者）」と読み替えるものとする。

3　市町村は、第一項の規定により国道に係る道路特定事業を実施しようとする場合においては、主務省令で定めるところにより、主務大臣に協議し、その同意を得なければならない。ただし、主務省令で定める軽易なものについては、この限りでない。

4　市町村は、第一項の規定により道路特定事業に関する工事を行おうとするとき、及び当該道路特定事業に関する工事の全部又は一部を完了したときは、主務省令で定めるところにより、その旨を公示しなければならない。

5　市町村は、第一項の規定により道路特定事業を実施する場合においては、政令で定めるところにより、当該道路の道路管理者に代わってその権限を行うものとする。

6　市町村が第一項の規定により道路特定事業を実施する場合には、その実施に要する費用の負担並びにその費用に関する国の補助及び交付金の交付については、都道府県が自ら当該道路特定事業を実施するものとみなす。

7　前項の規定により国が当該都道府県に対し交付すべき負担金、補助金及び交付金は、市町村に交付するものとする。

8　前項の場合には、市町村は、補助金等に係る予算の執行の適正化に関する法律（昭和三十年法律第百七十九号）の規定の適用については、同法第二条第三項に規定する補助事業者等とみなす。

（路外駐車場特定事業の実施）

第三十三条　第二十五条第一項の規定により基本構想が作成されたときは、関係する路外駐車場管理者等は、単独で又は共同して、当該基本構想に即して路外駐車場特定事業を実施するための計画（以下この条において「路外駐車場特定事業計画」という。）を作成し、これに基づき、当該路外駐車場特定事業を実施するものとする。

2 路外駐車場特定事業計画においては、実施しようとする路外駐車場特定事業について次に掲げる事項を定めるものとする。

一 路外駐車場特定事業を実施する特定路外駐車場

二 路外駐車場特定事業の内容及び実施予定期間

三 その他路外駐車場特定事業の実施に際し配慮すべき重要事項

3 路外駐車場管理者等は、路外駐車場特定事業計画を定めようとするときは、あらかじめ、関係する市町村及び施設設置管理者の意見を聴かなければならない。

4 路外駐車場管理者等は、路外駐車場特定事業計画を定めたときは、遅滞なく、これを関係する市町村及び施設設置管理者に送付しなければならない。

5 前二項の規定は、路外駐車場特定事業計画の変更について準用する。

（都市公園特定事業の実施）

第三十四条 第二十五条第一項の規定により基本構想が作成されたときは、関係する公園管理者等は、単独で又は共同して、当該基本構想に即して都市公園特定事業を実施するための計画（以下この条において「都市公園特定事業計画」という。）を作成し、これに基づき、当該都市公園特定事業を実施するものとする。ただし、都市公園法第五条第一項の規定による許可を受けて公園施設（特定公園施設に限る。）を設け若しくは管理し、又は設け若しくは管理しようとする者が都市公園特定事業計画を作成する場合にあっては、公園管理者と共同して作成するものとする。

2 都市公園特定事業計画においては、実施しようとする都市公園特定事業について次に掲げる事項を定めるものとする。

一 都市公園特定事業を実施する都市公園

二 都市公園特定事業の内容及び実施予定期間

三 その他都市公園特定事業の実施に際し配慮すべき重要事項

3 公園管理者等は、都市公園特定事業計画を定めようとするときは、あらかじめ、関係する市町村及び施設設置管理者の意見を聴かなければならない。

4 公園管理者は、都市公園特定事業計画において、都市公園法第五条の二第一項に規定する他の工作物について実施する都市公園特定事業について定めるときは、あらかじめ、当該他の工作物の管理者と協議しなければならない。この場合において、当該都市公園特定事業の費用の負担を当該他の工作物の管理者に求めるときは、当該都市公園特定事業計画に当該都市公園特定事業の実施に要する費用の概算及び公園管理者と当該他の工作物の管理者との分担割合を定めるものとする。

5 公園管理者等は、都市公園特定事業計画を定めたときは、遅滞なく、これを公表するよう努めるとともに、関係する市町村及び施設設置管理者並びに前項に規定する他の工作物の管理者に送付しなければならない。

6 前三項の規定は、都市公園特定事業計画の変更について準用する。

（建築物特定事業の実施）

第三十五条 第二十五条第一項の規定により基本構想が作成されたときは、関係する建築主等は、単独で又は共同して、当該基本構想に即して建築物特定事業を実施するための計画（以下この条において「建築物特定事業計画」という。）を作成し、これに基づき、当該建築物特定事業を実施するものとする。

2 建築物特定事業計画においては、実施しようとする建築物特定事業について次に掲げる事項を定めるものとする。

一 建築物特定事業を実施する特定建築物

二 建築物特定事業の内容

三 建築物特定事業の実施予定期間並びにその実施に必要な資金の額及びその調達方法

四　その他建築物特定事業の実施に際し配慮すべき重要事項

3　建築主等は、建築物特定事業計画を定めようとするときは、あらかじめ、関係する市町村及び施設設置管理者の意見を聴かなければならない。

4　建築主等は、建築物特定事業計画を定めたときは、遅滞なく、これを関係する市町村及び施設設置管理者に送付しなければならない。

5　前二項の規定は、建築物特定事業計画の変更について準用する。

（交通安全特定事業の実施）

第三十六条　第二十五条第一項の規定により基本構想が作成されたときは、関係する公安委員会は、単独で又は共同して、当該基本構想に即して交通安全特定事業を実施するための計画（以下「交通安全特定事業計画」という。）を作成し、これに基づき、当該交通安全特定事業を実施するものとする。

2　前項の交通安全特定事業（第二条第二十八号イに掲げる事業に限る。）は、当該交通安全特定事業により設置される信号機等が、重点整備地区における移動等円滑化のために必要な信号機等に関する主務省令で定める基準を参酌して都道府県の条例で定める基準に適合するよう実施されなければならない。

3　交通安全特定事業計画においては、実施しようとする交通安全特定事業について次に掲げる事項を定めるものとする。

一　交通安全特定事業を実施する道路の区間

二　前号の道路の区間ごとに実施すべき交通安全特定事業の内容及び実施予定期間

三　その他交通安全特定事業の実施に際し配慮すべき重要事項

4　公安委員会は、交通安全特定事業計画を定めようとするときは、あらかじめ、関係する市町村及び道路管理者の意見を聴かなければならない。

5　公安委員会は、交通安全特定事業計画を定めたときは、遅滞なく、これを公表するよう努めるとともに、関係する市町村及び道路管理者に送付しなければならない。

6　前二項の規定は、交通安全特定事業計画の変更について準用する。

（生活関連施設又は一般交通用施設の整備等）

第三十七条　国及び地方公共団体は、基本構想において定められた生活関連施設又は一般交通用施設の整備、土地区画整理事業、市街地再開発事業その他の市街地開発事業の施行その他の必要な措置を講ずるよう努めなければならない。

2　基本構想において定められた生活関連施設又は一般交通用施設の管理者（国又は地方公共団体を除く。）は、当該基本構想の達成に資するよう、その管理する施設について移動等円滑化のための事業の実施に努めなければならない。

（基本構想に基づく事業の実施に係る命令等）

第三十八条　市町村は、第二十八条第一項の公共交通特定事業、第三十三条第一項の路外駐車場特定事業、第三十四条第一項の都市公園特定事業（公園管理者が実施すべきものを除く。）又は第三十五条第一項の建築物特定事業（国又は地方公共団体が実施すべきものを除く。）（以下この条において「公共交通特定事業等」と総称する。）が実施されていないと認めるときは、当該公共交通特定事業等を実施すべき者に対し、その実施を要請することができる。

2　市町村は、前項の規定による要請を受けた者が当該要請に応じないときは、その旨を主務大臣等（公共交通特定事業にあっては主務大臣、路外駐車場特定事業にあっては知事等、都市公園特定事業にあっては公園管理者、建築物特定事業にあっては所管行政庁。以下この条において同じ。）に通知することができる。

3　主務大臣等は、前項の規定による通知があった場合において、第一項の規定による要請を受けた者が正当な理由がなくて公共交通特定事業等を実施していないと認めるときは、当該要請を受けた者に対し、当該公共交通特定事業等を実施すべきことを勧告することができる。

4　主務大臣等は、前項の規定による勧告を受けた者が正当な理由がなくてその勧告に係る措置を講じない場合において、当該勧告を受けた者の事業について移動等円滑化を阻害している事実があると認めるときは、第九条第三項、第十二条第三項及び第十五条第一項の規定により違反を是正するために必要な措置をとるべきことを命ずることができる場合を除くほか、当該勧告を受けた者に対し、移動等円滑化のために必要な措置をとるべきことを命ずることができる。

（土地区画整理事業の換地計画において定める保留地の特例）

第三十九条　基本構想において定められた土地区画整理事業であって土地区画整理法第三条第四項、第三条の二又は第三条の三の規定により施行するものの換地計画（基本構想において定められた重点整備地区の区域内の宅地について定められたものに限る。）においては、重点整備地区の区域内の住民その他の者の共同の福祉又は利便のために必要な生活関連施設又は一般交通用施設で国、地方公共団体、公共交通事業者等その他政令で定める者が設置するもの（同法第二条第五項に規定する公共施設を除き、基本構想において第二十五条第二項第四号に掲げる事項として土地区画整理事業の実施に関しその整備を考慮すべきものと定められたものに限る。）の用に供するため、一定の土地を換地として定めないで、その土地を保留地として定めることができる。この場合においては、当該保留地の地積について、当該土地区画整理事業を施行する土地の区域内の宅地について所有権、地上権、永小作権、賃借権その他の宅地を使用し、又は収益することができる権利を有する全ての者の同意を得なければならない。

2　土地区画整理法第百四条第十一項及び第百八条第一項の規定は、前項の規定により換地計画において定められた保留地について準用する。この場合において、同条第一項中「第三条第四項若しくは第五項」とあるのは、「第三条第四項」と読み替えるものとする。

3　施行者は、第一項の規定により換地計画において定められた保留地を処分したときは、土地区画整理法第百三条第四項の規定による公告があった日における従前の宅地について所有権、地上権、永小作権、賃借権その他の宅地を使用し、又は収益することができる権利を有する者に対して、政令で定める基準に従い、当該保留地の対価に相当する金額を交付しなければならない。同法第百九条第二項の規定は、この場合について準用する。

4　土地区画整理法第八十五条第五項の規定は、この条の規定による処分及び決定について準用する。

5　第一項に規定する土地区画整理事業に関する土地区画整理法第百二十三条、第百二十六条、第百二十七条の二及び第百二十九条の規定の適用については、同項から第三項までの規定は、同法の規定とみなす。

（地方債についての配慮）

第四十条　地方公共団体が、基本構想を達成するために行う事業に要する経費に充てるために起こす地方債については、法令の範囲内において、資金事情及び当該地方公共団体の財政事情が許す限り、特別の配慮をするものとする。

第五章　移動等円滑化経路協定

（移動等円滑化経路協定の締結等）

第四十一条　重点整備地区内の一団の土地の所有者及び建築物その他の工作物の所有を目的とする借地権その他の当該土地を使用する権利（臨時設備その他一時使用のため設定されたことが明らかなものを除く。以下「借地権等」という。）を有する者（土地区画整理法第九十八条第一項（大都市地域における住宅及び住宅地の供給の促進に関する特別措置法（昭和五十年法律第六十七号。第四十五条第二項において「大都市住宅等供給法」という。）第八十三条において準用する場合を含む。以下この章において同じ。）の規定により仮換地として指定された土地にあっては、当該土地に対応する従前の土地の所有者及び借地権等を有する者。以下この章において「土地所有者等」と総称する。）は、その全員の合意により、当該土地の区域における移動等円滑化のための経路の整備又は管理に関する協定（以下「移動等円滑化経路協定」という。）を締結することができる。ただし、当該土地（土地区画整理法第九十八条第一項の規定により仮換地として指定された土地にあっては、当該土地に対応する従前の土地）の区域内に借地権等の目的となっている土地がある場合（当該借地権等が地下又は空間について上下の範囲を定めて設定されたもので、当該土地の所有者が当該土地を使用している場合を除く。）においては、当該借地権等の目的となっている土地の所有者の合意を要しない。

2　移動等円滑化経路協定においては、次に掲げる事項を定めるものとする。

一　移動等円滑化経路協定の目的となる土地の区域（以下「移動等円滑化経路協定区域」という。）及び経路の位置

二　次に掲げる移動等円滑化のための経路の整備又は管理に関する事項のうち、必要なもの

イ　前号の経路における移動等円滑化に関する基準

ロ　前号の経路を構成する施設（エレベーター、エスカレーターその他の移動等円滑化のために必要な設備を含む。）の整備又は管理に関する事項

ハ　その他移動等円滑化のための経路の整備又は管理に関する事項

三　移動等円滑化経路協定の有効期間

四　移動等円滑化経路協定に違反した場合の措置

3　移動等円滑化経路協定は、市町村長の認可を受けなければならない。

（認可の申請に係る移動等円滑化経路協定の縦覧等）

第四十二条　市町村長は、前条第三項の認可の申請があったときは、主務省令で定めるところにより、その旨を公告し、当該移動等円滑化経路協定を公告の日から二週間関係人の縦覧に供さなければならない。

2　前項の規定による公告があったときは、関係人は、同項の縦覧期間満了の日までに、当該移動等円滑化経路協定について、市町村長に意見書を提出することができる。

（移動等円滑化経路協定の認可）

第四十三条　市町村長は、第四十一条第三項の認可の申請が次の各号のいずれにも該当するときは、同項の認可をしなければならない。

一　申請手続が法令に違反しないこと。

二　土地又は建築物その他の工作物の利用を不当に制限するものでないこと。

三　第四十一条第二項各号に掲げる事項について主務省令で定める基準に適合するものであること。

2　市町村長は、第四十一条第三項の認可をしたときは、主務省令で定めるところにより、その旨を公告し、かつ、当該移動等円滑化経路協定を当該市町村の事務所に備えて公衆の縦覧に供するとともに、移動等円滑化経路協定区域である旨を当該移動等円滑化経路協定区域内に明示しなければならない。

（移動等円滑化経路協定の変更）

第四十四条　移動等円滑化経路協定区域内における土地所有者等（当該移動等円滑化経路協定の効力が及ばない者を除く。）は、移動等円滑化経路協定において定めた事項を変更しようとする場合においては、その全員の合意をもってその旨を定め、市町村長の認可を受けなければならない。

2　前二条の規定は、前項の変更の認可について準用する。

（移動等円滑化経路協定区域からの除外）

第四十五条　移動等円滑化経路協定区域内の土地（土地区画整理法第九十八条第一項の規定により仮換地として指定された土地にあっては、当該土地に対応する従前の土地）で当該移動等円滑化経路協定の効力が及ばない者の所有するものの全部又は一部について借地権等が消滅した場合においては、当該借地権等の目的となっていた土地（同項の規定により仮換地として指定された土地に対応する従前の土地にあっては、当該土地についての仮換地として指定された土地）は、当該移動等円滑化経路協定区域から除外されるものとする。

2　移動等円滑化経路協定区域内の土地で土地区画整理法第九十八条第一項の規定により仮換地として指定されたものが、同法第八十六条第一項の換地計画又は大都市住宅等供給法第七十二条第一項の換地計画において当該土地に対応する従前の土地についての換地として定められず、かつ、土地区画整理法第九十一条第三項（大都市住宅等供給法第八十二条第一項において準用する場合を含む。）の規定により当該土地に対応する従前の土地の所有者に対してその共有持分を与えるように定められた土地としても定められなかったときは、当該土地は、土地区画整理法第百三条第四項（大都市住宅等供給法第八十三条において準用する場合を含む。）の公告があった日が終了した時において当該移動等円滑化経路協定区域から除外されるものとする。

3　前二項の規定により移動等円滑化経路協定区域内の土地が当該移動等円滑化経路協定区域から除外された場合においては、当該借地権等を有していた者又は当該仮換地として指定されていた土地に対応する従前の土地に係る土地所有者等（当該移動等円滑化経路協定の効力が及ばない者を除く。）は、遅滞なく、その旨を市町村長に届け出なければならない。

4　第四十三条第二項の規定は、前項の規定による届出があった場合その他市町村長が第一項又は第二項の規定により移動等円滑化経路協定区域内の土地が当該移動等円滑化経路協定区域から除外されたことを知った場合について準用する。

（移動等円滑化経路協定の効力）

第四十六条　第四十三条第二項（第四十四条第二項において準用する場合を含む。）の規定による認可の公告のあった移動等円滑化経路協定は、その公告のあった後において当該移動等円滑化経路協定区域内の土地所有者等となった者（当該移動等円滑化経路協定について第四十一条第一項又は第四十四条第一項の規定による合意をしなかった者の有する土地の所有権を承継した者を除く。）に対しても、その効力があるものとする。

（移動等円滑化経路協定の認可の公告のあった後移動等円滑化経路協定に加わる手続等）

第四十七条　移動等円滑化経路協定区域内の土地の所有者（土地区画整理法第九十八条第一項の規定により仮換地として指定された土地にあっては、当該土地に対応する従前の土地の所有者）で当該移動等円滑化経路協定の効力が及ばないものは、第四十三条第二項（第四十四条第二項において準用する場合を含む。）の規定による認可の公告があった後いつでも、市町村長に対して書面でその意思を表示することによって、当該移動等円滑化経路協定に加わることができる。

2　第四十三条第二項の規定は、前項の規定による意思の表示があった場合について準用する。

3　移動等円滑化経路協定は、第一項の規定により当該移動等円滑化経路協定に加わった者がその時において所有し、又は借地権等を有していた当該移動等円滑化経路協定区域内の土地（土地区画整理法第九十八条第一項の規定により仮換地として指定された土地にあっては、当該土地に対応する従前の土地）について、前項において準用する第四十三条第二項の規定による公告のあった後において土地所有者等となった者（前条の規定の適用がある者を除く。）に対しても、その効力があるものとする。

（移動等円滑化経路協定の廃止）

第四十八条　移動等円滑化経路協定区域内の土地所有者等（当該移動等円滑化経路協定の効力が及ばない者を除く。）は、第四十一条第三項又は第四十四条第一項の認可を受けた移動等円滑化経路協定を廃止しようとする場合においては、その過半数の合意をもってその旨を定め、市町村長の認可を受けなければならない。

2　市町村長は、前項の認可をしたときは、その旨を公告しなければならない。

（土地の共有者等の取扱い）

第四十九条　土地又は借地権等が数人の共有に属するときは、第四十一条第一項、第四十四条第一項、第四十七条第一項及び前条第一項の規定の適用については、合わせて一の所有者又は借地権等を有する者とみなす。

（一の所有者による移動等円滑化経路協定の設定）

第五十条　重点整備地区内の一団の土地で、一の所有者以外に土地所有者等が存しないものの所有者は、移動等円滑化のため必要があると認めるときは、市町村長の認可を受けて、当該土地の区域を移動等円滑化経路協定区域とする移動等円滑化経路協定を定めることができる。

2　市町村長は、前項の認可の申請が第四十三条第一項各号のいずれにも該当し、かつ、当該移動等円滑化経路協定が移動等円滑化のため必要であると認める場合に限り、前項の認可をするものとする。

3　第四十三条第二項の規定は、第一項の認可について準用する。

4　第一項の認可を受けた移動等円滑化経路協定は、認可の日から起算して三年以内において当該移動等円滑化経路協定区域内の土地に二以上の土地所有者等が存することになった時から、第四十三条第二項の規定による認可の公告のあった移動等円滑化経路協定と同一の効力を有する移動等円滑化経路協定となる。

（借主の地位）

第五十一条　移動等円滑化経路協定に定める事項が建築物その他の工作物の借主の権限に係る場合においては、その移動等円滑化経路協定については、当該建築物その他の工作物の借主を土地所有者等とみなして、この章の規定を適用する。

第六章　雑則

（資金の確保等）

第五十二条　国は、移動等円滑化を促進するために必要な資金の確保その他の措置を講ずるよう努めなければならない。

2　国は、移動等円滑化に関する情報提供の確保並びに研究開発の推進及びその成果の普及に努めなければならない。

（報告及び立入検査）

第五十三条　主務大臣は、この法律の施行に必要な限度において、主務省令で定めるところにより、公共交通事業者等に対し、移動等円滑化のための事業に関し報告をさせ、又はその職員に、公共交通事業者等の事務所その他の事業場若しくは車両等に立ち入り、旅客施設、車両等若しくは帳簿、書類その他の物件を検査させ、若しくは関係者に質問させることができる。

2　知事等は、この法律の施行に必要な限度において、路外駐車場管理者等に対し、特定路外駐車場の路外駐車場移動等円滑化基準への適合に関する事項に関し報告をさせ、又はその職員に、特定路外駐車場若しくはその業務に関係のある場所に立ち入り、特定路外駐車場の施設若しくは業務に関し検査させ、若しくは関係者に質問させることができる。

3　所管行政庁は、この法律の施行に必要な限度において、政令で定めるところにより、建築主等に対し、特定建築物の建築物移動等円滑化基準への適合に関する事項に関し報告をさせ、又はその職員に、特定建築物若しくはその工事現場に立ち入り、特定建築物、建築設備、書類その他の物件を検査させ、若しくは関係者に質問させることができる。

4　所管行政庁は、認定建築主等に対し、認定特定建築物の建築等又は維持保全の状況について報告をさせることができる。

5　第一項から第三項までの規定により立入検査をする職員は、その身分を示す証明書を携帯し、関係者の請求があったときは、これを提示しなければならない。

6　第一項から第三項までの規定による立入検査の権限は、犯罪捜査のために認められたものと解釈してはならない。

（主務大臣等）

第五十四条　第三条第一項、第三項及び第四項における主務大臣は、同条第二項第二号に掲げる事項については国土交通大臣とし、その他の事項については国土交通大臣、国家公安委員会及び総務大臣とする。

2　第九条、第二十四条、第二十九条第一項、第二項（同条第四項において準用する場合を含む。）、第三項及び第五項、第三十二条第三項、第三十八条第二項、前条第一項並びに次条における主務大臣は国土交通大臣とし、第二十五条第十一項及び第十二項（これらの規定を同条第十三項において準用する場合を含む。）における主務大臣は国土交通大臣、国家公安委員会及び総務大臣とする。

3　この法律における主務省令は、国土交通省令とする。ただし、第三十条における主務省令は、総務省令とし、第三十六条第二項における主務省令は、国家公安委員会規則とする。

4　この法律による国土交通大臣の権限は、国土交通省令で定めるところにより、地方支分部局の長に委任することができる。

（不服申立て）

第五十五条　市町村が第三十二条第五項の規定により道路管理者に代わってした処分に不服がある者は、主務大臣に対して行政不服審査法（昭和三十七年法律第百六十号）による審査請求をすることができる。この場合においては、当該市町村に対して異議申立てをすることもできる。

（事務の区分）

第五十六条　第三十二条の規定により国道に関して市町村が処理することとされている事務（費用の負担及び徴収に関するものを除く。）は、地方自治法（昭和二十二年法律第六十七号）第二条第九項第一号に規定する第一号法定受託事務とする。

（道路法の適用）

第五十七条　第三十二条第五項の規定により道路管理者に代わってその権限を行う市町村は、道路法第八章の規定の適用については、道路管理者とみなす。

（経過措置）

第五十八条　この法律に基づき命令を制定し、又は改廃する場合においては、その命令で、その制定又は改廃に伴い合理的に必要と判断される範囲内において、所要の経過措置（罰則に関する経過措置を含む。）を定めることができる。

第七章　罰則

第五十九条　第九条第三項、第十二条第三項又は第十五条第一項の規定による命令に違反した者は、三百万円以下の罰金に処する。

第六十条　次の各号のいずれかに該当する者は、百万円以下の罰金に処する。

一　第九条第二項の規定に違反して、届出をせず、又は虚偽の届出をした者

二　第三十八条第四項の規定による命令に違反した者

三　第五十三条第一項の規定による報告をせず、若しくは虚偽の報告をし、又は同項の規定による検査を拒み、妨げ、若しくは忌

避し、若しくは質問に対して陳述をせず、若しくは虚偽の陳述をした者

第六十一条　第十二条第一項又は第二項の規定に違反して、届出をせず、又は虚偽の届出をした者は、五十万円以下の罰金に処する。

第六十二条　次の各号のいずれかに該当する者は、三十万円以下の罰金に処する。

一　第二十条第二項の規定に違反して、表示を付した者

二　第五十三条第三項の規定による報告をせず、若しくは虚偽の報告をし、又は同項の規定による検査を拒み、妨げ、若しくは忌避し、若しくは質問に対して陳述をせず、若しくは虚偽の陳述をした者

第六十三条　次の各号のいずれかに該当する者は、二十万円以下の罰金に処する。

一　第五十三条第二項の規定による報告をせず、若しくは虚偽の報告をし、又は同項の規定による検査を拒み、妨げ、若しくは忌避し、若しくは質問に対して陳述をせず、若しくは虚偽の陳述をした者

二　第五十三条第四項の規定による報告をせず、又は虚偽の報告をした者

第六十四条　法人の代表者又は法人若しくは人の代理人、使用人その他の従業者が、その法人又は人の業務に関し、第五十九条から前条までの違反行為をしたときは、行為者を罰するほか、その法人又は人に対しても各本条の刑を科する。

附　則　２０１３（平成25）年6月14日法律第44号　抄

（施行期日）

第一条　この法律は、公布の日から施行する。

（罰則に関する経過措置）

第十条　この法律（附則第一条各号に掲げる規定にあっては、当該規定）の施行前にした行為に対する罰則の適用については、なお従前の例による。

（政令への委任）

第十一条　この附則に規定するもののほか、この法律の施行に関し必要な経過措置（罰則に関する経過措置を含む。）は、政令で定める。

附　則　２０１４（平成26）年6月4日法律第54号　抄

（施行期日）

第一条　この法律は、公布の日から起算して一年を超えない範囲内において政令で定める日から施行する。ただし、次の各号に掲げる規定は、当該各号に定める日から施行する。

二　第五十二条第三項の改正規定（「部分（」の下に「第六項の政令で定める昇降機の昇降路の部分又は」を加える部分及び「又は」を「若しくは」に改める部分に限る。）及び同条第六項の改正規定並びに次条の規定及び附則第十三条の規定（高齢者、障害者等の移動等の円滑化の促進に関する法律（平成十八年法律第九十一号）第二十四条の改正規定に限る。）

　公布の日から起算して六月を超えない範囲内において政令で定める日

附　則　２０１４（平成26）年6月13日法律第69号　抄

（施行期日）

第一条　この法律は、行政不服審査法（平成二十六年法律第六十八号）の施行の日から施行する。

行政不服審査法

1962（昭和37）・9・15法律第160号
最終改正：2006（平成18）6・8法律第58号

第一章　総則

（この法律の趣旨）

第一条　この法律は、行政庁の違法又は不当な処分その他公権力の行使に当たる行為に関し、国民に対して広く行政庁に対する不服申立てのみちを開くことによつて、簡易迅速な手続による国民の権利利益の救済を図るとともに、行政の適正な運営を確保することを目的とする。

2　行政庁の処分その他公権力の行使に当たる行為に関する不服申立てについては、他の法律に特別の定めがある場合を除くほか、この法律の定めるところによる。

（定義）

第二条　この法律にいう「処分」には、各本条に特別の定めがある場合を除くほか、公権力の行使に当たる事実上の行為で、人の収容、物の留置その他その内容が継続的性質を有するもの（以下「事実行為」という。）が含まれるものとする。

2　この法律において「不作為」とは、行政庁が法令に基づく申請に対し、相当の期間内になんらかの処分その他公権力の行使に当たる行為をすべきにかかわらず、これをしないことをいう。

（不服申立ての種類）

第三条　この法律による不服申立ては、行政庁の処分又は不作為について行なうものにあつては審査請求又は異議申立てとし、審査請求の裁決を経た後さらに行なうものにあつては再審査請求とする。

2　審査請求は、処分をした行政庁（以下「処分庁」という。）又は不作為に係る行政庁（以下「不作為庁」という。）以外の行政庁に対してするものとし、異議申立ては、処分庁又は不作為庁に対してするものとする。

（処分についての不服申立てに関する一般概括主義）

第四条　行政庁の処分（この法律に基づく処分を除く。）に不服がある者は、次条及び第六条の定めるところにより、審査請求又は異議申立てをすることができる。ただし、次の各号に掲げる処分及び他の法律に審査請求又は異議申立てをすることができない旨の定めがある処分については、この限りでない。

一　国会の両院若しくは一院又は議会の議決によつて行われる処分

二　裁判所若しくは裁判官の裁判により又は裁判の執行として行われる処分

三　国会の両院若しくは一院若しくは議会の議決を経て、又はこれらの同意若しくは承認を得た上で行われるべきものとされている処分

四　検査官会議で決すべきものとされている処分

五　当事者間の法律関係を確認し、又は形成する処分で、法令の規定により当該処分に関する訴えにおいてその法律関係の当事者の一方を被告とすべきものと定められているもの

六　刑事事件に関する法令に基づき、検察官、検察事務官又は司法警察職員が行う処分

七　国税又は地方税の犯則事件に関する法令（他の法令において準用する場合を含む。）に基づき、国税庁長官、国税局長、税務署長、収税官吏、税関長、税関職員又は徴税吏員（他の法令の規定に基づき、これらの職員の職務を行う者を含む。）が行う処分

八　学校、講習所、訓練所又は研修所において、教育、講習、訓練又は研修の目的を達成するために、学生、生徒、児童若しくは幼児若しくはこれらの保護者、講習生、訓練生又は研修生に対して行われる処分

九　刑務所、少年刑務所、拘置所、留置施設、海上保安留置施設、少年院、少年鑑別所又は婦人補導院において、収容の目的を達成するために、これらの施設に収容されている者に対して行われる処分

十　外国人の出入国又は帰化に関する処分

十一　専ら人の学識技能に関する試験又は検定の結果についての処分

2　前項ただし書の規定は、同項ただし書の規定により審査請求又は異議申立てをすることができない処分につき、別に法令で当該処分の性質に応じた不服申立ての制度を設けることを妨げない。

（処分についての審査請求）

第五条　行政庁の処分についての審査請求は、次の場合にすることができる。

一　処分庁に上級行政庁があるとき。ただし、処分庁が主任の大臣又は宮内庁長官若しくは外局若しくはこれに置かれる庁の長であるときを除く。

二　前号に該当しない場合であつて、法律（条例に基づく処分については、条例を含む。）に審査請求をすることができる旨の定めがあるとき。

2　前項の審査請求は、同項第一号の場合にあつては、法律（条例に基づく処分については、条例を含む。）に特別の定めがある場合を除くほか、処分庁の直近上級行政庁に、同項第二号の場合にあつては、当該法律又は条例に定める行政庁に対してするものとする。

（処分についての異議申立て）

第六条　行政庁の処分についての異議申立ては、次の場合にすることができる。ただし、第一号又は第二号の場合において、当該処分について審査請求をすることができるときは、法律に特別の定めがある場合を除くほか、することができない。

一　処分庁に上級行政庁がないとき。

二　処分庁が主任の大臣又は宮内庁長官若しくは外局若しくはこれに置かれる庁の長であるとき。

三　前二号に該当しない場合であつて、法律に異議申立てをすることができる旨の定めがあるとき。

（不作為についての不服申立て）

第七条　行政庁の不作為については、当該不作為に係る処分その他の行為を申請した者は、異議申立て又は当該不作為庁の直近上級行政庁に対する審査請求のいずれかをすることができる。ただし、不作為庁が主任の大臣又は宮内庁長官若しくは外局若しくはこれに置かれる庁の長であるときは、異議申立てのみをすることができる。

（再審査請求）

第八条　次の場合には、処分についての審査請求の裁決に不服がある者は、再審査請求をすることができる。

一　法律（条例に基づく処分については、条例を含む。）に再審査請求をすることができる旨の定めがあるとき。

二　審査請求をすることができる処分につき、その処分をする権限を有する行政庁（以下「原権限庁」という。）がその権限を他に委任した場合において、委任を受けた行政庁がその委任に基づいてした処分に係る審査請求につき、原権限庁が審査庁として裁決をしたとき。

2　再審査請求は、前項第一号の場合にあつては、当該法律又は条例に定める行政庁に、同項第二号の場合にあつては、当該原権限庁が自ら当該処分をしたものとした場合におけるその処分に係る審査請求についての審査庁に対してするものとする。

3　再審査請求をすることができる処分につき、その原権限庁がその権限を他に委任した場合において、委任を受けた行政庁がその委任に基づいてした処分に係る再審査請求につき、原権限庁が自ら当該処分をしたものとした場合におけるその処分に係る審査請求についての審査庁が再審査庁としてした裁決に不服がある者は、さらに再審査請求をすることができ

きる。この場合においては、当該原権限庁が自ら当該処分をしたものとした場合におけるその処分に係る再審査請求についての再審査庁に対して、その請求をするものとする。

第二章　手続

第一節　通則

（不服申立ての方式）

第九条　この法律に基づく不服申立ては、他の法律（条例に基づく処分については、条例を含む。）に口頭ですることができる旨の定めがある場合を除き、書面を提出してしなければならない。

2　不服申立書は、異議申立ての場合を除き、正副二通を提出しなければならない。

3　前項の規定にかかわらず、行政手続等における情報通信の技術の利用に関する法律（平成十四年法律第百五十一号。第二十二条第三項において「情報通信技術利用法」という。）第三条第一項の規定により同項に規定する電子情報処理組織を使用して不服申立て（異議申立てを除く。次項において同じ。）がされた場合には、不服申立書の正副二通が提出されたものとみなす。

4　前項に規定する場合において、当該不服申立てに係る電磁的記録（電子的方式、磁気的方式その他人の知覚によつては認識することができない方式で作られる記録であつて、電子計算機による情報処理の用に供されるものをいう。第二十二条第四項において同じ。）については、不服申立書の正本又は副本とみなして、第十七条第二項（第五十六条において準用する場合を含む。）、第十八条第一項、第二項及び第四項、第二十二条第一項（第五十二条第二項において準用する場合を含む。）並びに第五十八条第三項及び第四項の規定を適用する。

（法人でない社団又は財団の不服申立て）

第十条　法人でない社団又は財団で代表者又は管理人の定めがあるものは、その名で不服申立てをすることができる。

（総代）

第十一条　多数人が共同して不服申立てをしようとするときは、三人をこえない総代を互選することができる。

2　共同不服申立人が総代を互選しない場合において、必要があると認めるときは、審査庁（異議申立てにあつては処分庁又は不作為庁、再審査請求にあつては再審査庁）は、総代の互選を命ずることができる。

3　総代は、各自、他の共同不服申立人のために、不服申立ての取下げを除き、当該不服申立てに関する一切の行為をすることができる。

4　総代が選任されたときは、共同不服申立人は、総代を通じてのみ、前項の行為をすることができる。

5　共同不服申立人に対する行政庁の通知その他の行為は、二人以上の総代が選任されている場合においても、一人の総代に対してすれば足りる。

6　共同不服申立人は、必要があると認めるときは、総代を解任することができる。

（代理人による不服申立て）

第十二条　不服申立ては、代理人によつてすることができる。

2　代理人は、各自、不服申立人のために、当該不服申立てに関する一切の行為をすることができる。ただし、不服申立ての取下げは、特別の委任を受けた場合に限り、することができる。

（代表者の資格の証明等）

第十三条　代表者若しくは管理人、総代又は代理人の資格は、書面で証明しなければならない。前条第二項ただし書に規定する特別の委任についても、同様とする。

2　代表者若しくは管理人、総代又は代理人がその資格を失つたときは、不服申立人は、書面でその旨を審査庁（異議申立てにあつては処分庁又は不作為庁、再審査請求にあつては再審査庁）に届け出なければならない。

第二節　処分についての審査請求

（審査請求期間）

第十四条　審査請求は、処分があつたことを知つた日の翌日から起算して六十日以内（当該処分について異議申立てをしたときは、当該異議申立てについての決定があつたことを知つた日の翌日から起算して三十日以内）に、しなければならない。ただし、天災その他審査請求をしなかつたことについてやむをえない理由があるときは、この限りでない。

2　前項ただし書の場合における審査請求は、その理由がやんだ日の翌日から起算して一週間以内にしなければならない。

3　審査請求は、処分（当該処分について異議申立てをしたときは、当該異議申立てについての決定）があつた日の翌日から起算して一年を経過したときは、することができない。ただし、正当な理由があるときは、この限りでない。

4　審査請求書を郵便又は民間事業者による信書の送達に関する法律（平成十四年法律第九十九号）第二条第六項に規定する一般信書便事業者若しくは同条第九項に規定する特定信書便事業者による同条第二項に規定する信書便で提出した場合における審査請求期間の計算については、送付に要した日数は、算入しない。

（審査請求書の記載事項）

第十五条　審査請求書には、次の各号に掲げる事項を記載しなければならない。

一　審査請求人の氏名及び年齢又は名称並びに住所

二　審査請求に係る処分

三　審査請求に係る処分があつたことを知つた年月日

四　審査請求の趣旨及び理由

五　処分庁の教示の有無及びその内容

六　審査請求の年月日

2　審査請求人が、法人その他の社団若しくは財団であるとき、総代を互選したとき、又は代理人によつて審査請求をするときは、審査請求書には、前項各号に掲げる事項のほか、その代表者若しくは管理人、総代又は代理人の氏名及び住所を記載しなければならない。

3　審査請求書には、前二項に規定する事項のほか、第二十条第二号の規定により異議申立てについての決定を経ないで審査請求をする場合には、異議申立てをした年月日を、同条第三号の規定により異議申立てについての決定を経ないで審査請求をする場合には、その決定を経ないことについての正当な理由を記載しなければならない。

4　審査請求書には、審査請求人（審査請求人が法人その他の社団又は財団であるときは代表者又は管理人、総代を互選したときは総代、代理人によつて審査請求をするときは代理人）が押印しなければならない。

（口頭による審査請求）

第十六条　口頭で審査請求をする場合には、前条第一項から第三項までに規定する事項を陳述しなければならない。この場合においては、陳述を受けた行政庁は、その陳述の内容を録取し、これを陳述人に読み聞かせて誤りのないことを確認し、陳述人に押印させなければならない。

（処分庁経由による審査請求）

第十七条　審査請求は、処分庁を経由してすることもできる。この場合には、処分庁に審査請求書を提出し、又は処分庁に対し第十五条第一項から第三項までに規定する事項を陳述するものとする。

2　前項の場合には、処分庁は、直ちに、審査請求書の正本又は審査請求録取書（前条後段の規定により陳述の内容を録取した書面をいう。以下同じ。）を審査庁に送付しなければならない。

3　第一項の場合における審査請求期間の計算については、処分庁に審査請求書を提出し、又は処分庁に対し当該事項を陳述した時に、審査請求があつたものとみなす。

（誤つた教示をした場合の救済）

第十八条　審査請求をすることができる処分（異議申立てをすることもできる処分を除く。）につき、処分庁が誤つて審査庁でない行政庁を審査庁として教示した場合において、その教示された行政庁に書面で審査請求がされたときは、当該行政庁は、すみやかに、審査請求書の正本及び副本を処分庁又は審査庁に送付し、かつ、その旨を審査請求人に通知しなければならない。

2　前項の規定により処分庁に審査請求書の正本及び副本が送付されたときは、処分庁は、すみやかに、その正本を審査庁に送付し、かつ、その旨を審査請求人に通知しなければならない。

3　第一項の処分につき、処分庁が誤つて異議申立てをすることができる旨を教示した場合において、当該処分庁に異議申立てがされたときは、処分庁は、すみやかに、異議申立書又は異議申立録取書（第四十八条において準用する第十六条後段の規定により陳述の内容を録取した書面をいう。以下同じ。）を審査庁に送付し、かつ、その旨を異議申立人に通知しなければならない。

4　前三項の規定により審査請求書の正本又は異議申立書若しくは異議申立録取書が審査庁に送付されたときは、はじめから審査庁に審査請求がされたものとみなす。

第十九条　処分庁が誤つて法定の期間よりも長い期間を審査請求期間として教示した場合において、その教示された期間内に審査請求がされたときは、当該審査請求は、法定の審査請求期間内にされたものとみなす。

（異議申立ての前置）

第二十条　審査請求は、当該処分につき異議申立てをすることができるときは、異議申立てについての決定を経た後でなければ、することができない。ただし、次の各号の一に該当するときは、この限りでない。

一　処分庁が、当該処分につき異議申立てをすることができる旨を教示しなかつたとき。

二　当該処分につき異議申立てをした日の翌日から起算して三箇月を経過しても、処分庁が当該異議申立てにつき決定をしないとき。

三　その他異議申立てについての決定を経ないことにつき正当な理由があるとき。

（補正）

第二十一条　審査請求が不適法であつて補正することができるものであるときは、審査庁は、相当の期間を定めて、その補正を命じなければならない。

（弁明書の提出）

第二十二条　審査庁は、審査請求を受理したときは、審査請求書の副本又は審査請求録取書の写しを処分庁に送付し、相当の期間を定めて、弁明書の提出を求めることができる。

2　弁明書は、正副二通を提出しなければならない。

3　前項の規定にかかわらず、情報通信技術利用法第三条第一項の規定により同項に規定する電子情報処理組織を使用して弁明がされた場合には、弁明書の正副二通が提出されたものとみなす。

4　前項に規定する場合において、当該弁明に係る電磁的記録については、弁明書の正本又は副本とみなして、次項及び第二十三条の規定を適用する。

5　処分庁から弁明書の提出があつたときは、審査庁は、その副本を審査請求人に送付しなければならない。ただし、審査請求の全部を容認すべきときは、この限りでない。

（反論書の提出）

第二十三条　審査請求人は、弁明書の副本の送付を受けたときは、これに対する反論書を提出することができる。この場合において、審査庁が、反論書を提出すべき相当の期間を定めたときは、その期間内にこれを提出しなければならない。

（参加人）

第二十四条　利害関係人は、審査庁の許可を得て、参加人として当該審査請求に参加することができる。

２　審査庁は、必要があると認めるときは、利害関係人に対し、参加人として当該審査請求に参加することを求めることができる。

（審理の方式）

第二十五条　審査請求の審理は、書面による。ただし、審査請求人又は参加人の申立てがあつたときは、審査庁は、申立人に口頭で意見を述べる機会を与えなければならない。

２　前項ただし書の場合には、審査請求人又は参加人は、審査庁の許可を得て、補佐人とともに出頭することができる。

（証拠書類等の提出）

第二十六条　審査請求人又は参加人は、証拠書類又は証拠物を提出することができる。ただし、審査庁が、証拠書類又は証拠物を提出すべき相当の期間を定めたときは、その期間内にこれを提出しなければならない。

（参考人の陳述及び鑑定の要求）

第二十七条　審査庁は、審査請求人若しくは参加人の申立てにより又は職権で、適当と認める者に、参考人としてその知つている事実を陳述させ、又は鑑定を求めることができる。

（物件の提出要求）

第二十八条　審査庁は、審査請求人若しくは参加人の申立てにより又は職権で、書類その他の物件の所持人に対し、その物件の提出を求め、かつ、その提出された物件を留め置くことができる。

（検証）

第二十九条　審査庁は、審査請求人若しくは参加人の申立てにより又は職権で、必要な場所につき、検証をすることができる。

２　審査庁は、審査請求人又は参加人の申立てにより前項の検証をしようとするときは、あらかじめ、その日時及び場所を申立人に通知し、これに立ち会う機会を与えなければならない。

（審査請求人又は参加人の審尋）

第三十条　審査庁は、審査請求人若しくは参加人の申立てにより又は職権で、審査請求人又は参加人を審尋することができる。

（職員による審理手続）

第三十一条　審査庁は、必要があると認めるときは、その庁の職員に、第二十五条第一項ただし書の規定による審査請求人若しくは参加人の意見の陳述を聞かせ、第二十七条の規定による参考人の陳述を聞かせ、第二十九条第一項の規定による検証をさせ、又は前条の規定による審査請求人若しくは参加人の審尋をさせることができる。

（他の法令に基づく調査権との関係）

第三十二条　前五条の規定は、審査庁である行政庁が他の法令に基づいて有する調査権の行使を妨げない。

（処分庁からの物件の提出及び閲覧）

第三十三条　処分庁は、当該処分の理由となつた事実を証する書類その他の物件を審査庁に提出することができる。

２　審査請求人又は参加人は、審査庁に対し、処分庁から提出された書類その他の物件の閲覧を求めることができる。この場合において、審査庁は、第三者の利益を害するおそれがあると認めるとき、その他正当な理由があるときでなければ、その閲覧を拒むことができない。

３　審査庁は、前項の規定による閲覧について、日時及び場所を指定することができる。

（執行停止）

第三十四条　審査請求は、処分の効力、処分の執行又は手続の続行を妨げない。

２　処分庁の上級行政庁である審査庁は、必要があると認めるときは、審査請求人の申立てにより又は職権で、処分の効力、処分の執行又は手続の続行の全部又は一部の停止その他の措置（以下「執行停止」という。）をすることができる。

３　処分庁の上級行政庁以外の審査庁は、必要があると認めるときは、審査請求人の申立てにより、処分庁の意見を聴取したうえ、執行停止をすることができる。ただし、処分の効力、処分の執行又は手続の続行の全部又は一部の停止以外の措置をすることはできない。

4　前二項の規定による審査請求人の申立てがあつた場合において、処分、処分の執行又は手続の続行により生ずる重大な損害を避けるため緊急の必要があると認めるときは、審査庁は、執行停止をしなければならない。ただし、公共の福祉に重大な影響を及ぼすおそれがあるとき、処分の執行若しくは手続の続行ができなくなるおそれがあるとき、又は本案について理由がないとみえるときは、この限りでない。

5　審査庁は、前項に規定する重大な損害を生ずるか否かを判断するに当たつては、損害の回復の困難の程度を考慮するものとし、損害の性質及び程度並びに処分の内容及び性質をも勘案するものとする。

6　第二項から第四項までの場合において、処分の効力の停止は、処分の効力の停止以外の措置によつて目的を達することができるときは、することができない。

7　執行停止の申立てがあつたときは、審査庁は、すみやかに、執行停止をするかどうかを決定しなければならない。

（執行停止の取消し）

第三十五条　執行停止をした後において、執行停止が公共の福祉に重大な影響を及ぼし、又は処分の執行若しくは手続の続行を不可能とすることが明らかとなつたとき、その他事情が変更したときは、審査庁は、その執行停止を取り消すことができる。

（手続の併合又は分離）

第三十六条　審査庁は、必要があると認めるときは、数個の審査請求を併合し、又は併合された数個の審査請求を分離することができる。

（手続の承継）

第三十七条　審査請求人が死亡したときは、相続人その他法令により審査請求の目的である処分に係る権利を承継した者は、審査請求人の地位を承継する。

2　審査請求人について合併又は分割（審査請求の目的である処分に係る権利を承継させるものに限る。）があつたときは、合併後存続する法人その他の社団若しくは財団若しくは合併により設立された法人その他の社団若しくは財団又は分割により当該権利を承継した法人は、審査請求人の地位を承継する。

3　前二項の場合には、審査請求人の地位を承継した相続人その他の者又は法人その他の社団若しくは財団は、書面でその旨を審査庁に届け出なければならない。この場合には、届出書には、死亡若しくは分割による権利の承継又は合併の事実を証する書面を添付しなければならない。

4　第一項又は第二項の場合において、前項の規定による届出がされるまでの間において、死亡者又は合併前の法人その他の社団若しくは財団若しくは分割をした法人にあててされた通知その他の行為が審査請求人の地位を承継した相続人その他の者又は合併後の法人その他の社団若しくは財団若しくは分割により審査請求人の地位を承継した法人に到達したときは、これらの者に対する通知その他の行為としての効力を有する。

5　第一項の場合において、審査請求人の地位を承継した相続人その他の者が二人以上あるときは、その一人に対する通知その他の行為は、全員に対してされたものとみなす。

6　審査請求の目的である処分に係る権利を譲り受けた者は、審査庁の許可を得て、審査請求人の地位を承継することができる。

（審査庁が裁決をする権限を有しなくなつた場合の措置）

第三十八条　審査庁が審査請求を受理した後法令の改廃により当該審査請求につき裁決をする権限を有しなくなつたときは、当該行政庁は、審査請求書又は審査請求録取書及び関係書類その他の物件を新たに当該審査請求につき裁決をする権限を有することになつた行政庁に引き継がなければならない。この場合においては、その引継ぎを受けた行政庁は、すみやかに、その旨を審査請求人及び参加人に通知しなければならない。

（審査請求の取下げ）

第三十九条　審査請求人は、裁決があるまでは、いつでも審査請求を取り下げることができる。

2　審査請求の取下げは、書面でしなければならない。

（裁決）

第四十条　審査請求が法定の期間経過後にされたものであるとき、その他不適法であるときは、審査庁は、裁決で、当該審査請求を却下する。

2　審査請求が理由がないときは、審査庁は、裁決で、当該審査請求を棄却する。

3　処分（事実行為を除く。）についての審査請求が理由があるときは、審査庁は、裁決で、当該処分の全部又は一部を取り消す。

4　事実行為についての審査請求が理由があるときは、審査庁は、処分庁に対し当該事実行為の全部又は一部を撤廃すべきことを命ずるとともに、裁決で、その旨を宣言する。

5　前二項の場合において、審査庁が処分庁の上級行政庁であるときは、審査庁は、裁決で当該処分を変更し、又は処分庁に対し当該事実行為を変更すべきことを命ずるとともに裁決でその旨を宣言することもできる。ただし、審査請求人の不利益に当該処分を変更し、又は当該事実行為を変更すべきことを命ずることはできない。

6　処分が違法又は不当ではあるが、これを取り消し又は撤廃することにより公の利益に著しい障害を生ずる場合において、審査請求人の受ける損害の程度、その損害の賠償又は防止の程度及び方法その他一切の事情を考慮したうえ、処分を取り消し又は撤廃することが公共の福祉に適合しないと認めるときは、審査庁は、裁決で、当該審査請求を棄却することができる。この場合には、審査庁は、裁決で、当該処分が違法又は不当であることを宣言しなければならない。

（裁決の方式）

第四十一条　裁決は、書面で行ない、かつ、理由を附し、審査庁がこれに記名押印をしなければならない。

2　審査庁は、再審査請求をすることができる裁決をする場合には、裁決書に再審査請求をすることができる旨並びに再審査庁及び再審査請求期間を記載して、これを教示しなければならない。

（裁決の効力発生）

第四十二条　裁決は、審査請求人（当該審査請求が処分の相手方以外の者のしたものである場合における第四十条第三項から第五項までの規定による裁決にあつては、審査請求人及び処分の相手方）に送達することによつて、その効力を生ずる。

2　裁決の送達は、送達を受けるべき者に裁決書の謄本を送付することによつて行なう。ただし、送達を受けるべき者の所在が知れないとき、その他裁決書の謄本を送付することができないときは、公示の方法によつてすることができる。

3　公示の方法による送達は、審査庁が裁決書の謄本を保管し、いつでもその送達を受けるべき者に交付する旨を当該審査庁の掲示場に掲示し、かつ、その旨を官報その他の公報又は新聞紙に少なくとも一回掲載してするものとする。この場合においては、その掲示を始めた日の翌日から起算して二週間を経過した時に裁決書の謄本の送付があつたものとみなす。

4　審査庁は、裁決書の謄本を参加人及び処分庁に送付しなければならない。

（裁決の拘束力）

第四十三条　裁決は、関係行政庁を拘束する。

2　申請に基づいてした処分が手続の違法若しくは不当を理由として裁決で取り消され、又は申請を却下し若しくは棄却した処分が裁決で取り消されたときは、処分庁は、裁決の趣旨に従い、改めて申請に対する処分をしなければならない。

3　法令の規定により公示された処分が裁決で取り消され、又は変更されたときは、処分庁は、当該処分が取り消され、又は変更された旨を公示しなければならない。

4　法令の規定により処分の相手方以外の利害関係人に通知された処分が裁決で取り消され、又は変更されたときは、処分庁は、その通知を受けた者（審査請求人及び参加人を除く。）に、当該処分が取り消され、又は変更された旨を通知しなければならない。

（証拠書類等の返還）

第四十四条　審査庁は、裁決をしたときは、すみやかに、第二十六条の規定により提出された証拠書類又は証拠物及び第二十八条の規定による提出要求に応じて提出された書類その他の物件をその提出人に返還しなければならない。

第三節　処分についての異議申立て

（異議申立期間）

第四十五条　異議申立ては、処分があつたことを知つた日の翌日から起算して六十日以内にしなければならない。

（誤つた教示をした場合の救済）

第四十六条　異議申立てをすることができる処分につき、処分庁が誤つて審査請求をすることができる旨を教示した場合（審査請求をすることもできる処分につき、処分庁が誤つて審査庁でない行政庁を審査庁として教示した場合を含む。）において、その教示された行政庁に書面で審査請求がなされたときは、当該行政庁は、すみやかに、審査請求書を当該処分庁に送付し、かつ、その旨を審査請求人に通知しなければならない。

2　前項の規定により審査請求書が処分庁に送付されたときは、はじめから処分庁に異議申立てがされたものとみなす。

（決定）

第四十七条　異議申立てが法定の期間経過後にされたものであるとき、その他不適法であるときは、処分庁は、決定で、当該異議申立てを却下する。

2　異議申立てが理由がないときは、処分庁は、決定で、当該異議申立てを棄却する。

3　処分（事実行為を除く。）についての異議申立てが理由があるときは、処分庁は、決定で、当該処分の全部若しくは一部を取り消し、又はこれを変更する。ただし、異議申立人の不利益に当該処分を変更することができず、また、当該処分が法令に基づく審議会その他の合議制の行政機関の答申に基づいてされたものであるときは、さらに当該行政機関に諮問し、その答申に基づかなければ、当該処分の全部若しくは一部を取り消し、又はこれを変更することができない。

4　事実行為についての異議申立てが理由があるときは、処分庁は、当該事実行為の全部若しくは一部を撤廃し、又はこれを変更するとともに、決定で、その旨を宣言する。ただし、異議申立人の不利益に事実行為を変更することができない。

5　処分庁は、審査請求をすることもできる処分に係る異議申立てについて決定をする場合には、異議申立人が当該処分につきすでに審査請求をしている場合を除き、決定書に、当該処分につき審査請求をすることができる旨並びに審査庁及び審査請求期間を記載して、これを教示しなければならない。

（審査請求に関する規定の準用）

第四十八条　前節（第十四条第一項本文、第十五条第三項、第十七条、第十八条、第二十条、第二十二条、第二十三条、第三十三条、第三十四条第三項、第四十条第一項から第五項まで、第四十一条第二項及び第四十三条を除く。）の規定は、処分についての異議申立てに準用する。

第四節　不作為についての不服申立て

（不服申立書の記載事項）
第四十九条　不作為についての異議申立書又は審査請求書には、次の各号に掲げる事項を記載しなければならない。
一　異議申立人又は審査請求人の氏名及び年齢又は名称並びに住所
二　当該不作為に係る処分その他の行為についての申請の内容及び年月日
三　異議申立て又は審査請求の年月日

（不作為庁の決定その他の措置）
第五十条　不作為についての異議申立てが不適法であるときは、不作為庁は、決定で、当該異議申立てを却下する。
2　前項の場合を除くほか、不作為庁は、不作為についての異議申立てがあつた日の翌日から起算して二十日以内に、申請に対するなんらかの行為をするか、又は書面で不作為の理由を示さなければならない。

（審査庁の裁決）
第五十一条　不作為についての審査請求が不適法であるときは、審査庁は、裁決で、当該審査請求を却下する。
2　不作為についての審査請求が理由がないときは、審査庁は、裁決で、当該審査請求を棄却する。
3　不作為についての審査請求が理由があるときは、審査庁は、当該不作為庁に対しすみやかに申請に対するなんらかの行為をすべきことを命ずるとともに、裁決で、その旨を宣言する。

（処分についての審査請求に関する規定の準用）
第五十二条　第十五条第二項及び第四項、第二十一条、第三十七条から第三十九条まで、第四十一条第一項並びに第四十二条第一項から第三項までの規定は、不作為についての異議申立てに準用する。
2　第二節（第十四条、第十五条第一項及び第三項、第十六条から第二十条まで、第二十四条、第三十四条、第三十五条、第四十条、第四十一条第二項並びに第四十三条を除く。）の規定は、不作為についての審査請求に準用する。

第五節　再審査請求

（再審査請求期間）
第五十三条　再審査請求は、審査請求についての裁決があつたことを知つた日の翌日から起算して三十日以内にしなければならない。

（裁決書の送付要求）
第五十四条　再審査庁は、再審査請求を受理したときは、審査庁に対し、審査請求についての裁決書の送付を求めることができる。

（裁決）
第五十五条　審査請求を却下し又は棄却した裁決が違法又は不当である場合においても、当該裁決に係る処分が違法又は不当でないときは、再審査庁は、当該再審査請求を棄却する。

（審査請求に関する規定の準用）
第五十六条　第二節（第十四条第一項本文、第十五条第三項、第十八条から第二十条まで、第二十二条及び第二十三条を除く。）の規定は、再審査請求に準用する。

第三章　補則

（審査庁等の教示）
第五十七条　行政庁は、審査請求若しくは異議申立て又は他の法令に基づく不服申立て（以下この条において単に「不服申立て」という。）をすることができる処分をする場合には、処分の相手方に対し、当該処分につき不服申立てをすることができる旨並びに不服申立てをすべき行政庁及び不服申立てをすることができる期間を書面で教示しなければならない。ただし、当該処分を口頭でする場合は、この限りでない。
2　行政庁は、利害関係人から、当該処分が不服申立てをすることができる処分であるかどうか並びに当該処分が不服申立てをすることができるものである場合における不服申立てをすべき行政庁及び不服申立てをすることができる期間につき教示を求められたときは、当該事項を教示しなければならない。

3　前項の場合において、教示を求めた者が書面による教示を求めたときは、当該教示は、書面でしなければならない。

4　前三項の規定は、地方公共団体その他の公共団体に対する処分で、当該公共団体がその固有の資格において処分の相手方となるものについては、適用しない。

（教示をしなかつた場合の不服申立て）

第五十八条　行政庁が前条の規定による教示をしなかつたときは、当該処分について不服がある者は、当該処分庁に不服申立書を提出することができる。

2　前項の不服申立書については、第十五条（第三項を除く。）の規定を準用する。

3　第一項の規定により不服申立書の提出があつた場合において、当該処分が審査請求をすることができる処分であるとき（異議申立てをすることもできる処分であるときを除く。）は、処分庁は、すみやかに、当該不服申立書の正本を審査庁に送付しなければならない。当該処分が他の法令に基づき、処分庁以外の行政庁に不服申立てをすることができる処分であるときも、同様とする。

4　前項の規定により不服申立書の正本が送付されたときは、はじめから当該審査庁又は行政庁に審査請求又は当該法令に基づく不服申立てがされたものとみなす。

5　第三項の場合を除くほか、第一項の規定により不服申立書が提出されたときは、はじめから当該処分庁に異議申立て又は当該法令に基づく不服申立てがされたものとみなす。

附　則

1　この法律は、昭和三十七年十月一日から施行する。

2　訴願法（明治二十三年法律第百五号）は、廃止する。

3　この法律は、この法律の施行前にされた行政庁の処分及びこの法律の施行前にされた申請に係る行政庁の不作為についても、適用する。

4　この法律の施行前に提起された訴願については、この法律の施行後も、なお従前の例による。この法律の施行前にされた訴願の裁決又はこの法律の施行前に提起された訴願につきこの法律の施行後にされる裁決にさらに不服がある場合の不服申立てについても、同様とする。

5　訴願、審査の請求、異議の申立てその他の不服申立てにつき、この法律の施行前にされた行政庁の裁決、決定その他の処分については、附則第三項の規定にかかわらず、この法律による審査請求又は異議申立てをすることができない。前項の規定によりこの法律の施行後にされる訴願の裁決についても、同様とする。

附　則（平成一一年一二月二二日法律第一六〇号）　抄

（施行期日）

第一条　この法律（第二条及び第三条を除く。）は、平成十三年一月六日から施行する。

附　則（平成一二年五月三一日法律第九一号）

（施行期日）

1　この法律は、商法等の一部を改正する法律（平成十二年法律第九十号）の施行の日から施行する。

（経過措置）

2　この法律の施行の日が独立行政法人農林水産消費技術センター法（平成十一年法律第百八十三号）附則第八条の規定の施行の日前である場合には、第三十一条のうち農林物資の規格化及び品質表示の適正化に関する法律第十九条の五の二、第十九条の六第一項第四号及び第二十七条の改正規定中「第二十七条」とあるのは、「第二十六条」とする。

附　則（平成一四年七月三一日法律第一〇〇号）

（施行期日）
第一条　この法律は、民間事業者による信書の送達に関する法律（平成十四年法律第九十九号）の施行の日から施行する。
（罰則に関する経過措置）
第二条　この法律の施行前にした行為に対する罰則の適用については、なお従前の例による。
（その他の経過措置の政令への委任）
第三条　前条に定めるもののほか、この法律の施行に関し必要な経過措置は、政令で定める。

附　則（平成一四年一二月一三日法律第一五二号）　抄

（施行期日）
第一条　この法律は、行政手続等における情報通信の技術の利用に関する法律（平成十四年法律第百五十一号）の施行の日から施行する。
（罰則に関する経過措置）
第四条　この法律の施行前にした行為に対する罰則の適用については、なお従前の例による。
（その他の経過措置の政令への委任）
第五条　前三条に定めるもののほか、この法律の施行に関し必要な経過措置は、政令で定める。

附　則（平成一六年六月九日法律第八四号）　抄

（施行期日）
第一条　この法律は、公布の日から起算して一年を超えない範囲内において政令で定める日から施行する。
（検討）
第五十条　政府は、この法律の施行後五年を経過した場合において、新法の施行の状況について検討を加え、必要があると認めるときは、その結果に基づいて所要の措置を講ずるものとする。

附　則（平成一八年六月八日法律第五八号）　抄

（施行期日）
第一条　この法律は、公布の日から起算して一年を超えない範囲内において政令で定める日から施行する。

行政事件訴訟法

１９６２（昭和37）・５・16法律第139号
最終改正：２０１４（平成26）６・13法律第69号
（最終改正までの未施行法令）
２０１４（平成26）６・13法律第69号
（未施行）

第一章　総則

（この法律の趣旨）
第一条　行政事件訴訟については、他の法律に特別の定めがある場合を除くほか、この法律の定めるところによる。
（行政事件訴訟）
第二条　この法律において「行政事件訴訟」とは、抗告訴訟、当事者訴訟、民衆訴訟及び機関訴訟をいう。
（抗告訴訟）
第三条　この法律において「抗告訴訟」とは、行政庁の公権力の行使に関する不服の訴訟をいう。
２　この法律において「処分の取消しの訴え」とは、行政庁の処分その他公権力の行使に当たる行為（次項に規定する裁決、決定その他の行為を除く。以下単に「処分」という。）の取消しを求める訴訟をいう。

3 この法律において「裁決の取消しの訴え」とは、審査請求、異議申立てその他の不服申立て（以下単に「審査請求」という。）に対する行政庁の裁決、決定その他の行為（以下単に「裁決」という。）の取消しを求める訴訟をいう。

4 この法律において「無効等確認の訴え」とは、処分若しくは裁決の存否又はその効力の有無の確認を求める訴訟をいう。

5 この法律において「不作為の違法確認の訴え」とは、行政庁が法令に基づく申請に対し、相当の期間内に何らかの処分又は裁決をすべきであるにかかわらず、これをしないことについての違法の確認を求める訴訟をいう。

6 この法律において「義務付けの訴え」とは、次に掲げる場合において、行政庁がその処分又は裁決をすべき旨を命ずることを求める訴訟をいう。

一 行政庁が一定の処分をすべきであるにかかわらずこれがされないとき（次号に掲げる場合を除く。）。

二 行政庁に対し一定の処分又は裁決を求める旨の法令に基づく申請又は審査請求がされた場合において、当該行政庁がその処分又は裁決をすべきであるにかかわらずこれがされないとき。

7 この法律において「差止めの訴え」とは、行政庁が一定の処分又は裁決をすべきでないにかかわらずこれがされようとしている場合において、行政庁がその処分又は裁決をしてはならない旨を命ずることを求める訴訟をいう。

（当事者訴訟）

第四条 この法律において「当事者訴訟」とは、当事者間の法律関係を確認し又は形成する処分又は裁決に関する訴訟で法令の規定によりその法律関係の当事者の一方を被告とするもの及び公法上の法律関係に関する確認の訴えその他の公法上の法律関係に関する訴訟をいう。

（民衆訴訟）

第五条 この法律において「民衆訴訟」とは、国又は公共団体の機関の法規に適合しない行為の是正を求める訴訟で、選挙人たる資格その他自己の法律上の利益にかかわらない資格で提起するものをいう。

（機関訴訟）

第六条 この法律において「機関訴訟」とは、国又は公共団体の機関相互間における権限の存否又はその行使に関する紛争についての訴訟をいう。

（この法律に定めがない事項）

第七条 行政事件訴訟に関し、この法律に定めがない事項については、民事訴訟の例による。

第二章 抗告訴訟

第一節 取消訴訟

（処分の取消しの訴えと審査請求との関係）

第八条 処分の取消しの訴えは、当該処分につき法令の規定により審査請求をすることができる場合においても、直ちに提起することを妨げない。ただし、法律に当該処分についての審査請求に対する裁決を経た後でなければ処分の取消しの訴えを提起することができない旨の定めがあるときは、この限りでない。

2 前項ただし書の場合においても、次の各号の一に該当するときは、裁決を経ないで、処分の取消しの訴えを提起することができる。

一 審査請求があつた日から三箇月を経過しても裁決がないとき。

二 処分、処分の執行又は手続の続行により生ずる著しい損害を避けるため緊急の必要があるとき。

三 その他裁決を経ないことにつき正当な理由があるとき。

3 第一項本文の場合において、当該処分につき審査請求がされているときは、裁判所は、その審査請求に対する裁決があるまで（審査請求があつた日から三箇月を経過しても裁決がないときは、その期間を経過するまで）、訴訟手続を中止することができる。

（原告適格）

第九条　処分の取消しの訴え及び裁決の取消しの訴え（以下「取消訴訟」という。）は、当該処分又は裁決の取消しを求めるにつき法律上の利益を有する者（処分又は裁決の効果が期間の経過その他の理由によりなくなつた後においてもなお処分又は裁決の取消しによつて回復すべき法律上の利益を有する者を含む。）に限り、提起することができる。

2　裁判所は、処分又は裁決の相手方以外の者について前項に規定する法律上の利益の有無を判断するに当たつては、当該処分又は裁決の根拠となる法令の規定の文言のみによることなく、当該法令の趣旨及び目的並びに当該処分において考慮されるべき利益の内容及び性質を考慮するものとする。この場合において、当該法令の趣旨及び目的を考慮するに当たつては、当該法令と目的を共通にする関係法令があるときはその趣旨及び目的をも参酌するものとし、当該利益の内容及び性質を考慮するに当たつては、当該処分又は裁決がその根拠となる法令に違反してされた場合に害されることとなる利益の内容及び性質並びにこれが害される態様及び程度をも勘案するものとする。

（取消しの理由の制限）

第十条　取消訴訟においては、自己の法律上の利益に関係のない違法を理由として取消しを求めることができない。

2　処分の取消しの訴えとその処分についての審査請求を棄却した裁決の取消しの訴えとを提起することができる場合には、裁決の取消しの訴えにおいては、処分の違法を理由として取消しを求めることができない。

（被告適格等）

第十一条　処分又は裁決をした行政庁（処分又は裁決があつた後に当該行政庁の権限が他の行政庁に承継されたときは、当該他の行政庁。以下同じ。）が国又は公共団体に所属する場合には、取消訴訟は、次の各号に掲げる訴えの区分に応じてそれぞれ当該各号に定める者を被告として提起しなければならない。

一　処分の取消しの訴え　当該処分をした行政庁の所属する国又は公共団体

二　裁決の取消しの訴え　当該裁決をした行政庁の所属する国又は公共団体

2　処分又は裁決をした行政庁が国又は公共団体に所属しない場合には、取消訴訟は、当該行政庁を被告として提起しなければならない。

3　前二項の規定により被告とすべき国若しくは公共団体又は行政庁がない場合には、取消訴訟は、当該処分又は裁決に係る事務の帰属する国又は公共団体を被告として提起しなければならない。

4　第一項又は前項の規定により国又は公共団体を被告として取消訴訟を提起する場合には、訴状には、民事訴訟の例により記載すべき事項のほか、次の各号に掲げる訴えの区分に応じてそれぞれ当該各号に定める行政庁を記載するものとする。

一　処分の取消しの訴え　当該処分をした行政庁

二　裁決の取消しの訴え　当該裁決をした行政庁

5　第一項又は第三項の規定により国又は公共団体を被告として取消訴訟が提起された場合には、被告は、遅滞なく、裁判所に対し、前項各号に掲げる訴えの区分に応じてそれぞれ当該各号に定める行政庁を明らかにしなければならない。

6　処分又は裁決をした行政庁は、当該処分又は裁決に係る第一項の規定による国又は公共団体を被告とする訴訟について、裁判上の一切の行為をする権限を有する。

（管轄）

第十二条　取消訴訟は、被告の普通裁判籍の所在地を管轄する裁判所又は処分若しくは裁決をした行政庁の所在地を管轄する裁判所の管轄に属する。

2　土地の収用、鉱業権の設定その他不動産又は特定の場所に係る処分又は裁決についての取消訴訟は、その不動産又は場所の所在地の裁判所にも、提起することができる。

3　取消訴訟は、当該処分又は裁決に関し事案の処理に当たつた下級行政機関の所在地の裁判所にも、提起することができる。

4　国又は独立行政法人通則法（平成十一年法律第百三号）第二条第一項に規定する独立行政法人若しくは別表に掲げる法人を被告とする取消訴訟は、原告の普通裁判籍の所在地を管轄する高等裁判所の所在地を管轄する地方裁判所（次項において「特定管轄裁判所」という。）にも、提起することができる。

5　前項の規定により特定管轄裁判所に同項の取消訴訟が提起された場合であつて、他の裁判所に事実上及び法律上同一の原因に基づいてされた処分又は裁決に係る抗告訴訟が係属している場合においては、当該特定管轄裁判所は、当事者の住所又は所在地、尋問を受けるべき証人の住所、争点又は証拠の共通性その他の事情を考慮して、相当と認めるときは、申立てにより又は職権で、訴訟の全部又は一部について、当該他の裁判所又は第一項から第三項までに定める裁判所に移送することができる。

（関連請求に係る訴訟の移送）

第十三条　取消訴訟と次の各号の一に該当する請求（以下「関連請求」という。）に係る訴訟とが各別の裁判所に係属する場合において、相当と認めるときは、関連請求に係る訴訟の係属する裁判所は、申立てにより又は職権で、その訴訟を取消訴訟の係属する裁判所に移送することができる。ただし、取消訴訟又は関連請求に係る訴訟の係属する裁判所が高等裁判所であるときは、この限りでない。

一　当該処分又は裁決に関連する原状回復又は損害賠償の請求

二　当該処分とともに一個の手続を構成する他の処分の取消しの請求

三　当該処分に係る裁決の取消しの請求

四　当該裁決に係る処分の取消しの請求

五　当該処分又は裁決の取消しを求める他の請求

六　その他当該処分又は裁決の取消しの請求と関連する請求

（出訴期間）

第十四条　取消訴訟は、処分又は裁決があつたことを知つた日から六箇月を経過したときは、提起することができない。ただし、正当な理由があるときは、この限りでない。

2　取消訴訟は、処分又は裁決の日から一年を経過したときは、提起することができない。ただし、正当な理由があるときは、この限りでない。

3　処分又は裁決につき審査請求をすることができる場合又は行政庁が誤つて審査請求をすることができる旨を教示した場合において、審査請求があつたときは、処分又は裁決に係る取消訴訟は、その審査請求をした者については、前二項の規定にかかわらず、これに対する裁決があつたことを知つた日から六箇月を経過したとき又は当該裁決の日から一年を経過したときは、提起することができない。ただし、正当な理由があるときは、この限りでない。

（被告を誤つた訴えの救済）

第十五条　取消訴訟において、原告が故意又は重大な過失によらないで被告とすべき者を誤つたときは、裁判所は、原告の申立てにより、決定をもつて、被告を変更することを許すことができる。

2　前項の決定は、書面でするものとし、その正本を新たな被告に送達しなければならない。

3　第一項の決定があつたときは、出訴期間の遵守については、新たな被告に対する訴えは、最初に訴えを提起した時に提起されたものとみなす。

4　第一項の決定があつたときは、従前の被告に対しては、訴えの取下げがあつたものとみなす。

5　第一項の決定に対しては、不服を申し立てることができない。

6　第一項の申立てを却下する決定に対しては、

即時抗告をすることができる。

7　上訴審において第一項の決定をしたときは、裁判所は、その訴訟を管轄裁判所に移送しなければならない。

（請求の客観的併合）

第十六条　取消訴訟には、関連請求に係る訴えを併合することができる。

2　前項の規定により訴えを併合する場合において、取消訴訟の第一審裁判所が高等裁判所であるときは、関連請求に係る訴えの被告の同意を得なければならない。被告が異議を述べないで、本案について弁論をし、又は弁論準備手続において申述をしたときは、同意したものとみなす。

（共同訴訟）

第十七条　数人は、その数人の請求又はその数人に対する請求が処分又は裁決の取消しの請求と関連請求とである場合に限り、共同訴訟人として訴え、又は訴えられることができる。

2　前項の場合には、前条第二項の規定を準用する。

（第三者による請求の追加的併合）

第十八条　第三者は、取消訴訟の口頭弁論の終結に至るまで、その訴訟の当事者の一方を被告として、関連請求に係る訴えをこれに併合して提起することができる。この場合において、当該取消訴訟が高等裁判所に係属しているときは、第十六条第二項の規定を準用する。

（原告による請求の追加的併合）

第十九条　原告は、取消訴訟の口頭弁論の終結に至るまで、関連請求に係る訴えをこれに併合して提起することができる。この場合において、当該取消訴訟が高等裁判所に係属しているときは、第十六条第二項の規定を準用する。

2　前項の規定は、取消訴訟について民事訴訟法（平成八年法律第百九号）第百四十三条の規定の例によることを妨げない。

第二十条　前条第一項前段の規定により、処分の取消しの訴えをその処分についての審査請求を棄却した裁決の取消しの訴えに併合して提起する場合には、同項後段において準用する第十六条第二項の規定にかかわらず、処分の取消しの訴えの被告の同意を得ることを要せず、また、その提起があつたときは、出訴期間の遵守については、処分の取消しの訴えは、裁決の取消しの訴えを提起した時に提起されたものとみなす。

（国又は公共団体に対する請求への訴えの変更）

第二十一条　裁判所は、取消訴訟の目的たる請求を当該処分又は裁決に係る事務の帰属する国又は公共団体に対する損害賠償その他の請求に変更することが相当であると認めるときは、請求の基礎に変更がない限り、口頭弁論の終結に至るまで、原告の申立てにより、決定をもつて、訴えの変更を許すことができる。

2　前項の決定には、第十五条第二項の規定を準用する。

3　裁判所は、第一項の規定により訴えの変更を許す決定をするには、あらかじめ、当事者及び損害賠償その他の請求に係る訴えの被告の意見をきかなければならない。

4　訴えの変更を許す決定に対しては、即時抗告をすることができる。

5　訴えの変更を許さない決定に対しては、不服を申し立てることができない。

（第三者の訴訟参加）

第二十二条　裁判所は、訴訟の結果により権利を害される第三者があるときは、当事者若しくはその第三者の申立てにより又は職権で、決定をもつて、その第三者を訴訟に参加させることができる。

2　裁判所は、前項の決定をするには、あらかじめ、当事者及び第三者の意見をきかなければならない。

3　第一項の申立てをした第三者は、その申立てを却下する決定に対して即時抗告をすることができる。

4　第一項の規定により訴訟に参加した第三者については、民事訴訟法第四十条第一項から第三項までの規定を準用する。

5　第一項の規定により第三者が参加の申立て

をした場合には、民事訴訟法第四十五条第三項及び第四項の規定を準用する。

（行政庁の訴訟参加）

第二十三条　裁判所は、処分又は裁決をした行政庁以外の行政庁を訴訟に参加させることが必要であると認めるときは、当事者若しくはその行政庁の申立てにより又は職権で、決定をもつて、その行政庁を訴訟に参加させることができる。

2　裁判所は、前項の決定をするには、あらかじめ、当事者及び当該行政庁の意見をきかなければならない。

3　第一項の規定により訴訟に参加した行政庁については、民事訴訟法第四十五条第一項及び第二項の規定を準用する。

（釈明処分の特則）

第二十三条の二　裁判所は、訴訟関係を明瞭にするため、必要があると認めるときは、次に掲げる処分をすることができる。

一　被告である国若しくは公共団体に所属する行政庁又は被告である行政庁に対し、処分又は裁決の内容、処分又は裁決の根拠となる法令の条項、処分又は裁決の原因となる事実その他処分又は裁決の理由を明らかにする資料（次項に規定する審査請求に係る事件の記録を除く。）であつて当該行政庁が保有するものの全部又は一部の提出を求めること。

二　前号に規定する行政庁以外の行政庁に対し、同号に規定する資料であつて当該行政庁が保有するものの全部又は一部の送付を嘱託すること。

2　裁判所は、処分についての審査請求に対する裁決を経た後に取消訴訟の提起があつたときは、次に掲げる処分をすることができる。

一　被告である国若しくは公共団体に所属する行政庁又は被告である行政庁に対し、当該審査請求に係る事件の記録であつて当該行政庁が保有するものの全部又は一部の提出を求めること。

二　前号に規定する行政庁以外の行政庁に対し、同号に規定する事件の記録であつて当該行政庁が保有するものの全部又は一部の送付を嘱託すること。

（職権証拠調べ）

第二十四条　裁判所は、必要があると認めるときは、職権で、証拠調べをすることができる。ただし、その証拠調べの結果について、当事者の意見をきかなければならない。

（執行停止）

第二十五条　処分の取消しの訴えの提起は、処分の効力、処分の執行又は手続の続行を妨げない。

2　処分の取消しの訴えの提起があつた場合において、処分、処分の執行又は手続の続行により生ずる重大な損害を避けるため緊急の必要があるときは、裁判所は、申立てにより、決定をもつて、処分の効力、処分の執行又は手続の続行の全部又は一部の停止（以下「執行停止」という。）をすることができる。ただし、処分の効力の停止は、処分の執行又は手続の続行の停止によつて目的を達することができる場合には、することができない。

3　裁判所は、前項に規定する重大な損害を生ずるか否かを判断するに当たつては、損害の回復の困難の程度を考慮するものとし、損害の性質及び程度並びに処分の内容及び性質をも勘案するものとする。

4　執行停止は、公共の福祉に重大な影響を及ぼすおそれがあるとき、又は本案について理由がないとみえるときは、することができない。

5　第二項の決定は、疎明に基づいてする。

6　第二項の決定は、口頭弁論を経ないですることができる。ただし、あらかじめ、当事者の意見をきかなければならない。

7　第二項の申立てに対する決定に対しては、即時抗告をすることができる。

8　第二項の決定に対する即時抗告は、その決定の執行を停止する効力を有しない。

（事情変更による執行停止の取消し）

第二十六条　執行停止の決定が確定した後に、その理由が消滅し、その他事情が変更したときは、裁判所は、相手方の申立てにより、決定をもつて、執行停止の決定を取り消すことができる。

2　前項の申立てに対する決定及びこれに対する不服については、前条第五項から第八項までの規定を準用する。

（内閣総理大臣の異議）

第二十七条　第二十五条第二項の申立てがあつた場合には、内閣総理大臣は、裁判所に対し、異議を述べることができる。執行停止の決定があつた後においても、同様とする。

2　前項の異議には、理由を附さなければならない。

3　前項の異議の理由においては、内閣総理大臣は、処分の効力を存続し、処分を執行し、又は手続を続行しなければ、公共の福祉に重大な影響を及ぼすおそれのある事情を示すものとする。

4　第一項の異議があつたときは、裁判所は、執行停止をすることができず、また、すでに執行停止の決定をしているときは、これを取り消さなければならない。

5　第一項後段の異議は、執行停止の決定をした裁判所に対して述べなければならない。ただし、その決定に対する抗告が抗告裁判所に係属しているときは、抗告裁判所に対して述べなければならない。

6　内閣総理大臣は、やむをえない場合でなければ、第一項の異議を述べてはならず、また、異議を述べたときは、次の常会において国会にこれを報告しなければならない。

（執行停止等の管轄裁判所）

第二十八条　執行停止又はその決定の取消しの申立ての管轄裁判所は、本案の係属する裁判所とする。

（執行停止に関する規定の準用）

第二十九条　前四条の規定は、裁決の取消しの訴えの提起があつた場合における執行停止に関する事項について準用する。

（裁量処分の取消し）

第三十条　行政庁の裁量処分については、裁量権の範囲をこえ又はその濫用があつた場合に限り、裁判所は、その処分を取り消すことができる。

（特別の事情による請求の棄却）

第三十一条　取消訴訟については、処分又は裁決が違法ではあるが、これを取り消すことにより公の利益に著しい障害を生ずる場合において、原告の受ける損害の程度、その損害の賠償又は防止の程度及び方法その他一切の事情を考慮したうえ、処分又は裁決を取り消すことが公共の福祉に適合しないと認めるときは、裁判所は、請求を棄却することができる。この場合には、当該判決の主文において、処分又は裁決が違法であることを宣言しなければならない。

2　裁判所は、相当と認めるときは、終局判決前に、判決をもつて、処分又は裁決が違法であることを宣言することができる。

3　終局判決に事実及び理由を記載するには、前項の判決を引用することができる。

（取消判決等の効力）

第三十二条　処分又は裁決を取り消す判決は、第三者に対しても効力を有する。

2　前項の規定は、執行停止の決定又はこれを取り消す決定に準用する。

第三十三条　処分又は裁決を取り消す判決は、その事件について、処分又は裁決をした行政庁その他の関係行政庁を拘束する。

2　申請を却下し若しくは棄却した処分又は審査請求を却下し若しくは棄却した裁決が判決により取り消されたときは、その処分又は裁決をした行政庁は、判決の趣旨に従い、改めて申請に対する処分又は審査請求に対する裁決をしなければならない。

3　前項の規定は、申請に基づいてした処分又は審査請求を認容した裁決が判決により手続に違法があることを理由として取り消された場合に準用する。

4 第一項の規定は、執行停止の決定に準用する。

（第三者の再審の訴え）

第三十四条 処分又は裁決を取り消す判決により権利を害された第三者で、自己の責めに帰することができない理由により訴訟に参加することができなかつたため判決に影響を及ぼすべき攻撃又は防御の方法を提出することができなかつたものは、これを理由として、確定の終局判決に対し、再審の訴えをもつて、不服の申立てをすることができる。

2 前項の訴えは、確定判決を知つた日から三十日以内に提起しなければならない。

3 前項の期間は、不変期間とする。

4 第一項の訴えは、判決が確定した日から一年を経過したときは、提起することができない。

（訴訟費用の裁判の効力）

第三十五条 国又は公共団体に所属する行政庁が当事者又は参加人である訴訟における確定した訴訟費用の裁判は、当該行政庁が所属する国又は公共団体に対し、又はそれらの者のために、効力を有する。

第二節 その他の抗告訴訟

（無効等確認の訴えの原告適格）

第三十六条 無効等確認の訴えは、当該処分又は裁決に続く処分により損害を受けるおそれのある者その他当該処分又は裁決の無効等の確認を求めるにつき法律上の利益を有する者で、当該処分若しくは裁決の存否又はその効力の有無を前提とする現在の法律関係に関する訴えによつて目的を達することができないものに限り、提起することができる。

（不作為の違法確認の訴えの原告適格）

第三十七条 不作為の違法確認の訴えは、処分又は裁決についての申請をした者に限り、提起することができる。

（義務付けの訴えの要件等）

第三十七条の二 第三条第六項第一号に掲げる場合において、義務付けの訴えは、一定の処分がされないことにより重大な損害を生ずるおそれがあり、かつ、その損害を避けるため他に適当な方法がないときに限り、提起することができる。

2 裁判所は、前項に規定する重大な損害を生ずるか否かを判断するに当たつては、損害の回復の困難の程度を考慮するものとし、損害の性質及び程度並びに処分の内容及び性質をも勘案するものとする。

3 第一項の義務付けの訴えは、行政庁が一定の処分をすべき旨を命ずることを求めるにつき法律上の利益を有する者に限り、提起することができる。

4 前項に規定する法律上の利益の有無の判断については、第九条第二項の規定を準用する。

5 義務付けの訴えが第一項及び第三項に規定する要件に該当する場合において、その義務付けの訴えに係る処分につき、行政庁がその処分をすべきであることがその処分の根拠となる法令の規定から明らかであると認められ又は行政庁がその処分をしないことがその裁量権の範囲を超え若しくはその濫用となると認められるときは、裁判所は、行政庁がその処分をすべき旨を命ずる判決をする。

第三十七条の三 第三条第六項第二号に掲げる場合において、義務付けの訴えは、次の各号に掲げる要件のいずれかに該当するときに限り、提起することができる。

一 当該法令に基づく申請又は審査請求に対し相当の期間内に何らの処分又は裁決がされないこと。

二 当該法令に基づく申請又は審査請求を却下し又は棄却する旨の処分又は裁決がされた場合において、当該処分又は裁決が取り消されるべきものであり、又は無効若しくは不存在であること。

2 前項の義務付けの訴えは、同項各号に規定する法令に基づく申請又は審査請求をした者に限り、提起することができる。

3 第一項の義務付けの訴えを提起するときは、

次の各号に掲げる区分に応じてそれぞれ当該各号に定める訴えをその義務付けの訴えに併合して提起しなければならない。この場合において、当該各号に定める訴えに係る訴訟の管轄について他の法律に特別の定めがあるときは、当該義務付けの訴えに係る訴訟の管轄は、第三十八条第一項において準用する第十二条の規定にかかわらず、その定めに従う。

一　第一項第一号に掲げる要件に該当する場合　同号に規定する処分又は裁決に係る不作為の違法確認の訴え

二　第一項第二号に掲げる要件に該当する場合　同号に規定する処分又は裁決に係る取消訴訟又は無効等確認の訴え

4　前項の規定により併合して提起された義務付けの訴え及び同項各号に定める訴えに係る弁論及び裁判は、分離しないでしなければならない。

5　義務付けの訴えが第一項から第三項までに規定する要件に該当する場合において、同項各号に定める訴えに係る請求に理由があると認められ、かつ、その義務付けの訴えに係る処分又は裁決につき、行政庁がその処分若しくは裁決をすべきであることがその処分若しくは裁決の根拠となる法令の規定から明らかであると認められ又は行政庁がその処分若しくは裁決をしないことがその裁量権の範囲を超え若しくはその濫用となると認められるときは、裁判所は、その義務付けの訴えに係る処分又は裁決をすべき旨を命ずる判決をする。

6　第四項の規定にかかわらず、裁判所は、審理の状況その他の事情を考慮して、第三項各号に定める訴えについてのみ終局判決をすることがより迅速な争訟の解決に資すると認めるときは、当該訴えについてのみ終局判決をすることができる。この場合において、裁判所は、当該訴えについてのみ終局判決をしたときは、当事者の意見を聴いて、当該訴えに係る訴訟手続が完結するまでの間、義務付けの訴えに係る訴訟手続を中止することができる。

7　第一項の義務付けの訴えのうち、行政庁が一定の裁決をすべき旨を命ずることを求めるものは、処分についての審査請求がされた場合において、当該処分に係る処分の取消しの訴え又は無効等確認の訴えを提起することができないときに限り、提起することができる。

（差止めの訴えの要件）

第三十七条の四　差止めの訴えは、一定の処分又は裁決がされることにより重大な損害を生ずるおそれがある場合に限り、提起することができる。ただし、その損害を避けるため他に適当な方法があるときは、この限りでない。

2　裁判所は、前項に規定する重大な損害を生ずるか否かを判断するに当たつては、損害の回復の困難の程度を考慮するものとし、損害の性質及び程度並びに処分又は裁決の内容及び性質をも勘案するものとする。

3　差止めの訴えは、行政庁が一定の処分又は裁決をしてはならない旨を命ずることを求めるにつき法律上の利益を有する者に限り、提起することができる。

4　前項に規定する法律上の利益の有無の判断については、第九条第二項の規定を準用する。

5　差止めの訴えが第一項及び第三項に規定する要件に該当する場合において、その差止めの訴えに係る処分又は裁決につき、行政庁がその処分若しくは裁決をすべきでないことがその処分若しくは裁決の根拠となる法令の規定から明らかであると認められ又は行政庁がその処分若しくは裁決をすることがその裁量権の範囲を超え若しくはその濫用となると認められるときは、裁判所は、行政庁がその処分又は裁決をしてはならない旨を命ずる判決をする。

（仮の義務付け及び仮の差止め）

第三十七条の五　義務付けの訴えの提起があつた場合において、その義務付けの訴えに係る処分又は裁決がされないことにより生ずる償うことのできない損害を避けるため緊急の必要があり、かつ、本案について理由があるとみえるときは、裁判所は、申立てにより、決定をもつて、仮に行政庁がその処分又は裁決をすべき旨を命ずること（以下この条において「仮の義務付け」という。）ができる。

2　差止めの訴えの提起があつた場合において、その差止めの訴えに係る処分又は裁決がされることにより生ずる償うことのできない損害を避けるため緊急の必要があり、かつ、本案について理由があるとみえるときは、裁判所は、申立てにより、決定をもつて、仮に行政庁がその処分又は裁決をしてはならない旨を命ずること（以下この条において「仮の差止め」という。）ができる。

3　仮の義務付け又は仮の差止めは、公共の福祉に重大な影響を及ぼすおそれがあるときは、することができない。

4　第二十五条第五項から第八項まで、第二十六条から第二十八条まで及び第三十三条第一項の規定は、仮の義務付け又は仮の差止めに関する事項について準用する。

5　前項において準用する第二十五条第七項の即時抗告についての裁判又は前項において準用する第二十六条第一項の決定により仮の義務付けの決定が取り消されたときは、当該行政庁は、当該仮の義務付けの決定に基づいてした処分又は裁決を取り消さなければならない。

（取消訴訟に関する規定の準用）

第三十八条　第十一条から第十三条まで、第十六条から第十九条まで、第二十一条から第二十三条まで、第二十四条、第三十三条及び第三十五条の規定は、取消訴訟以外の抗告訴訟について準用する。

2　第十条第二項の規定は、処分の無効等確認の訴えとその処分についての審査請求を棄却した裁決に係る抗告訴訟とを提起することができる場合に、第二十条の規定は、処分の無効等確認の訴えをその処分についての審査請求を棄却した裁決に係る抗告訴訟に併合して提起する場合に準用する。

3　第二十三条の二、第二十五条から第二十九条まで及び第三十二条第二項の規定は、無効等確認の訴えについて準用する。

4　第八条及び第十条第二項の規定は、不作為の違法確認の訴えに準用する。

第三章　当事者訴訟

（出訴の通知）

第三十九条　当事者間の法律関係を確認し又は形成する処分又は裁決に関する訴訟で、法令の規定によりその法律関係の当事者の一方を被告とするものが提起されたときは、裁判所は、当該処分又は裁決をした行政庁にその旨を通知するものとする。

（出訴期間の定めがある当事者訴訟）

第四十条　法令に出訴期間の定めがある当事者訴訟は、その法令に別段の定めがある場合を除き、正当な理由があるときは、その期間を経過した後であつても、これを提起することができる。

2　第十五条の規定は、法令に出訴期間の定めがある当事者訴訟について準用する。

（抗告訴訟に関する規定の準用）

第四十一条　第二十三条、第二十四条、第三十三条第一項及び第三十五条の規定は当事者訴訟について、第二十三条の二の規定は当事者訴訟における処分又は裁決の理由を明らかにする資料の提出について準用する。

2　第十三条の規定は、当事者訴訟とその目的たる請求と関連請求の関係にある請求に係る訴訟とが各別の裁判所に係属する場合における移送に、第十六条から第十九条までの規定は、これらの訴えの併合について準用する。

第四章　民衆訴訟及び機関訴訟

（訴えの提起）

第四十二条　民衆訴訟及び機関訴訟は、法律に定める場合において、法律に定める者に限り、提起することができる。

（抗告訴訟又は当事者訴訟に関する規定の準用）
第四十三条　民衆訴訟又は機関訴訟で、処分又は裁決の取消しを求めるものについては、第九条及び第十条第一項の規定を除き、取消訴訟に関する規定を準用する。
2　民衆訴訟又は機関訴訟で、処分又は裁決の無効の確認を求めるものについては、第三十六条の規定を除き、無効等確認の訴えに関する規定を準用する。
3　民衆訴訟又は機関訴訟で、前二項に規定する訴訟以外のものについては、第三十九条及び第四十条第一項の規定を除き、当事者訴訟に関する規定を準用する。

第五章　補則

（仮処分の排除）
第四十四条　行政庁の処分その他公権力の行使に当たる行為については、民事保全法（平成元年法律第九十一号）に規定する仮処分をすることができない。

（処分の効力等を争点とする訴訟）
第四十五条　私法上の法律関係に関する訴訟において、処分若しくは裁決の存否又はその効力の有無が争われている場合には、第二十三条第一項及び第二項並びに第三十九条の規定を準用する。
2　前項の規定により行政庁が訴訟に参加した場合には、民事訴訟法第四十五条第一項及び第二項の規定を準用する。ただし、攻撃又は防御の方法は、当該処分若しくは裁決の存否又はその効力の有無に関するものに限り、提出することができる。
3　第一項の規定により行政庁が訴訟に参加した後において、処分若しくは裁決の存否又はその効力の有無に関する争いがなくなつたときは、裁判所は、参加の決定を取り消すことができる。
4　第一項の場合には、当該争点について第二十三条の二及び第二十四条の規定を、訴訟費用の裁判について第三十五条の規定を準用する。

（取消訴訟等の提起に関する事項の教示）
第四十六条　行政庁は、取消訴訟を提起することができる処分又は裁決をする場合には、当該処分又は裁決の相手方に対し、次に掲げる事項を書面で教示しなければならない。ただし、当該処分を口頭でする場合は、この限りでない。
一　当該処分又は裁決に係る取消訴訟の被告とすべき者
二　当該処分又は裁決に係る取消訴訟の出訴期間
三　法律に当該処分についての審査請求に対する裁決を経た後でなければ処分の取消しの訴えを提起することができない旨の定めがあるときは、その旨
2　行政庁は、法律に処分についての審査請求に対してのみ取消訴訟を提起することができる旨の定めがある場合において、当該処分をするときは、当該処分の相手方に対し、法律にその定めがある旨を書面で教示しなければならない。ただし、当該処分を口頭でする場合は、この限りでない。
3　行政庁は、当事者間の法律関係を確認し又は形成する処分又は裁決に関する訴訟で法令の規定によりその法律関係の当事者の一方を被告とするものを提起することができる処分又は裁決をする場合には、当該処分又は裁決の相手方に対し、次に掲げる事項を書面で教示しなければならない。ただし、当該処分を口頭でする場合は、この限りでない。
一　当該訴訟の被告とすべき者
二　当該訴訟の出訴期間

附　則　（平成二六年六月一三日法律第六九号）抄

（施行期日）
第一条　この法律は、行政不服審査法（平成二十六年法律第六十八号）の施行の日から施行する。

Ⅳ　宣言・規約

世界人権宣言（仮訳文）

採択　１９４８年12月10日
第３回国連総会

前　文

人類社会のすべての構成員の固有の尊厳と平等で譲ることのできない権利とを承認することは、世界における自由、正義及び平和の基礎であるので、

人権の無視及び軽侮が、人類の良心を踏みにじった野蛮行為をもたらし、言論及び信仰の自由が受けられ、恐怖及び欠乏のない世界の到来が、一般の人々の最高の願望として宣言されたので、

人間が専制と圧迫とに対する最後の手段として反逆に訴えることがないようにするためには、法の支配によって人権保護することが肝要であるので、

諸国間の友好関係の発展を促進することが、肝要であるので、

国際連合の諸国民は、国際連合憲章において、基本的人権、人間の尊厳及び価値並びに男女の同権についての信念を再確認し、かつ、一層大きな自由のうちで社会的進歩と生活水準の向上とを促進することを決意したので、

加盟国は、国際連合と協力して、人権及び基本的自由の普遍的な尊重及び遵守の促進を達成することを誓約したので、

これらの権利及び自由に対する共通の理解は、この誓約を完全にするためにもっとも重要であるので、

よって、ここに、国際連合総会は、

社会の各個人及び各機関が、この世界人権宣言を常に念頭に置きながら、加盟国自身の人民の間にも、また、加盟国の管轄下にある地域の人民の間にも、これらの権利と自由との尊重を指導及び教育によって促進すること並びにそれらの普遍的かつ効果的な承認と遵守とを国内的及び国際的な漸進的措置によって確保することに努力するように、すべての人民とすべての国とが達成すべき共通の基準として、この世界人権宣言を公布する。

第一条

すべての人間は、生れながらにして自由であり、かつ、尊厳と権利とについて平等である。人間は、理性と良心とを授けられており、互いに同胞の精神をもって行動しなければならない。

第二条

１　すべて人は、人種、皮膚の色、性、言語、宗教、政治上その他の意見、国民的若しくは社会的出身、財産、門地その他の地位又はこれに類するいかなる事由による差別をも受けることなく、この宣言に掲げるすべての権利と自由とを享有することができる。

２　さらに、個人の属する国又は地域が独立国であると、信託統治地域であると、非自治地域であると、又は他のなんらかの主権制限の下にあるとを問わず、その国又は地域の政治上、管轄上又は国際上の地位に基づくいかなる差別もしてはならない。

第三条

すべて人は、生命、自由及び身体の安全に対する権利を有する。

第四条

何人も、奴隷にされ、又は苦役に服することはない。奴隷制度及び奴隷売買は、いかなる形においても禁止する。

第五条

何人も、拷問又は残虐な、非人道的な若しくは屈辱的な取扱若しくは刑罰を受けることはない。

第六条

すべて人は、いかなる場所においても、法の下において、人として認められる権利を有する。

第七条

すべての人は、法の下において平等であり、

また、いかなる差別もなしに法の平等な保護を受ける権利を有する。すべての人は、この宣言に違反するいかなる差別に対しても、また、そのような差別をそそのかすいかなる行為に対しても、平等な保護を受ける権利を有する。

第八条

すべて人は、憲法又は法律によって与えられた基本的権利を侵害する行為に対し、権限を有する国内裁判所による効果的な救済を受ける権利を有する。

第九条

何人も、ほしいままに逮捕、拘禁、又は追放されることはない。

第十条

すべて人は、自己の権利及び義務並びに自己に対する刑事責任が決定されるに当っては、独立の公平な裁判所による公正な公開の審理を受けることについて完全に平等の権利を有する。

第十一条

1　犯罪の訴追を受けた者は、すべて、自己の弁護に必要なすべての保障を与えられた公開の裁判において法律に従って有罪の立証があるまでは、無罪と推定される権利を有する。

2　何人も、実行の時に国内法又は国際法により犯罪を構成しなかった作為又は不作為のために有罪とされることはない。また、犯罪が行われた時に適用される刑罰より重い刑罰を課せられない。

第十二条

何人も、自己の私事、家族、家庭若しくは通信に対して、ほしいままに干渉され、又は名誉及び信用に対して攻撃を受けることはない。人はすべて、このような干渉又は攻撃に対して法の保護を受ける権利を有する。

第十三条

1　すべて人は、各国の境界内において自由に移転及び居住する権利を有する。

2　すべて人は、自国その他いずれの国をも立ち去り、及び自国に帰る権利を有する。

第十四条

1　すべて人は、迫害を免れるため、他国に避難することを求め、かつ、避難する権利を有する。

2　この権利は、もっぱら非政治犯罪又は国際連合の目的及び原則に反する行為を原因とする訴追の場合には、援用することはできない。

第十五条

1　すべて人は、国籍をもつ権利を有する。

2　何人も、ほしいままにその国籍を奪われ、又はその国籍を変更する権利を否認されることはない。

第十六条

1　成年の男女は、人種、国籍又は宗教によるいかなる制限をも受けることなく、婚姻し、かつ家庭をつくる権利を有する。成年の男女は、婚姻中及びその解消に際し、婚姻に関し平等の権利を有する。

2　婚姻は、両当事者の自由かつ完全な合意によってのみ成立する。

3　家庭は、社会の自然かつ基礎的な集団単位であって、社会及び国の保護を受ける権利を有する。

第十七条

1　すべて人は、単独で又は他の者と共同して財産を所有する権利を有する。

2　何人も、ほしいままに自己の財産を奪われることはない。

第十八条

すべて人は、思想、良心及び宗教の自由に対する権利を有する。この権利は、宗教又は信念を変更する自由並びに単独で又は他の者と共同して、公的に又は私的に、布教、行事、礼拝及び儀式によって宗教又は信念を表明する自由を含む。

第十九条

すべて人は、意見及び表現の自由に対する権利を有する。この権利は、干渉を受けることなく自己の意見をもつ自由並びにあらゆる手段により、また、国境を越えると否とにかかわりなく、情報及び思想を求め、受け、及び伝える自由を含む。

第二十条

1　すべての人は、平和的集会及び結社の自由に対する権利を有する。

2　何人も、結社に属することを強制されない。

第二十一条

1　すべての人は、直接に又は自由に選出された代表者を通じて、自国の政治に参与する権利を有する。

2　すべて人は、自国においてひとしく公務につく権利を有する。

3　人民の意思は、統治の権力を基礎とならなければならない。この意思は、定期のかつ真正な選挙によって表明されなければならない。この選挙は、平等の普通選挙によるものでなければならず、また、秘密投票又はこれと同等の自由が保障される投票手続によって行われなければならない。

第二十二条

すべて人は、社会の一員として、社会保障を受ける権利を有し、かつ、国家的努力及び国際的協力により、また、各国の組織及び資源に応じて、自己の尊厳と自己の人格の自由な発展とに欠くことのできない経済的、社会的及び文化的権利を実現する権利を有する。

第二十三条

1　すべて人は、勤労し、職業を自由に選択し、公正かつ有利な勤労条件を確保し、及び失業に対する保護を受ける権利を有する。

2　すべて人は、いかなる差別をも受けることなく、同等の勤労に対し、同等の報酬を受ける権利を有する。

3　勤労する者は、すべて、自己及び家族に対して人間の尊厳にふさわしい生活を保障する公正かつ有利な報酬を受け、かつ、必要な場合には、他の社会的保護手段によって補充を受けることができる。

4　すべて人は、自己の利益を保護するために労働組合を組織し、及びこれに参加する権利を有する。

第二十四条

すべて人は、労働時間の合理的な制限及び定期的な有給休暇を含む休息及び余暇をもつ権利を有する。

第二十五条

1　すべて人は、衣食住、医療及び必要な社会的施設等により、自己及び家族の健康及び福祉に十分な生活水準を保持する権利並びに失業、疾病、心身障害、配偶者の死亡、老齢その他不可抗力による生活不能の場合は、保障を受ける権利を有する。

2　母と子とは、特別の保護及び援助を受ける権利を有する。すべての児童は、嫡出であると否とを問わず、同じ社会的保護を受ける。

第二十六条

1　すべて人は、教育を受ける権利を有する。教育は、少なくとも初等の及び基礎的の段階においては、無償でなければならない。初等教育は、義務的でなければならない。技術教育及び職業教育は、一般に利用できるものでなければならず、また、高等教育は、能力に応じ、すべての者にひとしく開放されていなければならない。

2　教育は、人格の完全な発展並びに人権及び基本的自由の尊重の強化を目的としなければならない。教育は、すべての国又は人種的若しくは宗教的集団の相互間の理解、寛容及び友好関係を増進し、かつ、平和の維持のため、国際連合の活動を促進するものでなければならない。

3　親は、子に与える教育の種類を選択する優先的権利を有する。

第二十七条

1　すべて人は、自由に社会の文化生活に参加し、芸術を鑑賞し、及び科学の進歩とその恩恵とにあずかる権利を有する。

2　すべて人は、その創作した科学的、文学的又は美術的作品から生ずる精神的及び物質的利益を保護される権利を有する。

第二十八条

すべて人は、この宣言に掲げる権利及び自由が完全に実現される社会的及び国際的秩序に対する権利を有する。

第二十九条

1　すべて人は、その人格の自由かつ完全な発展がその中にあってのみ可能である社会に対して義務を負う。

2　すべて人は、自己の権利及び自由を行使するに当っては、他人の権利及び自由の正当な承認及び尊重を保障すること並びに民主的社会における道徳、公の秩序及び一般の福祉の正当な要求を満たすことをもっぱら目的として法律によって定められた制限にのみ服する。

3　これらの権利及び自由は、いかなる場合にも、国際連合の目的及び原則に反して行使してはならない。

第三十条

この宣言のいかなる規定も、いずれかの国、集団又は個人に対して、この宣言に掲げる権利及び自由の破壊を目的とする活動に従事し、又はそのような目的を有する行為を行う権利を認めるものと解釈してはならない。

http://www.mofa.go.jp/mofaj/gaiko/udhr/1b_001.html から引用し加工して作成

児童の権利に関する宣言

採択　1959年11月20日
第14回国連総会

国際連合の諸国民は、国際連合憲章において、基本的人権と人間の尊厳及び価値とに関する信念をあらためて確認し、かつ、一層大きな自由の中で社会的進歩と生活水準の向上とを促進することを決意したので、

国際連合は、世界人権宣言において、すべて人は、人種、皮膚の色、性、言語、宗教、政治上その他の意見、国民的若しくは社会的出身、財産、門地その他の地位又はこれに類するいかなる事由による差別をも受けることなく、同宣言に掲げるすべての権利と自由とを享有する権利を有すると宣言したので、

児童は、身体的及び精神的に未熟であるため、その出生の前後において、適当な法律上の保護を含めて、特別にこれを守り、かつ、世話することが必要であるので、

このような特別の保護が必要であることは、1924年のジュネーブ児童権利宣言に述べられており、世界人権宣言並びに児童の福祉に関係のある専門機関及び国際機関の規約により認められているので、

人類は児童に対し、最善のものを与える義務を負うものであるので、

よつて、ここに、国際連合総会は、

児童が、幸福な生活を送り、かつ、自己と社会の福利のためにこの宣言に掲げる権利と自由を享有できるようにするために、この児童権利宣言を公布し、また、両親、個人としての男女、民間団体、地方行政機関及び政府に対し、これらの権利を認識し、次の原則に従つて漸進的に執られる立法その他の措置によつてこれらの権利を守るよう努力することを要請する。

第一条

児童は、この宣言に掲げるすべての権利を有する。すべての児童は、いかなる例外もなく、自己またはその家庭のいずれについても、その人種、皮膚の色、性、言語、宗教、政治上その他の意見、国民的若しくは社会的出身、財産、門地その他の地位のため差別を受けることなく、これらの権利を与えられなければならない。

第二条

児童は、特別の保護を受け、また、健全、かつ、正常な方法及び自由と尊厳の状態の下で身体的、知能的、道徳的、精神的及び社会的に成長することができるための機会及び便益を、法律その他の手段によつて与えられな

ければならない。この目的のために法律を制定するに当つては、児童の最善の利益について、最善の考慮が払わなければならない。

第三条

児童は、その出生のときから姓名及び国籍をもつ権利を有する。

第四条

児童は、社会保障の恩恵を受ける権利を有する。児童は、健康に発育し、かつ、成長する権利を有する。この目的のため、児童とその母は、出産前後の適当な世話を含む特別の世話及び保護を与えられなければならない。児童は、適当な栄養、住居、レクリエーション及び医療を与えられる権利を有する。

第五条

身体的、精神的又は社会的に障害のある児童は、その特殊な事情により必要とされる特別の治療、教育及び保護を与えなければならない。

第六条

児童は、その人格の完全な、かつ、調和した発展のため、愛情と理解とを必要とする。児童は、できる限り、両親の愛護と責任のもとで、また、いかなる場合においても、愛情と道徳的及び物質的保障とのある環境の下で育てられなければならない。幼児は、例外的な場合を除き、その母から引き離されてはならない。社会及び公の機関は、家庭のない児童及び適当な生活維持の方法のない児童に対して特別の保護を与える義務を有する。子供もの多い家庭に属する児童については、その援助のため、国その他の機関による費用の負担が望ましい。

第七条

1　児童は、教育を受ける権利を有する。その教育は、少なくとも初等の段階においては、無償、かつ、義務的でなければならない。児童は、その一般的な教養を高め、機会均等の原則に基づいて、その能力、判断力並びに道徳的及び社会的責任感を発達させ、社会の有用な一員となりうるような教育を与えられなければならない。

2　児童の教育及び指導について責任を有する者は、児童の最善の利益をその指導の原則としなければならない。その責任は、まず第一に児童の両親にある。

3　児童は、遊戯及びレクリエーションのための十分な機会を与えられる権利を有する。その遊戯及びレクリエーションは、教育と同じような目的に向けられなければならない。社会及び公の機関は、この権利の享有を促進するために努力しなければならない。

第八条

児童は、あらゆる状況にあつて、最初に保護及び救済を受けるべき者の中に含められなければならない。

第九条

1　児童は、あらゆる放任、虐待及び搾取から保護されなければならない。児童は、いかなる形態においても売買の対象にされてはならない。

2　児童は、適当な最低年令に達する前に雇用されてはならない。児童は、いかなる場合にも、その健康及び教育に有害であり、又その身体的、精神的若しくは道徳的発達を妨げる職業若しくは雇用に、従事させられ又は従事することを許されてはならない。

第十条

児童は、人種的、宗教的その他の形態による差別を助長するおそれのある慣行から保護されなければならない。児童は、理解、寛容、諸国民間の友愛、平和及び四海同胞の精神の下に、また、その力と才能が、人類のために捧げられるべきであるという充分な意識の中で、育てられなければならない。

旧版「『障害児と学校』にかかわる法律・条約・宣言集」（２０００年４月）から引用し加工して作成

教育における差別待遇の防止に関する条約（仮訳）

１９６０年12月14日
第11回ユネスコ総会採択
１９６２年５月22日効力発生
日本は未批准

国際連合教育科学文化機関の総会は、
１９６０年11月14日から同年12月15日までパリにおいてその第11回会期として会合し、
世界人権宣言が、無差別の原則を主張し、かつ、すべて人は教育を受ける権利を有すると宣言していることを想起し、
教育における差別待遇がこの宣言に言明された権利の侵害であることを考慮し、
国際連合教育科学文化機関が、その憲章の条項のもとにおいて、人権の普遍的尊重及び教育の機会均等をすべての人のために助長するための諸国民間の協力の関係をつくる目的を有することを考慮し、
したがって、国際連合教育科学文化機関が、各国の教育制度の多様性を尊重しつつも、教育における差別待遇はいかなる形態のものも排除する義務だけでなく、教育の機会及び待遇の平等をすべての人のために促進する義務も有することを認識し、
この会期の議事日程の第17・１・４議題である教育における差別待遇の種々の面に関する提案を審議し、
この問題を国際条約及び加盟国に対する勧告として規制すべきことを第10回会期において決定したので、
１９６０年12月14日にこの条約を採択する。

第１条

１　この条約の適用上、「差別」には、何らかの区別、除外、制限又は優遇であって、人種皮ふの色、性、言語、宗教、政治上その他の意見、国民的若しくは社会的出身、経済的条件又は門地に基づき、教育における待遇の平等を無効にし又は害すること、及び、特に次に掲げることを目的又は結果として有するものを含む。
(a)いずれかの種類又は段階の教育を受ける機会を個人又は個人の集団から奪うこと。
(b)個人又は個人の集団を水準の低い教育に限定すること。
(c)次条の規定に従うことを条件として、個人又は個人の集団のための別個の教育制度又は教育機関を設け又は維持すること。
(d)人間の尊厳と両立しない条件を個人又は個人の集団に課すること。

２　この条約の適用上、「教育」とは、すべての種類及び段階の教育をいい、かつ、教育を受ける機会、教育の水準及び質、並びに教育が与えられる条件を含む。

第２条

次に掲げる状態は、一国において許されている場合は、前条の意味における差別を構成するものとはみなさない。
(a)両性の生徒のための別個の教育制度又は教育機関の設置又は維持。ただし、その制度又は機関が、教育の均等な機会を提供し、同じ水準の資格を有する教育職員及び同質の校舎と設備を提供し、かつ、同一又は同等の教育課程を履修する機会を与える場合に限る。
(b)宗教上又は言語上の理由により、生徒の両親又は法定後見人の希望に応じた教育を提供する別個の教育制度又は教育機関の設置又は維持。ただし、その制度への参加又はその機関への通学が任意であり、かつ、与えられる教育は権限のある当局が、特に同じ水準の教育のため、定め又は承認することのある基準に適合する場合に限る。
(c)私立の教育機関の設置又は維持。ただし、その機関の目的が、いずれかの集団の排除を確保するためではなく、公共当局が提供

する教育施設のほかに教育施設を提供することにあり、その機関がこの目的にそって運営され、かつ、与えられる教育は権限のある当局が、特に同じ水準の教育のため、定め又は承認することのある基準に適合する場合に限る。

第3条

この条約の意味における差別を除去し及び防止するため、締約国は、次のことを約束する。

(a)教育上の差別をもたらす法令の規定及び行政上の通達を廃止し、並びにそのような差別をもたらす行政上の慣行を停止すること。

(b)必要な場合には法律の制定により、教育機関への生徒の入学について差別が行なわれないようにすること。

(c)授業料について、並びに生徒に対する奨学金その他の形態の援助の供与並びに外国で研究を続行するために必要な許可及び便宜の供与について、成績又は需要に基づく場合

のほか、国民の間に公共当局による待遇の差別を許さないこと。

(d)公共当局が教育機関に与えるいかなる形態の援助においても、生徒が特定の集団に属することだけを根拠とした制限又は優遇を許さないこと。

(e)自国の領域内に居住する外国人に対し、自国民に対して与えるものと同じ教育の機会を与えること。

第4条

締約国は、さらに、実情及び国民的慣習に適合した方法を講ずれば教育に関する機会の平等と待遇の平等の促進に資し、並びに特に次のことに資する国内政策を策定し、発展させ及び実施することを約束する。

(a)初等教育を、無償で、かつ、義務制とすること。種々の形態の中等教育を、広く行なわれ、かつ、すべての人が受ける権利を持つものとすること。高等教育を、個人の能力を基礎としてすべての人がひとしく受ける権利を持つものとすること。法律に規定された就学の義務のすべての人による履行を確保すること。

(b)教育の水準が同じ段階のすべての公立教育機関において同等であることを確保すること、及び、与えられる教育の質に関する条件も同等であることを確保すること。

(c)初等教育を受けなかった者又は初等教育の全課程を修了しなかった者の教育と、個人の能力を基礎としたこれらの者の教育の継続とを、適当な方法によって奨励し及び強化すること。

(d)教職のための訓練を差別なしに提供すること。

第5条

1　締約国は、次のことに同意する。

(a)教育は、人格の円満な発達並びに人権及び基本的自由の尊重の念の強化に向けられなければならないものであること。教育は、すべての国の国民、人種的集団又は宗教的集団相互の間における理解、寛容及び友情を促進し、かつ、平和維持のための国際連合の諸活動を助長しなければならないものであること。

(b)両親及び該当する場合は法定後見人の自由、すなわち、第1には、公共当局が維持する機関以外の機関であって権限のある当局が定め又は承認することのある最低限の教育水準に適合するものを子弟のために選択する自由、並びに、第2には、その国の法令の適用のために国内でとられる手続にそった方式により、自己の信念に一致した子弟の宗教教育及び道徳教育を確保する自由を尊重することが肝要であること。また、いかなる個人又は個人の集団も、自己の信念と両立しない宗教教育を受けることを強要されてはならないこと。

(c)次に掲げる条件が整う場合は、少数民族の構成員が自己の教育活動（学校の維持及び、当該国の教育政策のいかんによっては、少数民族の言語の使用又は教授を含む。）を行なう権利を認めることが肝要であること。

(i)この権利が、当該少数民族の構成員による共同社会全体の文化と言語との理解及び共同社会全体の活動への参加を妨げるような方式又は国家主権を害するような方式で行使されないこと。

(ii)教育の水準が、権限のある当局が定め又は承認した一般的水準よりも低くないこと。

(iii)このような学校への就学が、任意であること。

2　締約国は、前項の諸原則の適用を確保するために必要ないっさいの対策を講ずることを約束する。

第6条

締約国は、この条約の適用にあたり、国際連合教育科学文化機関総会が今後採択する勧告であって教育における各種の形態の差別を防止し、かつ、教育における機会と待遇との平等を確保するために執るべき措置を定めるものに最大の注意を払うことを約束する。

第7条

締約国は、国際連合教育科学文化機関の総会が決定する期限及び様式により総会に提出する定期報告の中で、この条約の適用のために採択した立法上及び行政上の規定並びに執った他の措置（第4条の国内政策の策定及び発展のために執った措置、並びにその政策の適用にあたって達成された結果及び遭遇した障害を含む。）に関する情報を提供しなければならない。

第8条

この条約の解釈又は適用に関して2以上の締約国間に生起した紛争で交渉により解決することができないものは、他に紛争解決の手段がない場合は、当事国の要請に基づき、決定のため国際司法裁判所に付託するものとする。

第9条

この条約には、いかなる留保も認めない。

第10条

この条約は、2以上の国家間において締結された協定に基づいて個人又は集団が享有する権利がこの条約の文字又は精神に反しない場合は、その権利を縮少する効力を有するものとされてはならない。

第11条

この条約は、英語、フランス語、ロシア語及びスペイン語で起草する。これらの4本文は、ひとしく正文とする。

第12条

1　この条約は、国際連合教育科学文化機関の加盟国により、各自の憲法上の手続に従って批准され又は受諾されなければならない。

2　批准書又は受諾書は、国際連合教育科学文化機関事務局長に寄託されるものとする。

第13条

1　この条約は、国際連合教育科学文化機関の加盟国ではない国家であって機関の執行委員会によって加入を勧奨されるものすべての加入のために開放しておく。

2　加入は、国際連合教育科学文化機関事務局長に加入書を寄託することによって効力を生ずる。

第14条

この条約は、3番目の批准書、受諾書又は加入書の寄託の日の3箇月後に、その日以前に文書を寄託した国家についてだけ効力を生ずる。この条約は、その他の国家については、その批准書、受諾書又は加入書の寄託の3箇月後に効力を生ずる。

第15条

締約国は、この条約がその本土だけでなく自国が国際関係について責任を有する非自治地域、信託地域、植民地及びその他の地域のすべてにも適用されるものであることを認める。締約国は、それらの地域へのこの条約の適用を確保するために必要な場合は、批准、受諾又は加入の事前又は事後に、それらの地域の政府又はその他の権限のある当局に協議すること、及び、この条約が適用される地域について国際連合教育科学文化機関事務局長に通告することを約束する。

第16条

1　各締約国は、自国のために、又は自国が国際関係について責任を有する地域のために、この条約を廃棄することができる。

2　廃棄は、通告書を国際連合教育科学文化機関事務局長に寄託することによって行なうものとする。

3　廃棄は、廃棄書の受領の12箇月後に効力を生ずる。

第17条

国際連合教育科学文化機関事務局長は、機関の加盟国、第13条の非加盟国及び国際連合に対し、第12条及び第13条の規定に基づくすべての批准書、受諾書及び加入書の寄託について、並びに第15条の規定に基づく通告及び第16条の規定に基づく廃棄について通報するものとする。

第18条

1　この条約は、国際連合教育科学文化機関の総会によって改正されることができる。もっとも、その改正はいずれも、その改正する条約の締約国となる国家だけを拘束するものとする。

2　総会がこの条約の全部又は一部を改正する新しい条約を採択したときは、その新しい条約に別段の規定がある場合を除いて、この条約は、新しい改正条約が効力を生ずる日から、批准、受諾又は加入への開放を停止する。

第19条

この条約は、国際連合憲章第102条の規定に従って、国際連合教育科学文化機関事務局長の要請に基づいて国際連合事務局に登録されるものとする。１９６０年12月15日にパリにおいて国際連合教育科学文化機関の総会の第11回会期の議長及び事務局長の署名を有する正文２通を作成した。両正文は、国際連合教育科学文化機関の記録に寄託しておく。両正文の認証謄本は、第12条及び第13条のすべての国家並びに国際連合に送達されるものとする。

以上は、国際連合教育科学文化機関総会がパリで開催されて１９６０年12月15日に閉会を宣言されたその第11回会期において正当に採択した条約の真正な本文である。

以上の証拠として、われわれは、１９６０年12月15日に署名した。

総会議長
アカレウオルク・アプテウオルド
事務局長
ヴィトリノ・ヴェロネーゼ

http://www.mext.go.jp/unesco/009/003/007.pdf より引用

経済的、社会的及び文化的権利に関する国際規約（A規約）

採択　１９６６年12月16日
第21回国連総会
発効１９７６年
批准１９７９年

この規約の締約国は、

国際連合憲章において宣明された原則によれば、人類社会のすべての構成員の固有の尊厳及び平等のかつ奪い得ない権利を認めることが世界における自由、正義及び平和の基礎をなすものであることを考慮し、

これらの権利が人間の固有の尊厳に由来することを認め、

世界人権宣言によれば、自由な人間は恐怖及び欠乏からの自由を享受することであるとの理想は、すべての者がその市民的及び政治的権利とともに経済的、社会的及び文化的権利を享有することのできる条件が作り出される場合に初めて達成されることになることを認め、

人権及び自由の普遍的な尊重及び遵守を助長すべき義務を国際連合憲章に基づき諸国が負っていることを考慮し、

個人が、他人に対し及びその属する社会に対して義務を負うこと並びにこの規約において認められる権利の増進及び擁護のために努力する責任を有することを認識して、

次のとおり協定する。

第一部

第一条

1　すべての人民は、自決の権利を有する。この権利に基づき、すべての人民は、その政治的地位を自由に決定し並びにその経済的、社会的及び文化的発展を自由に追求する。

2　すべて人民は、互恵の原則に基づく国際的経済協力から生ずる義務及び国際法上の義務に違反しない限り、自己のためにその天然の富及び資源を自由に処分することができる。人民は、いかなる場合にも、その生存のための手段を奪われることはない。

3　この規約の締約国（非自治地域及び信託統治地域の施政の責任を有する国を含む。）は、国際連合憲章の規定に従い、自決の権利が実現されることを促進し及び自決の権利を尊重する。

第二部

第二条

1　この規約の各締約国は、立法措置その他のすべての適当な方法によりこの規約において認められる権利の完全な実現を漸進的に達成するため、自国における利用可能な手段を最大限に用いることにより、個々に又は国際的な援助及び協力、特に、経済上及び技術上の援助及び協力を通じて、行動をとることを約束する。

2　この規約の締約国は、この規約に規定する権利が人種、皮膚の色、性、言語、宗教、政治的意見その他の意見、国民的若しくは社会的出身、財産、出生又は他の地位によるいかなる差別もなしに行使されることを保障することを約束する。

3　開発途上にある国は、人権及び自国の経済の双方に十分な考慮を払い、この規約において認められる経済的権利をどの程度まで外国人に保障するかを決定することができる。

第三条

この規約の締約国は、この規約に定めるすべての経済的、社会的及び文化的権利の享有について男女に同等の権利を確保することを約束する。

第四条

この規約の締約国は、この規約に合致するものとして国により確保される権利の享受に関し、その権利の性質と両立しており、かつ、民主的社会における一般的福祉を増進するこ

とを目的としている場合に限り、法律で定める制限のみをその権利に課すことができることを認める。

第五条

1　この規約のいかなる規定も、国、集団又は個人が、この規約において認められる権利若しくは自由を破壊し若しくはこの規約に定める制限の範囲を超えて制限することを目的とする活動に従事し又はそのようなことを目的とする行為を行う権利を有することを意味するものと解することはできない。

2　いずれかの国において法律、条約、規則又は慣習によって認められ又は存する基本的人権については、この規約がそれらの権利を認めていないこと又はその認める範囲がより狭いことを理由として、それらの権利を制限し又は侵すことは許されない。

第三部

第六条

1　この規約の締約国は、労働の権利を認めるものとし、この権利を保障するため適当な措置をとる。この権利には、すべての者が自由に選択し又は承諾する労働によって生計を立てる機会を得る権利を含む。

2　この規約の締約国が1の権利の完全な実現を達成するためとる措置には、個人に対して基本的な政治的及び経済的自由を保障する条件の下で着実な経済的、社会的及び文化的発展を実現し並びに完全かつ生産的な雇用を達成するための技術及び職業の指導及び訓練に関する計画、政策及び方法を含む。

第七条

この規約の締約国は、すべての者が公正かつ良好な労働条件を享受する権利を有することを認める。この労働条件は、特に次のものを確保する労働条件とする。

(a)　すべての労働者に最小限度次のものを与える報酬

(i)　公正な賃金及びいかなる差別もない同一価値の労働についての同一報酬。特に、女子については、同一の労働についての同一報酬とともに男子が享受する労働条件に劣らない労働条件が保障されること。

(ii)　労働者及びその家族のこの規約に適合する相応な生活

(b)　安全かつ健康的な作業条件

(c)　先任及び能力以外のいかなる事由も考慮されることなく、すべての者がその雇用関係においてより高い適当な地位に昇進する均等な機会

(d)　休息、余暇、労働時間の合理的な制限及び定期的な有給休暇並びに公の休日についての報酬

第八条

1　この規約の締約国は、次の権利を確保することを約束する。

(a)　すべての者がその経済的及び社会的利益を増進し及び保護するため、労働組合を結成し及び当該労働組合の規則にのみ従うことを条件として自ら選択する労働組合に加入する権利。この権利の行使については、法律で定める制限であって国の安全若しくは公の秩序のため又は他の者の権利及び自由の保護のため民主的社会において必要なもの以外のいかなる制限も課することができない。

(b)　労働組合が国内の連合又は総連合を設立する権利及びこれらの連合又は総連合が国際的な労働組合団体を結成し又はこれに加入する権利

(c)　労働組合が、法律で定める制限であって国の安全若しくは公の秩序のため又は他の者の権利及び自由の保護のため民主的社会において必要なもの以外のいかなる制限も受けることなく、自由に活動する権利

(d)　同盟罷業をする権利。ただし、この権利は、各国の法律に従って行使されることを条件とする。

2　この条の規定は、軍隊若しくは警察の構成

員又は公務員による1の権利の行使について合法的な制限を課することを妨げるものではない。

3　この条のいかなる規定も、結社の自由及び団結権の保護に関する千九百四十八年の国際労働機関の条約の締約国が、同条約に規定する保障を阻害するような立法措置を講ずること又は同条約に規定する保障を阻害するような方法により法律を適用することを許すものではない。

第九条

この規約の締約国は、社会保険その他の社会保障についてのすべての者の権利を認める。

第十条

この規約の締約国は、次のことを認める。

1　できる限り広範な保護及び援助が、社会の自然かつ基礎的な単位である家族に対し、特に、家族の形成のために並びに扶養児童の養育及び教育について責任を有する間に、与えられるべきである。婚姻は、両当事者の自由な合意に基づいて成立するものでなければならない。

2　産前産後の合理的な期間においては、特別な保護が母親に与えられるべきである。働いている母親には、その期間において、有給休暇又は相当な社会保障給付を伴う休暇が与えられるべきである。

3　保護及び援助のための特別な措置が、出生の他の事情を理由とするいかなる差別もなく、すべての児童及び年少者のためにとられるべきである。児童及び年少者は、経済的及び社会的な搾取から保護されるべきである。児童及び年少者を、その精神若しくは健康に有害であり、その生命に危険があり又はその正常な発育を妨げるおそれのある労働に使用することは、法律で処罰すべきである。また、国は年齢による制限を定め、その年齢に達しない児童を賃金を支払って使用することを法律で禁止しかつ処罰すべきである。

第十一条

1　この規約の締約国は、自己及びその家族のための相当な食糧、衣類及び住居を内容とする相当な生活水準についての並びに生活条件の不断の改善についてのすべての者の権利を認める。締約国は、この権利の実現を確保するために適当な措置をとり、このためには、自由な合意に基づく国際協力が極めて重要であることを認める。

2　この規約の締約国は、すべての者が飢餓から免れる基本的な権利を有することを認め、個々に及び国際協力を通じて、次の目的のため、具体的な計画その他の必要な措置をとる。

(a)　技術的及び科学的知識を十分に利用することにより、栄養に関する原則についての知識を普及させることにより並びに天然資源の最も効果的な開発及び利用を達成するように農地制度を発展させ又は改革することにより、食糧の生産、保存及び分配の方法を改善すること。

(b)　食糧の輸入国及び輸出国の双方の問題に考慮を払い、需要との関連において世界の食糧の供給の衡平な分配を確保すること。

第十二条

1　この規約の締約国は、すべての者が到達可能な最高水準の身体及び精神の健康を享受する権利を有することを認める。

2　この規約の締約国が1の権利の完全な実現を達成するためにとる措置には、次のことに必要な措置を含む。

(a)　死産率及び幼児の死亡率を低下させるための並びに児童の健全な発育のための対策

(b)　環境衛生及び産業衛生のあらゆる状態の改善

(c)　伝染病、風土病、職業病その他の疾病の予防、治療及び抑圧

(d)　病気の場合にすべての者に医療及び看護を確保するような条件の創出

第十三条

1　この規約の締約国は、教育についてのすべての者の権利を認める。締約国は、教育が人

格の完成及び人格の尊厳についての意識の十分な発達を指向し並びに人権及び基本的自由の尊重を強化すべきことに同意する。更に、締約国は、教育が、すべての者に対し、自由な社会に効果的に参加すること、諸国民の間及び人種的、種族的又は宗教的集団の間の理解、寛容及び友好を促進すること並びに平和の維持のための国際連合の活動を助長することを可能にすべきことに同意する。

2　この規約の締約国は、1の権利の完全な実現を達成するため、次のことを認める。

(a)　初等教育は、義務的なものとし、すべての者に対して無償のものとすること。

(b)　種々の形態の中等教育（技術的及び職業的中等教育を含む。）は、すべての適当な方法により、特に、無償教育の漸進的な導入により、一般的に利用可能であり、かつ、すべての者に対して機会が与えられるものとすること。

(c)　高等教育は、すべての適当な方法により、特に、無償教育の漸進的な導入により、能力に応じ、すべての者に対して均等に機会が与えられるものとすること。

(d)　基礎教育は、初等教育を受けなかった者又はその全課程を修了しなかった者のため、できる限り奨励され又は強化されること。

(e)　すべての段階にわたる学校制度の発展を積極的に追求し、適当な奨学金制度を設立し及び教育職員の物質的条件を不断に改善すること。

3　この規約の締約国は、父母及び場合により法定保護者が、公の機関によって設置される学校以外の学校であって国によって定められ又は承認される最低限度の教育上の基準に適合するものを児童のために選択する自由並びに自己の信念に従って児童の宗教的及び道徳的教育を確保する自由を有することを尊重することを約束する。

4　この条のいかなる規定も、個人及び団体が教育機関を設置し及び管理する自由を妨げるものと解してはならない。ただし、常に、1に定める原則が遵守されること及び当該教育機関において行なわれる教育が国によって定められる最低限度の基準に適合することを条件とする。

第十四条

この規約の締約国となる時にその本土地域又はその管轄の下にある他の地域において無償の初等義務教育を確保するに至っていない各締約国は、すべての者に対する無償の義務教育の原則をその計画中に定める合理的な期間内に漸進的に実施するための詳細な行動計画を二年以内に作成しかつ採用することを約束する。

第十五条

1　この規約の締約国は、すべての者の次の権利を認める。

(a)　文化的な生活に参加する権利

(b)　科学の進歩及びその利用による利益を享受する権利

(c)　自己の科学的、文学的又は芸術的作品により生ずる精神的及び物質的利益が保護されることを享受する権利

2　この規約の締約国が1の権利の完全な実現を達成するためにとる措置には、科学及び文化の保存、発展及び普及に必要な措置を含む。

3　この規約の締約国は、科学研究及び創作活動に不可欠な自由を尊重することを約束する。

4　この規約の締約国は、科学及び文化の分野における国際的な連絡及び協力を奨励し及び発展させることによって得られる利益を認める。

第四部

第十六条

1　この規約の締約国は、この規約において認められる権利の実現のためにとった措置及びこれらの権利の実現についてもたらされた進歩に関する報告をこの部の規定に従って提出

することを約束する。

2 (a) すべての報告は、国際連合事務総長に提出するものとし、同事務総長は、この規約による経済社会理事会の審議のため、その写しを同理事会に送付する。

(b) 国際連合事務総長は、また、いずれかの専門機関の加盟国であるこの規約の締結によって提出される報告又はその一部が当該専門機関の基本文書によりその任務の範囲内にある事項に関連を有するものである場合には、それらの報告又は関係部分の写しを当該専門機関に送付する。

第十七条

1　この規約の締約国は、経済社会理事会が締約国及び関係専門機関との協議の後この規約の効力発生の後一年以内に作成する計画に従い、報告を段階的に提出する。

2　報告には、この規約に基づく義務の履行程度に影響を及ぼす要因及び障害を記載することができる。

3　関連情報がこの規約の締約国により国際連合又はいずれかの専門機関に既に提供されている場合には、その情報については、再び提供の必要はなく、提供に係る情報について明確に言及することで足りる。

第十八条

経済社会理事会は、人権及び基本的自由の分野における国際連合憲章に規定する責任に基づき、いずれかの専門機関の任務の範囲内にある事項に関するこの規約の規定の遵守についてもたらされた進歩に関し当該専門機関が同理事会に報告することにつき、当該専門機関と取極を行うことができる。報告には、当該専門機関の権限のある機関がこの規約の当該規定の実施に関して採択した決定及び勧告についての詳細を含ませることができる。

第十九条

経済社会理事会は、第十六条及び第十七条の規定により締約国が提出する人権に関する報告並びに前条の規定により専門機関が提出する人権に関する報告を、検討及び一般的な性格を有する勧告のため又は適当な場合には情報用として、人権委員会に送付することができる。

第二十条

この規約の締約国及び関係専門機関は、前条にいう一般的な性格を有する勧告に関する意見又は人権委員会の報告において若しくはその報告で引用されている文書において言及されている一般的な性格を有する勧告に関する意見を、経済社会理事会に提出することができる。

第二十一条

経済社会理事会は、一般的な性格を有する勧告を付した報告、並びにこの規約の締約国及び専門機関から得た情報であってこの規約において認められる権利の実現のためにとられた措置及びこれらの権利の実現についてもたらされた進歩に関する情報の概要を、総会に随時提出することができる。

第二十二条

経済社会理事会は、技術援助の供与に関係を有する国際連合の他の機関及びこれらの補助機関並びに専門機関に対し、この部に規定する報告により提起された問題であって、これらの機関がそれぞれの権限の範囲内でこの規約の効果的かつ漸進的な実施に寄与すると認められる国際的措置をとることの適否の決定に当たって参考となるものにつき、注意を喚起することができる。

第二十三条

この規約の締約国は、この規約において認められる権利の実現のための国際的措置には条約の締結、勧告の採択、技術援助の供与並びに関係国の政府との連携により組織される協議及び検討のための地域会議及び専門家会議の開催のような措置が含まれることに同意する。

第二十四条

この規約のいかなる規定も、この規約に規

定されている事項につき、国際連合の諸機関及び専門機関の任務をそれぞれ定めている国際連合憲章及び専門機関の基本文書の規定の適用を妨げるものと解してはならない。

第二十五条

この規約のいかなる規定も、すべての人民がその天然の富及び資源を十分かつ自由に享受し及び利用する固有の権利を害するものと解してはならない。

第五部

第二十六条

1　この規約は、国際連合又はいずれかの専門機関の加盟国、国際司法裁判所規程の当事国及びこの規約の締約国となるよう国際連合総会が招請する他の国による署名のために開放しておく。

2　この規約は、批准されなければならない。批准書は、国際連合事務総長に寄託する。

3　この規約は、1に規程する国による加入のために開放しておく。

4　加入は、加入書を国際連合事務総長に寄託することによって行う。

5　国際連合事務総長は、この規約に署名し又は加入したすべての国に対し、各批准書又は各加入書の寄託を通報する。

第二十七条

1　この規約は、三十五番目の批准書又は加入書が国際連合事務総長に寄託された日の後三箇月で効力を生ずる。

2　この規約は、三十五番目の批准書又は加入書が寄託された後に批准し又は加入する国については、その批准書又は加入書が寄託された日の後三箇月で効力を生ずる。

第二十八条

この規約は、いかなる制限又は例外もなしに連邦国家のすべての地域について適用する。

第二十九条

1　この規約のいずれの締約国も、改正を提案し及び改正案を国際連合事務総長に提出することができる。同事務総長は、直ちに、この規約の締約国に対し、改正案を送付するものとし、締約国による改正案の審議及び投票のための締約国会議の開催についての賛否を同事務総長に通告するよう要請する。締約国の三分の一以上が会議の開催に賛成する場合には、同事務総長は、国際連合の主催の下に会議を招集する。会議において出席しかつ投票する締約国の過半数によって採択された改正案は、承認のため、国際連合総会に提出する。

2　改正は、国際連合総会が承認し、かつ、この規約の締約国の三分の二以上の多数がそれぞれの国の憲法上の手続に従って受諾したときに、効力を生ずる。

3　改正は、効力を生じたときは、改正を受諾した締約国を拘束するものとし、他の締約国は、改正前のこの規約の規定（受諾した従前の改正を含む。）により引き続き拘束される。

第三十条

第二十六条5の規定により行われる通報にかかわらず、国際連合事務総長は、同条1に規定するすべての国に対し、次の事項を通報する。

(a)　第二十六条の規定による署名、批准及び加入

(b)　第二十七条の規定に基づきこの規約が効力を生ずる日及び前条の規定により改正が効力を生ずる日

第三十一条

1　この規約は、中国語、英語、フランス語、ロシア語及びスペイン語をひとしく正文とし、国際連合に寄託される。

2　国際連合事務総長は、この規約の認証謄本を第二十六条に規定するすべての国に送付する。

以上の証拠として、下名は、各自の政府から正当に委任を受けて、千九百六十六年十二月十九日にニューヨークで署名のために開放されたこの規約に署名した。

（署名欄は省略）

http://www.mofa.go.jp/mofaj/gaiko/kiyaku/2b_006.html から引用し加工して作成

障害者の権利宣言

採択　１９７５年12月９日
第30回国連総会

総会は、

国際連合憲章のもとにおいて、国連と協力しつつ、生活水準の向上、完全雇用、経済・社会の進歩・発展の条件を促進するため、この機構と協力して共同及び個別の行動をとるとの加盟諸国の誓約に留意し、

国際連合憲章において宣言された人権及び基本的自由並びに平和、人間の尊厳と価値及び社会正義に関する諸原則に対する信念を再確認し、

世界人権宣言、国際人権規約、児童権利宣言及び精神薄弱者の権利宣言の諸原則並びに国際労働機関、国連教育科学文化機関、世界保健機関、国連児童基金及び他の関係諸機関の規約、条約、勧告及び決議において社会発展を目的として既に定められた基準を想起し、

障害防止及び障害者のリハビリテーションに関する１９７５年５月６日の経済社会理事会決議１９２１（第58回会期）をも、また想起し、

社会の進歩及び発展に関する宣言が心身障害者の権利を保護し、またそれらの福祉及びリハビリテーションを確保する必要性を宣言したことを強調し、

身体的・精神的障害を防止し、障害者が最大限に多様な活動分野においてその能力を発揮し得るよう援助し、また可能な限り彼らの通常の生活への統合を促進する必要性に留意し、

若干の国においては、その現在の発展段階においては、この目的のために限られた努力しか払い得ないことを認識し、

この障害者の権利に関する宣言を宣言し、かつこれらの権利の保護のための共通の基礎及び指針として使用されることを確保するための国内的及び国際的行動を要請する。

１　「障害者」という言葉は、先天的か否かにかかわらず、身体的又は精神的能力の不全のために、通常の個人又は社会生活に必要なことを確保することが、自分自身では完全に又は部分的にできない人のことを意味する。

２　障害者は、この宣言において掲げられるすべての権利を享受する。これらの権利は、いかなる例外もなく、かつ、人種、皮膚の色、性、言語、宗教、政治上若しくはその他の意見、国若しくは社会的身分、貧富、出生又は障害者自身若しくはその家族の置かれている状況に基づく区別又は差別もなく、すべての障害者に認められる。

３　障害者は、その人間としての尊厳が尊重さ

れる生まれながらの権利を有している。障害者は、その障害の原因、特質及び程度にかかわらず、同年齢の市民と同等の基本的権利を有する。このことは、まず第一に、可能な限り通常のかつ十分満たされた相当の生活を送ることができる権利を意味する。

4　障害者は、他の人々と同等の市民権及び政治的権利を有する。「精神薄弱者の権利宣言」の第7条は、精神薄弱者のこのような諸権利のいかなる制限又は排除にも適用される。

5　障害者は、可能な限り自立させるよう構成された施策を受ける資格がある。

6　障害者は、補装具を含む医学的、心理学的及び機能的治療、並びに医学的・社会的リハビリテーション、教育、職業教育、訓練リハビリテーション、介助、カウンセリング、職業あっ旋及びその他障害者の能力と技能を最大限に開発でき、社会統合又は再統合する過程を促進するようなサービスを受ける権利を有する。

7　障害者は、経済的社会的保障を受け、相当の生活水準を保つ権利を有する。障害者は、その能力に従い、保障を受け、雇用され、または有益で生産的かつ報酬を受ける職業に従事し、労働組合に参加する権利を有する。

8　障害者は、経済社会計画のすべての段階において、その特別のニーズが考慮される資格を有する。

9　障害者は、その家族又は養親とともに生活し、すべての社会的活動、創造的活動又はレクリエーション活動に参加する権利を有する。障害者は、その居所に関する限り、その状態のため必要であるか又はその状態に由来して改善するため必要である場合以外、差別的な扱いをまぬがれる。もし、障害者が専門施設に入所することが絶対に必要であっても、そこでの環境及び生活条件は、同年齢の人の通常の生活に可能な限り似通ったものであるべきである。

10　障害者は、差別的、侮辱的又は下劣な性質をもつ、あらゆる搾取、あらゆる規則そしてあらゆる取り扱いから保護されるものとする。

11　障害者は、その人格及び財産の保護のために適格なる法的援助が必要な場合には、それらを受け得るようにされなければならない。もし、障害者に対して訴訟が起こされた場合には、その適用される法的手続きは、彼らの身体的精神的状態が十分に考慮されるべきである。

12　障害者団体は、障害者の権利に関するすべての事項について有効に協議を受けるものとする。

13　障害者、その家族及び地域社会は、この宣言に含まれる権利について、あらゆる適切な手段により十分に知らされるべきである。

旧版「『障害児と学校』にかかわる法律・条約・宣言集」（２０００年４月）から引用し加工して作成

国際障害者年行動計画（抄）

採択　１９８０年１月30日
第34／158回国連総会決議

Ａ　序・国際障害者年行動計画の概念構成と主な原則

57　国際障害者年の目的は、障害者がそれぞれの住んでいる社会において社会生活と社会の発展における「完全参加」並びに彼らの社会の他の市民と同じ生活条件及び社会的・経済的発展によって生み出された生活条件の改善における平等な配分を意味する「平等」という目標の実現を推進することにある。こうした考え方は、すべての国においてその発展の水準いかんにかかわらず、同様に、等しい緊急性をもってとり入れられるべきである。

58　障害者の抱える問題は全体としてとらえるとともに、発展のあらゆる側面を考慮に入れなければならない。しかしながら、発展途上国は、優先的に取り組むべき問題が多く、手段と社会資源が不十分であるがゆえに、障害者の問題を解決するために必要な社会資源を振りむけることができずにきてしまったという事実は留意されなければならない。

59　障害者の問題の解決は、その国の総合的発展の水準と密接な関係があるため、発展途上国におけるこれらの問題の解決も、これらの国のより速やかな社会経済的発展のための適切な国際的条件をつくり出し得るか否かに大きくかかっている。それ故、新国際経済体制の確立は、国際障害者年の目標達成のためにまさに適切なものである。今日、世界にはおよそ4億5千万人の障害者がいると推定されているが、その大半は発展途上国において生活している。それ故、国際障害者年関連活動の大部分は、これらの国々における障害者のための環境条件の改善に向けられるべきことは不可欠である。２国間及び多国間の開発計画という枠組みの中で、この分野におけるプロジェクトが国内レベル、地域レベル、国際レベルで、より多くの機会を与えられてしかるべきである。このようなプロジェクトは国家開発戦略の必須の部分たるべきである。そのためには、この障害者年のプログラムの採択と実行においては、加盟諸国の参加とともに、政府系及び民間の障害者の国際組織の参加を確保する必要がある。

60　障害者のうち多数の者は、戦争及び他の形態の暴力の犠牲者であるという事実に想いを致すなら、国際障害者年は、世界平和のための諸国民間の継続的で強い協力の必要性を強調する一つの機会として、最適に利用され得るものである。

61　国際障害者年の重要目的の一つは、障害とは何か、それはどのような問題をもたらすかについての公衆の理解を促進することでなければならない。今日、多くの人々は、障害とは「人体の物理的動作の支障」と等しいと考えている。しかし、障害者といっても等質の集団をなすものではない。例えば耳が全く聴こえない者及び聴覚機能に障害のある者と、視覚障害者、精神薄弱者及び精神病者、身体の動きに障害のある者、そして様々な医学的支障を有している者は、それぞれ異なった解決法を有する異なった問題を有しているのである。

62　国際障害者年は、個人の特質である「身体的・精神的不全（impairment）」と、それによって引き起こされる機能的な支障である「障害（能力不全）（disability）」そして能力不全の社会的結果である「不利（handicap）」の間には区別があるという事実について認識を促進すべきである。

63　障害という問題をある個人とその環境との関計としてとらえることがずっとより建設的な解決の方法であるということは、最近ますます明確になりつつある。過去の経験は、多くの場合社会環境が１人の人間の日常生活に与える身体・精神の不全の影響を決定することを示している。社会は、今なお身体的・精神的能力を完全に備えた人々のみの要求を満たすことを概して行っている。社会は、全ての人々のニーズに適切に、最善に対応するためには今なお学ばねばならないのである。社会は、一般的な物理的環境、社会保健事業、教育、労働の機会、それからまたスポーツを含む文化的・社会的生活全体が障害者にとって利用しやすいように整える義務を負っているのである。これは単に障害者のみならず、社会全体にとっても利益となるものである。ある社会がその構成員のいくらかの人々を閉め出すような場合、それは弱くもろい社会なのである。障害者は、その社会の他の異なったニーズを持つ特別な集団と考えられるべきではなく、その通常の人間的なニーズを満たすのに特別の困難を持つ普通の市民と考えられるべきなのである。障害者のための条件を、改善する行動は、社会のすべての部門の一般的な政策及び計画の不可欠な部分を形成すべきであり、また、それは、国の改革プログラム及び国際協力のための常例的プログラムの一環でなければならない。

64　国際障害者年の間に行われる活動は、実質的なものを指向すべきであり、従って活動の焦点はプライマリー・ヘルス・ケア（基礎的保健事業）、リハビリテーションそして疾病予防事業に当てられるべきである。それは、このような活動が社会的・人道的観点から重要だからであり、特に、社会が障害者の数とその障害程度をかなり減じ得るような方法や手段が存在するようになって以来はなおのことである。

65　「障害者の権利宣言」を含む総会決議３４４７（第30回総会）の第12項に基づき、障害者の組織は、彼らの権利に関するあらゆる事項において有効な協議が受けられてしかるべきである。国際障害者年の重要目的のひとつは、障害者が彼らの考えを効果的に表明し、また政策形成機関の仕事や社会一般の管理運営に活発に参加する権利を確保しうるように、彼らが自らを組織することを支援することである。

66　国際障害者年は、地方、国、地域及び国際レベルにおいて行動をめざしたプログラムを通じて上記の諸原則の実現に貢献すべきである。

67　国際障害者年の進行を通じて得られた経験は、長期行動プログラムの採択ということをもたらすものでなければならない。（以下略）

旧版「『障害児と学校』にかかわる法律・条約・宣言集」（２０００年４月）から引用し加工して作成

サラマンカ宣言

１９９４年６月10日
承認により採択

一九四八年の世界人権宣言で明示されているあらゆる個人の教育への権利を再確認し、そしてまたそれぞれに違いがあるにもかかわらずすべての者に教育への権利を保障するとした、一九九〇年の「万人のための教育」世界会議で世界の諸地域の誓約を継続し、

障害者の教育は教育システムに欠かすことのできない部分であることを各国が保障するように強く求めている一九九三年の「障害者の機会均等化に関する国連の標準規則」に帰結しているいくつかの国連宣言を想起し、

依然として達成されていない特別ニーズを有する人びとの大部分に対する教育へのアクセスの改善に、政府、権利擁護団体、コミュニティ、保護者集団、そしてとくに「障害者」団体の参加が増えていることに満足しながら注目し、そしてまたこうした参加の証として、この世界会議に多数の政府、専門家集団そして政府間組織の高度の代表者が積極的に参加したということを認識しつつ、

1. 我々、一九九四年六月七日から十日にかけてスペインのここサラマンカに集った九二の政府と二五の政府間組織を代表する特別ニーズ教育世界会議の代表は、通常の教育システムのなかにおいて特別ニーズを有する子ども、青年、大人に対する教育を提供することの必要性と緊急性とを認識して、すべての者に対する教育への我々の責任を再確認し、さらに政府や組織がその規定や勧告の精神によって活動するよう「特別ニーズ教育に関する行動枠組み」を支持するものである。

2. 我々は以下のことを信じて宣言する。

・すべての子どもは教育への権利を有しており、満足のいく水準の学習を達成し維持する機会を与えられなければならない。
・すべての子どもが独自の性格、関心、能力および学習ニーズを有している。
・こうした幅の広い性格やニーズを考慮して、教育システムが作られ、教育プログラムが実施されるべきである。
・特別な教育ニーズを有する人びとは、そのニーズに見合った教育を行えるような子ども中心の普通学校にアクセスしなければならない。
・インクルーシヴ(inclusive)な方向性を持つ学校こそが、差別的な態度とたたかい、喜んで受け入れられる地域を創り、インクルーシヴな社会を建設し、万人のための教育を達成するためのもっとも効果的な手段である。さらにこうした学校は大多数の子どもたちに対して効果的な教育を提供し、効率性をあげて結局のところ教育システム全体の経費節約をもたらすものである。

3. 我々はすべての政府に対し次のことを訴え、実施を迫るものである。

・自らの教育システムを改善して、個々の違いや抱える困難さとは関係なく、すべての子どもをそのなかに組み入れることができるような政策や財政に高い優先的順位を与えること
・法律ないし政策の問題として、別の方法で行わざるを得ないという止むにやまれぬ理由がない限り普通学校にすべての子どもを在籍させるインクルーシヴな教育の原則を採用すること
・実証的なプロジェクトを開発し、インクルーシヴな学校での経験を有する国々の間での交換を推奨すること
・特別な教育ニーズを有する子どもや大人に対する教育提供の計画、視察および評価のための、中央集権的ではない参加的機構を確立すること
・特別な教育ニーズに見合った教育の提供に関する計画と意思決定の過程に保護者、コミュニティおよび障害者団体の参加を促し可能にすること
・インクルーシヴな教育の職業的な側面と同様に、初期のころのアイデンティティ形成やその後中間期の教育にもより多くの努力を払うこと
・システムの変化という状況においては、就職前および現職の教員教育プログラムは、インクルーシヴな学校において特別ニーズ教育を行うという目標を目指すようにすること

4. 我々はまた国際社会やその他の機関に対し次のことを求める。

・国際的な協力プログラムや国際的な財団、とくに「万人のための教育」世界会議の後援者となっているユネスコ、ユニセフ、国連開発プログラムおよび世界銀行とかかわっている政府は
——インクルーシヴな学校教育というアプローチを支持し、教育プログラムの不可欠の部分として特別ニーズ教育の発展を支援すること
・国連とその専門機関、とくにILO、世界保健機構、ユネスコおよびユニセフは
——特別ニーズ教育を拡大的、統合的な方

法で提供するための効率的な援助に関する協力や連携を強化するばかりでなく、技術的な協力へのインプットを強めること

・国のプログラムやサービス供給にかかわっている非政府組織は

——国の機関との協同関係を強化し、特別な教育ニーズに見合ったインクルーシヴな教育の供給の計画、実施および評価への参加を強めるようにすること

・ユネスコは教育に関する国連機関として

——特別ニーズ教育はさまざまなフォーラムにおいて「万人のための教育」にかかわるあらゆる議論の不可欠の部分になるようにすること

——特別な教育ニーズに見合った教育の提供にかかわる教員教育を高める問題について教職の関連組織による援助を動員すること

——学術団体が研究や連携を強めるように刺激したり、情報や資料を集めたセンターをリージョン（地域）に設置すること、またこうした活動やこの宣言の遂行において各国レベルで達成された特別な結果や進歩を普及するための情報センターとして活動すること

——普及のための新しいアプローチを並べた先端的プロジェクトの開始を可能にするような、次期中期計画（一九九六から二〇〇二年）において、インクルーシヴな学校とコミュニティ支援プログラムを拡大する計画の策定を通して基金を集めること

5．最後に、我々は会議の開催に関してスペイン政府とユネスコとに大いなる感謝を表明し、そしてまた両者にこの宣言とこれに付随する行動計画とを、とくに社会開発サミット（コペンハーゲン、一九九五年）や世界女性会議（北京、一九九五年）のような重要なフォーラムにおいて世界全体の関心事にさせるためのあらゆる努力をするように要請する。

嶺井正也訳（『福祉労働74』現代書館）より。旧版「『障害児と学校』にかかわる法律・条約・宣言集」（2000年4月）から引用し加工して作成

国連・子どもの権利委員会：総括所見：日本（第３回）

CRC/C/JPN/CO/3
配布：一般
２０１０年６月11日
原文：英語（ＰＤＦファイル）
【日本語仮訳：子どもの権利条約ＮＧＯレポート連絡会議】（注：〔　〕およびリンクは訳者による補足である。また、原文では勧告部分が太字になっているが、ここではパラグラフ番号のみを太字とした。）

子どもの権利委員会 第54会期
２０１０年５月25日～６月11日
条約第44条にもとづいて締約国が提出した報告書の検討
総括所見：日本

1． 委員会は、２０１０年５月27日に開かれた第１５０９回および第１５１１回会合（CRC/C/SR.1509 および CRC/C/SR.1511 参照）において日本の第３回定期報告書〔ＰＤＦ〕（CRC/C/JPN/3）を検討し、２０１０年６月１１日に開かれた第１５４１回会合において以下の総括所見を採択した。

Ａ．序

2． 委員会は、第３回定期報告書および委員会の事前質問事項（CRC/C/JPN/Q/3/Add.1）に対する文書回答〔ＰＤＦ〕の提出を歓迎する。委員会は、部門を横断した代表団の出席および有益かつ建設的な対話を歓迎するものである。

3． 委員会は、締約国に対し、この総括所見は、２０１０年６月１１日に採択された、子どもの売買、子ども買春および子どもポルノグラフィーに関する選択議定書に基づく第１回締約国報告書についての総括所見（CRC/C/OPSC/JPN/CO/1）および武力紛争への子どもの関与に関する選択議定書についての総括所見（CRC/C/OPAC/JPN/CO/1）とあわせて読まれるべきであることを想起するよう求める。

Ｂ．締約国によるフォローアップ措置および達成された進展

4． 委員会は、武力紛争への子どもの関与に関する選択議定書の批准（２００４年８月２日）および子どもの売買、子ども買春および子どもポルノグラフィーに関する選択議定書の批准（２００５年１月２４日）を歓迎する。

5． 委員会は、以下の立法措置がとられたことに評価の意とともに留意する。

(a)２００４年および２００８年の児童虐待防止法改正。これにより、とくに児童虐待の定義が見直され、国および地方の政府の責任が明確化され、かつ虐待事案の通報義務が拡大された。

(b)２００４年および２００８年の児童福祉法改正。これにより、とくに、要保護児童対策地域協議会の設置権限が地方政府に与えられた。

(c)２００５年６月の刑法改正による人身売買の犯罪化。

(d)子ども・若者育成支援推進法の公布（２０１０年）。

(e)２０１０年〔２００６年〕の教育基本法改正。

6． 委員会はまた、人身取引対策行動計画（２００９年１２月）、および、自殺率削減のための取り組みの調整を促進する目的で２００５年７月に採択された「自殺に関する総合対策の緊急かつ効果的な推進を求める決議」も歓迎する。

Ｃ．主要な懸念領域および勧告

１．実施に関する一般的措置（条約第４条、第42条および第44条第６項）

委員会の前回の勧告

7．委員会は、締約国の第2回報告書（CRC/C/104/Add.2）の検討を受けて２００４年２月に行なわれた懸念表明および勧告（CRC/C/15/Add.231）の一部に対応するため締約国が行なった努力を歓迎するが、その多くが十分に実施されておらず、またはまったく対応されていないことを遺憾に思う。委員会は、この総括所見において、これらの懸念および勧告をあらためて繰り返す。

8．委員会は、締約国に対し、第2回報告書審査に関する総括所見の勧告のうちまだ実施されていないもの（「調整および国家行動計画」に関するパラ12、独立した監視に関するパラ14、「子どもの定義」に関するパラ22、「差別の禁止」に関するパラ24、「名前および国籍」に関するパラ31、「体罰」に関するパラ35、障害に関するパラ43および「若者の自殺」に関するパラ47に掲げられた勧告を含む）に対応し、かつこの総括所見に掲げられた懸念事項に包括的に対応するため、あらゆる努力を行なうよう促す。

留保

9．委員会は、締約国が第37条（c）に対する留保を維持していることを遺憾に思う。

10．委員会は、締約国が、条約の全面的適用の障害となっている条約第37条（c）に対する留保の撤回を検討するよう勧告する。

立法

11．委員会は、子どもの権利の分野において、子どもの生活条件および発達の向上に資するいくつかの法律の公布および改正が行なわれたことに留意する。しかしながら委員会は、子ども・若者育成支援推進法が条約の適用範囲を完全に網羅しておらず、または子どもの権利を保障するものではないこと、および、包括的な子どもの権利法が制定されていないことを依然として懸念する。委員会はまた、少年司法分野におけるものも含め、国内法の一部の側面が条約の原則および規定にいまなお一致していないことにも留意する。

12．委員会は、締約国が、子どもの権利に関する包括的法律の採択を検討し、かつ、国内法を条約の原則および規定と完全に調和させるための措置をとるよう、強く勧告する。

調整

13．委員会は、子ども・若者育成支援推進本部、教育再生会議および種々の政府審議会など、子どもの権利に関する政策の実施に携わる多くの国家機関が存在することに留意する。しかしながら委員会は、これらの機関間でならびに国、広域行政圏および地方のレベル間で効果的調整を確保するための機構が存在しないことを懸念する。

14．委員会は、締約国が、子どもの権利を実施する目的で締約国が国、広域行政圏および地方のレベルで行なっているあらゆる活動を効果的に調整するための明確な権限ならびに十分な人的資源および財源を与えられた適切な国家機構を設置するとともに、子どもの権利の実施に携わっている市民社会組織との継続的交流および協力を確立するよう勧告する。

国家的行動計画

15．委員会は、子ども・若者育成支援推進法（２０１０年４月）などの多くの具体的措置がとられてきたことを歓迎するとともに、すべての子どもの成長を支援し、かつ子どもを全面的に尊重するために政府の体制一元化を図ることを目的とした「子ども・子育てビジョン」および「子ども・若者ビジョン」の策定に関心をもって留意する。しかしながら委員会は、条約のすべての分野を網羅し、かつ、とくに子どもたちの間に存在する不平等および格差に対応する、子どものための、権利を基盤とした包括的な国家的行動計画が存在しないことを依然として懸念する。

16．委員会は、締約国が、地方の公的機関、市民社会および子どもを含む関係パートナーと協議および協力しながら、子どものための国家的行動計画を採択しかつ実施するよう勧告する。このような行動計画は、中長期的達成目標を掲げ、条約のすべての分野を網羅し、十分な人的資源および財源を提供し、かつ、必要に応じて成果の管理および措置の修正を行なう監視機構を備えたものでなければならない。委員会はとくに、このような行動計画において、所得および生活水準の不平等、ならびに、ジェンダー、障がい、民族的出身、および、子どもが発達し、学習し、かつ責任ある生活に向けた準備を進める機会を形成するその他の要因による格差に対応するよう勧告する。委員会は、締約国が、国連子ども特別総会の成果文書「子どもにふさわしい世界」（２００２年）およびその中間レビュー（２００７年）を考慮するよう勧告する。

独立した監視

17．委員会は、条約の実施を国レベルで監視する独立の機構が存在しないことに懸念を表明する。これとの関連で、委員会は、５つの自治体で子どもオンブズパーソンが任命されているという締約国の情報に留意する。しかしながら委員会は、これらのオンブズパーソンの権限、独立性および職務、効果的活動を確保するために利用可能な財源その他の資源、ならびに、（遺憾ながら２００２年以来棚上げされている人権擁護法案に基づいて設置予定の）人権委員会との関係のあり方の構想に関する情報が存在しないことを遺憾に思う。

18．委員会は、締約国が以下の措置をとるよう勧告する。

(a)早期に人権擁護法案を通過させ、かつ国内機関の地位に関するパリ原則（国連総会決議48／134）にしたがった国家人権委員会を設置できるようにするとともに、同委員会に対し、条約の実施を監視し、苦情を受け付けてそのフォローアップを行ない、かつ子どもの権利の組織的侵害を調査する権限を与えること。

(b)次回の報告書において、国家人権委員会および子どもオンブズパーソンに与えられた権限、職務および資源についての情報を提供すること。

(c)独立した国内人権機関の役割に関する委員会の一般的意見2号（２００２年）を考慮すること。

資源配分

19．委員会は、締約国の社会支出がＯＥＣＤ平均よりも低いこと、最近の経済危機以前から貧困がすでに増加しており、いまや人口の約15%に達していること、および、子どものウェルビーイングおよび発達のための補助金および諸手当がこれまで一貫したやり方で整備されてこなかったことに、深い懸念を表明する。委員会は、新しい〔子ども〕手当制度および高校無償化法を歓迎するものの、国および自治体の予算における子どものための予算配分額が明確でなく、子どもの生活への影響という観点から投資を追跡しかつ評価できなくなっていることを依然として懸念する。

20．委員会は、締約国が以下の措置をとるよう、強く勧告する。

(a)子どもの権利を実現する締約国の義務を満たせる配分が行なわれるようにするため、中央および自治体レベルの予算を子どもの権利の観点から徹底的に検討すること。

(b)子どもの権利に関わる優先的課題を反映した戦略的予算科目を定めること。

(c)子どものための優先的予算科目を資源水準の変化から保護すること。

(d)指標システムに基づいて政策の成果をフォローアップする追跡システムを確立すること。

(e)市民社会および子どもがあらゆるレベルで協議の対象とされることを確保すること。

データ収集

21．委員会は、子どもおよびその活動に関する相当量のデータが定期的に収集されかつ公表されていることを理解する。しかしながら委員会は、条約が対象としている一部の分野に関してデータが存在しないこと（貧困下で暮らしている子ども、障がいのある子どもおよび日本国籍を有していない子どもの就学率ならびに学校における暴力およびいじめに関するものを含む）に懸念を表明する。

22. 委員会は、締約国が、権利侵害を受けるおそれがある子どもについてのデータ収集の努力を強化するよう勧告する。締約国はまた、条約の実施において達成された進展を効果的に監視しかつ評価することおよび子どもの権利の分野における政策の効果を評価することを目的とした指標も開発するべきである。

広報、研修および意識啓発

23. 委員会は、子どもとともにおよび子どものために活動している専門家ならびに一般公衆の間で条約に関する意識を促進するために締約国が行なってきた努力には留意するものの、これらの努力が十分ではないこと、または条約の原則および規定を普及するための計画が実行に移されていないことを依然として懸念する。とりわけ、子どもおよびその親に対して情報をより効果的に普及することが緊急に必要である。委員会はまた、子どものためにおよび子どもとともに活動している専門家の研修が不十分であることも懸念する。

24. 委員会は、締約国に対し、子どもおよび親の間で条約に関する情報の普及を拡大するよう奨励する。委員会は、締約国に対し、子どものためにおよび子どもとともに活動しているすべての者（教職員、裁判官、弁護士、法執行官、メディア従事者、公務員およびあらゆるレベルの政府職員を含む）を対象とした、子どもの権利を含む人権に関する体系的かつ継続的な研修プログラムを発展させるよう促す。

市民社会との協力

25. 市民社会組織と多くの会合が持たれてきたことに関する締約国の情報には留意しながらも、委員会は、子どもの権利のための政策およびプログラムの開発、実施および評価のあらゆる段階で重要である継続的協力の慣行がいまなお確立されていないことを懸念する。委員会はまた、市民社会組織が、委員会の前回の総括所見のフォローアップに関与しておらず、または締約国の第3回定期報告書の作成中に意見を述べる十分な機会を与えられなかったことも懸念する。

26. 委員会は、締約国に対し、市民社会との協力を強化するとともに、条約の実施のあらゆる段階（定期報告書の作成を含む）を通じて市民社会組織のより組織的な関与を図るよう奨励する。

子どもの権利と企業セクター

27. 委員会は、民間セクターが子どもおよびその家族の生活に甚大な影響を及ぼしていることに留意し、かつ、子どものウェルビーイングおよび発達に関わる企業セクターの社会的および環境的責任について締約国が規制を行なっているのであれば、当該規制に関する情報が存在しないことを遺憾に思う。

28. 委員会は、締約国に対し、企業の活動から生じるいかなる悪影響からも地域コミュニティ、とくに子どもを保護する目的で、企業セクターが企業の社会的および環境的責任に関する国内外の基準を遵守することを確保するための規制を確立しかつ実施するため、効果的措置をとるよう奨励する。

国際協力

29. 委員会は、いまなお相当額にのぼる政府開発援助（ＯＤＡ）に留意するとともに、２００３年の戦略的改定によって貧困削減、持続可能性、安全保障および平和維持措置が優先されるようになったことを歓迎するが、締約国が一貫してＯＤＡ予算額を削減しており、国内総生産（ＧＤＰ）の0.7％をＯＤＡに支出するという国際合意よりもはるかに低い、対ＧＤＰ比0.2％という水準であることを懸念する。委員会はとくに、開発途上国における気候変動対策といった特定の目的のために追加的資源の配分を行なうこと、および、アフリカ諸国向けの援助が顕著に増額されること以外には一般的改革は計画されていないと締約国が表明したことを懸念する。

30. 委員会は、締約国が、とくに子どもに利益をもたらすプログラムおよび措置に対して提供される資源を増加させる目的で、ＯＤＡに関する国際的達成目標へのコミットメントを再検討するよう勧告する。委員会はさらに、締約国が、当該供与相手国に関する子どもの権利委員会の総括所見および勧告を考慮するよう提案する。

2．子どもの定義（条約第1条）

31．委員会は、最低婚姻年齢の男女差（男子18歳・女子16歳）を解消するよう求めた前回の総括所見の勧告（CRC/C/15/Add.231、パラ22）にも関わらず、格差が残っていることについて懸念を表明する。

32． 委員会は、締約国がその立場を再検討し、婚姻年齢を引き上げて両性ともに18歳にするよう勧告する。

3．一般原則（条約第2条、第3条、第6条および第12条）

差別の禁止

33．委員会は、若干の立法措置がとられたにも関わらず、無遺言相続を規律する法律上、婚外子がいまなお婚内子と同一の権利を享受していないことを懸念する。委員会はまた、民族的マイノリティに属する子ども、日本国籍を有していない子ども、移住労働者の子ども、難民である子どもおよび障害のある子どもに対する社会的差別が根強く残っていることも懸念する。委員会は、男女平等の促進に言及していた教育基本法第５条が削除されたことに対する女性差別撤廃委員会の懸念（CEDAW/C/JPN/CO/6）を繰り返す。

日本政府のコメント

男女共同参画の推進に言及した教育基本法第５条の削除に関する委員会の懸念について、日本政府は以下の見解を表明する。

教育上、男女の共学は認められなければならないと定める旧教育基本法第５条の目的は、制定以降の60年間、日本において広く理解・実践されてきた。しかし、社会における男女共同参画は十全に実現されていないことから、男女双方が、互いにその人権を尊重し、責任を分かち合い、性別にかかわりなくその個性と能力を十分に発揮することができる男女共同参画社会を実現するためには、相互の尊重および男女の協働によりより豊かな社会を築いていくために必要な能力および才能を、教育を通じて発達させていくことが重要である。これに基づき、「男女の平等」は、日本で教育を行うために求められる不可欠の目標のひとつとして、改正教育基本法第２条でとくに定められている。委員会の懸念は誤解に基づくものである。

34． 委員会は、締約国が以下の措置をとるよう勧告する。

(a)包括的な反差別法を制定し、かつ、どのような事由であれ子どもを差別するあらゆる立法を廃止すること。

(b)とくに女子、民族的マイノリティに属する子ども、日本人ではない子どもおよび障害のある子どもに対して実際に行なわれている差別を削減しかつ防止するため、意識啓発キャンペーンおよび人権教育を含む必要な措置をとること。

35．委員会は、刑法で女性および女子しか強姦罪および関連の犯罪の被害者として想定されておらず、かつ、そのためこれらの規定に基づく保護が男子には及ばないことに、懸念とともに留意する。

36． 委員会は、男子か女子かを問わず強姦の被害者全員が同一の保護を与えられることを確保するため、締約国が刑法改正を検討するよう勧告する。

子どもの最善の利益

37．子どもの最善の利益は児童福祉法に基づいて考慮されているという締約国の情報は認知しながらも、委員会は、１９７４〔１９４７〕

年に採択された同法に、子どもの最善の利益の優越性が十分に反映されていないことに懸念とともに留意する。委員会はとくに、そのような優越性が、難民および資格外移住者である子どもを含むすべての子どもの最善の利益を統合する義務的プロセスを通じ、すべての立法に正式にかつ体系的に統合されているわけではないことを懸念する。

38．委員会は、締約国が、あらゆる法規定において、ならびに、子どもに影響を与える司法上および行政上の決定およびプロジェクト、プログラムならびにサービスにおいて、子どもの最善の利益の原則が実施されかつ遵守されることを確保するための努力を継続しかつ強化するよう勧告する。

39．委員会は、子どものケアまたは保護に責任を負う相当数の機関が、とくに職員の数および適格性ならびに監督およびサービスの質に関して適切な基準に合致していないという報告があることに、懸念とともに留意する。

40．委員会は、締約国が以下の措置をとるよう勧告する。

(a) そのような機関が提供するサービスの質および量を対象とし、かつ公共部門および民間部門の両方に適用されるサービス基準を発展させかつ定義するための効果的措置をとること。

(b) 公共部門および民間部門の両方において、そのような基準を一貫して遵守させること。

生命、生存および発達に対する権利

41．「自殺に関する総合対策の緊急かつ効果的な推進を求める決議」などを通じ、子ども、とくに思春期の青少年の間で発生している自殺の問題に対応しようとする締約国の努力には留意しながらも、委員会は、子どもおよび思春期の青少年が自殺していること、および、自殺および自殺未遂に関連したリスク要因に関する調査研究が行なわれていないことを依然として懸念する。委員会はまた、子どもの施設で起きている事故が、そのような施設で安全に関する最低基準が遵守されていないことと関連している可能性があるという情報にも懸念する。

42．委員会は、締約国が、子どもの自殺リスク要因について調査研究を行ない、防止措置を実施し、学校にソーシャルワーカーおよび心理相談サービスを配置し、かつ、困難な状況にある子どもに児童相談所システムがさらなるストレスを課さないことを確保するよう勧告する。委員会はまた、締約国が、官民問わず、子どものための施設を備えた機関が適切な最低安全基準を遵守することを確保するようにも勧告する。

子どもの意見の尊重

43．司法上および行政上の手続、学校、子ども施設ならびに家庭において子どもの意見は考慮されているという締約国の情報には留意しながらも、委員会は、正式な規則では年齢制限が高く定められていること、児童相談所を含む児童福祉サービスが子どもの意見をほとんど重視していないこと、学校において子どもの意見が重視される分野が限定されていること、および、政策策定プロセスにおいて子どもおよびその意見に言及されることがめったにないことを依然として懸念する。委員会は、権利を有する人間として子どもを尊重しない伝統的見解のために子どもの意見の重みが深刻に制限されていることを依然として懸念する。

44．条約第12条および意見を聴かれる子どもの権利に関する委員会の一般的意見12号（2009年）に照らし、委員会は、締約国が、あらゆる場面（学校その他の子ども施設、家庭、地域コミュニティ、裁判所および行政機関ならびに政策策定プロセスを含む）において、自己に影響を及ぼすあらゆる事柄に関して全面的に意見を表明する子どもの権利を促進するための措置を強化するよう勧告する。

4．市民的権利および自由（条約第7条、第8条、

第13～17条、第19条および第37条(a)

出生登録

45. 委員会は、締約国の多くの規則が、一定の状況下にある親、とくに子どもの出生を登録することのできない、在留資格のない移住者のもとに生まれた子どもの出生登録の可能性を制約する効果を有しているという、前回の総括所見（CRC/C/15/Add.231）に掲げられた懸念をあらためて繰り返す。これらの規則が存在する結果、多くの子どもが登録されず、このような子どもが法律上無国籍となる状況が生み出されている。

46. 委員会は、締約国が以下の措置をとるよう勧告する。

(a)すべての子どもの登録を確保し、かつ子どもを法律上の無国籍状態から保護するため、条約第7条の規定にしたがい、国籍および市民権に関わる法律および規則を改正すること。

(b)無国籍者の地位に関する条約（１９５４年）および無国籍の削減に関する条約（１９６１年）の批准を検討すること。

体罰

47. 学校における体罰が明示的に禁じられていることには留意しつつ、委員会は、その禁止規定が効果的に実施されていないという報告があることに懸念を表明する。委員会は、すべての体罰を禁ずることを差し控えた１９８１年の東京高等裁判所判決に、懸念とともに留意する。委員会はさらに、家庭および代替的養護現場における体罰が法律で明示的に禁じられていないこと、および、とくに民法および児童虐待防止法が適切なしつけの行使を認めており、体罰の許容可能性について不明確であることを懸念する。

48. 委員会は、締約国が以下の措置をとるよう強く勧告する。

(a)家庭および代替的養護現場を含むあらゆる場面で、子どもを対象とした体罰およびあらゆる形態の品位を傷つける取り扱いを法律により明示的に禁止すること。

(b)あらゆる場面における体罰の禁止を効果的に実施すること。

(c)体罰等に代わる非暴力的な形態のしつけおよび規律について、家族、教職員ならびに子どもとともにおよび子どものために活動しているその他の専門家を教育するため、キャンペーンを含む伝達プログラムを実施すること。

子どもに対する暴力に関する国連研究のフォローアップ

49. 子どもに対する暴力に関する国連事務総長研究（A/61/299）について、委員会は、締約国が以下の措置をとるよう勧告する。

(a)東アジア・太平洋地域協議（２００５年６月14～16日、バンコク）の成果および勧告を考慮しながら、子どもに対する暴力に関する国連研究の勧告を実施するためにあらゆる必要な措置をとること。

(b)以下の勧告に特段の注意を払いながら、子どもに対するあらゆる形態の暴力の撤廃に関わる同研究の勧告の実施を優先させること。

▼(i)子どもに対するあらゆる形態の暴力を禁止すること。

▼(ii)子どもとともにおよび子どものために活動しているすべての者の能力を増進させること。

▼(iii)回復および社会的再統合のためのサービスを提供すること。

▼(iv)アクセスしやすく、子どもにやさしい通報制度およびサービスを創設すること。

▼(v)説明責任を確保し、かつ責任が問われない状態に終止符を打つこと。

▼(vi)国レベルの体系的なデータ収集および調査研究を発展させ、かつ実施すること。

(c)すべての子どもがあらゆる形態の身体的、性的および心理的暴力から保護されることを確保し、かつ、このような暴力および虐待を防止しかつこれに対応するための具体的な（かつ適切な場合には期限を定めた）行動に弾みをつける目的で、市民社会と連携しながら、かつとくに子どもの参加を得ながら、これらの勧告を行動のためのツールとして活用すること。

(d)次回の報告書において、締約国による同研究の勧告の実施に関わる情報を提供すること。

(e)子どもに対する暴力に関する国連事務総長特別代表と協力し、かつ同代表を支援すること。

5．家庭環境および代替的養護（条約第5条、第18条（第1～2項）、第9～11条、第19～21条、第25条、第27条（第4項）および第39条）

家庭環境

50．日本社会で家族の価値が不朽の重要性を獲得していることは承知しつつ、委員会は、親子関係の悪化にともなって子どもの情緒的および心理的ウェルビーイングに否定的影響が生じており、子どもの施設措置という結果さえ生じていることを示す報告があることを懸念する。委員会は、これらの問題が、高齢者と乳幼児のケアとの間で生じる緊張、ならびに、貧困がとくにひとり親世帯に及ぼす影響に加え、学校における競争、仕事と家庭生活の両立不可能性等の要因から生じている可能性があることに留意する。

51．委員会は、締約国が家族を支援しかつ強化するための措置を導入するよう勧告する。そのための手段としては、子育ての責任を履行する家族の能力を確保する目的で男女双方を対象として仕事と家庭生活との適切なバランスを促進すること、親子関係を強化すること、および、子どもの権利に関する意識啓発を図ることなどがあげられる。委員会はさらに、社会サービス機関が、子どもの施設措置を防止するためにも、不利な立場に置かれた子どもおよび家族に優先的に対応し、かつ適切な金銭的、社会的および心理的支援を提供するよう勧告する。

親のケアを受けていない子ども

52．委員会は、親のケアを受けていない子どもを対象とする、家族を基盤とした代替的養護に関する政策が存在しないこと、家族から引き離されて養護の対象とされる子どもの人数が増えていること、小集団の家庭型養護を提供しようとする努力にも関わらず多くの施設の水準が不十分であること、および、代替的養護施設において子どもの虐待が広く行なわれているという報告があることに、懸念とともに留意する。これとの関連で、委員会は、遺憾ながら広く実施はされていないものの、苦情申立て手続が設けられたことに留意する。委員会は、里親が義務的研修を受け、かつ増額された手当を受給していることを歓迎するが、一部類型の里親が金銭的支援を受けていないことを懸念する。

53．委員会は、第１８条に照らし、締約国が以下の措置をとるよう勧告する。

(a)子どもの養護を、里親家庭、または居住型養護における小集団編成のような家庭的環境のもとで提供すること。

(b)里親養護を含む代替的養護現場の質を定期的に監視し、かつ、あらゆる養護現場による適切な最低基準の遵守を確保するための措置をとること。

(c)代替的養護現場における児童虐待を調査し、かつその責任者を訴追するとともに、虐待の被害者が苦情申立て手続、カウンセリング、医療的ケアその他の適切な回復援助にアクセスできることを確保すること。

(d)金銭的支援がすべての里親に提供されるようにすること。

(e)「子どもの代替的養護に関する国連指針」（国連総会決議A/RES/64/142参照）〔厚生労働省仮訳（ＰＤＦ）〕を考慮すること。

養子縁組

54．委員会は、養親またはその配偶者の直系卑属である子どもの養子縁組が司法機関による監督または家庭裁判所の許可を受けずに行なえることに、懸念とともに留意する。委員会はさらに、国外で養子とされた子どもの登録機関が存在しないことを含め、国際養子縁組が十分に監督されていないことを懸念する。

55. 委員会は、締約国が以下の措置をとるよう勧告する。

(a)すべての養子縁組が司法機関による許可の対象とされ、かつ子どもの最善の利益にしたがって行なわれること、および、養子とされたすべての子どもの登録機関が維持されることを確保するための措置をとり、かつこれを効果的に実施すること。

(b)国際養子縁組についての子の保護および協力に関するハーグ第３３号条約（１９９３年）の批准を検討すること。

児童虐待およびネグレクト

56. 委員会は、虐待防止のための機構を定めかつ執行する、児童虐待防止法および児童福祉法の改正等の措置を歓迎する。しかしながら委員会は、民法上の「親権」概念によって「包括的支配」を行なう権利が与えられていることおよび親が過大な期待を持つことにより、子どもが家庭で暴力を受けるおそれが生じていることを依然として懸念する。委員会は、児童虐待の発生件数が増え続けていることに、懸念とともに留意する。

57. 委員会は、締約国が、以下のものを含む措置をとることにより、児童虐待の問題に対応する現在の努力を強化するよう勧告する。

(a)虐待およびネグレクトの否定的影響に関する公衆教育プログラム、ならびに家族発達プログラムを含む防止プログラムを実施し、かつ、積極的な、非暴力的形態のしつけを促進すること。

(b)家庭および学校で虐待の被害を受けた子どもに十分な保護を提供すること。

6. 基礎保健および福祉（条約第6条、第18条（第3項）、第23条、第24条、第26条および第27条（第1～3項））

障がいのある子ども

58. 委員会は、締約国が、障がいのある子どもを支援し、学校における交流学習を含む社会参加を促進し、かつその自立を発達させることを目的として、法律の採択ならびにサービスおよび施設の設置を進めてきたことに留意する。委員会は、根深い差別がいまなお存在すること、および、障がいのある子どものための措置が注意深く監視されていないことを、依然として懸念する。委員会はまた、必要な設備および便益を用意するための政治的意思および財源が欠けていることにより、障がいのある子どもによる教育へのアクセスが引き続き制約されていることにも留意する。

59. 委員会は、締約国が以下の措置をとるよう勧告する。

(a)障がいのあるすべての子どもを全面的に保護するために法律の改正および採択を行なうとともに、進展を注意深く記録し、かつ実施における欠点を明らかにする監視システムを確立すること。

(b)障がいのある子どもの生活の質を高め、その基本的ニーズを満たし、かつそのインクルージョンおよび参加を確保することに焦点を当てた、コミュニティを基盤とするサービスを提供すること。

(c)存在している差別的態度と闘い、かつ障がいのある子どもの権利および特別なニーズについて公衆の感受性を高めること、障がいのある子どもの社会へのインクルージョンを奨励すること、ならびに、意見を聴かれる子どもおよびその親の権利の尊重を促進することを目的とした、意識啓発キャンペーンを実施すること。

(d)障がいのある子どものためのプログラムおよびサービスに対して十分な人的資源および財源を提供するため、あらゆる努力を行なうこと。

(e)障がいのある子どものインクルーシブ教育のために必要な便益を学校に備えるとともに、障がいのある子どもが希望する学校を選択し、またはその最善の利益にしたがって普通学校と特別支援学校との間で移行できることを確保すること。

(f)障がいのある子どものためにおよびそのような子どもとともに活動している非政府組織（ＮＧＯ）に対し、援助を提供すること。

(g)教職員、ソーシャルワーカーならびに保健・医療・治療・養護従事者など、障がいのある子どもとともに活動している専門的職員を対象とした研修を行なうこと。

(h)これとの関連で、障がいのある人の機会均等化に関する国連基準規則（国連総会決議48／96）および障がいのある子どもの権利に関する委員会の一般的意見9号（２００６年）を考慮すること。

(i)障がいのある人の権利に関する条約（署名済み）およびその選択議定書（２００６年）を批准すること。

メンタルヘルス

60．委員会は、著しい数の子どもが情緒的ウェルビーイングの水準の低さを報告していること、および、親および教職員との関係の貧しさがその決定要因となっている可能性があることを示すデータに留意する。委員会はまた、発達障がい者支援センターにおける注意欠陥・多動性障がい（ＡＤＨＤ）の相談数が増えていることにも留意する。委員会は、ＡＤＨＤの治療に関する調査研究および医療専門家の研修が開始されたことを歓迎するが、この現象が主として薬物によって治療されるべき生理的障がいと見なされていること、および、社会的決定要因が正当に考慮されていないことを懸念する。

61．委員会は、締約国が、子どもおよび思春期の青少年の情緒的および心理的ウェルビーイングの問題に、あらゆる環境における効果的支援を確保する学際的アプローチを通じて対応するための効果的措置をとるよう勧告する。委員会はまた、締約国が、ＡＤＨＤの診断数の推移を監視するとともに、この分野における調査研究が製薬産業とは独立に実施されることを確保するようにも勧告する。

保健サービス

62．委員会は、行動面に関わる学校の期待を満たさない子どもが児童相談所に送致されることに、懸念とともに注目する。委員会は、専門的処遇の水準（意見を聴かれる子どもの権利の実施および子どもの最善の利益の考慮を含む）に関する情報が存在しないことを懸念するとともに、成果の体系的評価が利用されていないことを遺憾に思う。

63．委員会は、締約国が、児童相談所システムおよびその作業方法に関する独立の調査（リハビリテーションの成果に関する評価も含む）を委託し、かつ、このレビューの結果に関する情報を次回の定期報告書に含めるよう勧告する。

ＨＩＶ／ＡＩＤＳ

64．委員会は、ＨＩＶ／ＡＩＤＳその他の性感染症の感染率が上昇していること、および、これらの健康問題に関する思春期の青少年向けの教育が限定されていることに懸念を表明する。

65．委員会は、締約国が、学校カリキュラムにリプロダクティブ・ヘルス〔性と生殖に関わる健康〕教育が含まれることを確保し、かつ思春期の青少年に対して自己のリプロダクティブ・ライツ〔性と生殖に関わる権利〕に関する情報（10代の妊娠およびＨＩＶ／ＡＩＤＳを含む性感染症の予防に関するものを含む）を全面的に提供するとともに、思春期の健康および発達に関する委員会の一般的意見4号（２００３年）を考慮に入れながら、ＨＩＶ／ＡＩＤＳその他の性感染症の予防のためのすべてのプログラムに思春期の青少年が容易にアクセスできることを確保するよう勧告する。

十分な生活水準に対する権利

66．対話の際、委員会は、すべての子どもを対象とする改善された子ども手当制度が２０１０年４月から施行された旨の情報を提供されたが、この新たな措置が、貧困下で暮らしている人口の割合（15％）を、生活保護法およびひとり親家庭（とくに女性が世帯主である世帯）を援助するためのその他の措置のような現在適用されている措置よりも効果的に低下させることにつながるかどうか評価するためのデータは、利用可能とされていない。委員会は、財政政策および経済政策（労働規制緩和および民営化戦略等）が、賃金削減、女性と男性の賃金格差ならびに子どものケアおよび教育のための支出の増加により、親およびとくにシングルマザーに影響を与えている可能性があることを懸念する。

67. 委員会は、締約国が子どもの貧困を根絶するために適切な資源を配分するよう勧告する。そのための手段には、貧困の複雑な決定要因、発達に対する子どもの権利およびすべての家族（ひとり親家族を含む）に対して確保されるべき生活水準を考慮に入れながら、貧困削減戦略を策定することも含まれる。委員会はまた、締約国に対し、親は子育ての責任を負っているために労働の規制緩和および流動化のような経済戦略に対処する能力が制約されていることを考慮に入れるとともに、金銭的その他の支援の提供によって、子どものウェルビーイングおよび発達にとって必要な家族生活を保障することができているかどうか、注意深く監視するよう促す。

子どもの扶養料の回復

68. 子どもの扶養料の回復を図ることを目的とした民事執行法の制定（２００４年）には留意しつつ、委員会は、別居または離婚した親（出国した者を含む）の多く（ほとんどは父親）が扶養義務を果たしていないこと、および、未払いの扶養料を回復するための現行手続が十分ではないことを懸念する。

69. 委員会は、締約国が以下の措置をとるよう勧告する。

(a) 婚姻しているか否かに関わらず、両方の親がその子どもの扶養に公平に貢献すること、および、いずれかの親が義務を履行しない場合に扶養義務が効果的に回復されることを確保する、現行の法律および措置の実施を強化すること。

(b) 新たな機構（すなわち、債務不履行の親の扶養義務を履行し、かつ、その後、適切な場合には民事上または刑事上の法律を通じて未払金を回収する国家基金）を設立し、扶養料の支払いがこの機構を通じて回復されることを確保すること。

(c) 親責任および子の保護措置についての管轄権、準拠法、承認、執行および協力に関するハーグ第34号条約（１９９６年）を批准すること。

7. 教育、余暇および文化的活動（条約第28条、第29条および第31条）

教育（職業訓練および職業指導を含む）

70. 委員会は、日本の学校制度によって学業面で例外的なほど優秀な成果が達成されてきたことを認めるが、学校および大学への入学を求めて競争する子どもの人数が減少しているにも関わらず過度の競争に関する苦情の声があがり続けていることに、懸念とともに留意する。委員会はまた、このような高度に競争的な学校環境が就学年齢層の子どものいじめ、精神障がい、不登校、中途退学および自殺を助長している可能性があることも、懸念する。

71. 委員会は、学業面での優秀な成果と子ども中心の能力促進とを結合させ、かつ、極端に競争的な環境によって引き起こされる悪影響を回避する目的で、締約国が学校制度および大学教育制度を再検討するよう勧告する。これとの関連で、締約国は、教育の目的に関する委員会の一般的意見１号（２００１年）を考慮するよう奨励される。委員会はまた、締約国が、子ども同士のいじめと闘う努力を強化し、かつそのような措置の策定に子どもたちの意見を取り入れるよう勧告する。

72. 委員会は、中国系、北朝鮮系その他の出身の子どもを対象とした学校に対する補助金が不十分であることを懸念する。委員会はまた、このような学校の卒業生が日本の大学の入学試験を受けられない場合があることも懸念する。

73. 委員会は、締約国に対し、外国人学校への補助金を増額し、かつ大学入試へのアクセスにおいて差別が行なわれないことを確保するよう奨励する。締約国は、ユネスコ・教育差別禁止条約の批准を検討するよう奨励される。

日本政府のコメント

「各種学校」として認可されている外国人学校のほとんどは、実際には自治体による補助を受けている。さらに、これらの学校の卒業生が日本の大学入学試験を受験する資格がない場合がある旨の委員会の懸念については、中等学校を修了した者または同等の学力を有する者は、国籍に関わらず、誰でも大学入学試験の受験資格を有する。外国人学校の卒業生に関しては、以下の基準を満たす者は誰でも大学入学試験の受験資格を有するところである。

1)母国によって高等学校相当の課程を有する旨認定されている日本の外国人学校を卒業した者。

2)国際的な評価団体の認定を受けた外国人学校の12年の課程を修了した者。

3)大学が行う個別の入学資格審査により、高等学校を卒業した者に相当する以上の学力を有していると認められた者。

したがって、委員会の懸念は誤解に基づくものである。

74. 委員会は、日本の歴史教科書においては歴史的出来事に対する日本側の解釈しか記述されていないため、地域の異なる国々出身の子どもの相互理解が増進されていないという情報があることを懸念する。

75. 委員会は、締約国が、検定教科書においてアジア・太平洋地域の歴史的出来事に関するバランスのとれた見方が提示されることを確保するよう勧告する。

日本政府のコメント

小中高校で使用される教科書に適用される教科書検定制度において、政府は歴史または歴史的事件に関する一定の見方を決定する立場にはない。民間企業が制作・編集する教科書の欠陥（明らかな誤りや著しく均衡を書いた記述など）を、審査時における客観的な学問的知見その他の適切な資料に照らして指摘するのは、政府関係者ではない研究者等から構成される教科書用図書検定調査審議会である。審査は、とくに他国を尊重し、国際社会の平和と発展に寄与する態度を養うことを目的とする教育基本法と、近隣のアジア諸国との間の国際理解と国際協調の見地から必要な配慮がされているべきである旨の指針を掲げる、〔文部科学〕省の教科用図書検定指針である。したがって、日本の歴史教科書が、歴史的事件に関して日本の解釈のみを反映しているため、他国の児童との相互理解を強化していないという委員会の懸念は当を得ていない。

日本政府は、歴史教育の適正な実施を通じ、日本と世界に関する理解を深め、近隣諸国を含む他国との相互理解および相互信頼を強化しようと努めているところである。

遊び、余暇および文化的活動

76. 委員会は、締約国が休息、余暇および文化的活動に対する子どもの権利を想起するよう求めるとともに、公共の場所、学校、子どもの施設および家庭における子どもの遊び時間その他の自主的活動を促進しかつ容易にする取り組みを支援するよう勧告する。

8．特別な保護措置（条約第22条、第38条、第39条、第40条、第37条(b)および(d)、第30条ならびに第32～36条）

保護者のいない難民の子ども

77．委員会は、犯罪活動の疑いが存在しない場合でさえ庇護希望者の子どもを収容する慣行が広く行なわれていること、および、保護者のいない庇護希望者の子どもをケアする機構が確立されていないことに懸念を表明する。

日本政府のコメント

「犯罪行為の疑いがない場合でも庇護申請児童を収容する慣行が広く行われていること」に対する委員会の懸念については、犯罪的活動に数えられる退去強制事由もなく庇護申請児童が収容されることは考えにくい。また、「慣行が広く行われている」という点については、これらの児童の収容はやむを得ない場合に限られている。したがって、委員会の懸念は事実誤認に基づくものである。

78．委員会は、締約国が以下の措置をとるよう勧告する。

(a)庇護希望者の子どもの収容を防止し、このような子どもの入管収容施設からの即時釈放を確保し、かつ、このような子どもに宿泊所、適切なケアおよび教育へのアクセスを提供するため、正式な機構の確立等を通じて即時的措置をとること。

(b)公正かつ子どもに配慮した難民認定手続のもと、子どもの最善の利益が第一次的に考慮されることを確保しながら、保護者のいない子どもの庇護申請の処理を迅速に進めるとともに、後見人および法定代理人を任命し、かつ親その他の近親者の所在を追跡すること。

(c)国連難民高等弁務官（ＵＮＨＣＲ）の「子どもの最善の利益の公式な決定に関するガイドライン」および「難民の保護およびケアに関するガイドライン」を考慮しながら、難民保護の分野における国際基準を尊重すること。

人身取引

79．委員会は、人身取引を刑法上の犯罪と定めた刑法改正（２００５年7月施行）および２００９年の「人身取引対策行動計画」を歓迎する。しかしながら委員会は、同行動計画のために用意された資源、調整および監視のための機関、ならびに、人身取引対策がとくに子どもに与える影響についての情報が存在しないことに留意する。

80．委員会は、締約国が以下の措置をとるよう勧告する。

(a)とくに子どもの人身取引に対応するための措置の効果的監視を確保すること。

(b)人身取引の被害者に対し、身体的および心理的回復のための援助が提供されることを確保すること。

(c)行動計画の実施に関する情報を提供すること。

(d)国際的な組織犯罪の防止に関する国際連合条約を補足する人、とくに女性および子どもの取引を防止し、抑止しおよび処罰するための議定書（２０００年）を批准すること。

性的搾取

81．委員会は、締約国の第2回定期報告書の審査後にも留意された、買春によるものも含む子どもの性的搾取件数が増えていることに対する懸念をあらためて繰り返す。

82．委員会は、子どもの性的搾取の事件を捜査しかつ加害者を起訴するとともに、性的搾取の被害者に対してカウンセリングその他の回復援助を提供する努力を締約国が強化するよう勧告する。

少年司法の運営

83．委員会は、２０００年の少年法改正においてどちらかといえば懲罰的なアプローチが採用され、罪を犯した少年の権利および司法上の保障が制限されてきた旨の、締約国の第2

回報告書（CRC/C/104/Add.2）の検討を受けて２００４年２月に表明した前回の懸念（CRC/C/15/Add.231）をあらためて繰り返す。とりわけ、刑事責任年齢〔刑事処分年齢〕が16歳から14歳に引き下げられたことにより、教育的措置がとられる可能性が低くなり、14～16歳の多くの子どもが矯正施設への収容の対象とされている。また、重罪を犯した16歳以上の子どもは刑事裁判所に送致される可能性があり、審判前の身体拘束〔観護措置〕期間は４週間から８週間に延長され、かつ、非職業裁判官制度である裁判員制度は、専門機関である少年〔家庭〕裁判所による、罪を犯した子どもの処遇の障害となっている。

日本政府のコメント
パラ83の「起訴前勾留」（pretrial detention）は、パラ84ないし85 (g)にいう「起訴前勾留」とは明らかに異なる概念であるので、「観護措置」（protective detention）に訂正されるべきである。

84．委員会はさらに、成人刑事裁判所に送致される少年の人数が顕著に増加していることを懸念するとともに、法に抵触した子どもに認められている手続的保障（弁護士にアクセスする権利を含む）が制度的に実施されていないため、とくに自白の強要および不法な捜査実務が行なわれていることを遺憾に思う。委員会はまた、少年矯正施設における被収容者への暴力が高い水準で行なわれていること、および、少年が審判前に成人と勾留される可能性があることも懸念する。

85．委員会は、締約国に対し、少年司法における子どもの権利に関する委員会の一般的意見10号（２００７年）を考慮に入れながら、少年司法制度を条約、とくに第37条、第40条および第39条、ならびに、少年司法の運営に関する国連最低基準規則（北京規則）、少年非行の防止のための国連指針（リャド・ガイドライン）、自由を奪われた少年の保護に関する国連規則（ハバナ規則）および刑事司法制度における子どもに関する行動についてのウィーン指針を含む少年司法分野のその他の国連基準と全面的に一致させる目的で、少年司法制度の運用を再検討するよう促す。とりわけ委員会は、締約国がとくに以下の措置をとるよう勧告する。

(a)子どもが刑事司法制度と接触することにつながる社会的条件を解消するために家族およびコミュニティの役割を支援することのような防止措置をとるとともに、その後のスティグマを回避するためにあらゆる可能な措置をとること。

(b)刑事責任〔刑事処分〕に関する最低年齢との関連で法律を見直し、従前の16歳に引き上げることを検討すること。

(c)刑事責任年齢に達していない子どもが刑法犯として扱われまたは矯正施設に送られないこと、および、法に抵触した子どもが常に少年司法制度において対応され、専門裁判所以外の裁判所で成人として審理されないことを確保するとともに、このような趣旨で裁判員制度を見直すことを検討すること。

(d)現行の法律扶助制度の拡大等により、すべての子どもが手続のあらゆる段階で法的その他の援助を提供されることを確保すること。

(e)可能な場合には常に、保護観察、調停、地域奉仕命令または自由剥奪刑の執行停止のような、自由の剥奪に代わる措置を実施すること。

(f)（審判前および審判後の）自由の剥奪が最後の手段として、かつ可能なかぎり短い期間で適用されること、および、自由の剥奪がその中止の観点から定期的に再審査されることを確保すること。

(g)自由を奪われた子どもが、審判前の身体拘束の時期も含め、成人とともに収容されず、かつ教育にアクセスできることを確保すること。

(i)〔(h)〕少年司法制度に関わるすべての専門家が関連の国際基準に関する研修を受けることを確保すること。

マイノリティまたは先住民族の集団に属する子ども

86．アイヌ民族の状況を改善するために締約国がとった措置には留意しながらも、委員会は、アイヌ、コリアン、部落その他のマイノリティの子どもが引き続き社会的および経済的周縁化を経験していることを懸念する。

87．委員会は、締約国に対し、民族的マイノリティに属する子どもへの差別を生活のあらゆる分野で解消し、かつ、条約に基づいて提供されるすべてのサービスおよび援助に対し、このような子どもが平等にアクセスできることを確保するため、あらゆる必要な立法上その他の措置をとるよう促す。

9．フォローアップおよび普及

フォローアップ

88．委員会は、とくに、これらの勧告を高等〔最高〕裁判所、内閣および国会の構成員ならびに適用可能な場合には地方政府に送付して適切な検討およびさらなる行動を求めることにより、これらの勧告が全面的に実施されることを確保するためにあらゆる適切な措置をとるよう勧告する。

総括所見の普及

89．委員会はさらに、条約、その実施および監視に関する意識を促進する目的で、第3回定期報告書、締約国が提出した文書回答およびこの総括所見を、公衆一般、市民社会組織、メディア、若者グループ、専門家グループおよび子どもたちが、インターネット等も通じ、日本の言語で広く入手できるようにすることを勧告する。

> **日本政府のコメント**
>
> 第３回定期報告書および事前質問事項に対する文書回答は、委員会への提出後直ちに、英語および日本語により、インターネットを通じて公衆に提供された。したがって、日本政府はすでに必要な措置をとっている。

次回報告書

90．委員会は、締約国に対し、第4回・第5回統合報告書を２０１６年5月２１日までに提出するように求める。報告書は１２０ページを超えるべきではなく（CRC/C/118参照）、かつこの総括所見の実施に関する情報が記載されるべきである。

91．委員会はまた、締約国に対し、２００６年6月の第5回人権条約機関委員会間会合で承認された統一報告ガイドライン（HRI/MC/2006/3）に掲げられた共通コア・ドキュメントについての要件にしたがい、最新のコア・ドキュメントを提出するよう求める。

＋＋＋＋＋＋＋＋＋＋＋＋＋＋＋＋＋＋＋＋＋＋＋＋＋＋＋＋

パラ49まで「子どもの権利員会・総括所見：日本（第3回）」前編

http://www26.atwiki.jp/childrights/pages/13.html より引用

注／総括所見原文は6月11日（金）の夜〔ジュネーブ時間〕に公表されたが、その後、修正が行なわれた。ここに掲載したのはその修正を反映した日本語訳である。6月14日（月）の院内集会等で配布された日本語訳とは一部内容・表現が異なるため、注意されたい。

更新履歴：ページ作成（２０１０年6月17日）。／パラ30「とくに子どもが受益者であるプログラム」を「とくに子どもに利益をもたらす……」に、パラ45「子どもの出生を登録することのできない資格外滞在移住者」を「子どもの出生を登録することのできない、在留資格のない移住者」に修正（２０１０年6月23日）。／パラ33に日本政府のコメントを追加（２０１１年10月４日）。

パラ50以下「子どもの権利員会：総括所見：日本（第３回）」翻訳文後編

http://www26.atwiki.jp/childrights/pages/14.html より引用

更新履歴：ページ作成（２０１０年６月17日）。／パラ72「子どもを対象とした補助金」を「子どもを対象とした学校に対する補助金」に修正。（同）／パラ57(e)「障害の子ども」を「障害のある子ども」に、パラ84「手続的保障（弁護士にアクセスする権利を含む）が制度的に実施されているため」を「……実施されていないため」に修正。（６月21日）。／関連パラグラフに日本政府のコメントを追加（２０１１年10月４日）。

国連・障害者権利委員会の総括所見抜粋：子ども・教育関連（1）

２０１１年〜：一般的意見2号抜粋／チュニジア／スペイン／ペルー／アルゼンチン／中国／ハンガリー／パラグアイ／オーストリア／オーストラリア／エルサルバドル／スウェーデン／アゼルバイジャン／コスタリカ

原文は国連・障害者権利委員会のサイト（Sessions）を参照。

日本語訳：平野裕二

一般的意見2号「第9条：アクセシビリティ」（２０１４年）抜粋

39．学校へのアクセシブルな移動手段、アクセシブルな校舎ならびにアクセシブルな情報およびコミュニケーションがなければ、障害のある人は教育に対する権利（条約第24条）を行使する機会を有しないことになろう。したがって、学校は、条約第９条第１項(a)で明示的に指摘されているように、アクセシブルでなければならない。ただし、アクセシブルでなければならないのはインクルーシブ教育のプロセス全体なのであって、建物のみならず、すべての情報およびコミュニケーション（環境総合支援型（ambient）またはＦＭ活用型の支援システム、支援サービスおよび学校における合理的配慮を含む）についてもこれが当てはまる。アクセシビリティを促進するため、教育、および学校カリキュラムの内容は、手話、点字、代替文字、ならびに、コミュニケーションおよび移動誘導のための拡張型・代替型の形態、手段および様式（第24条第３項(a)を推進するようなものであるべきであり、かつ、これらによって遂行されるべきである。その際、盲、聾および盲聾の生徒が使用する適切な言語ならびにコミュニケーションの形態および手段に特別な注意を払うことが求められる。授業の形態および手段はアクセシブルであるべきであり、かつアクセシブルな環境において遂行されるべきである。障害のある生徒が置かれる環境全体が、インクルージョンを促進し、教育プロセス全体におけるこれらの生徒の平等を保障するようなものでなければならない。条約第２４条の全面的実施は、他の中核的人権文書、および、教育における差別を禁止する条約（国際連合教育科学機関）の規定とあわせて検討されるべきである。（原文英語〔ＰＤＦ〕）

中国（２０１２年）抄

教育（第24条）

35．委員会は、特別学校が多数設置されていること、および、締約国がこのような学校を積極的に発展させる政策をとっていることを懸念する。委員会は、実際には特定の種類の機能障害（身体障害または軽度の視覚障害）がある生徒のみ普通教育に出席できる一方で、他のすべての障害児は特別学校への就学または完全な脱落を余儀なくされていることを、とりわけ憂慮するものである。

36．委員会は、締約国が、インクルージョンの概念は条約の基本概念のひとつであり、教育の分野でとりわけ遵守されるべきであることを想起するよう望む。これとの関連で、委員会は、より多くの障害児が普通教育に出席できることを確保する目的で、普通学校におけるインクルーシブ教育を促進するために特別教育制度からの資源の再配分を行なうよう、勧告するものである。

http://www26.atwiki.jp/childrights/pages/224.html より引用

「わが国の特殊教育」

文部省が1961年に出版した（文部省広報資料18）にはこんなことが書いてあります。（4～5頁）

「この、五十人の普通の学級の中に、強度の弱視や難聴や、さらに精神薄弱や肢体不自由の児童・生徒が交じり合って編入されているとしたら、はたしてひとりの教師によるじゅうぶんな指導が行なわれ得るものでしょうか。特殊な児童・生徒に対してはもちろん、学級内で大多数を占める心身に異常のない児童・生徒の教育そのものが、大きな障害を受けずにはいられません。

五十人の普通学級の学級経営を、できるだけ完全に行なうためにも、その中から、例外的な心身の故障者は除いて、これらとは別に、それぞれの故障に応じた適切な教育を行なう場所を用意する必要があるのです。

特殊教育の学校や学級が整備され、例外的な児童・生徒の受け入れ体制が整えば、それだけ、小学校や中学校の、普通学級における教師の指導が容易になり、教育の効果があがるようになるのです。」

このような考え方は、「昔」だからではありません。

2000年12月22日の教育改革国民会議報告「教育を変える17の提案」でも次のように述べています。

「◎問題を起こす子どもへの教育をあいまいにしない

（1）問題を起こす子どもによって、そうでない子どもたちの教育が乱されないようにする。

（2）教育委員会や学校は、問題を起こす子どもに対して出席停止など適切な措置をとるとともに、それらの子どもの教育について十分な方策を講じる。」

親の立場から成年後見制度を考える

本当に〝安心〟できる制度なのか？

成年後見制度を見直す会

【1】20歳をすぎて…

福祉施設から「成年後見」を取ってくださいと言われたことはありませんか？

銀行では、「取らないと新規の通帳は作れませんよ」と言われたり、本人名義の定期預金を解約できなくなったりしませんか？

役所や社会福祉協議会などではイラスト入りのパンフレットが置いてありませんか？

説明会が頻繁に開催されていませんか？

【2】後見制度のパンフレット

パンフレットには、判断能力によって3類型（後見・保佐・補助）に分けられると書いてあります。

そして、後見人の仕事は①代理権行使として、「財産管理（銀行のお金の出し入れ、不動産の処分、遺産相続等）」や「身上監護（福祉サービスの契約、福祉施設への入退所手続等）」があり、②取消権行使として、不要な契約の取消しなどと書いてあります。（実際の法律はもう少し複雑ですが）

【3】近頃、なぜ行政関係の人は熱心にすすめるの？

障害者総合支援法（「2013」年スタート）が制度を推進しているからです。

障害者総合支援法第77条4号5号
（市町村の地域生活支援事業）

行政機関には、制度をすすめる義務があるのです。

制度の中身をじっくりのぞいてみよう

【4】後見人はだれが決めるの？

後見人を決めるのは家庭裁判所です。（法定後見の場合）

だから、本人の希望する人が後見人になれるともかぎりません。親やきょうだいがなれるともかぎりません。（スタートした当時は8割以上が親族後見でしたが、2012年時点で親族後見は5割を切りました。）

とりあえずはお父さんが後見人になったとしても、もしもの時、今度はお母さんやきょうだいが後見人になれるともかぎりません。決めるのは家裁なので、まったく知らない人が後見人になる場合もあります。

後見人が気に入らなくても解任には家裁の判断が必要で、後見自体を途中でやめることは原則不可能です。死ぬまで後見人がつくことになります。

後見人の選任・監督の実務を行う家裁の人員不足は深刻で、非常勤（参与員）に〝丸投げ〟していたり、後見人と面会さえしない家裁もあります。（読売新聞・崩れた砦（弁護士の横領事件）・平成25・6・8）

【5】お金の管理はどうなるの？

本人のお金の収支報告を家庭裁判所に提出することになります。収入は障害年金等で、支出は食費や光熱費、医療費等ですが、家族と同居の場合には、なかなか大変な作業になりそうです。

また、本人のお金を家族が勝手に使うと横領罪になります。刑法では、親族間のお金のやりとりは、横領罪にならない（親族相盗例）のですが、後見がつくとそれが適用されなくなるのです。

財産のある人だけの話ではありません。生活が苦しくて、きょうだいの高校や大学の費用を本人の障害年金から流用すると、横領罪になる可能性もあるのです。

実際に孫（未成年）のお金を使い込んだ貧しいお祖母さん（未成年後見人）が業務上横領罪で有罪判決を受けています（最高裁・平成20・2・28）。

後見人への報酬（一般的には月額2～4万円等（月額約6～8万円）から支払うことになります。
※負担軽減がある場合あり）は本人の障害年金

【6】わたしの、ぼくの「想い」を聴いてくれない…

後見人がつくと、まわりの人たちは、まず、後見人と話をして後見人の意見を聞くようになります。後見人は責任のとれる人なので、この人の判断が、社会的にも、そして、裁判所でも尊重されるからです。

本人の前に後見人が立ちはだかると、本人が見えなくなり、本人の「想い」が聴こえなくなるかもしれません。まるで、後見人の「影」のような存在になってしまいそうです。

まわりの人たちが、本人の「想い」を聴いたり、共鳴したり、困ったり、迷ったり、知恵を出し合ったりしながら決めていたことが、後見人の判断で決められていくことになるかもしれないのです。

後見人の判断で、20年以上も住み続けていた東京の自宅から、青森や、秋田の入所施設や大規模グループホームに行くことになるかもしれません。首都圏に空いている施設などほとんどないからです。そうなると、今度は、青森や秋田の人が後見人になります。東京の後見人が青森や秋田まで通うことがむずかしいからです。本人はまったく知り合いのいない見知らぬ土地で、見知らぬ後見人によって、いろいろなことが決められていくことになるのです。

後見人がつくということは、本人の人生のかじ取りを後見人が行うということなのです…。

【7】家族から社会へ?

後見制度をすすめる方の中には、後見制度は障害者の「家族からの解放である」と主張される方がいます。確かにそうかもしれません。

でも、今度は「国家による障害者の管理」ということにもなり得るのです。国の都合（施策）や予算の流れによって、本人をあちこちに移動させることが可能だからです。在宅で２４時間介護を必要とする人たちを、費用が安いからという理由で、遠方の大規模グループホームに入所させることも、後見人が承諾すれば可能です。

行政がらみの法人後見は、本人よりも行政の意向に沿った判断をするかもしれません。

精神病院の入退院も、本人の病状や「想い」よりも病院や周囲の都合で決められる可能性があります。国家の管理とはそういうことです。

【8】後見制度を使っていない人たち

今のところ利用していない人が大多数です。(95%以上?)

銀行については、２０歳になる前に新規の通帳やキャッシュカードを作りにいく人もいます。

20歳を過ぎてからでも、〇〇銀行はうるさいけれど、△△信金は何とか作れるよという話もあります。定期預金の解約も、しつこく交渉したら何とかなったという例もあります。

本人がだまされた時、消費者保護法で守ってもらえた例もあります。問題のあるグループホームから本人を連れ戻す時も、後見人の弁護士さんが活躍したという例も確かにありますが、本人の定時制高校時代のクラスメートが、クラスの人に呼び掛けて救い出した話もあります。後見人がつかなければ、どうしようもなかったという話は、それほど多くはないようです。

【9】一緒に考えませんか

後見は一度取ると、原則一生ついて回ることになります。

「親亡きあとが不安」という方も、後見制度で本当に〝安心〟を手にできるのかを一緒に考えてみませんか。

後見を取ってしまった場合でも、類型変更（後見類型⇒保佐類型）等で問題が改善される可能性もあります。

ご連絡をお待ちしています。

成年後見制度を見直す会　連絡先
●関東　社会福祉法人　同愛会・理事長
横浜市保土ヶ谷区上菅田１６９６
ＴＥＬ０４５・３７３・９６６７
●関西　社会福祉法人　すばる福祉会
兵庫県西宮市上大市５・１・８
ＴＥＬ０７９８・53・０１２２
メールは共通・・reconsider-adult-guardianship@googlegroups.com
※公開講座などの情報をお知らせいたします。

V　法令集を使いこなす

憲法と障害のある子どもの教育

―いま「憲法」を手がかりにする意味―

中川　明

1．憲法の意味と役割―立憲主義

このところ、「憲法」について語られることが多くなっています。そうした現象は政治によってもたらされたのですが、それによって憲法の意味と役割が見直されるようになったことは、皮肉なことといえ、評価すべきことです。

憲法は、「国のかたち」（司馬遼太郎）を定めたものですが、私たちの誰もがそのかたちを創っていくことに参加することができる〝ストーリー（物語）〟としての性格を持っています。この憲法の物語性が「創造力」を発揮するためには、私たちが、現状をそのままに終わらせない、という強い決意をもち「想像力」を働かせて、〝ストーリー（物語）〟の作成（創造）に加わることが必要です。

私たちは誰もが自分の生き方を自由に選ぶことができます。この人間の自由な選択は、人が生まれながらに有するものとして、すべての人に等しく保障されるべきものとされています。この意味での自由と平等を保障するために国家は作り出されたのですが、その国家が行使する権力によって、逆に自由と平等は脅かされる危険を不断に有しています。そこで、この国家権力のはらむ危険性を直視して、権力を拘束する仕組みを憲法は自らの内に設けることが必須となります。この国家権力を制限して憲法に従わせるという「立憲主義(constitutionalism)」の考え方は、憲法を〃権力(者)を縛る仕組み〃とするものです。この意味で、憲法は個人の自由や平等を確保するための〈権力拘束規範〉であることにその真髄があるといえます。このことは、憲法99条が「憲法尊重擁護義務」を負う者を、天皇・国務大臣・国会議員・裁判官その他の公務員などの公権力を担う者として、国民をその対象者に含めていないことにも明確に表れています。

2．憲法と教育基本法における「能力に応じて」と「ひとしく」について

憲法26条は、すべての人に「教育を受ける権利」を保障していますが、特に「その能力に応じて、ひとしく」と書いており、教育基本法3条(改正後4条)も「ひとしく、その能力に応ずる」教育の機会が与えられなければならないと定めているため、この「能力に応じて」と「ひとしく」の文言をどのように読み取り、その文言からどのような法命題を導き出すかが、「教育を受ける権利」の内実を解き明かす鍵になります。この文言の読み方によっては、すべての人に保障されたはずの「教育を受ける権利」が画餅に帰してしまうことにもなりかねないからです。

まず、「能力に応じて」と「ひとしく」の関係については、①教育を受ける権利や機会が「能力に応じて」制約されることを認め、「ひとしく」を能力以外の事由によって差別されてはならないとする捉え方(宮沢俊義)と、②憲法14条が掲げた平等の原則に憲法の理念・原理を求めて「ひとしく」に重点を置き、「能力に応じて」をその理念を実質化するための文言と位置づけたうえで、障害のある子の教育においては、一般の場合以上の条件整備が要請されるとする考え方(中村睦男)、さらに③「能力に応じて、ひとしく」とは、すべての子どもが能力発達の仕方に応じてなるべく能力発達ができるような(能力発達上の必要に応じた)教育を保障されるべきだとする捉え方(兼子仁)があります。

②の憲法学説は、戦後の代表的な教育学説において、「これからの教育は能力に対する評価よりも、各々

の個性をどういう風に社会的に協力させてゆくか・・という立場から個性を尊重し問題にしていく」（城戸幡太郎）や「個性に応じて個性を暢達するために総ての者が教育を受ける権利がある」（高橋誠一郎）が、いずれも「能力に応じて」を〝個性に応じて〟として捉えていることをふまえています。また、③は戦前において教育機会を奪われていた障害のある子どもにも均等に教育機会は与えられなければならないとして、「能力に応じて」を〝障害に応じて〟と捉えていること（川本宇之介）につらなるものと思われます。

しかし、「ひとしく」に重点をおき、「能力に応じて」はその理念を実質化するために必要なものと位置づけることが、能力にかかわる差別や能力主義的な不平等主義に陥らないためには、能力の原理が近代社会の構成原理とされてきたことの意味とそれをどのように教育制度・システムとして位置づけるかについての原理的な掘り下げを行い、「想像力」を働かせて、憲法に新しい意味をもりこむ（創造する）ことが必要となります。

3、「能力に応じて」の原理的考察

近代社会は、身分制社会を否定して、平等を実現することをめざしました。そのために、身分制社会を形成していた血統・身分や財産に代えて、「能力」を社会の構成原理としました。「生まれ」という偶然によって個人に一定の社会的地位・尊敬を与えることに合理性を見出すことはできないからです。他方、個人の能力・努力を適正に評価し、これに応じて社会的地位・尊敬を付与することは合理的なことと考えられたのです。「能力」は近代社会の構成原理として位置づけられ、それに基づく社会制度・システムは正当だとされました。

しかし、近代社会が「能力」を社会の構成原理としたのは、あくまでも近代社会が大原則とした人間の平等を実現するための**手だて**としてであって、それ自体に絶対的な価値をおいて目的としたわけでは

ありません。「能力」は、人間の尊厳に基づく人間の平等の実現という文脈の中で位置づけられているだけであり、平等の理念が形式的に適用されることによって現実に生じる不平等・差別を是正し、人間の平等を具体的・実質的に達成するためには、一人ひとりの人間の持つ個性を尊重しこれに応じて取扱う必要があることからうまれたものにすぎません。その意味では、「能力」はいわば調整原理としての性格を付与されて、「個性に応じた取扱い」を含意していました。また、個人がいかなる家庭に生まれ、いかなる環境のもとに生まれるかは、個人にとって全くの偶然ですから、そうした偶然によってその社会的処遇が決定されることは正義にもとるというのが、近代社会の根本に存する観念でした。

同じことは、個人と「能力」との結びつきにも言えます。なぜならば、「能力」の自然差は否定しえないとしても、その個人への付着も本来的に偶然的なものと言うよりほかないのですから、「能力」による社会的処遇の決定も、同様に正義にもとることになるからです。また、「能力」を開花させる努力も、本人がその功績を主張することのできない社会的環境に依存していることが多く、そこにも社会的偶然が大きく支配していることを否定しえないからです。このように、「能力」の差異につきまとう社会的偶然性を除去することが不可能であるうえ、環境の不平等などの社会的な偶然が、「能力」の自然差を増幅していることも加味するならば、こうした二重の偶然に基づいて社会的な不平等を強いることは、「公正としての正義」から到底許されないことになります（J・ロールズ『正義論』（1971年））。

このような視点は、近代社会が所与の前提とした「能力」に対する視座の根本的な転換です。そのうえで、個人の生来の「能力」を「共通の資産」とみなして、その分配のあり方を補整することによって、新しい社会制度・システムを構築する必要があります。そこでは、個々人の能力・資質などを社会的な共同資産とみなして、社会のすべての人びとの便益のために利用すべきだとする考え方に立って、社会の最も不遇・不利な状況にある人びとの便益・期待を最大化するために必要な場合には、その限りで社会的・経済的不平等は正当化される、という社会制度・システムの基礎構造に関する分配の正義が提唱されています。「格差原理」と名づけられたこの正義の原理は、〝逆差別方式〟とか〝割り当て方式〟として60年代以降のアメリカ社会で次々と実施された積極的優遇措置 (affirmative action) を正当化する論拠となるとともに、ハンディキャップを負うなど最も不遇・不利な立場におかれた人びとの生き方・暮らし向きの改善を志向し、社会的・経済的不平等を構造的に問い直すことをめざすものです。それは、能力に応じた不平等（「能力主義」）を批判し、「人々が平等に扱われるべきかどうかではなく、いかに平等に扱われるべきか」を具体的に示すことによって、障害のある子どもの教育のあり方を考え決定する場合にも、大きな手がかりを与えています。

また、「政府は、たんに配慮と尊重をもってというだけでなく、平等な配慮と尊重（equality of concern and respect）をもって人々を処遇しなければならない」と説くR・ドゥオーキンが、国家は、各人各様の「善き生」の自由な追求を尊重すると同時に、それぞれが平等な重みを有する人間として各人を扱わなければならないとしたうえで、国家による取扱いの平等は「一律に扱うこと（equal treatment）」ではなくて、「対等者として扱うこと (treatment as an equal)」だとしていることも示唆に富んでいます。人間の多様性を前提にしたうえで、「リベラルな平等」を実現するためには、平等と公正を不可分なものとしてつなげて、個人の能力それ自体を等しく継続的に保障しようとする「公正なアクセスの平等」を中心に据えるべきです。それは、すべての子どもに対して等しく開かれているはずの教育の場に、障害のある子どもも公正にアクセスできるとするとともに、それが毀損されたときは、公正の観点から回復を図ろう（包容しよう）とするものです（以上につき、拙著『寛容と人権』２６２頁以下、岩波書店を参照）。

4・憲法と条約・国際準則

第二次世界大戦後、国際社会は人権の国際的な保障をめざして、宣言や条約などを相次いで採択しました。なかでも、経済的、社会的及び文化的権利に関する国際規約（いわゆるA規約）と市民的及び政治的権利に関する国際規約（いわゆるB規約）は、国際的に保障を約束した権利のリストを広く挙示しています。また、女性差別撤廃条約や子どもの権利条約、障害者の権利条約などの分野別の条約も採択され、日本も遅れがちとはいえ批准して、国内法的効力が生じています。（ちなみに、子どもの権利条約2条は差別の禁止を定め、その差別禁止事由として「障害」（disability）を明示しています。国際文書において、「障害」が差別禁止事由とされたのは、子どもの権利条約が初めてです。）とりわけ、障害者の権利条約3条（C）は、「社会への完全かつ効果的な参加及びインクルージョン（full and effective participation and inclusion in society）」を原則としたうえで、5条3項において「平等を促進し及び差別を撤廃するため、合理的配慮（reasonable accommodation）が行われることを確保するためのすべての適切な措置をとる」ことを締約国に求めていることが注目されます。

これらの条約や関連する国際準則などは、「日本国が締結した条約及び確立された国際法規は、これを誠実に遵守することを必要とする」と定める憲法98条2項により、国内法的効力において法律よりも優位するものとされて、国内法令を拘束し、これらに反する法令を無効とします。また、国内法令を解釈し適用する場合、その基準や指針として、条約や国際準則などを援用し間接適用することによって、憲法の意味を豊かにすることができます。

（弁護士）

子どもの権利条約

堀　正嗣

子どもの権利は、貧困や虐待等からの「保護の権利」(protection)と教育や社会保障等の「提供の権利」(provision)という子ども固有の権利を保障することをめざして発展してきた。とりわけ障害児は、治療や保護が必要な子どもと認識され、手厚い支援が必要だとされてきたのである。こうした認識は、歴史的に見れば積極的な意義を有しているが、子どもを保護の対象として認識する受動的子ども観に立ったものであり、子どもをおとなと対等平等な権利行使主体としてとらえる能動的子ども観が欠落していたところに限界があった。

子どもの権利条約の画期的意義は、これまでの保護・付与という子ども固有の権利の系統を継承していると共に、国際人権規約に規定された一般人権の系統を合流させ、更に子ども固有の条件を踏まえた意見表明権を加え、一般人権の系統を土台とした子どもの人権保障の体系を創り上げたことである。障害児についても、差別の禁止を規定した第2条に「心身障害」(disability)が明記され、障害による差別なく、この条約のすべての権利を障害児も保障されることが明確にされたのである。

このような子どもの権利認識のパラダイム転換を土台として、①生存・発達・保護・参加という四つのカテゴリーからなる3章54条の世界規模の包括的具体的な権利規定を行ったこと、②締約国に対して法的拘束力を持つ条約として成立したこと、③締約国の実施義務・広報義務・国連子どもの権利委員会の設置・締約国の権利委員会への報告義務を課している点に、子どもの権利条約の画期的な特徴が見られる。

障害児の権利と関わって重要なのが、「第12条　意見表明権」と「第23条　障害児の権利」である。第12条は条約の中心的な条文として注目されてきた。それは以下のように規定している。

「1　締約国は、自己の意見を持つ能力のある子どもには、その子どもに影響を与える問題のすべてに関して自己の意見を自由に表現する権利を保障しなければならない。子どもの意見には、その子どもの年齢及び成熟度に応じてそれにふさわしい考慮が払われるものとする。」

この条文の中で、「自己の意見を持つ能力のある子ども」という部分の解釈が重要である。国連子どもの権利委員会は一般的意見七「乳幼児期における子どもの権利の実施」（二〇〇五）の「一四．乳幼児の意見および気持ちの尊重」において次のように述べている。

「委員会は、第12条は年少の子どもと年長の子どもの双方に適用されるものであることを強調したい。もっとも幼い子どもでさえ、権利の保有者として意見を表明する資格がある。…中略…乳幼児は、話し言葉または書き言葉という通常の手段で意思疎通ができるようになるはるか以前に、さまざまな方法で選択を行ない、かつ自分の気持ち、考えおよび望みを伝達しているのである。」（平野裕二訳）

乳幼児の意見は、話し言葉以前に、非言語的な形で表現され、伝達されているのである。このことから、話し言葉で意見を表明しない障害児も、平等に意見表明権を有していると言える。「自己の意見を持つ能力のある」という文言は、「制限としてではなく、むしろ自律的見解をまとめる子どもの能力を可能なかぎり最大限に評価する締約国の義務としてとらえられるべきである」（一般的意見一二）と国連子どもの権利委員会は述べているのである。このことは、障害者権利条約第7条「障害を持つ子どもの権利」3において、さらに明確にされる。

「第23条　障害児の権利」では、1で「障害を負う子どもが、尊厳を確保し、自立を促進し、かつ地域社会への積極的な参加を助長する条件の下で、十分かつ人間に値する生活を享受すべきであることを認める」と規定している。また2では「障害児の特別なケアへの権利」を規定し、3では「障害児の特別なニーズ」を認め、障害児援助の方法・目的として「社会的統合」と「個人の発達」の二つを上げている。

この条文の最大の意義は、「地域社会への積極的な参加を助長する」ということが冒頭に規定されている点である。ここで「積極的な参加」の原文は「child's active participation」である。ここでは、ノーマライゼーションの思想を踏まえて、障害児の主体的(active)な参加(participation)の権利が規定されているのである。

しかし同時に、具体的な権利の内容について規定した2・3においては、「個人の発達」、「特別なケアへの権利」、「特別なニーズ」が打ち出されており、障害児の権利を保護や提供の権利に重点をおいて規定しているという問題があった。これらの権利保障は歴史的には重要な意味を持っていたが、同時に医学モデルの障害観から、障害児を通常の学校や地域社会などから排除していく根拠ともなってきたものである。

では、この「地域社会への参加」と「特別なケア」等の関係をどのようにとらえればよいのだろうか。条文全体の趣旨から言えば、1に規定されている「地域社会への積極的な参加」というノーマライゼーションの認識を前提として、「特別なケア」等が規定されていると見るのが自然であり、特別なケアのための分離を正当化するものではないと考えるべきであろう。そのことは、子どもの権利委員会が日本政府に対する総括所見の中で、障害児の普通教育へのアクセス及びインクルージョンを実現するための措置が不十分であることに対する懸念を示し、その改善を勧告したことにも表れている。このように、第23条の規定は基本的には積極的な意義を持ちつつも、障害児の分離教育を正当化するものと解釈されかねない要素もあわせ持つものであった。

このような子ども権利条約の障害児の権利の規定は、障害者権利条約において「地域社会へのインクルージョン」、「インクルーシブ教育」を重視する方向で発展させられていく。しかしながら、「最善の利益」(第七条)、「最大限度の発達」(第二四条)という概念と関連して、この問題は引き継がれているのである。

(ほり・まさつぐ　熊本学園大学教員)

障害者権利条約

崔　栄繁

1．経過と概要

障害者の権利に関する条約（以下、権利条約）（注1）が２００６年12月13日に国連総会で採択されてから7年、２０１４年1月20日、日本は正式に批准し１４１番の批准国となった。そして批准から一か月後の2月19日に国内で効力が発生し、権利条約を遵守する国際法上の義務が生じた。日本では国際条約は国会で定められる法律より上位にあり、日本国憲法に次ぐ法規範となる。

権利条約は全50条から構成され、前文、総則にあたる一般規定（1～9条）、個別規定（10～30条）、実施規定（31～40条）、最終規定（41～50条）の5つのパートからなる。権利条約の特徴は、２００２年以降、8回にわたりニューヨークの国連本部ビルで開催された特別委員会に、障害者団体、障害当事者が大規模かつ実質的な参画を果たしたことである。ドン・マッケイ第2代特別委員会議長は、権利条約の規定の80％がＮＧＯの意見を取り入れたものと述べている。

2．権利条約の内容

(1)一般規定

権利条約は、障害者を慈恵や保護の客体から権利の主体へとパラダイム転換するための条約である（注2）。

条約の内容について、まず一般規定をみることにする。まず一般規定である。具体的な個別権利を定める個別規定の解釈の際の指針となる重要な部分である。

第1条の目的規定で、機能・能力障害を持つ人の社会参加の不利の原因を機能障害と社会の環境の相互作用によるものとし、社会の障壁の除去に焦点を当てる障害の社会モデルを採用した。第2条では「障害に基づく差別」や「コミュニケーション」（意思疎通）、「合理的配慮」などの定義規定を行っている。第3条は尊厳の尊重、自己選択、無差別、完全かつ効果的な参加とインクルージョン（包容）等、8つの一般原則を定めている。解釈の際の重要な指針であり、条約の魂と言われる条項である。締約国の義務を規定する第4条も重要である。差別禁止や機会均等、合理的配慮義務を徹底するための第5条からは差別禁止が本条約の核心規定の一つであることが分かる。建物や情報の利用における障壁の除去や最低基準の設置を義務付けている第9条のアクセシビリティ（施設及びサービス等の利用の容易さ）条項は、権利行使のための基礎となる条項と言える。

(2)個別規定

第10条から30条まで個別規定の中で、主なものを挙げる。第12条は、すべての障害者の法的能力の行使を認め、自己決定支援を定めている。精神科病院への非自発的入院制度や成年後見制度の問題に関わる規定となる。

第19条では、国際法上の新たな概念である「自立生活」の概念を導入し、特定の生活様式（生活施設）を義務付けらずにどこで誰と住むかを選択できる権利を規定している。同条は脱施設条項とも言われ、パラダイム転換の基礎となる条項とされる大変重要な規定である（注3）。

第24条では、生まれた地域での質の高いインクルーシブ教育（包容教育）を原則とし、すべての障害のある子どもに必要な合理的配慮の提供を義務付けている。さらに個別化教育もすべての子どもが同じ教室で学ぶというフル・インクルージョン（完全な包容）を目的とすべきとの規定がされた。

また、インクルーシブでアクセシブルな環境での労働の権利を定めた第27条も重要であり、これらの他にも、移動や表現の自由、健康やリハビリテーション、政治参加、文化的活動等々への規定がされている。

(3)実施規定ー国内・国際監視の仕組み

権利条約では、第33条で国内実施について、第34～35条で国際的な監視の仕組みについての規定がされている。

第33条も重要な規定を行っている。第1項で政府内に調整メカニズム（coordination mechanisms）と中央連絡先（focal point）をおくこととなっている。日本では中央連絡先が外務省人権人道課と内閣府となる。そして、第2項で保護・促進・監視を行う政府から独立した仕組みを設けることとなっている。第3項では監視の仕組みに障害者（団体）を参画させることを明記している。これも条約策定への当事者参画の成果である。

第34条～37条では、権利条約の監視の役割を担う国連の条約機関（体）（treaty body）はスイスのジュネーブにおかれた障害者権利委員会（以下、権利委員会）及び政府報告書提出義務について規定されている。批准後二年後に政府は権利委員会に条約の実施状況についての第1回目の政府報告書（initial report）を提出する義務を負う。第2回目からは4年ごとの提出義務となり、報告書について権利委員会の審査（建設的対話）が行われる。審査に合わせてNGOはパラレルレポート（NGOレポート）を出すことができる。

3．意義と課題

日本は2009年の権利条約批准阻止以来、障害者基本法の改正、障害者総合支援法の制定、障害者差別解消法の策定、障害者雇用促進法の改正等、課題は多く残しているものの批准のための制度改革を一定行ってきた。しかしこれで終わったわけではもちろんない。差別解消法や虐待防止法、精神保健福祉法など、これからの課題は山積みである。権利委員会の各国への勧告や意見等を参考に、個別の課題を明確にしていく必要がある。権利委員会ではすでに14の国に対して政府報告書の審査が終わっており、様々な意見や勧告が出されている。差別の定義など、差別禁止に関する第２条や第５条、第12条の法の前の平等や脱施設収容政策を求める第19条、インクルーシブ教育を規定する第24条について興味深い意見が出されている。また、一般的意見と呼ばれる特定の条項の解釈文もいろいろと準備されている。これは今後の課題の整理に十分に活用すべきだろう（注４）。

法的には権利条約遵守の法的義務はこれから生じる。今後は様々な枠の中で権利条約の実施状況を監視する役割を。批准までの条件整備を第１ラウンドとすると、これから第２ラウンド開始となる。

特に、第33条以下の実施規定についての取り組みが求められてくる。内閣府に設置された障害者政策委員会が「監視」機関の一部を担うが、独立性や監視の範囲の問題があり、また、少なくとも個別救済可能な救済（条約上の「保護」）の仕組みはできていない。そのため、国内での制度の整備を進めながら、国際監視の仕組みを有効に活用しなければならない。権利委員会の審査や日本政府への勧告等に影響を与えるために、私たちＮＧＯとしては、質問事項に対するレポートやパラレルレポートづくりを他の障害団体、市民団体とともに進める必要がある。ジュネーブでの効率的なロビー活動の体制作りが課題となるだろう。

（さい・たかのり　ＤＰＩ日本会議事務局員）

注１　外務省の障害者権利条約に関するサイトは以下、外務省のホームページ参照。政府訳（公定約）も掲載されている。　http://www.mofa.go.jp/mofaj/gaiko/jinken/index_shogaisha.html

注２　国連のパワーポイント資料　"Convention in brief"（http://www.un.org/disabilities/documents/ppt/crpdbasics.ppt）他

注3　第19条については、崔「自立生活」『増版改定　障害者の権利条約と日本―概要と展望―』（生活書院、２０１２年）

注4　各国の政府報告書の審査を行う国連権利委員会は年に2度開催され、２０１４年6月現在、計11回開催されている。同年9月には第12回のセッションが予定されており、韓国やニュージーランドが審査の対象国となっている。権利委員会の活動については、下記、国連人権高等弁務官事務所のホームページに情報が詳しく掲載されている（英文）。http://www.ohchr.org/EN/HRBodies/CRPD/Pages/CRPDIndex.aspx

障害者基本法を活用するために

千田　好夫

1．旧障害者基本法（旧法）

障害者施策の最も基本になる法律が障害者基本法です。これは1970年に制定された心身障害者対策基本法が大幅に改訂され、1993年にできた法律です。それまで身体障害者のみだった障害者に知的障害者、精神障害者まで含めたとか、保護・収容・更生の古い理念から脱する等の意義がありました。しかし、2014年2月に亡くなった楠敏雄さんは、著書「わかりやすい！　障害者基本法」（解放出版社1995年）で、この旧法の問題点をあげています。①法案作成に障害当事者の参加がなく要望を聞く場も持たれなかった。②障害者の権利を定めた法律ではなく、国や地方公共団体の障害者のための責務を定めた法律である。③私たち障害者も、法案制定をさんざん要求したがそれを通す力が無く、自らの主張を法律制定にまで求める法案策定能力を高めなければならない、と指摘していました。

2．障がい者制度改革推進会議

2009年8月30日の衆議院選挙により自民党から民主党に政権が交代したことで、障害者関係団体の強い働きかけで民主党のマニフェストにあった障害者制度改革の構想が実現されました。12月8日、「障がい者制度改革推進本部」設置が閣議決定されました。これは総理大臣を本部長にしてその他の大臣を構成員としていました。12月15日の第1回推進本部で、「障がい者制度改革推進会議」（以下、推進会議）の設置が決定されました。

これは従来の審議会とは異なり、その構成員24名のうち11名が障害者であり、オブザーバー2名のうち1名が障害者でした。事務局にも障害者運動のリーダー等が担当室の職員に就任しました。

推進会議は、２０１０年６月に「障害者制度改革の推進のための基本的な方向」（第1次意見）、12月に第２次意見を提出しました。その大きな部分を占めるのが障害者基本法の改正でした。

3．改正障害者基本法（新法）

この第２次意見を受け内閣法制局で法案が練られ、２０１１年２月推進本部に法案が提出されました。これに、推進会議の意見や国会審議でいくつか修正や追加を受け、６月に衆議院、７月に参議院を満場一致で通過し、障害者基本法が改正されました。これは第２次意見よりは後退ですが旧法よりはかなり前進した法律になりました。

総則

大きく変わったのは、第１条から第13条の「総則」です。

①目的　共生社会の実現（第1条）

第1条で「全ての国民が、障害の有無によつて分け隔てられることなく、相互に人格と個性を尊重し合いながら共生する社会を実現するため」と、障害者も障害のない人と同様に権利の主体であり、ともに「分け隔てのない」共生社会をつくることが目的とされました。同時に、国と地方公共団体等はこれを原則として全ての計画と施策の基本とすることが定められています。

②障害の定義　社会モデルへの転換（第2条）

障害者の範囲が拡大され、定義も社会モデルへ転換されました。

第2条では「障害者　身体障害、知的障害、精神障害」に「発達障害」を含み「その他の心身の機能の障害」がある者が加えられたことで、継続的に何らかの機能障害のある「谷間の障害」者が障害者として認められました。次に、その「心身の機能の障害」だけでなく、社会的障壁によっても日常生活と社会生活が制限される者と、「社会モデル」的見方を入れたのです。

一見、医学モデルと社会モデルを組み合わせただけのようですが、もし社会的障壁が一切無い場合には、病気や怪我およびその後遺症さらには高齢による心身機能の変化と「障害」とを区別する意味が無くなります。つまり、社会的差別が障害者を生み出していることを定義の面から確認したものなのです。

③権利の主体としての障害者（第3条）

障害者が、その尊厳にふさわしい権利の主体であるとはどういうことかを、第3条で具体的に示しています。それは社会活動への参加、地域社会における共生、手話を含むコミュニケーションの保障の3つです。しかし、各則での明確な権利性の規定はありません。

④合理的配慮の不提供を含む差別の禁止（第4条）

障害者に対する差別禁止条項はすでに旧法にありましたが、それがそのまま第4条に残りました。しかし推進会議では直接差別・間接差別という言葉を入れようと提案しましたが入らず、合理的配慮の不提供だけが入りました。しかし、何が差別で何が合理的配慮の不提供なのかは、明確にはなりませんでした。

④国際的協調（第5条）

そして第5条では、国際的な連帯の下で障害者にとって画期的な法制度の前進があったので、施策を図るには国際的協調を念頭に置くことが強調されています。

各則（障害者の自立及び社会参加の支援等のための基本的施策）

ここでは、各則から次の4点を取り上げます。

①医療、介護等（第14条）

医療、介護は、まず当該の障害者の身近な地域社会で行われるべきこと、人権を十分尊重すべきことが定められました。さらに障害者が「その性別、年齢、障害の状態及び生活の実態に応じ、医療、介護、保健、生活支援その他自立のための適切な支援を受けられる」としており、精神障害者についても地域社会での医療・介護等を保障したものと考えることができます。

②教育（第16条）

「可能な限り」としながらも、障害のある者と障害のない者との共学がまず保障されています。この「可能な限り」とは「あるべき方向に向かって最大限努力する意味である」と国会では説明されています。

そのために、国及び地方公共団体は障害児とその保護者に対して十分な情報を提供し、「可能な限り」その意向を尊重することが規定されています。

共学と「交流及び共同学習」は同じものではありません。なぜなら「交流及び共同学習」は分離別学を前提にしているからです。協力や工夫があっても共学を保障しきれない場合や、当該の障害者とその保護者が別学を望み別学になった場合でも、「交流及び共同学習」によつて、その相互理解を促進しなければならないことが定められました。

③雇用（第18条・第19条）

旧法からあまり変わらないのですが、「障害者に適した職種及び職域」が削除され、「障害者の多様な就業の機会を確保」するが入り、障害者だからと限定するのではなく、一般就労の機会が広げられました。

④防災・防犯（第26条）

２０１１年３月の東日本大震災では、青森県から千葉県までの広大な太平洋沿岸地域が甚大な被害を受けました。手帳取得者に限られますが、障害者の死亡率は一般の人の２倍の０・２％でした。さらに避難所には入れず、入れてもトイレが使えなかったり、他の避難者との共同生活が難しいという状況があちこちで生じました。

これを受けてこの条項が新設されました。しかし、国と地方公共団体に施策義務を定めただけで、また一般の人がどうすればよいのかの定めもありません。各自治体、事業所や町内会での避難訓練に障害者が参加しやすい取り組みなどの具体的方策が求められます。

推進体制

障害者政策委員会（第32条～35条）

「障がい者制度改革推進会議」と従来の「中央障害者施策推進協議会」を一本化するものとして、障害者政策委員会が設けられ、２０１２年7月に第一回の会議が開催されました。この委員会は、障害者基本計画の推進する監視として総理大臣や各大臣に報告義務のある勧告をすることができるなどの権限を持っています。なおかつ、障害者権利条約第33条の国内モニタリング機関としても期待されています。

障害者政策委員会には推進会議とは違い法的根拠があります。その上で推進会議のように障害者の主体性が発揮されると良いのですが、「障害者の委員を過半数とする」規定がなく、再度の政権交代後しばらく開催されなかったりなど、不透明な部分があります。

たとえば、現在厚生労働省では「精神科病棟転換型居住系施設」を導入しようとしていますが、障害者権利条約や障害者基本法の掲げる地域社会での共生に反する疑いが濃厚です。それに対して、障害者政策委員会でどのような対応ができるのかが注目されるところです。

4・新法の問題点

旧法に対する楠さんの問題点の指摘から見ると、新法はどのくらい改善されたのでしょうか。

障害者の主体性や法案策定能力は、推進会議によってある程度示すことができました。再びの政権交代で先行きに不安はあるものの、これで新法ができたという大きな先例になりました。

ところが、新法は行政や事業者を主語とすることが多く、この点では旧法からそれほど前進していません。推進会議は障害者が権利の主体であるとして、それを条文で明確にしたいとしていましたが、「日本社会ではなじまない」とか「時期尚早」などの政府側の抵抗で実現しませんでした。

また「可能な限り」という前置きが、要所要所で使われ、障害者が権利の主体であることを一層あいまいにするものになっています。これは、障害者を実質的に2級市民としてきたこれまでの障害者政策についての政府・行政の責任を問わないことにつながります。

それは特に教育において顕著です。共に学ぶ権利を明確にする規定がないので、インクルーシブ教育は中教審報告に引っ張られて「可能な限り」特別支援教育に近いものにねじ曲げられようとしています。

さらに、推進会議では、女性障害者への複合的な差別、精神障害者の処遇改善での差別などについて、詳しく指摘していましたが、具体的な条項としては無視されてしまいました。

そのかわりなのか、第10条等で「障害者の性別、年齢、障害の状態及び生活の実態に応じて、かつ、有機的連携の下に総合的に」障害者施策が実施されねばならない、としています。これは第2条の障害の定義を、社会モデルとしてより明確にするものとも言えます。これは活用できるのではないでしょうか。

新法の附則第2条に（検討）として「この法律の施行後三年を経過した場合において」見直す規定がありますが、基本的人権を嫌い国権を伸張する改憲をめざす現政権では、これらの問題点について是正する機会はないようです。権利性を確保し、教育や女性障害者、精神障害者等の具体的な課題に取り組んでいくには、基本的人権と障害者権利条約を根拠とした私たちの取り組みをおいて他にはありません。

（せんだ　よしお　障害児を普通学校へ・全国連絡会運営委員　社会福祉士）

※参考文献　ＤＰＩ日本会議編「最初の一歩だ！　改正障害者基本法　地域から変えていこう」解放出版社２０１２年

障害者差別解消法について

―制定の意義と限界―

大谷　恭子

1　障害者差別解消法制定の意義

２０１３年６月、障害者差別解消推進法（以下差別解消法という）が制定された。この法によって少なくとも障害者に対し障害を理由に直接差別することは禁止された（差別解消法７条１項・８条１項）。また障害者が要求した合理的配慮が提供されないことも差別であるとされた（同７条２項・８条２項）。この法が制定されたことの意義は大きい。それはわが国で初めて障害者差別が存することを正面から認め、その解消に向けて国が取り組むこととした法律であるということである。しかもその法の目的（１条）に、「障害の有無によって分け隔てられることなく」と明記されたことである。差別の例示としては区別や排除という文言は入れられなかったが、法の立法趣旨を明らかにし、各条項の解釈の指針となる目的に、分け隔てなく、と明記されたことにより、分離・隔離は差別である、との前提に立ち、差別の定義を導き出すことは可能となった。そして、各省庁のガイドライン策定にあたっては、まず政府の基本方針を定めなければならず、これに障害当事者の意見を反映させるために必要な措置を講ずるとともに、障害者政策委員会の意見を聞かなければならないとした（６条４項）。障害者政策委員会も障害当事者を構成員とすることが定められているのであり、この点からも基本方針策定に対して当事者の意見を反映させることが期待できる。

救済機関については既存のものを使うとされ、新たな機関を設けないとされたが、国及び地方公共団体に障害者差別解消支援地域協議会を設けることができるとし、ここの運用の仕方によっては、障害者から直接の相談を受け、問題解決に実働できる機関としうる余地を残した。当初この機関は、障害者の生活全般で問題になる差別に対し、庁内を横串にする関係協議機関のイメージであったが、各自治体においてワンストップ型相談機関とすることも想定されるようになった（17条）。

2　差別解消法の限界

しかし、この法は決して当初期待した、障害者に対する差別を明確にしたうえでこれを禁止し、差別から速やかに救済することを法定するというものではない。その内容は決して十分に満足しうるものではない。

中でも、差別の定義があいまいなことである。差別を禁止するということは多くの人に何が差別かを明らかにするものでなければならない。障害者権利条約は差別の例示として「区別、排除、制限その他の不利益な取り扱い」（2条）と明記し、あらゆる権利の場面での差別の内容を規定している。にもかかわらず、「不当な差別を禁止する」（差別解消法7条等）としか規定していず、何が不当かの例示がない。また各権利や場面ごとのたとえば教育における差別とは何かについての各論の規定が無い。

わが国においては、とりわけ教育において、分けることは差別であるとの認識が少ない。とするなら区別、少なくとも排除は差別であるということを明示するべきであった。しかも、各分野別の差別の内容についてはガイドラインによるとし（10条・11条）、各省庁にとって都合のいい内容が提起されかねない。たとえば、本人保護者の意に反して特別支援学校（学級）が措置されることが、地域の学校からの排除であり差別にあたるかどうかについて、ガイドラインにどのように提示されるのか、文科省および各地の教育委員会が作成するガイドラインにおいて、教育委員会が「総合的に」判断して決定した就学措置は差別には当たらない、などの内容が出されたら、致命的な欠陥となる。

また合理的配慮の提供が義務づけられたが、保護者と教育委員会との間でその内容について意見が一致しなかった場合についての調整機関が存在しない。わが国には、差別や人権侵害に対し速やかな救済機関が存在しないことを考えると、結局は教育委員会の見解が押しつけられてしまう恐れがあるのである。

3　ガイドラインおよび権利救済機関について

以上を踏まえるなら、ガイドラインには、権利条約が差別の行為類型としている「区別・排除・制限」といった異なる取扱いの事例として、本人保護者が地域の学校を求めているにもかかわらず特別支援学校（学級）に措置され、あるいは授業等への参加が障害を理由に拒まれるという事例を挙げるべきである。また教育委員会、学校は、共に学ぶための合理的配慮を尽くす義務があること、これを前提とし、合理的配慮を尽くしてもなお共に学ぶことができないということを、分離別学を強制する教育委員会が主張立証しえた場合にしか分離の強制は許されない、というガイドラインが必要である。

就学先決定および合理的配慮の提供は障害児の学習権を保障にかかわる人権問題であり、当事者間に合意が成立せず、一方的に結論が押し付けられたような場合は、人権救済機関で速やかに救済されなければならない。しかしわが国にはそのような機関が存在しないのであるから、それに替わるものとして、自治体レベルでもうけられている子どもオンブズパーソンに期待するしかないのではなかろうか。

国連子どもの権利委員会は、わが国に再三、子どもの権利を包括的に守る子ども人権法を制定し、子どもに寄り添い子どもの立場に立った権利擁護の制度を設けるべきであることを勧告している。これはすべての子どもにとって必要なことであるが、特に障害のある子は虐待と差別にさらされやすく、その権利擁護の必要性は高い。

国レベルでの救済策が頓挫している以上、せめて一部の自治体で取り組まれている子どもオンブズパーソン等を各地の条例で制度化し、差別の救済および合理的配慮の実現を図るべきである。

（おおたに・きょうこ　障害児を普通学校へ・全国連絡会世話人　弁護士）

体験に照らして「06年教育基本法」を読む

—この法律をつらぬく精神が特別支援教育システム構築の土台をつくっている—

古川　清治

「戦後レジームからの脱出」をめざす第一次安倍内閣が長期にわたって教育憲法とも呼ばれてきた47年教育基本法（以下、47年教基法・旧法）を「改正」したのは、06年のことでした。いわゆる改憲潮流は目的の実現に向かって確実に一歩、前に進んだというわけです。しかし視野を世界にひろげればこの年の同じ12月に国連は「障害者の権利条約」を採択しています。

したがってこの国の政府とくに教育行政はこの「全部改正」によって、たんに普遍主義的な47年教基法を破壊し解体しただけではなかったのです。それだけではなく、差別とたたかい人権の確立をめざす国連と加盟諸国やＮＧＯのインクルージョン（包括、包摂）とインクルーシブ教育の実現をめざす活動に対しても、正面から異を唱えたことになります。つまり〝日本は「障害のある者」を障害のない者から分離する従来の路線を継承したうえで、一段と手厚い教育を施す〟と。また〝その路線の強化は伝統尊重［という名の人権無視（＝エクスクルージョン・排除）］の思想で行う〟と。

さて、06年教基法と47年教基法（以下、新法、旧法）を比較しながら読み始めてただちに気づいたのは、後者つまり旧法が現行憲法とのつながりを強調するのに対して前者の新法は憲法との、別に言えば15年戦争→敗戦への反省を感じさせる部分を切り捨て、経済大国ニッポンに誇りをもてる日本人を育てたいのだな、ということです。そしてそのためには国が前面に出て教育そのものを引っ張っていく必要があると言いたいのだな、とも。その証拠（?）を前文から取り出してみるなら、それは旧法の第二段落の「普遍的にしてしかも個性豊かな文化の創造をめざす教育」を新法の同じ段落で「伝統を継承し、新しい文化を目指す教育」と書きかえている箇所である、と考えます。

さらにもう一ヵ所、これこそ〝公教育の内容を決めて推進するのは行政の仕事だ〟と定めた条項があります。旧法第10条が15年戦争時代の教育行政のふるまいへの反省をふまえて「教育行政による公教育への不当な支配」を禁じた箇所を、新法はその第16条で「教育行政は批判勢力の不当な支配（！）に屈することなく」新法を含む現行教育関係諸法の定めにしたがって教育をおこなわねばならない、と規定しているのです。これを一語で要約すれば新法は旧法をつらぬく近代公教育の原理原則を全否定しているものであり、私は少し前からこんな新法を「旧法を『改正』したものだ」といって済ませるわけにはいかないだろう、と考えはじめています。そのキッカケはたとえば安倍晋三首相の〝集団的自衛権の解釈改憲による合法化〟発言など、ですけど。

実際、ここで視野を教育だけではなくこの国の、なぜか近年は「あの戦争」と呼ばれている15年戦争＝広義のアジア・太平洋戦争期以来の歴史全体にひろげてふり返って見れば、権力の側は例外なく状況の変化を理由にことばの意味をねじ曲げたり、それどころか最終的にはことば殺しやウソつきことばづくりを強力にすすめてきたのでした。ずいぶん前からはじまり、集団的自衛権行使合憲論が閣議決定されてしまったが焦点化している解釈改憲論議は、もちろん権力によることば殺し・理念殺しの最たるものです。そして視点をもう一度、教育の世界にしぼりこめば、この新法は旧法の理念を殺してまったく異質の理念・教育観にもとづいてつくられたものですから、本来なら法律の名前を変えなければならないしろものだと思うのです。

しかし以上のように主張するためにはもう少し証拠を挙げておくほうがいいでしょう。そこで新法と旧法の第1条（ともに「教育の目的」）と第2条（前者は「教育の目標」で後者は「教育の方針」）を比べてみると、次のように異なっています。つまり新法の目的は「…国家と社会の形成者として『必要な資質を備えた心身とともに健康な』国民の育成」（二重カッコは引用者）であるのに対して、旧法には二重カッコでくくったことばは記されていません。また旧法では「真理と正義」から「自主的精神」まですべてが「心身ともに健康な国民」に結びにつけられています。ところが新法では第2条の1項から5項までにいわば個別的にバラされて、たとえば「真理を求める態度を養う」のように、どの項についても「態度を養う」ことが目的とされているのです。

それでは、新法がこれほど重要視する態度とは一体なんでしょうか。『広辞苑』にあたってみたら、「情況に対応して自己の感情や意志を外形に表したもの。表情・身ぶり・言葉つきなど（以下略）」と記されていました。つまり態度がデカイなどというアレですね。こんなことがどうして教育の目標になるのか、わたしにはさっぱり理解できません。

最後にふたつの法律がともに教育の目的にしている「心身ともに健康な人間の育成」については、どう考えたらいいのでしょうか。

くり返しますが、47年教基法つまり旧法の制定時にインクルージョンの思想は存在しなかったのだから、この文言があるからといって批難はできませんね。しかし06年教基法がこれを書き付けたことは「権利条約」に対する挑戦以外のなにものでもありません。その証拠にこの新法は第2条2項と第5条（義務教育）2項でも「能力を伸ばす」とのことばを書きこみ、5条では旧法の「9年の義務教育」から「9年の」を削り取っています。（6・3制の教育制度全体を改めたいから？）さらに第4条（教育の機会均等）では1項で旧法から「ひとしく、能力に応ずる教育」を「応じた」に変えて引き継いだうえで、2項（新設）で国と自治体に「障害のある者が、その障害に応じ」て十分な教育を受けられるよう、支援を義務づけているわけです。

ところでよく知られているように、自民党（中心）政府と教育行政は、この「能力に応じて／応じる」問題を一貫していわゆる能力主義的に解釈し、国内外からの批判をかわしたり無視したりしながら、競争教育と障害児分離別学教育をつづけてきました。だからかれらはあれができる、これができるという意味での「適応能力の最大限の発達」はめざすけれども、インクルーシブ教育に不可欠の「差別とたたかう能力の最大限の発達」には目もくれないわけ。ですから私たちはたとえば「障害者が、その人格、才能、及び創造力並びに精神的及び身体的な能力をその可能な最大限まで発達させること」（障害者の権利条約24条1項b）をわたしたちなりに確認した上で、教育行政の能力論を打ち破らなければなりません。

いまわたしは、この06年教基法をつらぬく精神こそが特別支援教育システム構築の土台をつくっているのだ、と痛感しています。

（ふるかわ・せいじ　障害児を普通学校へ・全国連絡会　世話人）

就学先決定の仕組み改正の獲得点と今後の課題

一木　玲子

２０１３年9月1日に障害のある子どもの就学先決定の手続きが規定されている学校教育法施行令が改正・施行された。従来の障害のある子どもは原則特別支援学校に就学する仕組みは廃止され、就学先は「総合的判断」で決定することになり、その際には、本人や保護者の意見を最大限尊重することになった。この改正により、今まで障害のある子どもの普通学級への就学の門を固く閉ざしてきた自治体については、本人・保護者が就学希望を強く明確に主張したら、従来よりは普通学級に就学できる可能性が出てきた。

これは２０１１年の改正障害者基本法第16条第一項「・・・可能な限り障害者である児童及び生徒が障害者でない児童及び生徒と共に教育を受けられるよう配慮しつつ・・」を踏まえている。この「共に」の解釈として「・・一緒に同じ学校の通常学級に在籍しながら教育を受けられるようにするという、この基本的方向性を示した・・」と当時の内閣副大臣が国会で答弁している（２０１１年6月15日衆議院内閣委員会）。また、この改正で「本人・保護者の意見を最大限尊重」することとされたことは、今回勝ち取った宝物である。多くの人とつながりながら教育委員会や学校との相談に立ち向かっていこう。

だが、この改正を大手を振って喜ぶわけにはいかない。この改正の本意は、就学先の決定に際して本人や保護者の意向を最大限尊重はするが、その意向に沿って就学先を決定するのではなく、特別支援学校、特別支援学級、普通学級のいずれかにするかを教育委員会が「総合的に判断」して最終的に決定するというものであるからである。また、就学先判定の基準として「障害の程度」が規定されている学校教育法施行令22条の3の別表は参考資料として残されているので、従来と変わらず障害種や程度によって就学先判定は行われる。そこからの本人・保護者の意向確認であるので、残念ながら、実質は今までと変わらないと考えてよいであろう。

今回の改正は、2012年7月に公表された中央教育審議会初等中等教育分科会報告「共生社会の形成に向けたインクルーシブ教育システム構築のための特別支援教育の推進」(以下「報告」という。)をもとに行われている。報告には、「インクルーシブ教育システムにおいては、同じ場で共に学ぶことを追求するとともに、個別の教育的ニーズのある幼児児童生徒に対して、自立と社会参加を見据えて、その時点で教育的ニーズに最も的確に応える指導を提供できる、多様で柔軟な仕組みを整備することが重要である。小・中学校における通常の学級、通級による指導、特別支援学級、特別支援学校といった、連続性のある「多様な学びの場」を用意しておくことが必要である」(下線部・筆者)と書かれている。従来よりも、特別支援学校、特別支援学級、普通学級の垣根を低くして学習の場を柔軟に選択できるようにするという趣旨である。このために、学年進級時毎、あるいは学期末毎にも教育相談という名の転級、転籍指導をすることができるようになり、中学校進学時にも再度教育委員会が就学判定を行い就学先指導・判定がなされるようになる。普通学級に就学したとしても、普通学級→特別支援学級→特別支援学校へ移行する体制が作り上げられたのである。

残念ながら、障害者権利条約から見たら、今回の改正は不完全なものである。そもそも原則分離教育制度を廃止するならば、原則インクルーシブ教育制度とするのが筋であろう。文部科学省は障害者権利条約の理念が全く反映されていない特別支援教育を維持するために、意図的に権利条約を解釈し直し、表面的にインクルーシブ教育を導入した「インクルーシブ教育システム」を位置づけることに成功したと言える。その特徴を一言でいうと、「条件付きインクルーシブ教育」である。インクルーシブ教育を導入するための教育に関する哲学や普通学級の改革はなされておらず、また普通学級に障害児が就学した際の合理的配慮についても主要には国家予算ではなく市町村予算に任せている。つまり学校や普通学級の制度や体制は全く変わっていない中で、文科省はインクルーシブ教育を導入しようとしている。そのため、普通学級への就学が有効であると判断された子どもに対してのみ許可するもの、つまり、インクルーシブ教育を権利としてではなく、条件付きで受けられるもの、与えられるもの（恩恵）ととらえようとしているのである。これは、障害者権利条約に反することは自明である。

しかし、その過程にあって、改正障害者基本法に「共に教育を受けること」という文言が記載されたこと、就学の仕組みに「保護者の意見を最大限尊重する」と記載されたことなどは２００９年段階の文科省にとっては想定外であったと思われる。つまり、これが我々の成果であり「宝物」なのである。今後の我々の課題としては、この改正により本人・保護者の意向は尊重されているのか、条約に書かれているインクルーシブ教育に向かっているのかを定期的に検証することである。共生共育に向かう我々の取り組みは今後も続く。次の改正に向かって一歩一歩歩いて行こう。

（いちき・れいこ　障害児を普通学校へ・全国連絡会運営委員　大学教員）

障害者総合支援法

尾上　浩二

■障害者総合支援法と3年後見直し

障害者総合支援法は2012年6月に成立しました。この法律で提供される介護や生活介護、就労支援、グループホーム等の福祉的支援、補装具、自立支援医療等を利用することができます。

2013年4月から実施され、難病等の一部（130疾患）が法律の対象に加えられました（ただし、あくまでも難病等の一部で、制度の谷間の課題は残されたままです）。

2014年4月からは重度訪問介護という長時間の介護サービスが、身体障害のみならず、知的障害、精神障害の人達も使えるようになります。グループホームもその周辺のアパートを借りての生活も認められるようになります。また、障害程度区分が、障害支援区分に変わり、知的障害や精神障害の人達の状況が反映されるようになると言われています（実際にどうなるかは不明ですが…）。

総合支援法には、実施3年後の見直し（2016年）が明記されています。全体で10のテーマに及ぶものです。少し長くなりますが、大切な点なので紹介をします。

(1)常時介護を要する障害者等に対する支援

(2)障害者等の移動の支援
(3)障害者の就労の支援
(4)その他の障害福祉サービスの在り方
(5)障害支援区分の認定を含めた支給決定の在り方
(6)手話通訳等を行う者の派遣その他の聴覚、言語機能、音声機能その他の障害のため意思疎通を図ることに支障がある障害者等に対する支援の在り方等
(7)障害者の意思決定支援の在り方
(8)障害福祉サービスの利用の観点からの成年後見制度の利用促進の在り方
(9)精神障害者に対する支援の在り方
(10)高齢の障害者に対する支援の在り方

このように、総合支援法はたくさんの宿題を抱えた法律だということが分かります。今後、障害当事者や家族の意見をもとにして、しっかりと見直しをさせていくことが重要です。

10のテーマの中には、「(1)常時介護を要する障害者への支援」、「(7)意思決定支援」等、障害児・者の地域生活に大きく関わる項目が含まれています。

特に、学校教育とのかかわりで大切な通学の支援に関連して、「(2)移動の支援の在り方」も見直すことになっています。

■「地域で生活する権利」と骨格提言

日本も、今年1月20日に障害者権利条約を批准し、2月19日から発効しました。総合支援法の見直しは、当然、この権利条約の内容に見合ったものでなければなりません。

権利条約の第19条は「地域社会で生活する権利」を掲げ、「居住地及びどこで誰と生活するかを選択

する機会を有すること、並びに特定の生活様式で生活するよう義務づけられないこと」「地域社会における生活及びインクルージョンを支援するために…必要な在宅サービス、居住サービスその他の地域社会支援サービス（パーソナル・アシスタンスを含む。）にアクセスすること」等の確保を批准国に求めています。

※条約訳文については、川島聡・長瀬修　仮訳（２００８年5月30日付訳）」を使用させて頂きました。

こうした規定に基づいた見直しが求められるわけです。

障害者制度改革推進会議の下に設置された総合福祉部会では権利条約等を指針に検討が進められ、２０１１年8月に「障害者総合福祉法の骨格に関する総合福祉部会の提言」がまとめられました。

この骨格提言は55名の部会構成員の総意であり、総合支援法の見直しの中で活かされる必要があります。

骨格提言の中では、「移動介護（移動支援、行動援護、同行援護）の個別給付化」について、「障害種別を問わず、すべての障害児者の移動介護を個別給付にする」「障害児の通学や通園のために移動介護を利用できるようにする」との結論が提示されています。

■移動支援の見直しと通勤・通学等の利用拡大

移動支援は、障害者の社会参加に不可欠な支援です。１９９０年代から自治体レベルでガイドヘルプサービスが実施されてきましたが、２００３年の支援費制度で、国の制度の中の「移動介護」として全国で実施されるようになりました。それまで「地域生活」といっても看板倒れみたいな状況から、一歩脱することとなり、各地での利用が進みました。

しかし、そうした利用の伸びに驚いた国は、「障害者自立支援法」に切り換える段階で、移動支援を地方自治体が実施する「地域生活支援事業」の中に組み込み、国の制度から外してしまいました。国の制度から外され「地域生活支援事業」に組み込まれたことで、サービスの拡充に努力するほど自治体独自の負担が増える構造になってしまいました。もちろん、自治体には、必要な支援を出すように頑張ってもらう必要がありますが、多くの自治体が財政難という状況では、移動支援の利用に様々な制限が課される等の動きが強まりました。また、ある自治体では認められるのに、別のところでは認められないといった、地域間格差も拡大しました。

こうした状況をふまえて、骨格提言では、「障害種別を問わず、すべての障害児者の移動介護を個別給付にする」と結論づけました。個別給付というのは、「国の義務的経費」の制度にするということです。国の財政責任を明確にすることで、移動支援の地域間格差を解消し、どこでも必要な支援を得られるようにすることを求めたわけです。

また、「縦割り行政」の中で、これまで、なかなか利用が認められてこなかった、通学等の利用についても、「障害児の通学や通園のために移動介護を利用できるようにする」ことを求めています。

総合支援法が成立した国会では、「骨格提言を段階的・計画的に実現していく」と当時の厚生労働大臣は答弁しています。

総合支援法の見直しで、「骨格提言の段階的・計画的実現」の重要テーマの一つとして、移動支援の見直しとその中での通学等の利用が認められるよう、粘り強く働きかけていきましょう。

（おのうえ・こうじ　ＤＰＩ日本会議　副議長）

障害者権利条約に至るまでの障害者雇用促進法

堀　利和

1．障害者雇用促進法と国際条約

障害者権利条約批准に至るまでの法律や条約等の関連について、戦後65年の経緯を概観してみたい。年譜をおって説明すると、以下の通りになる。

１９４９年　身体障害者福祉法制定
１９５５年　ＩＬＯ99号身体障害者の職業更生に関する勧告
１９６０年　身体障害者雇用促進法、並びに精神薄弱者福祉法制定
１９７６年　身体障害者雇用促進法改正
１９８７年　障害者の雇用の促進等に関する法律改正
１９９２年　ＩＬＯ１５９号障害者の職業リハビリテーション及び雇用に関する条約批准
１９９３年　障害者基本法改正
１９９４年　精神保健及び精神障害者福祉に関する法律改正
２０１４年　障害者の権利に関する条約批准

2．国際条約等の条文の再確認

①　ＩＬＯ99号身体障害者の職業更生に関する勧告

「身体的及び精神的損傷」とある本「勧告」で特に問題なのは、政府外務省が、「障害者」と訳すべきところを「身体障害者」としたことである。「勧告」の題名の原文は以下の通りである。

Recommendation concerning Vocational Rehabilitation of the Disabled

「Disabled」なのである。92年のＩＬＯ１５９号条約批准承認の際の参議院外務委員会で、私はこの問題について取り上げた。政府答弁は、当時の現状では政策上「身体障害者」にせざるを得ないというものであった。それもたしかにわからないことではないが、だからといって、政府の都合で正確さを欠いた意図的な日本語訳でよいということにはならない。このことからもわかるように、条約と国内法の関係が、条約との整合性のもとに国内法が建前上整備されるのが一般的であるが、逆に現下の法制度を維持するためにむしろ条約の原文を「霞が関文学」に訳すこともあり得るのである。

②ＩＬＯ１５９号障害者の職業リハビリテーション及び雇用に関する条約

本条約は１９８３年に国連総会で採択され、85年に発効し、92年に批准された。

「正式に認定された身体的または精神的障害の結果として、適当な職業に就き、それを継続し、それにおいて向上する見込みが相当に減少している者」に対して、「適切な職業リハビリテーションの対策を講じ、雇用機会の増進に努めるものとされる。」と定めている。

③障害者の権利に関する条約

第27条　労働及び雇用

「障害者が他の者との平等を基礎として労働についての権利を有することを認める。」「労働市場及び労働環境において、障害者が自由に選択し、又は承諾する労働によって生計を立てる機会を有する権利を含む。」「障害に基づく差別を禁止すること。」「安全かつ健康的な作業条件（嫌がらせからの保護を含む。）及び苦情についての障害者の権利を保護すること。」「積極的差別是正措置。」「合理的配慮が障害者に提供されることを確保する。」

3．障害者雇用促進法等のあゆみ

１９５５年のＩＬＯ99号勧告を受けて、60年に身体障害者雇用促進法をスタートさせた。だがこの段階では、雇用は「努力規定」であった。

76年には、努力規定から「納付金制度」の創設に基づく雇用義務を事業主に課した大改正を行った。そして87年には、ＩＬＯ１５９号条約批准に向けて「身体」のみならず「障害者」雇用促進法に大改正した。

92年にはＩＬＯ１５９号条約を批准し、関係法令としては93年に心身障害者対策基本法を障害者基本法に大改正して、精神を新たに加えた三障害（身体、知的、精神）の定義づけを行った。94年に精神保健法から精神保健福祉法に改正した。遅々として進まなかった知的障害者の法定雇用率算定もようやく97年に実施された。

4．障害者権利条約と障害者雇用促進法

２０１１年に改正された障害者基本法第19条（雇用の促進等）は、優先雇用制度、雇用機会の確保と安定、また、国及び地方公共団体の事業主に対する助成措置など、それは従前とあまり変わっていない。

批准に向けた障害者雇用促進法改正の動きとしては、２００８年に労働政策審議会障害者雇用分科会において「労働・雇用分野における障害者権利条約への対応の在り方に関する研究会」が発足し、障害者の範囲、雇用率制度、差別の禁止と合理的配慮などが審議された。そして、13年3月14日に「今後の障害者雇用施策の充実強化について」（意見書）がまとめられ、同月21日の第59回分科会において法案

要綱が諮問通り承認された。6月19日に成立。

改正法第36条（2016年4月1日施行）

厚生労働大臣は、事業主が適切に処理するために必要な指針（次項において「差別の禁止に関する指針」という。）を定めるものとする。（雇用の分野における障害者と障害者でない者との均等な機会の確保等を図るための措置）事業主は、労働者の募集及び採用について、障害者と障害者でない者との均等な機会の確保の支障となっている事情を改善するため、労働者の募集及び採用に当たり障害者からの申出により当該障害者の障害の特性に配慮した必要な措置を講じなければならない。ただし、事業主に対して過重な負担を及ぼすこととなるときは、この限りでない。事業主は、（略）均等な待遇の確保又は障害者である労働者の有する能力の有効な発揮の支障となっている事情を改善するため、その雇用する障害者である労働者の障害の特性に配慮した職務の円滑な遂行に必要な施設の整備、援助を行う者の配置その他の必要な措置を講じなければならない。ただし、事業主に対して過重な負担を及ぼすこととなるときは、この限りでない。

16年の施行に向けて検討を進め、「改正障害者雇用促進法に基づく差別禁止・合理的配慮の提供のあり方に関する研究会」が6月6日に報告書をまとめた。また、精神障害者の雇用義務は、18年の施行後23年に新たな雇用率を定めることとなっている。ちなみに、私は、法定雇用率2・072％を今回も2・0パーセントとした、四捨五入ではない従来の小数点二桁以下の切捨てルールに対して以前より疑義をもっている。

（ほり・としかず　非営利活動法人共同連代表）

あとがき

徳田代表は「はじめに」の中に、今回の制度改革について、「曲がりなりにも『共生』に向けた制度改革が一段落しました。これからはそこから生まれたさまざまな法令等の内実を作るために、私達自身の実践が問われてきます」と書いています。

そのさまざまな法令の一つ「差別解消法」の施行にむけた基本方針が障害者政策委員会で討議され、パブリックコメントを経て、この2月に閣議決定されました。私たちからするとかなり不満のがあります。それでもこれは2016年4月には施行され、各行政機関においての「対応要領」、「対応指針」となって運用実施されて行きます。いよいよその内実をどうしていけるかが問われてくるのだと思います。

すでに「改定」学校教育法施行令による就学が始まり、差別解消法も公布はされています。そうした内実を作るように取り組んでいくためにも、できるだけ早く本書を皆さんの所に届けたいと、編集担当を中心に取り組んできたのですが、多方面での取り組みや、日々の取り組みもあって遅れてしまいました。しかし、いよいよこれからだという今、あらためて課題を意識しいくということだとも思います。

これまでの「運動」と「研究」の取り組みに忙しい中で、まさにこれからどう考え、同実践していくべきかの解説を書いてくださいました方々、またそれに関わりご協力をいただいた方々、本当にありがとうございました。

内容検討の手だてをとり、準備をすすめた担当運営委員の千田さん、そして編集委員会、事務局会、運営委員会と検討を進めてきた運営委員の皆さん、ご苦労様でした。これから、全国の「共に」を求める皆さんと、この本を生かして活動し、また、活動してこの本を生かして行きましょう。

2015年2月

障害児を普通学校へ・全国連絡会　事務局長　佐野公保

新版「障害児と学校」にかかわる法令集

2015 年 3 月 13 日　初版第 1 刷

編　者　障害児を普通学校へ・全国連絡会編集委員会
装　丁　若杉さえ子
発　行　障害児を普通学校へ・全国連絡会
〒 157 - 0062 東京都世田谷区南烏山 6 - 8 - 7 楽多ビル 3 F
TEL 03 - 5313 - 7832　FAX 03 - 5313 - 8052
メールアドレス info@zenkokuren.com
振替 00180 - 0 - 73366
発　売　㈱千書房
〒 222 - 0011 神奈川県横浜市港北区菊名 5 -1- 43 - 301
TEL 045 - 430 - 4530　FAX 045 - 430 - 4533
メールアドレス info@senda@sensyobo.co.jp
振替 00190 - 8 - 64628

ISBN4 - 7873 - 0054 - 6　C0036
落丁・乱丁本はお取替えいたします。